Un Juif pas très catholique

OUVRAGES DU MÊME AUTEUR

Le Mandarin aux pieds nus (Le Seuil).
Pour un nouveau-né sans risque (Stock).
Aspects de la biologie du développement (à paraître - Flammarion).

Alexandre Minkowski

UN JUIF
PAS TRÈS CATHOLIQUE

Éditions Ramsay
9, rue du Cherche-Midi, 75006-Paris

ISBN 2-85956-176-5

Pour Jean et Simonne Lacouture

Je remercie Jean-François Steiner, Chantal Monterasteli et Serge Bramly sans lesquels ce livre n'aurait pas vu le jour.

Je ne suis pas un Juif très catholique, pas plus que je ne suis un médecin comme il faut ; je suis un homme perplexe et, si j'aime à rire, c'est pour mieux camoufler les doutes qui m'habitent.

Aujourd'hui que je suis à quelques années de prendre ma retraite et de cesser toute activité médicale ou d'investigation, il est temps pour moi de tenter de faire le point.

Un point grave et inquiet lorsque j'évoque ce que m'ont apporté, à travers mon métier, mes rencontres avec des femmes et des hommes de tous les pays et de tous bords — et les événements qui nous lièrent. La dernière partie de ce livre est, je l'avoue, celle qui me tient le plus à cœur, parce qu'elle touche précisément à mes préoccupations profondes, la médecine, l'enfant, la mort, les relations entre les êtres humains, et la profession que j'exerce me paraît un des meilleurs moyens d'arriver à améliorer ces relations.

Un point amusé quand je songe à ces années de vedettariat que me valut la publication de mon premier livre non-médical Le Mandarin aux pieds nus.

Mais revenons à présent quelques années en arrière...

SOMMAIRE

1. Où l'on voit un professeur de médecine devenir auteur littéraire 15
2. Un petit garçon modèle 29
3. Alexandre s'en va-t-en guerre 39
4. Alexandre Super Star 57
5. Alexandre grand reporter 71
6. L'irrésistible ascension 83
7. Des chaumières à l'Élysée 99
8. Le vaticinant erratique 111
9. De la difficulté d'être Juif 129
10. Un petit Français face à ses ancêtres 141
11. Beaucoup de prophètes, peu de témoins 151
12. De la difficulté, pour un homme, d'être féministe 183
13. Le scalpel et la faucille 197
14. De la difficulté d'être médecin 215
15. La vie, la mort et le respect de la personne 233
16. Le médecin et les droits de l'homme 251
17. Mais il ne faut pas désespérer... 265
18. Documents annexes 277

1.

Où l'on voit un professeur de médecine devenir auteur littéraire

Jusqu'aux années 70, j'ai passé la majeure partie de mon temps entre mon service à l'hôpital et mon unité de recherches. Je n'ai pas particulièrement fait parler de moi autrement que sur un plan scientifique et médical. Il m'est arrivé, bien sûr, de me servir des médias pour atteindre le public afin de divulguer une idée, puisque le corps médical croupissait, dans l'ensemble, dans une confortable sclérose; mais, disons qu'avant que je n'accède à la renommée, au vedettariat — ce à quoi, par ailleurs, je ne m'attendais guère — je me présentais simplement comme un professeur, un chercheur aimant la rigueur. Je ne sortais pas en principe du cadre strict de mes occupations professionnelles, je m'efforçais de ne jamais parler de ce que je ne connaissais pas. Mais il me faut tout de même rappeler que la recherche consiste souvent en l'établissement d'une erreur nouvelle qui vient remplacer la précédente...

Je m'offrais bien quelque petite fantaisie de temps à autre, comme de participer avec mes étudiants aux manifestations de mai 68 ou de dénoncer un scandale au sein de notre confrérie, mais en fait, je restais plutôt à ma place, je m'y trouvais bien; j'étais, me disais-je, l'avant-dernier des justes de la médecine, et, *en toute humilité,* j'aimais cette idée que je me faisais de moi-même. Je la trouvais acceptable, je la trouvais réconfortante. J'avais de ma profession une certaine conception; j'avais pour elle du respect et de l'estime. Ceux qui parlaient et se mêlaient de ce qu'ils ignoraient m'inspiraient du mépris et, à cette époque, rien n'aurait pu me faire prévoir que j'appartiendrais bientôt à leur espèce, que je deviendrai un vrai Valéry Marchais de la science médicale.

Tout changea le jour où un écrivain de mes amis, François-Régis Bastide, me suggéra d'écrire un livre. Il avait lu une interview que j'avais donnée au *Nouvel Observateur,* dans laquelle le journaliste avait complètement déformé mes propos. Le bruit fait autour de cet article tenait non pas, je le compris plus tard, aux informations sérieuses, et donc passablement ennuyeuses que je m'étais efforcé de faire passer, mais aux commentaires que mon interviewer avait cru bon de m'attribuer et qui, s'ils n'étaient pas sérieux, étaient, eux, tout à fait passionnants. Ce journaliste a quitté *le Nouvel Observateur* depuis, et j'espère que ce n'est pas à cause de moi. Malgré tout, je lui suis reconnaissant d'avoir été la cause involontaire de cette étrange aventure qui me transforma en une sorte de Mireille Mathieu de la médecine et qui me fit pénétrer, par la vertu de la télévision, dans les plus humbles chaumières, et, par le mirage de la gloire, dans les salons de l'Élysée.

Ce journaliste me faisait dire entre autres — j'exagère à peine — qu'il fallait se débarrasser sans plus attendre des vieillards impotents et des enfants anormaux. Cela est si loin de ma pensée, et différait à un tel point des propos que je lui avais tenus, que je me vis dans l'obligation d'envoyer aussitôt à son journal un rectificatif plus long que l'entretien lui-même. Cependant, si le rectificatif passa pratiquement inaperçu, l'interview, elle, avait frappé les esprits. Je peux donc dire que ma «gloire» — comme d'ailleurs la grande majorité des «gloires» françaises — repose en tout premier lieu sur un quiproquo.

François-Régis Bastide — qui travaille aussi pour une maison d'édition — s'enthousiasmait donc pour mes soi-disant réflexions. Il m'expliqua que «mes» idées méritaient mieux que de simples articles ou entretiens, et se fit un devoir de me convaincre que seul un livre me permettrait vraiment de les développer. Voilà une proposition que l'on ne peut entendre sans quelque frémissement, surtout lorsqu'on est comme moi fils de philosophe. Ma première réaction fut pourtant de lui répondre que je n'avais rien à dire et que cet embrouillamini d'incertitudes qu'il me faisait l'honneur d'appeler mes idées me semblait si confus, si limité, si vague même, que je ne voyais pas du tout comment je pourrais jamais en tirer un livre. Mon attitude ne sembla pas le déranger outre mesure. Il persista dans sa conviction et, quelques jours plus tard, me fit parvenir un projet de contrat mirobolant, accompagné d'une promesse d'avance tout à fait substantielle sur d'éventuels droits d'auteur. Je ne comprenais toujours pas très bien comment je pourrais faire face à cet engagement, mais je lui renvoyai tout de même le contrat dûment signé et je reçus, en échange, un superbe chèque que je m'empressai d'aller déposer à ma banque. Je me disais, afin d'apaiser l'inquiétude qui commençait de m'envahir, qu'après tout c'était eux les éditeurs, qu'ils connaissaient leur métier et qu'ils savaient mieux que moi ce qu'ils faisaient. Je trouvais toute cette histoire assez étrange, mais le chèque, d'un côté, et la réputation de sérieux de l'éditeur en question de l'autre, avaient rapidement mis un terme à mes hésitations. Cependant, j'ai hésité, il est vrai, et cela doit être porté à mon crédit.

Ce qui m'inquiétait le plus, c'était de devoir exprimer mes idées. Parviendrais-je à les formuler, à les transcrire? Je n'en étais pas sûr. Je ne manquais pas de choses à dire, bien au contraire, mais je savais mes points de vue changeants; je faisais de l'incertitude le préalable de toute pensée, de toute recherche.

Le contrat signé et le chèque déposé, il me fallut songer véritablement au livre. On me fit rencontrer le patron de ce que je devais bien appeler «ma» maison d'édition. M. Paul Flamand me reçut d'une façon très courtoise. Je l'attaquai d'emblée en lui affirmant que je n'aimais pas la manière de penser des Français, leur façon de voir les choses, d'agir, de parler, de mentir même, et que je comptais m'exprimer comme un authentique Anglo-Saxon. Je lui racontai que mes parents étaient des Juifs polonais qui avaient introduit la philosophie allemande en France et que j'entendais jouer le même rôle en médecine pour la pensée et la démarche américaines. M. Flamand, grand seigneur de l'édition, un homme d'une politesse exquise et presque désuète, fut tout à fait déconcerté par ma tirade, et même, me sembla-t-il, assez terrifié. Il sut en tout cas ne rien laisser transparaître de ses sentiments. Visiblement, il avait en tête un projet de livre, mais je ne suis pas sûr qu'il approuvait entièrement celui que j'étais en train de lui présenter. Il devait imaginer avoir à faire à une sorte d'excité, et il n'avait pas tout à fait tort. Je dois avouer qu'il se comporta admirablement. Tandis que je «débloquais», il faisait semblant de ne rien remarquer, et, très, très poliment, d'une voix presque timide, il tentait de me modérer en disant : «Vous savez, tout n'est pas si mauvais en France... Bien sûr, les apports étrangers ne sont pas négligeables, mais la France elle-même...»

La seule chose qui ressortit de cet entretien, pour M. Flamand, mon éditeur, comme pour moi-même, l'auteur présumé, fut que le désordre et l'étrangeté de mes idées rendaient la rédaction de ce livre plus que problématique. Le concours d'un expert, d'un professionnel de l'écriture, nous parut absolument nécessaire.

On me proposa en premier lieu un volumineux journaliste de télévision, un homme fort connu, grand accapareur de la pensée des autres. Je le récusai, pour des raisons personnelles, et surtout pour son intolérable prétention à saisir tout mieux que tout le monde. On m'offrit ensuite un collaborateur direct de mon éditeur, le propre dauphin de M. Paul Flamand. Nous nous rencontrâmes à plusieurs reprises, sans succès. Je crois qu'il me prit beaucoup trop au sérieux : que je sois à la fois un patron, un chercheur et un homme naturellement enclin à rigoler, à ironiser sur lui-même, avait, je crois, le don de le dérouter.

Entre-temps, j'avais de mon côté tenté d'écrire une centaine de pages. Elles me parurent très bonnes sur le moment et je n'étais pas trop mécontent de moi, mais, à la relecture, elles s'avérèrent particulièrement rébarbatives, disons le mot, emmerdantes... Et je voyais les mois passer. J'avais déjà touché une première avance assez confortable. Et mon contrat en prévoyait une autre tout aussi alléchante. J'avais envie de ce livre et je ne cessais de m'angoisser.

C'est alors qu'un miracle survint, un véritable cadeau du ciel : Jean Lacouture accepta de devenir le cornac de mon «œuvre».

Nous nous installâmes un beau jour devant un magnétophone, dans ma petite maison de Normandie, et il me dit : «Racontez-moi votre vie.» Je ne cacherai pas que j'attendais cet instant depuis longtemps, je m'y étais préparé, mon livre allait enfin pouvoir voir le jour.

J'avais l'habitude de rédiger des articles scientifiques où une liste exhaustive des références bibliographiques est toujours de rigueur. Je m'étais dit : «Je ne peux pas faire un bouquin, même personnel, en adoptant un mode narratif, sans y inclure un nombre copieux de références. Celles-ci font sérieux, elles iront bien dans le tableau, et, chose très importante, elles auront l'avantage de me présenter sous l'aspect d'un homme cultivé.» Je connaissais pas mal de choses, c'est vrai, mais ma culture générale est plutôt hétéroclite et finalement assez superficielle. Cependant, depuis que la passion d'«écrire» m'avait été ainsi soufflée, je notais sur un cahier spécial, qui ne me quittait jamais, des citations littéraires que j'aurais peut-être envie de ressortir par la suite. Je ne savais pas exactement comment, mais je m'arrangerais pour les placer. Peu m'importait la manière dont elles se glisseraient dans le texte; d'une manière ou d'une autre, je saurais les y introduire.

Le premier domaine auquel je m'attaquai fut celui de la musique. Disons qu'après la médecine, la musique est ce que je connais le moins mal. Je pleure facilement au concert et j'ai joué autrefois de différents instruments. J'aurais pu me contenter de raconter mon amour de la musique, mais, une fois encore, il me sembla important de briller aux yeux de mes futurs lecteurs, de me présenter comme un homme compétent.

Emporté par mon élan, je me tournai ensuite vers la peinture, puis vers l'architecture, et la littérature, naturellement, vers tous ces domaines enfin qu'un «honnête homme» se doit de connaître. Le coup d'envoi du cabotinage était donné.

Je me gardais bien toujours de citer des noms trop connus. J'évitais soigneusement, par exemple, ceux de Hugo ou de Racine qui sont à la portée du premier venu. Je leur préférais un poète plus confidentiel, comme Yves Bonnefoy, ou «l'homme de ma vie», ce touche-à-tout de Bussy-Rabutin.

Cela finit par donner au livre un certain lustre et me fit apparaître comme un être beaucoup plus cultivé que je ne le suis en réalité. D'ordinaire, j'ai plutôt tendance à ne lire que les premières pages d'un roman ou les premières strophes d'un poème. Je survole, mais je n'approfondis pas. Et l'excuse que je me donne est plutôt piteuse : le manque de temps.

Le plus curieux, le plus drôle de l'affaire, c'est que j'ai fini par m'illusionner moi-même. Ce qui n'était au départ qu'une distraction, un jeu, à la limite du canular, s'était transformé en quelque chose de très sérieux. Je me suis persuadé que j'étais après tout un peu écrivain sur les bords, et je crois que si un prix littéraire m'avait été attribué, je n'en aurais pas été, à cette époque, surpris outre mesure. Le périmètre de ma tête, jusque-là d'une honnête moyenne, augmentait de quelques centimètres chaque jour.

Je me disais que je n'avais fait jusque-là que de la recherche scientifique et de la médecine mais qu'au fond j'étais une sorte d'homme universel, à qui rien n'était étranger, qui s'intéressait à tout. Je peux l'avouer sans honte : parfois, en regardant par la fenêtre de mon bureau les murs du couvent de Port-Royal qui jouxte l'hôpital, il m'est arrivé de penser au grand Pascal ; il avait vécu là et je sentais ses mânes m'habiter. A ma façon je n'étais pas non plus seulement un scientifique. *En toute humilité,* je me disais que mon désir de rigueur ne m'empêchait pas davantage de m'ouvrir au monde et d'admettre la réalité du mystère, l'existence de l'insondable, d'un champ très vaste où la connaissance ne se sentait pas chez elle. Je n'étais pas sclérosé par la science ; j'en connaissais la valeur, mais également les limites. Alors, dans ces moments de rêverie, je finissais par conclure que si je passais la majeure partie de ma vie en un lieu tout proche de celui où Pascal avait vécu, cette proximité ne pouvait être le fait d'une simple coïncidence : voilà ce qu'en toute humilité je me disais.

Assis en face de Jean Lacouture qui brandissait le micro de son magnétophone, je me demandais tout de même quel intérêt pourrait bien avoir ce dialogue passablement décousu que nous avions réussi à établir.

De leur côté, Jean Lacouture et sa femme, Simonne, avaient l'air enchanté. Ils me rassuraient sans cesse, m'encourageaient, m'affirmaient, à mon vif étonnement, que nous progressions sur la bonne voie.

Le manuscrit définitif n'apaisa pas mes doutes. Mon histoire me paraissait à la fois banale et ennuyeuse. Le pire était que je ne parvenais toujours pas à me reconnaître dans ce personnage qui prétendait raconter ma vie. Je m'étais efforcé d'être sincère ; les faits étaient exacts, mais je les présentais sous un jour flatteur. Je crois que c'est cela, le cabotinage.

Un jour où l'inquiétude me rongeait particulièrement, je demandai son avis à une employée du service de fabrication de ma maison d'édition. Elle me répondit avec une conviction qui m'impressionna : « Vous verrez, c'est très bon ! »

Je me dis qu'après tout le texte était peut-être publiable; je n'en étais pas plus fier pour autant. Ma seule satisfaction était que, grâce à sa couverture, je pourrais montrer mes pieds nus à la France entière. Et, vraiment, cette idée m'enchantait!

Le livre parut dans le courant de l'année 1975. Je commençai de guetter les réactions de la critique. A vrai dire, une seule m'importait vraiment : celle du *Monde.* J'entretenais alors avec ce journal une relation très particulière — j'étais vis-à-vis de lui dans un tel état de dépendance que si, par mégarde, j'oubliais un soir de l'acheter, je croyais éprouver une sorte de malaise, je me trouvais presque en état de manque. Lorsque je voyageais à l'étranger et que je ne pouvais me le procurer, je me débrouillais toujours, dès mon retour, pour obtenir tous les numéros que j'avais manqués. J'étais persuadé à cette époque — et beaucoup partagent mon sentiment — qu'il m'était impossible de penser sans son aide. J'y puisais les thèmes nécessaires à toute discussion de salon; grâce à lui, et à l'*International Herald Tribune,* que je lis aussi quotidiennement, de la première à la dernière ligne, j'étais à même de me prononcer sur n'importe quel sujet, politique ou autre, avec «autorité et compétence». C'est dire toute l'importance que j'attachais au jugement qu'il allait porter sur mon livre.

A priori, je n'avais aucune raison de m'inquiéter. Lacouture avait longtemps collaboré au *Monde,* et il y avait gardé des relations amicales; j'avais moi-même publié dans ses colonnes plusieurs articles; enfin, nous savions que le compte-rendu serait fait par le Dr Escoffier-Lambiotte que je tiens pour une amie. J'espérais, je l'avoue, une critique plutôt favorable. J'étais déjà, à mon insu, gangréné par le système...

Las! en fait d'éloges, je reçus une belle volée de bois vert qui nous laissa, Jean Lacouture et moi, totalement abasourdis.

Il faut dire que cet éreintement était assez particulier et

très caractéristique de certaines critiques non littéraires du *Monde* qui s'attachent souvent moins au contenu du livre qu'à la personnalité de l'auteur. Sans nier sa très grande autorité ni la place prééminente qu'il occupe dans la presse mondiale, *le Monde* se différencie des grands journaux américains par la confusion permanente qu'il entretient entre l'information et le commentaire, ce qui est d'ailleurs, à mon avis, un vice français congénital et incurable.

Le plus amusant, c'est que je reçus en même temps une lettre de Mme Escoffier-Lambiotte, une lettre très gentille et sûrement sincère où elle souhaitait bonne carrière à mon ouvrage. Elle n'avait pas cru mal faire en écrivant qu'elle ne comprenait pas comment un homme aussi « nanti » que moi, membre de toutes sortes de commissions scientifiques et médicales, qui dirigeait une superbe unité de recherches et un magnifique service, pouvait ainsi critiquer un système dont il était l'évident produit. C'est effectivement le reproche que m'adressèrent par la suite toutes les autorités en place. Il n'est certes pas immérité, mais je me trouve comme toujours dans une situation assez ambiguë. Les critiques les plus recevables ne sont-elles pas précisément celles qui viennent de l'intérieur ? Le fait que je n'aie pas personnellement à me plaindre du système ne confère-t-il pas davantage de crédibilité et de force à mes observations ?

Je fus peiné, mais à peine surpris, de constater que l'article ne portait pas sur tel ou tel chapitre, voire sur le livre en entier, ce qui aurait été tout à fait légitime, mais que l'on me récusait en tant que témoin. « De quoi ce type vient-il se plaindre ? » se disait-on. « Comment peut-il renier ce à quoi il doit tout ? » On me faisait un de ces procès d'intention dont notre presse est si souvent friande.

Je pense que si Mme Escoffier-Lambiotte s'était contentée de démolir mon bouquin je n'en aurais pas été trop affecté. A vrai dire, je n'étais pas très sûr moi-même de ma propre opinion. Mais cette attaque personnelle me surprit. Lacouture était navré : il avait tant peiné pour me faire accoucher de ce livre! Nous relûmes ensemble plusieurs fois cette première critique avec le vain espoir d'y trouver malgré tout quelque raison d'espérer. Rien n'y fit. La catastrophe nous paraissait inévitable : c'était la fin du *Mandarin aux pieds nus*!

J'en pris mon parti. Je m'étais déjà résigné à porter le deuil du livre lorsque le service de presse de mon éditeur m'annonça que Bernard Pivot m'invitait à son émission *Apostrophes*. On m'avertit que c'était là une chance inouïe, une ultime occasion de nous sauver du naufrage. On me réconforta avec toutes sortes d'arguments : malgré le prestige dont il jouissait, *le Monde* ne faisait pas vendre un exemplaire de plus ou de moins, le destin d'un livre se jouait à présent à *Apostrophes*, etc.

Inutile de dire que j'étais très impressionné à l'idée de prendre place dans cette émission littéraire où tant d'auteurs illustres avaient défilé avant moi.

Si j'avais pu croire un seul instant avoir fait œuvre d'écrivain, l'article de Mme Escoffier-Lambiotte avait lourdement douché mes pauvres velléités. Et puis, voilà que brusquement on me proposait de venir m'asseoir dans un de ces fauteuils où des prix Goncourt, Renaudot, Interallié, Fémina, et même Nobel, avaient été accueillis! Pour la première fois depuis ce jour où Bastide m'avait suggéré d'écrire, je me sentais «quelqu'un».

Tout le monde me chauffa à blanc pour cette émission. J'étais personnellement très préoccupé. Je n'avais guère l'habitude de ce type de prestation. Mon angoisse grandit lorsque j'appris que figureraient à mes côtés deux autres professeurs de médecine. Je pensais pouvoir compter sur la complicité du premier, Escande, qui comme moi dénonçait les infirmités du monde médical. Par contre, j'étais assez inquiet à l'idée d'être confronté avec le second, le professeur Mathé. Georges Mathé est un brillant cancérologue français, extraordinairement péremptoire, qui ne se remet jamais en question. Je me souvenais de l'avoir entendu un jour déclarer sans sourciller le moins du monde : «C'est le général de Gaulle qui a introduit la recherche scientifique en France.» J'avoue que ce n'était pas exactement le genre de personnage auquel j'avais envie de me frotter.

J'étais persuadé que l'émission tournerait à la bagarre. J'appréhendais même si fort l'idée de me colleter avec Mathé qu'au moment de sortir de chez moi pour me rendre à la télévision, je m'étais écrié : «Si ça barde trop, je me lève en disant : Il m'est impossible de parler plus longtemps avec le Bigeard de la leucémie.»

Dès les premières minutes de l'émission, mes pires craintes s'avérèrent totalement justifiées. Mathé semblait n'avoir qu'une idée en tête : celle de me démolir. Il haïssait sans réserve mon livre, car celui-ci mettait en pièces l'image de marque traditionnelle du corps médical, image que lui, Mathé, s'efforçait de conserver et d'ennoblir. L'atmosphère sur le plateau devint vite irrespirable.

Curieusement, je crois que c'est en fait son inimitié qui me sauva. Emporté par sa fureur, il ne se contint plus, et, sans s'en rendre compte, se laissa aller à prononcer des phrases si absurdes qu'il en devint antipathique et se torpilla lui-même. Je n'eus pratiquement pas à me défendre. Je me cantonnais dans une position de spectateur où je finissais presque par m'amuser. A chaque nouvelle bourde, il s'enfonçait lui-même davantage, et Escande, qui était assis à côté de moi, en profitait pour me donner une bourrade discrète dans le dos qui signifiait : «Je crois qu'on a encore marqué un point.» On se serait cru à un match.

Le pauvre Mathé n'eut vraiment pas de chance ce soir-là. Il était venu sur le plateau avec la ferme intention de nous manger tout crus, nous, les fils prodigues de l'institution médicale qui nous avait tant choyés, nous qui ne la payions en retour que d'ingratitudes! Ce beau rôle semblait taillé sur mesure pour lui, mais, probablement par excès de zèle, il ne sut pas le jouer. Tout se retourna rapidement contre lui, jusqu'à cette mère d'un leucémique invitée par Pivot qui brusquement le prit à partie. Si Escande et moi avions commis la sottise de l'attaquer nous-mêmes, sans doute aurait-il pu se défendre bravement et même nous malmener, mais, face à elle, il ne put que se taire ou balbutier.

Ne l'ayant agressé d'aucune façon (nous avions à peine répondu à ses attaques, n'avions été ni injurieux ni méprisants à son égard), nous fîmes figure de grands seigneurs. Nous avions inconsciemment compris une des règles essentielles de la télévision : conquérir la sympathie des téléspectateurs. Je n'avais pratiquement pas ouvert la bouche et je remportais un triomphe.

Je ne m'en rendis pas compte sur le champ. J'avais plutôt l'impression d'avoir été médiocre, de n'avoir énoncé que des banalités. Mais, dès le lendemain, je fus assailli par des dizaines de coups de téléphone. On m'encensa littéralement, on me couvrit de gloire. «C'est formidable, me disait-on. Vous avez été superbe. D'abord, vous étiez très bien habillé, vous aviez une jolie cravate tout en couleurs, une jolie veste, vous étiez très élégant, vous avez vraiment une belle gueule, votre livre est formidable.»

Vingt-quatre heures plus tard, la FNAC et toutes les librairies furent complètement dévalisées. Dans la semaine qui suivit, on vendit plus de dix mille exemplaires du *Mandarin aux pieds nus*. Et tout cela parce que j'étais télégénique. Comme à tant d'autres, cela me tenait lieu de pensée.

2.

Un petit garçon modèle

Avant de poursuivre le récit de mon aventure, j'aimerais ici tenter de raconter brièvement l'autre histoire de ma vie, celle que j'ai peu confiée à Jean Lacouture.

J'ai l'impression, en repensant à ce premier livre, non pas d'y avoir menti, mais d'avoir délibérément choisi, parmi toutes les manières de se mettre en scène, la plus complaisante. J'étais, je crois, influencé par mon aura de professeur de médecine, ce qui m'a incité à prendre bien soin de déboulonner maintes statues hors la mienne.

Un grand effort de sincérité me semble devoir être à la base de tout bilan, et je voudrais essayer d'aller plus loin dans la recherche de la vérité.

Avec Lacouture, j'avais donc voulu montrer mes pieds nus en public, et j'y avais pris plaisir; mais j'avais conservé sur moi ma blouse blanche de professeur. Je souhaiterais l'ôter à présent, en tout bien tout honneur, et dénuder plus avant une partie de mon cœur, quitte à décevoir quelque peu certains lecteurs.

Je ne sais pas si l'on appréciera beaucoup le fait que je mette ainsi en pièces ce personnage que l'on m'attribue. Loin de me faire hésiter, cela m'est une raison supplémentaire de prendre le risque de démolir l'espèce d'institution que j'ai failli devenir. Mais peut-être est-ce là encore un des effets de mon sens aigu de la provocation.

Toute mon enfance s'est déroulée sous le signe de la perfection. On prétend aujourd'hui que je suis télégénique, mais que l'on se penche avec moi sur le petit garçon que je fus... J'étais ravissant, m'a-t-on dit (on me le répétait en tout cas à longueur de journée). J'avais un petit nez mignon, de charmantes taches de rousseur et des boucles brunes si soyeuses qu'elles faisaient l'envie des mamans et des petits garçons de mon âge. Toujours bien habillé, avec goût mais sans excès, j'étais, de surcroît, d'une propreté étonnante. Je ne supportais pas d'avoir les mains sales, à la différence de mes camarades, je ne me salissais jamais... ou presque.

Je joignais à ce physique séduisant, et à cette présentation irréprochable, une mémoire prodigieuse qui émerveillait les miens et m'assurait chaque année les premiers prix de ma classe. Une ombre cependant assombrissait ce tableau idyllique : j'enregistrais avec facilité, mais j'aurais, déjà à cette époque, souhaité posséder une forme d'intelligence qui approfondisse davantage les choses. Depuis lors, malgré mes efforts, je ne crois pas avoir comblé cette lacune.

Cette exceptionnelle mémoire me permit donc d'effectuer des études très brillantes, tant à l'école qu'à l'université. Le système français d'éducation, où tout repose sur cette qualité, constitue en fait une efficace machine à fabriquer des crétins. Il me convenait parfaitement, j'y fis merveille.

Je fus partout en avance. Entré au jardin d'enfant à deux ans et demi, je lus couramment à cinq, passai mon bac avec, bien entendu, une mention à quinze, et réussis le concours d'internat à vingt-deux. Un parcours sans faute en quelque sorte, mais qui, s'il m'a farci la tête au maximum de ses capacités, ne m'a en réalité rien appris.

Je devins donc un spécimen de cette race d'hommes inachevés qu'affectionnent tant l'université française et les grandes écoles : une véritable bête à concours. J'étais d'une supériorité écrasante dans toutes les matières qui font appel à la mémorisation, comme le thème latin et surtout la récitation. En maths ou en physique, bien que toujours loin devant les autres, j'étais déjà moins à mon aise : il me fallait trimer, mais cela ne gênait guère l'élève sérieux et appliqué que j'étais. Il n'y avait qu'en français, en narration, comme on disait à l'époque, que je ne parvenais pas à briller, car il ne s'agissait plus là de recracher simplement ce qui avait été ingurgité; j'avais cependant une si belle écriture et je m'appliquais tant que je parvenais quand même à me maintenir en tête de la classe. Et, tous les ans, juste avant les vacances, je montais fièrement sur l'estrade recueillir des mains de mes maîtres les lauriers mérités de ma gloire.

Etre toujours le premier me paraissait si naturel, j'en avais tellement pris l'habitude, que mon univers s'écroula la seule année où un autre que moi obtint le premier prix. Je ne pus faire face à un pareil affront, j'étais effondré; mes parents me prodiguèrent sur le chemin du retour mille paroles d'apaisement sans parvenir à me consoler, je les sentais aussi bouleversés que moi par ce déshonneur et ils ne firent qu'ajouter à mon sentiment d'indignité. C'était irrémédiable : j'avais démérité de la confiance générale, j'avais essuyé mon premier échec.

Mon comportement moral touchait lui aussi à la perfection : je devins boy-scout. Je ne veux pas dire que tous les boy-scouts sont débiles, mais il faut reconnaître que la morale qu'ils pratiquent est pour le moins élémentaire. Et moi, je prenais tout au pied de la lettre.

J'étais par exemple vaguement amoureux d'une fille de ma classe, et cela aurait pu être ma seule faille, mais, lorsque je craignais de succomber à la tentation, je poussais le grand hurlement d'Akela, le loup du *Livre de la Jungle*, et du coup je me sentais beaucoup mieux.

Non content de suivre scrupuleusement les commandements de la loi de l'éclaireur qui étaient à mes yeux plus saints que ceux de la Bible, j'avais plutôt tendance à en rajouter. Il fallait toujours que je fasse mieux que la veille, ce qui repoussait de jour en jour les limites de la perfection à laquelle je tendais. Je ne pouvais envisager de me contenter d'une seule B.A. dans la journée sans être submergé le soir par un sentiment de culpabilité qui m'empêchait de trouver le sommeil. Je faisais de petits prêches aux garçons de mon groupe, je les encourageais à se montrer serviables, à ne pas mentir, à ne pas faire de peine à leurs parents... Enfin j'essayais de communiquer aux autres mon amour de la perfection.

Un seul détail entachait ma blancheur immaculée : ma sexualité naissante. Je n'osais évoquer le visage de mes petites camarades de classe, et je restai sans force face aux émois qui m'assaillirent à l'arrivée de la puberté. J'étais moins perturbé, dans ces transgressions solitaires à la loi de pureté que je m'étais dictée, par l'acte lui-même que par le plaisir que j'en retirais.

Bientôt je cédai aux charmes de la littérature sexuelle clandestine. Je me souviens même d'avoir, avec un camarade, introduit quelques brochures dans une réunion de scouts.

Et puis, je finis par me sentir attiré par d'autres femmes que mes cheftaines ou mes camarades de classe. J'étais pourtant particulièrement ignorant des choses de l'amour. Mes parents étaient des intellectuels, de purs esprits, leur conversation évitait ce genre de sujet. Pas la moindre allusion. On me maintint longtemps ainsi dans une étonnante naïveté. Jusqu'à un âge avancé, je crus que les enfants naissaient dans les choux. Je faisais plus qu'y croire : j'en étais absolument persuadé. Le chemin d'un spécialiste de néo-natologie est pavé de bien des surprises !

Certaines remarques de mes camarades ayant quand même aiguisé ma curiosité, je me décidai un jour à interroger mon père. Il me parla longuement des phanérogames, des cryptogames et des fougères, mais son exposé ne parvint jamais, Dieu merci, jusqu'à l'espèce humaine. J'en fus soulagé, car je récusais d'avance, au fond, la honteuse révélation.

En vérité, je respecte cette sorte de pudeur, surtout si je

songe à l'exhibitionnisme maladif qui s'étale partout aujourd'hui.

Je vivais dans un univers enchanté où les hommes étaient en général bien disposés à mon égard; rien ne me préparait à affronter un monde hostile. Mes parents se montraient toujours d'une rare bienveillance. Seuls les Polonais, les Russes et les Allemands, éternels persécuteurs de Juifs, et, pour les derniers, «bourreaux» de la guerre de 14-18 en passe de devenir nazis, étaient l'objet de leur ressentiment. Encore une fois, rien dans cette enfance dorée qui était la mienne ne me laissait présager que la vie serait une âpre lutte. Je baignais avec délice dans un univers merveilleux de gentillesse, de douceur et d'affection. J'aimais tout le monde et j'étais persuadé que le monde me le rendait bien.

De vagues sentiments religieux me maintenaient dans cet aveuglement. Ma situation était à cet égard tout à fait étonnante : j'appartenais de fait à trois religions différentes, la religion juive, celle de mes parents, mais qui ne m'attirait guère; la catholique, celle de ma «nounou» beauceronne; et la protestante, celle de mon école. Cela ne me gênait en aucune manière et je passais de l'une à l'autre avec une aisance déconcertante. C'est là, disons-le, une de mes caractéristiques — je m'assimile avec une remarquable facilité au milieu où je me trouve placé, j'en adopte sans effort le vocabulaire, les pratiques, les croyances. Je peux ainsi penser et exprimer les idées les plus contradictoires sans jamais avoir l'impression de me renier, et je suis parfaitement sincère lorsque j'abonde dans le sens de chacun de mes interlocuteurs. On me reproche souvent de n'avoir aucune idée personnelle, je dirais plutôt que je n'ai pas de conviction unique, mais c'est parce que je peux en fait emprunter à toutes les opinions.

J'estime que c'est le premier signe d'une grande pauvreté que de s'accrocher désespérément à une idée, de s'identifier à elle, de lui soumettre sa vie. Cela ne signifie pas que tout le monde ait raison, mais simplement que nos idées n'ont qu'une valeur relative et qu'elles ne méritent guère, en général, tout l'honneur qu'on leur fait. Je préfère souvent, personnellement, mes sentiments à mes idées.

Enfant déjà, je passais donc ainsi d'une religion à une autre, et d'un discours à un autre, sans éprouver la moindre gêne. Mon comportement dénotait à chaque fois la plus profonde intégrité, et, paradoxalement, la plus parfaite fidélité.

Je n'ai jamais eu le sentiment de trahir mes deux autres religions lorsque je pratiquais la troisième. Et si le nombre de mes croyances était limité à trois, c'est qu'il y avait alors fort peu d'étrangers en France. J'aurais ainsi pu parfaitement devenir musulman, par exemple, si j'avais eu à l'époque l'occasion de fréquenter des Nord-Africains. J'aurais fait, me semble-t-il, un adepte de l'Islam tout à fait convenable. En évoquant cette perspective, je regrette même à moitié de n'avoir pas eu la possibilité de m'initier à la foi de Mahomet, comme à d'autres d'ailleurs...

A vrai dire, si je les pratiquais indifféremment toutes trois, je n'adhérais pas à chacune de mes confessions avec la même force, le même enthousiasme. Curieusement, le judaïsme était celle qui m'attirait le moins. J'avais fait ma *Bar Mitzwa* (cette cérémonie qui correspond un peu à la communion solennelle et marque chez les Juifs le passage à la vie adulte) à l'âge de treize ans. On m'y avait revêtu des phylactères, pour la première et la dernière fois de ma vie, on m'avait couvert du châle rituel, et j'avais lu un passage du Pentateuque auquel je n'avais naturellement rien compris. Le seul souvenir réel que je conserve de toute la cérémonie demeure sans conteste le superbe nécessaire de toilette que mes parents m'offrirent à cette occasion.

En dehors de ce cadeau, tout le reste, et surtout mon année de préparation à la synagogue de la Victoire, n'évoque en moi rien de très agréable. L'atmosphère de la synagogue me paraissait plutôt oppressante. Les gens que l'on y côtoyait ne riaient jamais; ils me donnaient l'impression de se confiner dans un monde complètement fermé et de s'y complaire. Ils s'entouraient de strictes prescriptions, presque obsessionnelles. Leur univers était figé, sévère, pratiquement dénué, me semblait-il, d'amour et de chaleur.

Le protestantisme n'est pas moins austère; pourtant, je crois que d'une certaine manière je m'y sentais plus à l'aise, peut-être parce qu'il est plus tolérant. A côté de lui, ses deux consœurs me paraissaient, de ce point de vue, faire figure de «diseuses de bonne aventure». Le protestantisme est fondé sur un véritable effort de réflexion, de remise en question. Pour lui, rien n'est jamais assuré, tout est matière à discussion. Je garde le souvenir de gens très ouverts, très bons, très humains. Je ne parle pas, bien sûr, de la HSP — la haute société protestante — dont je côtoyais à l'école les rejetons que je trouvais insupportables, remplis de morgue et de suffisance. Je ne les percevais même pas d'ailleurs comme des protestants : pour moi, ils n'étaient que des riches.

La majeure partie de mon existence se déroulait en milieu protestant, puisque je fréquentais à la fois l'Ecole alsacienne et les Eclaireurs unionistes. L'Ecole n'était pas vraiment religieuse, je ne me souviens pas en tout cas d'y avoir assisté à aucun office; mais chez les éclaireurs la chose était assez fréquente. Les offices se déroulaient la plupart du temps en plein air. Je me rappelle ces camps que nous dressions dans les Landes et où, le dimanche, nous récitions des cantiques.

Le catholicisme était probablement ma religion de cœur. Ma nounou, une femme d'origine beauceronne, et que je considérais comme ma seconde mère, m'y avait initié. A la maison, cette facette catholique de mon existence gardait un caractère clandestin; elle ne s'exprimait pleinement qu'au moment des vacances que je passais souvent dans son village. Là, je ne ratais pas une messe, je devins même l'ami du curé qui devait voir en moi une âme à sauver. Chaque dimanche, les lueurs des vitraux, l'odeur d'encens et les envolées de l'harmonium me plongeaient alors dans des délices incomparables. Je chantais avec les autres enfants, debout, au premier rang. Je réussis même un jour à emprunter une aube d'enfant de chœur que je portai aux vêpres.

J'étais alors absolument persuadé que le Christ était bien le rédempteur et qu'il était venu sur terre pour racheter nos péchés. Mon adhésion à sa foi était sans réserve.

Le Christ (le meilleur des Juifs) est un personnage auquel je suis resté profondément attaché. Il n'a jamais cessé de m'être très familier. Et cet attachement est si fort que les pires contre-vérités papales n'en sauraient venir à bout.

Ma situation pourrait paraître un peu embrouillée, mais, dans mon innocence, elle m'était d'autant plus naturelle que j'ai aujourd'hui encore du mal à comprendre ce qui sépare ces religions. Elles m'apparaissaient alors miraculeusement complémentaires, puisqu'elles parlaient toutes de ce même Dieu unique que je remerciais chaque jour d'avoir créé un monde si parfait et peuplé de gens merveilleux.

Mais je n'avais encore que douze ou treize ans...

3.

Alexandre s'en va-t-en guerre

J'ai déjà parlé avec une tendresse particulière de mes amis de l'armée. Cela a surpris et même parfois choqué. Comment un homme de gauche, anticolonialiste et antifasciste notoire, peut-il également cultiver de pareilles amitiés ? C'est pourtant un fait indéniable : j'ai toujours eu, depuis l'enfance, une âme patriotique. Je suis ainsi fait; je n'y peux rien. Je ne peux que plaider coupable et invoquer les circonstances atténuantes.

J'ai passé treize années de ma vie à l'Ecole alsacienne, à une époque où le directeur et le sous-directeur étaient de véritables Alsaciens. Non pas de ces Alsaciens d'aujourd'hui, européens et pacifistes, mais des Alsaciens à l'ancienne mode, pour qui les souvenirs de la guerre de 1870 ne s'étaient pas encore attiédis d'un degré. C'est dire l'atmosphère qui régnait dans mon école.

Dans la cour se dressait un monument aux Morts majestueux et toujours pieusement fleuri. Deux petits canons, que j'admirais beaucoup et aurais rêvé de posséder, l'encadraient fièrement. Et on ne passe pas ainsi, impunément, treize années de sa vie devant un monument aux Morts — surtout lorsqu'on est soi-même le fils d'un héros de Verdun.

Chaque matin, je le regardais et je me disais : « Un jour, mon nom sera aussi gravé dans la pierre. » Cette pensée m'était presque devenue une raison de vivre.

A la fin de chaque année scolaire, la remise des prix nous valait un long discours, généralement consacré à l'Alsace, qui exaltait le sacrifice de tous ceux qui étaient morts pour qu'elle redevienne française. Les paroles de l'orateur me plongeaient dans un tel état de bonheur que je sentais mon cœur se dilater et s'ouvrir en grand à tout ce que l'on voulait bien y déverser.

Après ce discours de mise en train, venait une cérémonie plus impressionnante encore : nous nous levions tous sur un signe du directeur, tandis que quelques hommes, en qui j'avais vite appris à reconnaître des anciens combattants, gagnaient gravement l'estrade. L'opération se déroulait dans un silence absolu. Le directeur lisait alors d'une voix profonde et émue la liste des noms de ceux qui étaient tombés pour l'Alsace et pour la France. Puis suivait un second discours, où il était surtout question d'héroïsme, de courage et de sacrifice. Ceux qui étaient sur l'estrade concluaient enfin en embouchant leur trompette et en sonnant «Aux Champs». Alors là, je frissonnais littéralement. C'était magnifique. M'aurait-on dit à ce moment-là de mourir pour la France, j'aurais obéi sur-le-champ et avec reconnaissance.

La cérémonie cependant ne s'arrêtait pas là. Les meilleurs élèves — dont je faisais bien entendu partie — étaient alors invités à monter sur l'estrade. Là, sous la direction de notre professeur de solfège, qui s'appelait Melle Godin et que nous avions surnommée «à poil, Godin!» (et on voit que les transes patriotiques ne nous empêchaient pas d'être souverainement crétins), nous entonnions avec un bel ensemble, accompagnés par un harmonium, l'hymne de l'école :

Oh, Strasbourg, oh, Strasbourg,
perle du vieux Rhin,
Toi qui as choisi la France pour écrin...

Je dois avouer que ce genre de cérémonie avait à mes yeux beaucoup plus de sens que ma *Bar Mitzwa,* et que j'étais infiniment plus ému en chantant : «oh, Strasbourg, oh, Strasbourg» qu'en ânonnant un texte hébreu auquel je ne comprenais rien.

Cet amour immodéré de l'Alsace me poussait tout naturellement à dévorer les livres de Hansi qui racontaient en détail l'invasion de l'Europe par les Huns et décrivaient leur effroyable barbarie. Dans mon esprit d'enfant, le récit des atrocités d'Attila se confondait avec celui des horreurs commises par les armées du Kaiser et donnait à celles-ci des dimensions quasi mythiques. Les Boches — comme ils étaient appelés autour de moi — figuraient le Diable en personne. Je les haïssais plus que tout au monde et j'appelais de mes vœux une nouvelle guerre qui serait cette fois, je l'escomptais bien, une guerre d'extermination totale. J'allais être servi, mais pas tout à fait comme je l'espérais : les nazis, descendants logiques des Huns et des Boches, allaient bientôt se mettre en marche...

L'Ecole alsacienne n'était pas le seul lieu que je fréquentais où était célébré le culte de la patrie et où l'on respirait un parfum martial. Sans être une organisation paramilitaire, le scoutisme possédait toutes les qualités nécessaires pour alimenter mon imagination guerrière : nous portions l'uniforme, nous marchions en rangs, nous avions nos saluts, étions divisés en troupes, etc. Et, naturellement, à chaque réunion, nous évoquions de hauts faits de guerre, nous discutions héroïsme.

Nous montâmes même, un jour, une sorte de garde d'honneur devant le cercueil du maréchal Foch.

Je me souviens qu'avant de nous emmener veiller la dépouille de cet illustre personnage, on nous expliqua en détail que c'était lui qui avait gagné la guerre de 14-18. Que cette guerre se fût soldée par près de trois millions de morts et je ne sais combien de blessés et de mutilés ne me traversa même pas l'esprit; fasciné, je contemplais avec admiration le cercueil recouvert du drapeau tricolore. D'ailleurs, même si la pensée de toutes ces victimes m'avait effleuré, elle ne m'aurait pas troublé le moins du monde : « mort au champ d'honneur », comme on disait à l'époque et comme je me plaisais à me le répeter, me paraissait alors le sort le plus enviable, préférable même à celui de «héros de Verdun». De toute façon, j'étais incapable de formuler la moindre critique, la plus petite restriction, même éphémère, au sujet de cette guerre qui, juste après la France elle-même, était vraiment la plus belle chose du monde.

Elles étaient bien loin de moi toutes ces pensées peu francophiles qui m'agitent parfois aujourd'hui! Lorsque je laissai vagabonder mon esprit, ce soir-là, ce fut pour envier cet homme que je veillais et pour rêver de devenir à mon tour un grand général de la France victorieuse. Le seul problème réel était que je ne pouvais m'imaginer à la fois victorieux et vivant. Les deux états me paraissaient incompatibles. J'espérais mourir dans un acte d'une audace suprême, et obtenir ainsi de mon pays des obsèques encore plus grandioses que celles de Foch.

Heureusement, je crois avoir compris depuis à quel point cette guerre, comme toutes les autres, mais peut-être un peu plus tout de même, avait été un massacre. J'ai aussi définitivement abandonné l'idée de mourir pour mon pays. La seule chose à laquelle j'ai du mal à renoncer ce sont les obsèques nationales. Je crains bien pourtant — que l'on me pardonne ce jeu de mots facile — qu'il me faille à présent en faire mon deuil...

Notre maison aussi retentissait d'échos patriotiques. Ma mère berça mon enfance de récits glorieux. Je l'entends encore prononcer cette phrase magique qui ouvrait les vannes de mon imagination : «Quand ton père était au front...» Elle ne disait jamais : «à la guerre», ou bien «quand il était soldat», c'était toujours : «Quand il était au front...» Un autre mot, qui exerçait sur moi le même pouvoir, revenait aussi souvent dans ses récits, c'était : «Morthomme». Ces deux syllabes me plongeaient dans une délicieuse envie de mourir pour ma patrie. Ma mère était touchante. Elle prononçait le *t*, et, plus tard, je fus profondément déçu lorsque j'entendis parler de Morthomme prononcé : « morum ». Autant la présence de mon père à « Mort-t-homme » me semblait véritablement héroïque, autant le fait d'avoir combattu en un lieu qui sonnait comme un accusatif latin me paraissait d'une immense banalité.

Mon père, lui, parlait peu de la guerre. Je ne me souviens pas l'avoir jamais entendu raconter une seule anecdote militaire. Pourtant, à sa manière, il vivait lui aussi dans ses souvenirs. Je crois qu'il ne les évoquait pas par discrétion, par pudeur aussi, et puis parce que, d'une manière générale, c'était un homme qui parlait peu. Il était très ouvert et ne manquait pas d'amis. Il s'intéressait à d'innombrables choses. Mais il était modeste sur tout ce qui avait trait à ses exploits — ce en quoi nous ne nous ressemblons pas.

Comme pour la majorité des hommes de sa génération, la guerre de 14-18 avait été l'événement majeur de sa vie. Il n'en avait pas pour autant une mentalité d'ancien combattant, mais il était lié à son passé par un attachement sentimental.

Je me souviens d'un incident qui me bouleversa à l'époque. J'avais, il me semble, une dizaine d'années. Nous avions organisé, dans le cadre des Eclaireurs unionistes, un grand spectacle au Trocadéro. Aussi bon éclaireur que lycéen, j'y participai, bien sûr; et mes parents vinrent m'y voir. Nous jouâmes une petite farce qui nous valut de copieux applaudissements. Je redescendais de l'estrade pour rejoindre ma famille lorsque je vis mon père, visiblement très ému, se précipiter dans ma direction les bras tendus. J'avais une assez haute opinion de mes talents de comédien, mais tout de même, sa réaction me parut disproportionnée par rapport à ma modeste prestation. Je m'arrêtai, interloqué, et le vis me dépasser et saisir dans ses bras mon commissaire national aux éclaireurs, Guérin-Desjardin, dit «Cerf-Agile». Les deux hommes s'étreignirent avec une exaltation que je ne soupçonnais pas encore chez mon père. «Cerf-Agile», ou plutôt

Guérin-Desjardin, répétait, la voix étranglée : « Mon cher aide-major, mon cher aide-major, mon cher aide-major... »

Lorsque l'émotion fut un peu calmée, j'appris que mon père avait pratiquement sauvé la vie de mon commissaire national pendant la guerre en le ramenant après une attaque, sérieusement blessé, jusqu'à un poste de secours.

Pour comprendre ce que je ressentis alors, il faut savoir tout ce que représente un commissaire national aux yeux d'un jeune éclaireur. C'est une sorte de demi-dieu. Et ce demi-dieu-là devait à mon père d'être encore en vie. Une intense émotion m'envahit à mon tour et je les confondis tous deux dans la même admiration, sans oublier de remercier la guerre d'avoir rendu possible l'existence de tels actes de courage et de fraternité.

Cinquante ans ont passé depuis cette scène, et, si elle me fait parfois sourire, c'est tout de même avec un arrière-goût de sacrilège.

Les liens qui rattachaient mon père à cette époque de sa vie étaient si puissants que, tout philosophe et psychiatre renommé qu'il était, il ne manquait jamais d'assister aux réunions des anciens de son régiment, le 151e R.I., qui se tenaient, une fois par mois, dans un café du côté de la place de la Bourse. Dès que j'eus douze ou treize ans, il m'y emmena avec lui.

Je crois qu'il éprouvait une certaine fierté à montrer ainsi à ses anciens compagnons d'armes le si joli petit garçon, si bien élevé et si bon élève que j'étais alors. Et moi, naturellement, j'adorais ces soirées. D'abord parce que mon père semblait être aimé de tous. Ils l'appelaient « toubib », avec ce mélange d'affection et de respect qu'éprouvent les soldats pour le médecin du régiment. J'ai observé moi-même ce genre d'attitude pendant la guerre de 1940. Le médecin est un personnage à part dans l'armée. Ce n'est pourtant pas quelqu'un d'important, militairement parlant, puisque son grade ne lui confère en fait aucun pouvoir. Mais il est celui que l'on va voir, non seulement quand on est malade, mais aussi lorsque la peur vous saisit au ventre, la veille d'une attaque, par exemple. Il est celui à qui l'on confie son corps quand on est souffrant, et son âme quand on a le cafard. Etre médecin de bataillon m'a beaucoup appris sur la noblesse de mon métier.

L'arrière-salle du café où se tenaient ces réunions servait en même temps de siège social à l'association des anciens du 151e R.I., et le drapeau du régiment était soigneusement conservé sur un des murs, à l'abri derrière une vitrine. Sur le drapeau, deux mots étaient brodés en lettres d'or : *Rancourt* et *Verdun.*

Je crois que les anciens compagnons d'armes de mon père parlaient entre eux de choses très banales, et moi, je ne quittais pas le drapeau des yeux. Il me plongeait dans ce même état extatique où la vue d'un morceau du saint suaire transporte un croyant. C'est que, sans compter la tendance naturelle que j'avais à me sentir ému devant un drapeau, celui-ci était entouré d'un mystère profond. Verdun, je connaissais; tout le monde connaît Verdun. Mais Rancourt, ce nom n'avait jamais encore été prononcé devant moi — il ne l'a jamais été depuis, d'ailleurs. Rancourt, c'était pour moi une porte ouverte vers l'inconnu, vers un endroit que nul n'était capable de bien situer géographiquement, mais où mon père, lui, avait combattu avec vaillance, et où il était parvenu à sauver des vies humaines.

Je n'ai encore jamais cherché Rancourt sur une carte, et je ne l'y chercherai sans doute jamais : aucun lieu sur cette terre ne pourrait être à la mesure de mes rêves d'alors.

Les gens que nous cotoyions à ces réunions portaient des noms tels que Dumoulin, Lecoq ou Larivière; et moi, le jeune Minkowski, je me sentais parmi eux incroyablement français. Mon père n'appartenait-il pas à leur groupe ? Ne le considéraient-ils pas tous comme l'un des leurs ? Je me répétais avec délice : «Je suis bien un petit Français comme les autres, je suis français, je n'ai rien à voir avec ces Juifs qui viennent parfois hanter notre maison, je suis l'héritier, l'indiscutable héritier de ceux de Verdun et de Rancourt... »

Le 151e d'infanterie devait me servir par la suite. En 1944, alors que j'étais médecin d'un bataillon (le 19e chasseur) qui se trouvait en ligne, je commis une grave infraction à la discipline en demandant à mon chauffeur d'ambulance de conduire jusqu'à notre poste deux infirmières de l'hôpital civil de Strasbourg que j'avais invitées à dîner. La chose se sut et on menaça de me muter, ce qui représentait alors pour moi la pire des punitions. J'eus l'idée de m'adresser à de Lattre de Tassigny, qui était chef de la 1ère Armée, pour lui demander de lever ma peine : il avait été colonel du 151e d'infanterie. Le nom de mon père et les mots magiques de « Rancourt-Verdun » suffirent. J'écrivis à mon père une lettre où je lui racontai comment son fils venait de se sauver de l'indignité...

Mon père était fidèle à ses camarades et à ses souvenirs, au point d'aller régulièrement ranimer la flamme du Soldat inconnu. Aujourd'hui, la chose serait inconcevable, seuls les vieux briscards se livrent encore à ce type de manifestation, mais certainement plus les intellectuels comme mon père. Personnellement, je n'oserais jamais sortir mes décorations, m'affubler d'un béret basque, et aller ainsi obstruer la circulation de la place de l'Etoile. Mon père, lui, ne s'embarrassait pas de fausse honte, et cela me le fait admirer encore davantage.

Là aussi, il m'emmenait avec lui. C'était encore, à l'époque, une vraie cérémonie. Nous nous regroupions derrière les drapeaux et remontions fièrement les Champs-Elysées, au beau milieu de la chaussée. La ferblanterie brinquebalait sur les poitrines. Je tenais serrée la main de mon père, et je me jurais en moi-même qu'un jour, il ne pourrait en être autrement, j'arborerais moi aussi de semblables décorations.

Nous avancions bravement, sous les regards indifférents ou étonnés, mais parfois aussi, heureusement, admiratifs des badauds. Toute cette histoire de Soldat inconnu m'impressionnait terriblement. Je ne parvenais pas à m'imaginer l'extraordinaire action d'éclat qui avait pu permettre à cet homme de bénéficier d'un telle sépulture. Qu'avait-il bien pu accomplir pour se distinguer de la sorte? Il m'impressionnait, oui, et pourtant je ne l'enviais pas. Non pas parce qu'il était mort pour la France, mais parce qu'il était inconnu. Déjà à l'époque, c'était là je l'avoue, quelque chose que je n'aimais décidément pas.

Un jour, ce fut le tour de mon père de ranimer la flamme. Il n'y a pas de mots pour décrire l'état dans lequel je me trouvais lorsqu'un vieux briscard qui faisait office de maître de cérémonie tendit à mon père l'espèce de sabre destiné à cet usage. Mon père prit alors ma main et la posa sur la sienne. Et c'est ainsi qu'en ce lieu, plus saint à mes yeux que tous les lieux saints de la terre, nous poussâmes ensemble le sabre et, ensemble, fîmes jaillir la flamme. En vérité, un enfant nanti d'une âme aussi patriotique et sensible que l'était la mienne ne peut effacer de pareils moments. De telles choses ne s'oublient pas.

Je ne pourrais comprendre l'homme que je suis devenu sans me pencher ainsi sur ces influences convergentes qui marquèrent mon enfance et qui, intimement mêlées, avaient pour noms : christianisme, patriotisme, amour immodéré de la France. Ces trois éléments fusionnaient dans mon esprit et formaient à mes yeux cet idéal tangible qu'était mon pays. La France n'était pas seulement pour moi une contrée, une population ou une histoire. A l'instar de Dieu dont on dit qu'il ne peut être représenté, elle était une entité abstraite, tellement parfaite que je ne pouvais me la figurer concrètement.

Comparée à cette fabuleuse divinité qui veilla sur mon enfance, Dieu lui-même n'était pour moi qu'un personnage secondaire. Les valeurs culturelles en général et, à plus forte raison, le judaïsme s'en trouvaient naturellement relégués plusieurs rangs derrière. Servir mon pays était mon unique but. Je souhaitais le servir, selon la formule consacrée, «de tous mes moyens, de toutes mes forces, et de tout mon cœur». Et cela signifiait, en attendant que se présente l'occasion de lui sacrifier ma vie, bien travailler et réussir en toutes choses afin de lui faire honneur. Mes succès scolaires et universitaires, ces places de premier pour lesquelles je me battais n'avaient pas d'autre raison d'être : faire de moi le meilleur des Français au service d'un pays qui n'avait pas son égal au monde, et cela, bien entendu, en toute humilité.

Je me sentais donc français, à un point dont on n'a pas idée. Et pas n'importe quel Français : un Français presque catholique et, de surcroît, un peu protestant. Bref, un Français vraiment digne de l'admiration générale. Quant à mes origines, je les avais quasiment oubliées. Elles ne comptaient pas. Je les considérais un peu comme une erreur de jeunesse, une erreur bien pardonnable. Pour les autres, pourtant, et surtout pour mes chers camarades de la faculté de médecine, je restais avant tout un Juif. Mais j'étais si gentil, j'avais si bien assimilé leur culture saint-sulpico-patriotique qu'ils disaient de moi : «Ce Minkowski, c'est pas un Juif comme les autres.» Ce qui signifiait en gros que malgré mes origines je n'étais pas, finalement, un type trop dégueulasse... Et ça m'allait très bien, j'étais ravi de leur attitude : c'était tout à fait conforme à l'idée que je me faisais de moi-même. A la limite, je prenais cela pour un compliment; car enfin, j'avais dû beaucoup peiner pour réussir ainsi à me sortir de mes origines non françaises et somme toute incertaines. Mais pourtant, par pure fierté, je revendiquais en même temps ma qualité de Juif.

Cette attitude ambiguë avait un avantage : elle me mettait pratiquement à l'abri de l'antisémitisme. Et Dieu sait si celui-ci était virulent à l'époque, surtout à la faculté de médecine. J'étais totalement insensible à la haine qu'il véhiculait parce qu'elle ne m'atteignait guère. Ma bonne volonté me valait une considération et un statut particuliers. J'entretenais même des rapports presque amicaux avec des fanatiques de l'extrême-droite.

Pourtant, et c'est là une autre de mes ambiguïtés, je n'étais vraiment pas fasciste. Aussi incroyable que cela puisse paraître, j'allais faire le coup de poing, boulevard Saint-Michel, contre les camelots du roi. Cette même phénoménale inconscience qui m'avait permis de faire ma *Bar Mitzwa* tout en étant intimement persuadé que les Juifs avaient tué le Christ me laissait aller et venir, sans éprouver la moindre gêne, des pires cercles de droite à l'Union fédérale des étudiants, une organisation qui ne cachait pas ses sympathies pour les communistes. A la limite, je crois même que j'étais assez d'accord avec les thèses des uns et avec celles des autres.

On pourrait voir là le signe d'une certaine indifférence. Je ne le pense pas, car, au fond, tout cela m'agitait quand même un peu. Je croyais profondément aux idéaux de gauche que mes parents, radicaux-socialistes convaincus, m'avaient enseignés avec l'amour de la patrie. D'autre part, si je n'aimais pas les antisémites — car je réprouvais déjà toute forme de racisme —, j'estimais à l'époque que les Juifs étaient condamnés à une assimilation inconditionnelle. Je raconterai plus loin les sentiments que m'inspirait, lorsque j'étais enfant, la vue de ces étrangers aux noms imprononçables, aux barbes sales, et qui écorchaient si désagréablement cette merveille des merveilles qu'était alors pour mes oreilles la langue française.

J'ai dit que ce n'était pas par indifférence que je me comportais de la sorte. En fait, mes convictions souffraient d'un défaut essentiel : elles n'étaient pas à moi. Je les empruntais aux différents milieux dans lesquels j'évoluais. Elles ne constituaient pas, comme c'est le cas pour la plupart des jeunes, une façon de m'affirmer, mais étaient au contraire une manière de me fondre, d'adhérer, de demeurer en tout état de cause un petit garçon bien élevé et vraiment comme il faut.

Je crois que le désir de plaire m'habitait : je voulais surtout ne pas choquer, ne pas me différencier autrement que par l'excellence, ne dire que ce que l'on attendait de moi, ne jamais m'extraire de mon rôle de bon élève, ne pas m'écarter d'un pouce du chemin que je m'étais choisi.

Ma vie semblait alors toute tracée. Après de brillantes études de médecine, naturellement, je fus reçus à l'internat à vingt-deux ans. Mon avenir ne laissait aucune place au doute : je serais chef de clinique, puis assistant, puis chef de service. Entre-temps j'aurais épousé la fille d'un grand patron, ou une fille de la bonne bourgeoisie de province, catholique s'il le fallait. Peut-être me serais-je converti, pourquoi pas, après tout ?

Ce gouffre d'ennui qui m'aspirait lentement me semblait une destinée hautement enviable. J'y tendais de toutes mes forces et avec la meilleure volonté du monde. Je m'y serais englouti corps et âme si, bien malgré moi, les circonstances n'avaient fait voler en éclat mon petit univers soigneusement calfeutré.

Aussitôt passé le concours d'internat, je partis faire mon service militaire. Je choisis les chasseurs alpins, parce que j'avais fait auparavant un peu de montagne, mais surtout parce que c'était à l'époque un corps d'élite : le fils d'un héros de Verdun ne pouvait pas faire moins. Les premiers mois se déroulèrent dans un doux farniente que je mis à profit pour combler l'énorme retard qu'avait pris ma vie personnelle par la faute de mes études. Je rattrapai le temps perdu et découvris mon corps que mon âme avait jusque-là ignoré.

La déclaration de guerre me tira brusquement de ma léthargie. Bien à l'abri dans mon petit cocon égoïste, je m'y attendais d'autant moins que je ne m'étais jamais préoccupé auparavant de ce qui se passait dans le monde. L'annonce de la guerre réveilla en moi une multitude de souvenirs magiques. Mon unité restait cantonnée à Chamonix, et je piaffais d'impatience, l'arme au pied, avec la crainte de voir toute l'affaire se dégonfler avant que me fût accordée l'occasion de montrer que j'étais le digne fils de mon père. Ni l'Allemagne ni la France ne semblait décidée à crever l'abcès, et cette immobilité me semblait de bien mauvais augure. De vagues bruits circulaient qui affirmaient que la paix se tramait déjà en coulisse : ce n'était guère encourageant. Tout le monde paraissait en être soulagé, alors que j'en étais, moi, au désespoir.

Le sort me sourit enfin. L'Allemagne attaqua la Norvège, et la France décida d'envoyer des volontaires. Je sautai sur l'occasion. Mourir pour la patrie, même si je commençais déjà à le souhaiter un peu moins, me semblait toujours une fin idéale pour un parcours sans faute. Et puis, au cas où la mort m'épargnerait, j'acquerrais au moins, cela ne faisait aucun doute, un titre supplémentaire pour mériter l'admiration générale.

Ce fut donc sous les regards humides des miens que je m'embarquai. La campagne proprement dite dura fort peu. Dès que nous fûmes en présence de l'ennemi, nous reçûmes une telle raclée que nous dûmes rembarquer en catastrophe pour la Grande-Bretagne.

Comme, entre-temps, la France avait reçu de son côté la déculottée que l'on sait, on nous proposa de rejoindre le général de Gaulle qui était en train de constituer les Forces Françaises Libres. L'aventure norvégienne m'avait laissé sur ma faim, et je rêvais toujours d'en découdre avec l'ennemi que mon père avait malmené à Rancourt et à Verdun. Mais ce général de Gaulle, à l'époque, ne m'inspirait guère confiance. Sa situation n'était pas claire. J'ignore pourquoi, mais il me paraissait suspect. Que manigançait-il avec les Anglais qui avaient ignominieusement brûlé notre sainte Jeanne? Je me sentais si français, à l'époque, que je n'arrivais toujours pas à digérer la guerre de Cent Ans. Et puis ce de Gaulle-là ne ressemblait pas à l'idée que je me faisais de la France. Il n'avait rien à voir avec les Foch, Joffre et même Pétain, avec lequel je n'étais pas vraiment d'accord mais qui était tout de même le vainqueur de Verdun... Ce ne pouvait être qu'un aventurier ou un dissident. En tout cas, son action me paraissait illégale, et moi, le Dr Minkowski, bon soldat, bon Français et futur bon médecin, je n'allais pas m'embarquer avec lui pour l'inconnu.

Pourtant, je voulais me battre. Il n'était pas question de rentrer en France pour y poursuivre mes études de médecine. Mon seul espoir était de gagner l'Afrique du Nord où tant de Bugeaud et de père de Foucault s'étaient illustrés. Je n'avais pas d'autre choix et m'embarquai donc pour le Maroc avec une bonne partie du corps expéditionnaire de Norvège qui avait dû suivre un raisonnement similaire.

Un désastre nous attendait à Casablanca. Pendant notre traversée, la flotte française avait été détruite à Mers-el-Kébir, et nous autres qui venions d'Angleterre faisions à ce moment presque figure de suspects. Nous fûmes interrogés, un par un, sur nos relations avec la perfide Albion. Je compris vite, d'après les premières questions, qu'il aurait été très mal venu de ne pas haïr ces anciens alliés qui venaient de couler nos bateaux sous le prétexte futile qu'ils risquaient de tomber aux mains des Allemands. Et puis ces gens qui nous interrogeaient semblaient eux-mêmes être de si bons Français. Un peu fascistes bien sûr, légèrement antisémites, pas mal xénophobes, obtus, prétentieux certes, vindicatifs même, mais aimant l'ordre et respectant le pouvoir légitime. Je me forçai donc un peu à leur contact à détester les Anglais et racontai, pour leur faire plaisir, comment ces derniers nous avaient piétinés en Norvège, au moment de notre embarquement forcé, alors que nous les avions sortis de la neige où ils avaient été bloqués avec leurs vélos. L'anecdote était plutôt mince; elle plut cependant beaucoup. Elle fit le tour de l'état-major et me valut l'estime générale.

Je paressais au soleil en attendant le moment de devenir un héros, lorsque le général Weygand nous apprit que la guerre était finie et que, par voie de conséquence, l'armée de conscription était démobilisée. On nous transporta en zone sud. J'étais déçu, mais je décidai finalement de rejoindre Paris et, puisque je ne pouvais faire autrement, de reprendre mes études. J'avais tout de même été décoré de la croix de guerre, ce qui faisait de moi un Français encore plus digne de son pays que je ne l'étais avant mon départ, c'était mieux que rien.

Pendant ce temps, mon pays commençait d'édicter ses premiers lois antijuives, qui interdisaient, entre autres, à un Juif de devenir médecin. Mais, comme j'étais titulaire de la croix de guerre, cette mesure ne me concernait pas.

Avec la défaite, toute l'imagerie de ma mythologie d'enfant s'était transformée sous mes yeux en un ramassis de fuyards. Les héros de Verdun eux-mêmes, ces demi-dieux, ces surhommes, condescendaient à un pitoyable armistice et refusaient de poursuivre la lutte. Mes rêves s'étaient démantelés avec la France. Pourtant, pas un instant je n'eus la moindre velléité de révolte, ni contre l'injustice qui frappait mes frères, ni contre cette lâcheté dont tout le monde faisait preuve. Je repris tristement mes études et mon internat là où je les avais laissés, sans la moindre mauvaise conscience, tant il me semblait évident que telle était ma voie. Bien sûr, il m'arrivait d'écouter la radio de Londres et de verser quelques larmes, mais je finissais par me convaincre que finalement je n'éprouvais pas de regret de ne pas être resté en Angleterre, et je me replongeais bien vite dans mes bouquins de médecine. Cet assoupissement ne devait pas durer longtemps.

Peut-être étais-je après tout un de ces petits bourgeois égoïstes, si typiquement français, que Sartre appelait des « salauds ». Je ne sais pas. Je m'interroge sans honte et ne peux que reconnaître les faits. Ils existent par eux-mêmes et se passent fort bien des jugements que l'on peut porter sur eux. Je me demande parfois ce que je serais devenu si on m'avait laissé poursuivre tranquillement mes études. Aurais-je un jour enfin ouvert les yeux ? Serais-je sorti de ce rêve tranquille dans lequel je me complaisais ? Franchement, je n'en suis pas sûr. Un incident imprévu allait heureusement me secouer.

Le jour de la commémoration de l'Armistice, le 11 novembre 1940, je participai en bonne place à la manifestation de l'Arc de Triomphe. Ce n'était pas encore dans mon esprit un acte de résistance, mais plutôt de fidélité à mes souvenirs. Après ça, je retournai à l'hôpital où, assez fier tout de même d'avoir ainsi nargué l'ennemi en pleine occupation, je racontai en salle de garde ce que j'avais vu. Un silence de mort s'établit dans la pièce, tout le monde se tut, et c'est alors que l'un des internes, le Dr Motte, laissa tomber ces mots que j'entends encore : «Ce sont toujours les étrangers qui se mêlent de ce qui ne les regarde pas.»

Un tremblement de terre ne m'aurait pas ébranlé davantage. Je découvrais brusquement ce que j'avais toujours réussi à me dissimuler : ces gens-là me haïssaient, j'étais pour eux un objet d'abjection. Et je compris soudain tout ce qui devait se dire jusque-là dans mon dos : que j'étais un infâme et le pire des Juifs.

Le plus curieux, c'est que je n'ai pas réagi tout de suite. Ce coup m'avait abasourdi et comme paralysé, mon univers s'écroulait définitivement en même temps que s'évanouissaient mes points de repères. J'étais désemparé, une véritable loque. Et ma première réaction fut encore un réflexe conditionné : j'estimai qu'ils avaient peut-être raison. Je me disais : «C'est vrai, lorsque mes parents arrivèrent en France, la France était différente de ce qu'elle est aujourd'hui, sans doute est-ce de notre faute si elle a périclité, et il est juste enfin que nous ayons à payer pour ce que la juiverie internationale a fait subir à ce beau pays...»

Il me fallut des mois pour me remettre de ce cataclysme, pour me reprendre, me relever, et lentement recoller les morceaux qui restaient de moi, mais cette fois dans un ordre différent. Je ne voulais plus jamais être un bon petit Français, un bon petit garçon, un bon petit n'importe quoi. Et je dois remercier ici ceux qui m'aidèrent dans cette difficile entreprise de reconstruction, je veux parler de mes camarades de la Résistance, ceux que l'on appelait à l'époque des terroristes.

4.

Alexandre Super Star

Je ne renie pas plus celui que j'étais que je ne cherche à l'excuser. Des parents exceptionnels m'avaient concocté une enfance merveilleuse, baignée de lumière, et si je peux aujourd'hui me moquer de mes côtés «chien savant» un peu niais, un tantinet candide, c'est à eux que je le dois; de toute manière, je ne peux pas faire que rien de tout cela n'ait existé. A la limite, je ne regrette même pas mon comportement d'alors, puisque la chance du malheur m'a finalement ouvert les yeux. Les choses ne sont pas aisées. Cependant, je n'oublie pas que ce n'est pas moi qui ai engagé les hostilités. Je n'ai pas contesté le monde en premier. Ce sont les autres qui m'ont remis en question, avec cruauté. Ce fut pour moi une douloureuse période de crise, un véritable drame, mais un drame salutaire. J'y ai appris que celui qui n'a pas, un jour, la chance de se mettre ainsi en question, court un péril d'autant plus grave qu'il en ignore l'existence. Cette volonté de remise en cause est en quelque sorte à l'origine de ce nouveau livre dont le but est de dénoncer certains travers de notre société, mais aussi de s'attaquer à présent à ce mandarin aux pieds nus qui a fini par se prendre pour *Monsieur le professeur Minkowski*.

Et si je trouve du plaisir dans cette aventure, sans doute est-ce parce qu'elle m'est une occasion de faire un pied de nez bien mérité à l'enfant trop sage que j'ai été.

Que l'on me pardonne cette longue parenthèse, il est temps à présent de reprendre le récit de mon irrésistible ascension.

Mes débuts dans le monde du «n'importe quoi» s'étaient donc avérés assez prometteurs, mais j'avais le sentiment d'avoir suffisamment payé de ma personne : j'avais déjà fait tout ce que je pouvais pour assurer le succès de mon bouquin.

Je mentirais pourtant en disant que je n'ai pas éprouvé un certain plaisir à voir les caméras se braquer sur moi et à recevoir, les jours suivants, des flopées de félicitations. Mais je n'arrivais toujours pas à prendre cette histoire très au sérieux. J'avais envie de cesser le jeu, il n'était pas encore trop tard. Le service de presse de mon éditeur m'en dissuada aussitôt. On m'expliqua que le succès était loin d'être assuré, que de nos jours les écrivains ne pouvaient se contenter d'être de simples auteurs, qu'ils devaient être aussi les commis-voyageurs de leurs propres ouvrages, enfin qu'on avait besoin de moi, que je ne pouvais donc refuser aucune invitation à aller défendre mon livre, etc.

Je ne peux pas dire que je partageais vraiment leurs préoccupations, mais il me parut honnête de suivre leurs conseils, ne serait-ce que par loyauté à l'égard d'un éditeur qui avait placé sa confiance en moi, et de Jean Lacouture, à qui j'avais causé tant de tracas. Et puis, pour être franc, je commençais à m'amuser énormément. Après tant d'années de travail acharné, de rigueur scrupuleuse, de découragement parfois devant la souffrance toujours renaissante, je méritais bien quelques vacances.

J'avais connu beaucoup d'épreuves : la guerre, la Résistance, l'éloignement, et, à mon retour, ce long combat contre mes pairs pour imposer mes conceptions sur la médecine néo-natale. J'avais chèrement payé mes constantes campagnes. Mais voilà qu'à présent il me suffisait de paraître, de parler, de dire ce qui me passait par la tête pour que l'on m'écoute et que l'on soit d'accord avec moi. La tentation était trop forte. Comment ne pas céder ?

J'étais tout de même un peu anxieux à l'idée d'avoir à parler, devant une grande audience, d'un peu de tout, et donc surtout de n'importe quoi, en donnant l'illusion de la compétence. En France, on ne prête attention qu'à ceux qui ont l'air sûrs de leur fait. J'avais remarqué depuis longtemps ce travers : on peut tout dire chez nous, à condition de faire semblant de savoir de quoi on parle. Cela m'avait beaucoup frappé à mon retour des Etats-Unis. Mais il ne faut pas s'imaginer que l'art de jeter ainsi de la poudre aux yeux s'acquiert facilement. Il nécessite des années d'entraînement. Heureusement pour moi, j'en avais acquis la maîtrise, comme la plupart des médecins, au cours de mes études, et surtout grâce à cette fameuse «question d'internat» qui oblige à parler très vite sur n'importe quel sujet et à répondre avec brio à ce que l'on comprend le moins. J'étais bien loin de mes années de faculté, mais j'avais pratiqué si longtemps cet exercice absurde qu'il m'était devenu une sorte de seconde nature.

Donc, à partir du moment où je décidai de jouer le jeu et de ne refuser aucune invitation, même les plus incongrues, tout me fut bon pour étaler ma pseudo-universalité. C'est ainsi que je devins d'abord un spécialiste des sports.

Le sport, j'en pratique un peu comme tout le monde. Mais davantage devant mon poste de télévision, ou *l'Equipe* à la main, que sur le terrain. Lorsque j'étais jeune — il y a de cela trente bonnes années — j'ai bien fait un peu d'alpinisme, et je tape encore, de temps à autre, dans une balle de tennis, enfin je vais tous les ans aux sports d'hiver, mais ce que j'aime surtout, en fait, c'est d'en parler. Je m'étais déjà assuré une petite réputation de connaisseur qui était parvenue jusqu'aux oreilles du rédacteur en chef de *l'Exploit*, un excellent journal dévoué à cette cause. Il avait dû prendre mes prétentions très au sérieux, car il m'avait proposé d'écrire un article sur le thème : « Maîtriser son corps ». Deux solutions s'étaient offertes à moi : considérer que je n'étais pas un spécialiste de la médecine sportive et refuser pour cause d'incompétence, ou bien accepter et écrire ce qui me passait par la tête, mais d'un air hautement qualifié. J'avais choisi la seconde et n'avais pas eu tort : mon papier avait produit une assez grosse impression sur les milieux autorisés et m'avait posé d'emblée comme un interlocuteur valable.

Après cela, je n'avais eu qu'à entretenir ma réputation en lâchant, de temps en temps, au détour d'une phrase, une de ces expressions idiomatiques que seul un véritable connaisseur parvient à comprendre. Ainsi, à propos du Tour de France qui abordait les Pyrénées, je ne disais pas que les meilleurs se révèleraient dans les cols, ce qui aurait été intelligible pour tout le monde, mais que « les juges de paix pyrénéens rendraient bientôt leur verdict ». De Thévenet, qui n'avait pas pris un très bon départ, je prophétisais qu'il allait sûrement « remettre les montres à l'heure », et pour parler d'une bonne et charmante joueuse de tennis, je disais : « charmante et blonde, sous sa visière et sous son short, à l'instar d'un journaliste de *l'Auto* ».

Mais je restais un expert assez confidentiel. Ce qui me paraissait d'autant plus regrettable que je commençais à croire réellement en mes talents de chroniqueur sportif. Le hasard devait me fournir l'occasion de les révéler à la France entière.

Le scandale que soulevait mon livre dans le milieu médical d'une part, ma bonne gueule et ma jolie cravate de l'autre faisaient que j'étais en passe de devenir, comme n'importe quel chanteur *yéyé*, *pop* ou *punk*, une vedette de l'audio-visuel. Cette notoriété naissante me valut de me retrouver un jour invité à l'émission de Michel Drucker (*Sport-Première*) en compagnie d'un certain nombre de personnages illustres dont Mireille Mathieu, Jacques Monod (prix Nobel), Demaison (le célèbre vainqueur de la face nord des Dru), Tabarly, et quelques autres encore. Pour ne l'avoir pas cherchée, ma « gloire » naissante me semblait encore naturelle. Mais j'étais quand même assez ému. Je n'étais pas tout à fait un inconnu, j'avais même une certaine réputation internationale dans ma spécialité, mais de me savoir ainsi en face de millions de téléspectateurs et au milieu d'un tel aréopage, la tête m'en tournait presque.

Il y eut d'abord un moment tout à fait étonnant. Arrivé le dernier, le professeur Monod s'inclina cérémonieusement devant Mireille Mathieu et lui baisa la main. Interloqués, nous nous tûmes. Mireille Mathieu, elle, apparemment ravie, prit un air sérieux, réfléchi, et lui demanda, d'une voix presque grave :

— Monsieur le Professeur, est-ce que je peux vous poser une question ?

— Bien sûr, madame, répondit-il aimablement.

— A quoi pensez-vous, pendant que vous faites vos recherches ?

Pour le coup, le silence s'approfondit considérablement. J'effectuai, du regard, un rapide tour de table. Tabarly regardait la mer, très loin derrière les murs du studio. Demaison contemplait quelque cime inaccessible. Monod cherchait désespérément une réponse. Moi, j'essayais de penser à autre chose, de peur de ne pouvoir contenir l'hilarité que je sentais monter en moi.

Enfin l'émission commença. Gentiment questionné par Drucker, chacun se mit à raconter ce qu'il faisait. Demaison évoqua ses ascensions. Mais d'une manière si simple et si naturelle, qu'à l'entendre, mon imagination toujours prête à s'enflammer me laissa croire, à moi qui ne m'étais pas encordé depuis plus de trente ans, que j'étais encore capable de grimper tout là-haut. J'ai toujours eu les bateaux en horreur. Je déteste ce sentiment de confinement, cette impression d'être livré sans défense à des forces aveugles et sur lesquelles je n'ai aucun pouvoir. Mais quand Tabarly parla de la mer, en se penchant amicalement vers moi comme pour me prendre à témoin, je fus tout à fait persuadé de ma capacité d'embarquer avec lui. J'ai gardé, malgré mon âge avancé, cette vertu enfantine de m'identifier aux héros des romans que je lis ou aux personnalités que je rencontre. Comme le personnage de *la vie secrète de Walter Mity*, il suffit que je lise ou entende raconter quelque histoire un tant soit peu héroïque ou exemplaire, pour que mon imagination s'exalte et me fasse croire que je l'ai vécue. C'est ainsi que cet après-midi-là, je fus tour à tour alpiniste, marin solitaire, chanteuse de charme et prix Nobel de biologie.

C'est au détour d'une question, pourtant bien anodine, et au prix d'un acte d'audace dont je n'aurais jamais été capable en tout autre compagnie, que j'allais être consacré grand spécialiste de la chose sportive. Ce dimanche-là se jouait une demi-finale du championnat de France de rugby. Drucker demanda à chacun de nous son pronostic.

Je n'ai jamais mis les pieds sur un terrain de rugby, mais, ce jour-là, ce fut tout comme. Rien ne m'arrêta. Et pourtant, en toute honnêteté, je ne suis toujours pas sûr de bien comprendre les règles du jeu. Cependant ma connaissance du vocabulaire technique est suffisante pour me permettre de commenter un match en détail sans que mes interlocuteurs puissent se douter un seul instant que je sais à peine de quoi je parle. En fait, je n'ai du rugby qu'un savoir que je qualifierais de périphérique. Et les liens privilégiés que je noue avec ce sport ont des causes qui lui sont parfaitement étrangères : la femme d'un joueur avait accouché dans mon hôpital, un dimanche où son mari disputait un match comptant pour la Coupe; la partie avait été longtemps incertaine, mais l'équipe de l'heureux père l'avait emporté grâce à un essai marqué dans les toutes dernières minutes; j'étais allé féliciter la maman et j'avais échangé quelques mots avec elle — en sortant de sa chambre, j'avais eu brusquement l'impression que ce sport m'était très familier, que, d'une certaine manière, je faisais «partie de la famille», et que, malgré mon ignorance profonde en la matière, j'avais à présent mon mot à dire sur le rugby.

Dans la demi-finale qui se disputait ce jour-là, Béziers faisait pour tout le monde figure de vainqueur. Par contre, de l'avis général, Dax n'avait aucune chance. Le jugement de tous les participants à l'émisson, amateurs et spécialistes, était donc parfaitement unanime. Alors je me prononçai pour Dax, comme ça, pour rigoler, par goût de la provocation aussi, et puis peut-être à cause de ce sentiment atavique de solidarité qui me pousse toujours du côté des mal aimés. (A cet égard, je me réfère toujours à « l'éloge du dernier » dans *Elpénor* de Giraudoux.) Je m'expliquai d'un air très entendu : « Croyez-moi, les jeux ne sont jamais faits, pas plus au rugby que dans aucun autre sport, mais encore moins au rugby, et personnellement je connais bien les Landes et les Landais, et je peux vous dire que ce sont des gens qui savent ménager des surprises. Vous verrez. » Je lançai là-dessus, pour donner plus de poids à ma démonstration, quelques petits détails techniques que j'avais lus la veille dans *l'Equipe* en prévision de l'émission, puis je conclus que mon favori, définitivement et en tout état de cause, ne pouvait être que Dax. Tous les visages étaient tournés vers moi ; on me regardait, étonné, avec l'air de se demander si je bluffais ou si j'étais véritablement un grand expert du ballon ovale. C'est à ce moment-là que le match commença.

Pendant la partie, je grognai que le commentateur, un piteux remplaçant de Roger Couderc, était partial — ce qui n'était pas absolument évident. Tout le monde fut cependant d'accord, ce qui me surprit déjà énormément. Mais le plus incroyable est qu'en fin de compte ce fut effectivement Dax qui gagna, et de loin encore. J'étais bien le plus épaté : les autres, ébranlés par mes arguments aussi techniques que péremptoires, s'étaient depuis longtemps rangés à mes côtés. Voilà comment, depuis ce jour, je passe pour un vrai connaisseur.

Le lendemain de cette émission, je reçus un volumineux courrier qui me convainquit que le rugby n'avait pas de secret pour moi. Le président de la société des laits Gallia, un grand amateur de jeu à XV, m'invita même à déjeuner — ce fut un vrai gueuleton — uniquement pour s'en entretenir avec moi.

Je n'ai jamais avoué, bien sûr, sauf à quelques familiers,

que j'avais bluffé. C'est que je commençais à me sentir bien dans cette nouvelle peau de spécialiste. Je ne me donnais même plus la peine de simuler. Je me prenais à mon propre jeu, j'entrais si bien dans mon personnage que je me surpris un jour à me dire : « Au fond, c'était évident que Dax allait gagner, parce que Béziers était en perte de vitesse. »

Jusque-là, la chance m'avait souri. Sans avoir rien sollicité, ni même souhaité, j'avais été successivement invité par Pivot et par Drucker. De plus j'avais donné un nombre honorable d'interviews à différents journaux ou magazines. Mon nom commençait à revenir régulièrement dans les conversations. Dans la rue, parfois, je voyais des regards me dévisager. C'était plus qu'il n'en fallait pour satisfaire la vanité d'un médecin qui, quelques semaines plus tôt, n'était connu que de quelques-uns de ses pairs. A présent il était trop tard pour faire machine arrière. Moi qui au départ ne demandais rien, maintenant il me fallait tout. Or, voilà que pour la première fois je butais sur une résistance. Chancel ne m'invitait pas. Je me sentais d'autant plus frustré qu'Escande, avec qui j'avais fait mes premières armes à l'émission de Pivot, avait déjà « fait » sa *Radioscopie* depuis longtemps. Et il ne cessait de me répéter que c'était « vraiment une très bonne émission, vraiment très complète, très intelligente... » J'avais un peu l'impression d'être le fils du curé.

Je devais avoir l'air très attristé, car plusieurs de mes amis me proposèrent de me pistonner. J'hésitai, mais, quand même, je n'osai pas accepter.

L'attente dura ainsi plusieurs semaines. Puis, un beau jour, l'invitation tant désirée arriva enfin.

Le premier moment d'exaltation passé, je décidai de ne rien laisser transparaître de ma joie et de me comporter au contraire vis-à-vis de Chancel en vrai professionnel des médias, ce que je me sentais d'ailleurs devenir. Donc, pas question de préparer un discours ni d'arriver, tel un collégien tremblant et ému, la bouche sèche et les mains moites, une demi-heure avant le début de l'émission. Aussi, malgré le trac qui m'étreignait, je parvins à me convaincre de ne pas annuler ma partie de tennis hebdomadaire, qui avait précisément lieu le même jour, ce qui me permettrait d'arriver juste à l'heure à la maison de la Radio.

J'étais en grande forme, je jouai mieux que je ne l'avais fait depuis des mois et gagnai ma partie en deux manches : 6-3, 6-2, sous les applaudissements d'un quarteron de jeunes femmes qui ne cessèrent de m'encourager tout au long du match en me disant : « A votre âge, il faut le faire. » Je pris ma douche en sifflotant comme un vrai playboy des courts, me rhabillai en vitesse et sautai dans ma voiture. J'avais vingt ans.

J'entrai dans le studio, légèrement essoufflé, ma raquette de tennis à la main, avec une ou deux minutes de retard. Et je compris tout de suite que j'avais réussi à impressionner Chancel. Je n'étais pas mécontent de ma petite mise en scène. (Comme quoi « cabot » ne signifie pas seulement « toutou ».)

A peine le temps de m'asseoir, et l'émission commença.

Chancel est vraiment un excellent interlocuteur. Il possède à fond son métier. Bon technicien, il parvient à se montrer toujours passionné par les réponses de celui qu'il interroge. On se sent porté par ses paroles, soutenu par la chaleur de son regard... Enfin, quand il a son invité à la bonne... Parce qu'il sait aussi se montrer très incisif et désosse les gens à grands coups de questions terriblement affûtées. Je crois qu'il m'aimait bien, heureusement ; je ne devais pas lui être trop désagréable, car il n'essaya pas de me tarabuster. Bien entendu, je profitai honteusement de la situation. Durant toute l'heure de l'émission, je ne le laissai pas placer plus de dix phrases. C'est là un de mes principaux défauts — ou une de mes grandes qualités —, quand je pars sur ma lancée, personne, ni rien au monde ne peut m'arrêter. Et le pire est que je ne m'en rends même pas compte. Ce n'est qu'après, lorsqu'on me dit que j'ai parlé comme un sourd et que j'ai complètement submergé de mots mon interlocuteur que j'en prends conscience, et j'en suis alors tout à fait surpris. C'est plus fort que moi ; j'ai beaucoup de mal à me corriger, surtout quand un sujet me passionne. Et ce fut le cas ce jour-là.

Brusquement, l'idée m'était venue que c'était là une occasion rêvée de parler enfin d'un problème qui me tient à cœur et sur lequel personne n'avait encore eu la bonne idée de me demander mon opinion : les rapports entre Juifs et Arabes. Chancel essaya bien, surtout au début, de m'aiguiller sur d'autres voies, je ne l'écoutai même pas. Cramponné à mon histoire, je n'entendais plus rien. J'avais tout de suite attaqué : « Etre juif, pour moi, c'est être l'ami des Arabes. Nous sommes deux peuples frères. Tout nous unit, notre histoire, nos mentalités, nos intérêts. Nos vrais alliés sont les Arabes et non pas tous ces fascistes, anciens pétainistes, qui militent depuis la fin de la guerre d'Algérie pour quelque amitié franco-israélienne. Ensemble, Juifs et Arabes peuvent faire des choses formidables... », etc. Et plus je parlais, plus je m'enflammais. Je me disais que mes mots allaient peut-être émouvoir beaucoup de gens. Il n'y avait rien de calculé dans mon discours. Il jaillissait de moi spontanément, mais en même temps j'étais tout à fait lucide. Je m'entendais parler et j'espérais toucher juste : j'étais si sincère, me semblait-il, que je ne pouvais pas ne pas émouvoir.

Chancel, qui ne renonçait pas à m'interrompre pour reprendre la direction des débats, s'efforçait en vain de m'entraîner sur un terrain plus neutre, mais je lui coupais immanquablement la parole — on me l'a raconté après — et revenais irrésistiblement à mon affaire. Et plus je parlais, plus je m'emballais. Je citai les points communs qui existent entre Arabes et Juifs en me trompant une fois sur deux. Evoquant la pierre d'où Mahomet s'était envolé, je parlai du temple d'Omar, confondant le temple de Jérusalem construit par Salomon et la mosquée d'Omar bâtie des siècles plus tard. Mais cela n'avait pas d'importance. Je crois que même Chancel s'y laissa prendre, car il cessa bientôt de me poser des questions. A moins que ce ne fût par découragement...

5.

Alexandre grand reporter

Bien entendu, cette émission me valut de nombreuses interviews. Plusieurs journaux, croyant déceler en moi une future star, s'empressèrent de recueillir mes paroles. Loin de moi le désir de critiquer ces journalistes qui prirent la peine de venir jusqu'à moi, de m'interroger patiemment, puis de mettre en forme mes propos — ce qui ne dut pas être toujours facile. Je n'ai pas davantage l'intention de jeter la pierre aux journaux qui les mandataient. Tout cela fait partie d'un système — lui-même fondé sur une réalité : le public français aime les vedettes, c'est ainsi et l'on n'y peut rien; il lui faut sa ration hebdomadaire de princesses amoureuses, de chanteurs abandonnés et de savants, compétents ou non. Et quel mal y a-t-il, en fait, à satisfaire ce goût qui, pour douteux qu'il me paraisse, n'est probablement pas très dangereux, sauf peut-être pour celui qui a la naïveté de s'y laisser prendre?

Légèrement grisé par cette soudaine célébrité qui me donnait à la fois l'impression rassurante d'être aimé et la possibilité de m'exprimer enfin librement, je me prêtai alors avec une certaine complaisance à tout ce que l'on voulait me faire dire ou faire. Je souhaitais être partout, et plus j'entendais mon nom cité à tout propos, plus ma soudaine soif de m'exprimer grandissait. Pourtant, le comique de la situation ne m'échappait pas, bien au contraire, et j'en profitais parfois pour tenir les propos les plus inattendus et soutenir les thèses les moins crédibles. Je vivais une gigantesque farce; c'était aussi soulageant qu'un immense éclat de rire. L'enfant que je n'avais pas été, que je n'avais pas su ou pas pu être, commençait à se manifester au fond de moi, il s'agitait, il gigotait en tous sens comme s'il voulait rattraper le temps perdu, et cela avec une frénésie à la mesure de son attente. L'affreux jojo que chacun de nous porte en lui, et s'efforce en général d'étouffer ou du moins de maintenir à sa place, avait enfin la parole. Et il s'en donnait à cœur joie. Celui-là se moquait bien des bonnes notes, de la moyenne aux examens, de la patrie et de la religion. Et puis, dans mon cas, cela faisait plus de cinquante ans qu'il attendait cette occasion. Comme quoi le plaisir, telle la vengeance, peut être un plat qui se mange froid...

C'est à la suite d'une de ces multiples interviews que me fut octroyée ma véritable consécration : je fus invité à diriger *Le Journal inattendu* de RTL. Etre le rédacteur en chef d'un journal que suivent des millions d'auditeurs me paraissait si prestigieux, si inaccessible, que j'en éprouvai une joie et une fierté sans commune mesure avec tout ce que j'avais pu ressentir jusque-là, même après mon internat ou à l'occasion de la remise de mes diplômes étrangers. Je crois que ma satisfaction fut alors presque égale à celle du jour où, gamin, j'avais avec mon père ranimé la flamme du Soldat inconnu.

Mon heure de gloire avait sonné. Mais, bien sûr, là-encore, je m'efforçai de ne rien laisser paraître de mes sentiments. Je m'offris même le luxe d'hésiter — ce qui redoubla mon plaisir. Je m'excusai auprès des journalistes de RTL en disant : « Moi, vous savez, la presse je ne sais pas très bien ce que c'est, surtout la presse parlée, je ne suis pas vraiment sûr d'être capable de faire ce que vous attendez de moi... Donner des interviews, passe encore, mais de là à diriger un journal... » Je fis ainsi durer le suspense quelques minutes. De l'autre côté, on semblait avoir décidé une fois pour toutes que j'étais bien l'homme de la situation et on me donnait du «mais si, Monsieur le Professeur», etc. Nous savions tous que je finirais par accepter, mais nous ne pouvions pas ne pas respecter les règles. De même qu'on n'allait pas me déclarer tout de go : «Alors, Alexandre, vous voulez le diriger ce journal?», de même je ne pouvais me contenter de donner simplement mon accord. Il me fallait tergiverser, mais en fin de compte je le donnai, naturellement, et nous nous quittâmes, enchantés les uns des autres.

On me dit que je compte parmi les spécialistes de néo-natalogie. Mais ce que j'espère surtout, c'est être un médecin convenable. Et cette ambition que j'ai d'être un assez bon médecin ne me vient pas tellement de mes connaissances, si dérisoires face à l'immensité du mal que nous devons combattre, ou comparées à la souffrance à laquelle nous sommes quotidiennement confrontés, mais plutôt du fait que j'aime mes patients, et particulièrement ces parents qui viennent me demander mon aide. Je crois que les qualités humaines sont essentielles pour un médecin. Et, si je ne me prononce pas là-dessus avec plus d'assurance et de certitude, c'est parce que je vis mon métier dans une angoisse et un doute perpétuels. On ne saurait être catégorique lorsqu'il s'agit de médecine.

Il est pourtant une chose dont je suis absolument sûr : c'est que j'aurais fait un bon journaliste. Ce qui ne signifie pas que je considère le métier de journaliste comme plus facile que le mien. J'ai beaucoup plus de respect pour certains journalistes — comme par exemple Jean Lacouture, que je connais bien — que pour de nombreux médecins dont je ne parlerai pas. On ne s'improvise pas journaliste du jour au lendemain, c'est une profession qui exige un talent particulier et dans laquelle on ne peut réussir sans compétence. Je pense pourtant, en toute humilité, que j'aurais pu faire un journaliste assez convenable.

A force de me répandre dans tous les médias, je commençais à acquérir une certaine expérience. Les micros et les caméras n'avaient plus de secrets pour moi. A peine installé dans le studio de RTL, j'empoignai donc le micro que l'on me tendit et, pendant toute une heure, je ne le lâchai pas, accaparant les ondes sans faiblir ni hésiter un seul instant.

Le premier sujet sur lequel on m'interrogea fut la nationalisation de la médecine, un de mes chevaux de bataille favoris. Le sujet pourtant m'est tellement familier que je craignis de le traiter de façon ennuyeuse, surtout si on me laissait seul pour l'aborder. Je suis capable de parler avec assurance de ce que je ne connais pas complètement, surtout si quelque adversaire m'est opposé. Heureusement, les journalistes de RTL avaient eu ce jour-là la bonne idée de me mettre en liaison directe avec Mme Veil qui était à l'époque ministre de la Santé.

La nationalisation de notre profession est un problème complexe. Je connais bien le système anglais où la médecine est gratuite et accessible à tous. C'est sans aucun doute la meilleure solution, et de très loin. Mais elle présuppose un degré de civisme que nous autres Français, malades comme médecins, sommes loin de posséder. Son introduction brutale dans notre pays serait, à mon avis, une catastrophe sans autre résultat que de déprécier notre médecine dont l'image de marque n'est déjà pas excellente. Je pense que la médecine nationalisée est un idéal vers lequel il nous faut tendre lentement et prudemment. Ce point de vue est à vrai dire partagé par tous ceux qui ont un peu de bons sens et qui connaissent la question. Mais, si je m'étais contenté de le développer sans rien y ajouter, notre prestation aurait été d'un mortel ennui. Or j'étais avant tout venu là pour m'amuser. Et puis, cela m'embêtait quand même un peu d'être d'accord avec un ministre... A la limite, je trouvais cela vaguement compromettant. J'ai beaucoup d'estime pour Mme Veil, mais certaines de ses attitudes ne vont pas sans me heurter. Je décidai donc, pour une fois, de faire un plaidoyer pour une médecine radicalement nationalisée.

La communication avec elle était à peine établie que je l'attaquai comme à la parade, sans lui laisser le temps de respirer, fauchant ses arguments, ne lui permettant même pas de les développer. Le combat fut inégal : malheureusement je connaissais mieux le dossier qu'elle qui non seulement n'est pas médecin, mais n'avait abordé les médecines étrangères que d'une manière indirecte. Je citai, pêle-mêle, des témoignages, des statistiques, des cas concrets et des théories, ne lui accordant la parole que pour me donner des armes supplémentaires et mieux la contrer. Je poussai même mon petit couplet gauchiste et m'en pris au «fric», agent de corruption bien connu. Et, au fur et à mesure que je parlais, je m'étonnais — et m'épouvantais un peu — d'être ainsi capable de défendre avec tant de fougue et de conviction une opinion qui n'est pas tout à fait la mienne.

A la suite de cette émission, je reçus beaucoup de lettres et de coups de téléphone admiratifs et même, parfois, dithyrambiques. Cela acheva de me persuader qu'il suffit en France d'affirmer une chose avec autorité pour être cru sur parole. Qu'importe ce que l'on raconte : il faut se montrer persuasif. Tel est, il me semble, le secret de la réussite d'hommes politiques comme Marchais ou Giscard qui présentent avec certitude des données discutables pour ne pas dire fausses, et celui de l'échec de Mendès France à qui il est difficile de se montrer catégorique et qui, de surcroît, comme tous les hommes honnêtes, est souvent en proie au doute. Quant à Mme Veil, notre débat radiophonique nous laissa, ce jour-là, légèrement en froid.

Une fois expédié ce duplex sur la médecine nationalisée, on me demanda de commenter l'actualité. Ma prestation précédente m'avait mis en appétit. J'entrepris alors d'invectiver tous les partis politiques, quels qu'ils soient, m'écriant qu'ils ne correspondaient plus à rien, que les Français ne se retrouvaient pas en eux, qu'au lieu de la servir, ils encombraient la vie politique de notre pays, etc. Et sautant du coq à l'âne j'en profitai pour pourfendre au passage l'Ordre des médecins que je mis dans le même sac.

En France, je l'ai déjà dit, il importe d'éviter comme la peste d'être modeste. Il faut «la ramener», carrément et sans vergogne. J'étais lancé, et, puisque j'avais commencé à jouer le jeu, autant aller jusqu'au bout. Sans que rien dans ce que j'avais dit précédemment ne le justifiât, je me mis alors à évoquer mes voyages dans les pays communistes. Je ne lésinai pas sur les détails, je racontai comment j'avais rencontré Castro, Pham Van-Dong, Chou En-Laï, plaçant à propos de chacun d'eux une petite anecdote personnelle, afin de bien montrer que, s'ils n'étaient pas des amis intimes, je les connaissais tout de même assez bien. Peut-être exagérai-je un peu, mais je me sentais extraordinairement crédible.

Mon intention était de prouver que je n'étais pas uniquement un chercheur enfermé dans son laboratoire, et que rien de ce qui est humain ne m'était étranger. Cette prétendue ouverture d'esprit est, il est vrai, une des qualités que je souhaiterais le plus avoir ou du moins que je m'efforce le plus d'acquérir.

Je n'avais traité jusque-là que de sujets terriblement sérieux, et je ne voulais pas que mon journal s'achevât sur une impression trop univoque. Je guettai l'occasion de changer de ton et attendis la page des sports. Le Tour de France venait heureusement de commencer; c'était exactement ce qu'il me fallait. S'il y a un vocabulaire que je possède à fond, c'est bien celui du vélo, et la connaissance que j'en ai, à la différence de celle du rugby, n'est pas entièrement superficielle. On dirait, à m'entendre, que j'ai passé ma vie dans les pelotons. Mon art réside, je crois, dans le fait que je n'en parle pas avec lyrisme, comme la plupart des commentateurs sportifs, et que je fais plutôt dans le terme technique, disons que je m'exprime un peu comme un charpentier au sujet de son métier.

Donc, lorsqu'un journaliste me demanda si je n'étais pas déçu par les contre-performances de Thévenet — on se souvient que cela se passait l'année où il gagna après un départ médiocre —, je répondis d'un air entendu : «Ne vous y fiez pas, quand il va commencer à tirer, il ne fera pas bon mettre le nez à la fenêtre.» Sur le coup, le journaliste fut complètement bluffé. Il s'attendait si peu à ce que «Monsieur le professeur Minkowski» se prononçât de la sorte, qu'il perdit le fil de sa pensée et ne trouva pas d'autre question sur laquelle enchaîner. Je feignis naturellement d'ignorer sa surprise et j'ajoutai d'un ton définitif: «Je ne vois pas un seul coureur dans le peloton capable d'empêcher Thévenet de gagner!»

Venant d'un autre qu'un patron de la médecine, quoiqu'il n'y ait aucun rapport entre cette dernière et le vélo, il aurait probablement cherché à discuter une pareille affirmation. Mais là, il ne sut vraiment pas quoi dire. L'auditoire lui-même était quelque peu décontenancé. Et, dans le silence qui s'était établi, je poursuivis aussitôt en guise de conclusion : «Maintenant, si vous le voulez bien, je vais, pour terminer ce journal, vous chanter une petite chanson. C'est une chanson que nous avions composée, avec deux ou trois camarades, lorsque nous étions scouts, une année où nous étions allé voir passer le Tour de France dans les Landes.» J'entonnai alors, avec un accent gavroche que n'aurait pas renié Maurice Chevalier :

Quant au pauvre Victor,
Victime d'un furoncle mal placé,
Il a quitté le maillot d'or,
Il a abandonné.
Et sans cette avarie,
Il serait arrivé,
Et sur les pavés du Nord,
Il aurait eu le maillot d'or!

Les journalistes n'applaudirent pas, mais ce fut tout comme. Tandis qu'un speaker enchaînait sur quelque annonce publicitaire, je me levai et sortis sous un déluge de compliments.

Cette histoire allait avoir une suite cocasse. Ce n'est qu'une anecdote, mais c'est à ce genre de petits détails que se mesure la vraie renommée.

J'avais complètement oublié mon passage à RTL, lorsque, plusieurs mois plus tard, je reçus un coup de téléphone assez mystérieux d'un homme qui prétendait être journaliste radiophonique et qui me demandait un rendez-vous. Ses propos étaient si contournés, si ambigus, et sa voix si gênée, que je crus un instant qu'il voulait tout simplement faire avorter sa femme ou sa petite amie. Mon emploi du temps était très chargé, mais il insista tant et si bien qu'il me fallut céder.

Au jour dit, l'homme pénétra dans mon bureau et s'assit en face de moi. Lorsqu'il commença à m'expliquer le motif de sa visite, j'eus le plus grand mal à contenir l'éclat de rire qui me submergea. Il m'expliqua que RTL avait organisé un jeu radiophonique qui consistait, à partir d'un fragment de chanson, à recomposer un texte en entier puis à en découvrir l'auteur. D'habitude, il s'agissait de chanteurs confirmés, comme Aznavour ou Trenet. Mais cette fois-ci, ils avaient choisi ma chanson sur le Tour de France. Bien sûr, il me demandait de garder un secret absolu. Le jeu exigeait une totale discrétion. Je le rassurai, ravi de voir ma chanson entrer au panthéon des œuvres immortelles, aux côtés des *Feuilles mortes* et du *Jardin extraordinaire*.

Quelques mois passèrent, l'homme de RTL me téléphona de nouveau et revint me voir. Il m'expliqua qu'aucun auditeur n'avait encore trouvé la solution et que le magot atteignait, d'ores et déjà, la somme de quinze millions d'anciens francs. Il m'assura que c'était là un événement considérable, sans précédent, et que, la France entière étant à l'affût, il me fallait à présent redoubler de vigilance pour ne pas me démasquer.

Et puis, un soir, quelque temps après, je reçus un appel téléphonique de Belgique, émanant d'un homme que je connaissais un peu, car la Radiotélévision belge l'avait chargé d'enregistrer toutes mes interventions. Il me dit : « Monsieur le Professeur, pardonnez-moi de vous déranger si tard, mais je vous ai reconnu. » Tout d'abord, je ne compris pas à quoi il faisait allusion, et je répondis :

« Mais, mon cher monsieur, je ne me suis jamais caché. » Il poursuivit, sans noter l'ironie de ma réponse : « Je suis sûr que c'est votre chanson, je ne sais plus à quelle occasion vous l'avez chantée, mais je suis certain de ne pas me tromper. »

Je niai farouchement et lui fis mon numéro de mandarin offusqué. Mais il ne se découragea pas pour autant et finit par retrouver une bande à demi effacée sur laquelle il avait enregistré mon « *Journal inattendu* ». Seulement, il lui fallait le texte exact et complet.

Après en avoir demandé l'autorisation à RTL, je dus le lui donner, mais j'ajoutai une condition : qu'il verse 10 000 francs au laboratoire de recherches néo-natales de Port-Royal... Cela resta, bien entendu, lettre morte.

La cagnotte avait atteint les 200 000 francs, et l'affaire fit pas mal de bruit. J'étais un peu gêné et je me demandais si cette fois je n'avais pas été un peu trop loin... Aussi, lorsque, consécration des consécrations, Léon Zitrone me téléphona en direct du journal d'Antenne 2 pour me prier de chanter une nouvelle fois ma chanson, j'hésitai, cette fois très réellement. Je me trouvais dans mon bureau, entouré de mes collaborateurs. Je les regardai et je me dis que c'était impossible, j'allais définitivement perdre toute crédibilité à leurs yeux. Mais je pensai, au même moment, que la grande tare des rapports existant entre les médecins eux-mêmes comme entre médecins et malades, était cette volonté inébranlable de chercher toujours à se cloîtrer dans une image rigide de soi, ce qui a pour conséquence directe de nous couper des autres et, par la même occasion, de prévenir toute possibilité de dialogue. Nous oublions souvent qu'au-delà de nos titres et de nos positions hiérarchiques, au-delà même de notre savoir et de notre pouvoir, nous sommes des hommes embarqués ensemble dans une même aventure et sur le même bateau. Je réfléchis à cela en une fraction de seconde, tandis qu'à mon oreille la voix de Léon Zitrone me pressait, et je m'entendis dire : « Eh bien, puisque vous insistez... » Et j'attaquai la chanson, à la demande de Zitrone pressé.

A la mine hilare de mes collaborateurs, je vis tout de suite que j'avais eu raison. Léon Zitrone me remercia, et conclut en disant : « Etre professeur de médecine et chanter comme ça, vraiment, il faut le faire ! »

6.

L'irrésistible ascension

La gloire me choyait, à n'en pas douter. Parfois il me semblait presque la toucher du doigt. Pourtant j'allais vite me rendre compte qu'il me restait encore de nombreux échelons à gravir. Et cependant, à chacune de ces étapes qui devaient me conduire jusqu'aux salons de l'Elysée, je pensais toujours avoir atteint le sommet. J'en éprouvais à chaque fois une sorte d'étonnement naïf d'une part, et j'étais, de l'autre, renforcé dans ma conviction que mes capacités dépassaient vraiment de loin l'idée que je m'en faisais.

On commençait déjà à me solliciter de tous côtés, et mon apparition à RTL avait encore accéléré les choses. Des institutions, des organisations, des partis politiques même s'intéressaient à moi. Mon image de marque d'homme universel était maintenant si communément répandue et admise, que tout le monde se mettait à faire appel à ma «bonne parole». Là encore, le service de presse de mon éditeur m'encourageait à ne rien refuser et je suivais allègrement son conseil.

Les francs-maçons furent parmi les premiers à me faire signe. J'avais laissé entendre, au cours de différentes interviews, que j'étais plutôt agnostique. Comme j'ai par ailleurs la réputation d'être un homme de gauche — ce qui ne veut plus rien dire —, ils durent penser que je serais pour eux un invité et, peut-être, une recrue idéale.

On me convia donc un soir à dîner au Grand-Orient de France. La chose se présentait sous d'heureux auspices puisque je m'y trouverais, m'avait-on prévenu, en compagnie d'un chef d'orchestre de mes amis et de mon complice d'*Apostrophes*, le professeur Escande, qui m'avait battu, dans la compétition qui nous opposait, de plusieurs longueurs grâce à une *Radioscopie* bien antérieure à la mienne, mais que je venais de rattraper par mon passage à RTL. Nos carrières rivales se poursuivaient d'ailleurs dans le plus pur esprit sportif, comme il se doit entre professeurs de médecine, et, loin d'amener la moindre aigreur dans nos rapports, cela créait plutôt entre nous une saine émulation.

C'était donc à un dîner de *happy few* que j'étais convié, et je dois avouer que ma vanité fut flattée de me voir en si bonne compagnie.

Ma satisfaction devait malheureusement être de courte durée. Dès mon arrivée, je fus fâcheusement impressionné : ces couloirs, ces grandes salles, ces ascenseurs en forme de cage de béton dégageaient une atmosphère de tristesse et de désolation. L'ensemble me parut sinistre : on aurait dit un immense mausolée. L'immeuble du Grand-Orient est vraiment d'une franche laideur, l'impression de vide glacé qui y règne me pétrifia et, chose curieuse, me donna presque envie de prier, ce qui n'est guère dans mes habitudes. D'ordinaire, ce besoin ne me traverse jamais l'esprit à l'intérieur d'une église, d'un temple, d'une synagogue ou d'une mosquée : d'où je conclus que je n'éprouve en fait le désir de prier que dans un lieu d'où Dieu est *visiblement* absent. J'ose avouer d'ailleurs qu'il m'arrive de prier dans mes moments de détresse.

Après avoir traversé un nombre considérable de salles, de couloirs et d'escaliers, je pénétrai enfin dans la salle à manger où le dîner devait se tenir. Il y avait là de hauts fonctionnaires, de hauts magistrats, des médecins aussi, et des hommes politiques qui, s'ils n'étaient pas tous francs-maçons, avaient de toute évidence au moins deux points en commun : c'étaient des gens en place et ils avaient les idées à gauche, sinon le cœur.

Dès qu'il m'aperçut, le Grand Maître vint à moi et m'accueillit avec force salamalecs. Malgré la très haute opinion que, comme on sait, j'avais alors de moi-même, je fus surpris. Il dépassait la dose! Étonné et déjà un peu agacé, je lui demandai à brûle-pourpoint ce qui me valait l'honneur de tant de sollicitude. Il me dit qu'il appréciait depuis longtemps mes travaux de recherche — lui-même était médecin —, et qu'il avait énormément aimé mon livre. Il conclut enfin, sans autre préambule, que ses amis et lui seraient heureux de m'accueillir comme membre de leur groupe.

Je dois préciser tout de suite que je n'ai absolument rien contre les francs-maçons. Ils ont toute ma sympathie, ne serait-ce que parce qu'ils furent persécutés et parfois déportés sous le régime de Pétain. Mais cette manière de me proposer d'emblée la botte me déplut souverainement. Je la ressentis comme une véritable agression. Ayant déjà été indisposé par le décor, je fus alors franchement de mauvaise humeur, comme cela m'arrive parfois lorsque quelque chose me met mal à l'aise, et, d'un ton agressif, je lui lançai : « Écoutez, si vous voulez que je vous rende un service, demandez-le moi carrément! » Il dut se rendre compte qu'il était allé un peu trop vite en besogne, car c'est d'un ton soudain très circonspect qu'il me demanda : « Mais pourquoi dites-vous cela? » Je rétorquai : « Je ne connais pas bien votre confrérie, mais d'après ce qu'on m'en a dit, vous formez une sorte de république de petits copains et passez votre temps à vous rendre service les uns aux autres. Donc, si vous me demandez de me joindre à vous, je suis en droit de supposer que vous attendez quelque chose de ma part ».

Au lieu d'essayer de discuter, ou de me lancer une pique, puisque ma petite provocation ne méritait pas davantage, il changea simplement de sujet et fit semblant de ne pas avoir compris le sens de mes paroles. Cependant le ton n'y était plus. Une certaine gêne s'était établie entre nous, et la conversation, naturellement, en souffrit. Je commençais à avoir la migraine et à me sentir presque vaseux. Quelques minutes plus tard nous passâmes enfin à table.

Décidément, je jouais de malchance : le dîner fut non seulement quelconque, mais de plus interminable. Je dus subir — il n'y a pas d'autre mot — la conversation d'un psychiatre très connu, véritable monstre de la télévision, qui représentait ce soir-là non pas la psychiatrie elle-même, mais la psychiatrie à la télévision, ce qui n'est tout de même pas pareil. Il m'accabla de toutes sortes de concepts psychanalytiques qu'il débita avec l'obstination et la monotonie d'un communiste qui cherche à démontrer que la ligne du Parti est la meilleure... Il fit tant et si bien qu'au beau milieu du repas, n'y tenant plus, je prétextai un malaise et m'éclipsai.

Je dois à la vérité de reconnaître que tous les invités n'étaient pas de cet acabit, et que la plupart paraissaient plutôt sympathiques. J'eus, par exemple, l'occasion d'échanger quelques mots avec Crépeau, le maire de La Rochelle, et eus, avec lui — ce fut le seul de la soirée, un contact agréable.

Cette histoire, jusque-là, n'offre pas grand intérêt, et si je la raconte, c'est pour ce qui se passa après son départ.

Personne apparemment n'avait remarqué ma gêne et je respirai goulûment l'air de la rue. Mais j'appris plus tard que l'ensemble des hautes personnalités franc-maçonnes présentes s'était tourné vers Escande dès que j'étais sorti et lui avait demandé sans ambages si, dans le cas d'une victoire de la gauche — nous étions à la veille des législatives de 1977 —, il pensait que j'accepterais d'être ministre de la Santé. Je ne sais pas sur quoi Escande se basa pour répondre avec, paraît-il, la plus grande assurance : «Je connais bien Minkowski, il n'acceptera sûrement pas.» La personne qui m'a rapporté la scène m'affirma qu'Escande avait un air légèrement pincé en disant cela et en avait conclu qu'à ma place il aurait bien aimé qu'on lui proposât le poste.

J'ai un peu regretté que la question ne m'ait pas été adressée directement. J'aurais eu le plaisir de répondre qu'un si petit portefeuille me semblait tout à fait indigne de l'extraordinaire personnalité que j'étais devenu, du moins à en juger par l'accueil que le Grand Maître m'avait réservé...

Mon entrevue avec les catholiques ne se passa guère mieux, et pourtant on sait que le catholicisme fut ma religion privilégiée pendant longtemps.

J'avais évoqué dans *le Mandarin* mon amitié profonde pour les moines du Bec Hellouin. Probablement est-ce là la raison des critiques dithyrambiques dont m'avaient gratifié en retour les deux principales publications de l'Église catholique, *le Pèlerin* et *la Vie catholique.* Ces articles m'étaient allés droit au cœur, non seulement à cause des lauriers qu'ils me tressaient, mais surtout parce que l'un des deux journaux parlait dans le même numéro du professeur Jacob-Lortat — qui est, comme je l'ai déjà dit, mon ennemi intime, et qui défend, justement au nom de la morale chrétienne, des conceptions que je trouve tout à fait discutables — en termes beaucoup plus tièdes.

Il faudrait peut-être, avant de poursuivre, que je m'explique brièvement sur cette fidèle inimitié qui me lie au professeur Lortat-Jacob. La première chose que je déteste en lui, ce sont ses fonctions de président du Conseil de l'Ordre. Me voilà enfourchant de nouveau mon dada préféré, mais, si certains l'ignorent encore, il est bon de préciser que le Conseil de l'Ordre est une institution corporatiste, née des lois de Vichy, et qui, sous prétexte de veiller à l'application des règles de la déontologie médicale, constitue un véritable bastion de la réaction. Mes rapports avec cette organisation sont si mauvais qu'ils m'ont valu à plusieurs reprises d'être traîné en justice et que, de mon côté, je refuse de payer ma cotisation depuis longtemps. (On me menace à présent de poursuites.)

Je reconnais ici volontiers que mon attitude tient de la

provocation, et qu'en fait j'attends de pied ferme que le Conseil m'interdise l'exercice de la médecine pour avoir enfin une bonne occasion de faire son procès. Mais il s'en garde bien. On m'a même dit, je ne sais pas si c'est vrai, que pour éviter de tomber dans le piège que je lui tends, une main anonyme a discrètement payé mon obole un certain temps...

L'autre cause de mon ressentiment est un propos que Jacob-Lortat a tenu, il y a quelques années, avant que la loi Veil ne soit votée. Parlant de ce collectif de médecins qui avaient signé une déclaration affirmant ouvertement qu'ils pratiquaient l'avortement, et dont de nombreux membres étaient d'origine étrangère, il avait avancé que « tous ces gens avaient des noms pas très catholiques ». Je me sens entièrement solidaire de mes confrères, et cela à un double titre : parce que je pense d'une part que l'avortement doit être libre et gratuit, et, de l'autre, que la décision de le pratiquer n'appartient pas au médecin, dont la fonction n'est pas de prêcher la morale mais de soulager la souffrance. J'approuve donc entièrement ces hommes. Ils sont même, à mon humble avis, l'honneur du corps médical, puisqu'ils n'ont pas hésité à risquer leur carrière pour aider des femmes en détresse. Si l'expression « être chrétien » a un sens, ce sont eux les vrais chrétiens, et non pas ces hypocrites, ces Ponce Pilate du Conseil de l'Ordre.

J'avoue également que je m'étais senti personnellement visé par la sortie de Jacob-Lortat, ayant moi aussi un nom à consonnance étrangère et qui ne « fait pas très catholique ».

Revenons à ces articles que m'avait consacrés la presse catholique. J'y étais donc non seulement encensé en tant que médecin, mais, en tant qu'homme, paré de qualités quasiment bibliques. Un des articles laissait même entendre que j'étais « chrétien sans le savoir ». Je dois avouer que cette dernière remarque m'avait infiniment plus touché que tous les éloges au superlatif qui l'accompagnaient, au point que depuis je songe sérieusement à me convertir.

Leurs louanges m'étaient agréables, mais le plaisir que j'en tirais ne pouvait être comparé à celui que me procurait cette appellation de «chrétien sans le savoir». Elle signifiait que j'étais accepté par eux tout en restant moi-même. Durant toute mon enfance, j'avais dû me compromettre pour me faire accepter, et pourtant, malgré mes concessions, j'avais été brutalement rejeté. Et voilà qu'on me prenait tel que j'étais, et sans qu'il m'en coûte la moindre automutilation. J'étais d'autant plus touché qu'il me semblait qu'effectivement je m'approchais de près de ce qu'enseigne la foi chrétienne.

Nous étions donc, l'Église catholique et moi, en pleine lune de miel lorsque je reçus la visite d'un représentant dûment mandaté de l'Épiscopat.

Pourquoi ne me plut-il guère? Sans doute à cause de son onction, ou de la manière douceâtre et précautionneuse qu'il avait de s'exprimer. Cela me rappela aussitôt l'autre visage de l'Église, non plus celui du Christ, mais celui des Pie XII, de ceux qui ont accaparé le message évangélique pour le transformer en instrument d'oppression. Ce fut une réaction instinctive, irraisonnée, presque incontrôlable. Aussi, lorsqu'il me dit, au nom de l'épiscopat de Paris, qu'il serait très heureux de me voir accepter de venir parler en présence des évêques des problèmes de santé publique, je ne pus m'empêcher de répondre que son invitation m'honorait, certes, et que je serais ravi de venir m'exprimer devant eux, mais que mon devoir était de l'avertir dès à présent que mes idées différaient notablement de celles de l'Église sur des problèmes qui me semblaient tout à fait essentiels et que je ne pouvais donc manquer d'aborder.

Sans doute ne comprit-il pas tout de suite à quoi je faisais allusion, car il s'empressa de répondre qu'ils aimaient la contradiction et qu'au contraire... Je lui coupai la parole et mis, cette fois, carrément les points sur les *i*. «La santé publique telle que je la vis, lui dis-je, c'est aussi le problème de la contraception, de l'avortement et de l'euthanasie. Ces problèmes existent dans ma pratique quotidienne et je considère qu'ils méritent d'être abordés avec des non médecins, et surtout avec des prêtres. Le reste, qui relève principalement de la technique, ne regarde que les spécialistes. »

Il m'écouta poliment, me remercia brièvement, puis disparut après quelques mots d'excuses. Je n'ai plus jamais entendu parler de lui, de l'Episcopat en général, ni même de ceux que j'appelle les « prêtres gynécologues ».

Ma sortie avait été brutale, et je regrette un peu aujourd'hui ce dialogue manqué. Il me semble en effet que l'Église, ce grand professeur de morale, aurait tout à gagner d'une meilleure information sur ces questions qui nous hantent et nous déchirent. Je comprends qu'il lui soit plus aisé de se barricader derrière ses dogmes, mais je ne suis pas sûr que son calcul soit le bon. Sa mission, tout comme la nôtre, à nous médecins, est de soulager la douleur humaine, d'aller vers celui qui souffre pour lui offrir aide et réconfort. Cette attitude obtuse de l'Église fait que de nombreux croyants se détournent d'elle. Les mots, même dans le meilleur des cas, ne peuvent guérir que les maladies de l'âme. Face à la douleur concrète, réelle, on ne peut que s'engager et agir. Depuis le temps que tout le monde — des partis politiques jusqu'aux publicitaires — a pris son relais dans la dispensation des bonnes paroles et des promesses fallacieuses, l'individu croit de moins en moins. Quant à moi, je trouve que c'est se moquer, et je n'ai pas de respect pour un pape qui prêche sans savoir de quoi il parle (comme l'interdiction de la contraception au Mexique), bien à l'abri dans son panthéon pontifical.

Comme j'avais d'autre part évoqué brièvement dans *le Mandarin* mes études à l'École alsacienne, il était évident que les protestants n'allaient pas tarder à se manifester à leur tour. Là les choses se passèrent infiniment mieux. Je frôlai encore une fois la catastrophe, mais je réussis à redresser la situation et à finir cette portion de chemin en parfait accord avec mes anciens compagnons. Le fait mérite d'être noté, car la plupart des aventures dans lesquelles allait m'entraîner mon «vedettariat» devaient se terminer assez mal. Peut-être suis-je, quelque part, un misanthrope qui s'ignore.

Je fus donc invité à un congrès national des médecins protestants qui se tenait à Strasbourg. Sans doute, pour me décider à accepter, le médecin qui me transmit l'invitation me dit-il lui aussi que j'étais une sorte de «protestant clandestin». L'idée me fit sourire. Presque franc-maçon, chrétien qui s'ignore, protestant clandestin : décidément, je dois avoir un joker à la place de l'âme... Mais, là encore, l'appellation me fit le plus grand plaisir et je la pris même pour un compliment. Je m'empressai donc d'accepter et c'est ainsi que, par une sombre journée d'hiver, je pris l'avion en direction de l'Alsace. Sombre parce qu'il faisait un temps grisâtre et froid, humide, brumeux, un de ces temps qui font oublier jusqu'au souvenir du soleil; sombre aussi parce que j'étais dans un état physique et moral assez lamentable. Je venais de me casser le tendon d'Achille en jouant au tennis, et mon pied était emprisonné dans un plâtre qui me pesait comme un boulet et qui avait, de plus, une fâcheuse tendance à ramollir lorsqu'il pleuvait. Je savais qu'à la moindre goutte d'eau, il risquait de se fendre.

J'avais prévu de profiter de mon passage dans la région pour aller visiter un centre de prématurés et de prévention maternelle et infantile à Haguenau. Malheureusement, à mon arrivée, la brouillasse s'était transformée en une pluie torrentielle qui eut vite fait de rendre mon plâtre aussi informe qu'une bouillie. Il fallait le refaire, et j'avoue sans honte que je connus alors un moment de panique. La confection d'un plâtre est pourtant un acte chirurgical des plus simples, mais l'idée de me le faire poser dans cette petite ville de province ne me disait rien qui vaille. Je m'imaginais qu'il serait mal fait et que j'en perdrais l'usage de ma jambe. Cette seule perspective me glaçait d'effroi. Je ne sais comment je réussis à ne pas me ruer vers le premier avion pour Paris. Ma réaction était tout à fait curieuse, et très caractéristique de cet esprit français que je critique tant! Avec mon snobisme parisien, j'estimais qu'un plâtre qui ne vient pas de la capitale ne vaut pas grand-chose. J'ai souvent rencontré ce genre d'attitude chez les malades, mais je dois dire que de la part d'un médecin elle est absolument injustifiée. On me refit un plâtre neuf, tout à fait convenable d'ailleurs, et je repartis un peu rassuré, mais encore secoué par ce moment de panique.

J'arrivai ainsi chez mes amis parpaillots dans un état des plus mitigés. Je me trouvais à peu près dans la disposition d'esprit d'un enfant qui a eu un gros chagrin et qui va vers les siens pour être réconforté. Le malentendu fut instantané et total. Ils accueillaient un professeur de médecine connu et me recevaient avec le sérieux qui convient à cette fonction. Cette austérité n'était pas du tout ce que j'escomptais : le dîner qu'ils avaient organisé en mon honneur s'avéra donc assez pénible. Je n'arrivais pas à manger de bon cœur. Je tentai bien quelques plaisanteries amicales, mais ils étaient si impressionnés qu'ils hésitaient à sourire : ne pouvant imaginer, sans doute, qu'une autorité aussi distinguée puisse s'abaisser à essayer de faire rire, ils craignaient d'avoir mal compris. Et, chaque fois que j'abordais un sujet léger, une question me renvoyait aussitôt à ce personnage de commandeur dont ils semblaient ne vouloir me laisser sortir à aucun prix.

De plus, pour ajouter à ma détresse, je sentis soudain mon nouveau plâtre s'effriter. J'aurais dû le laisser sécher plus longuement avant de reprendre mes pérégrinations, mais le temps m'avait manqué. La panique me saisit de nouveau à l'idée de m'en faire poser un troisième qui lui-même, dès la première pluie...

C'est dans cet état pénible de liquéfaction intérieure et extérieure que je me levai de table et gagnai, appuyé sur mes béquilles, la vaste salle de conférence où, m'avait-on expliqué, mes confrères m'attendaient. Là, nouvelle surprise et nouveau moment de frayeur : ils n'étaient pas loin d'un millier, figés dans une austère et respectueuse raideur. J'aime beaucoup parler en public et je le fais en général avec aisance, mais j'ai besoin de sentir passer un minimum de sympathie entre moi et mes auditeurs. Sans un certain mélange de complicité et de tendresse, je suis incapable de m'exprimer. Je dois me sentir accepté, non pas comme un étranger qui vient pour enseigner, mais comme un des leurs, comme quelqu'un avec qui l'on peut bavarder. J'essaie toujours, dès le départ, d'instaurer ce climat de confiance en lâchant une ou deux plaisanteries, dont je suis d'ailleurs souvent le seul à rire, mais là, vraiment, rien ne venait.

En marchant vers la table, je me répétai : « Il faut absolument que je trouve quelque chose à dire ou à faire, sans cela c'est la catastrophe. » Je voyais la table se rapprocher mais j'avais l'esprit complètement embrumé. Et plus elle se rapprochait, plus cette brume s'épaississait. J'avais l'impression d'être un boxeur sonné, les bruits ne me parvenaient plus qu'à travers une sorte de cloison invisible. Lorsqu'ayant atteint la table, je relevai les yeux vers la salle, je ne vis plus qu'une masse floue, indistincte et grisâtre. Il me sembla perdre connaissance une fraction de seconde. Et puis, soudain, je m'entendis entonner, suspendu à mes béquilles, un cantique que nous chantions lorsque j'appartenais aux Éclaireurs : « Debout, sainte cohorte... »

Peu à peu, le brouillard qui obscurcissait mes sens se dissipa, et je m'aperçus qu'il régnait autour de moi un silence glacial : un petit millier de médecins figés, la mine plus scandalisée que si je venais de baisser mon pantalon, m'observait sans mot dire.

Les Américains ont un mot pour désigner cet effet qu'avait produit mon cantique : *anticlimax*. En français, on pourrait dire « bide », mais le terme serait trop faible. Ce fut un mélange de réprobation, de stupeur et de consternation. Et le pire était justement leur absence totale de réaction. Je terminai mon hymne dans un silence absolument sidéral, puis m'écroulai sur ma chaise.

Je ne sais pas ce qui les choqua le plus, si c'est le fait de bafouer un de leurs chants sacrés ou celui de m'être moi-même tourné en dérision. Pourtant, encore aujourd'hui, je ressens une incroyable gêne à l'évocation de ce souvenir.

Cet acte sacrilège avait pourtant eu un avantage : il m'avait dénoué la gorge. J'attaquai alors l'exposé que j'avais préparé pour la circonstance et qui portait principalement sur la question de l'avortement.

Je parlai trois bons quarts d'heure sans réussir à entamer ce bloc de glace que formait la salle. Mais, à ce moment-là, je me sentais à peu près à mon aise. J'avais oublié mon plâtre et je ne pensais plus qu'à trouver un moyen de réparer ma faute. Plus je voyais la désolation qui régnait sur les visages et plus je me sentais coupable. J'ai gardé de mon éducation judéo-catholico-parpaillote un certain sens du pêché et de la rédemption. C'est-à-dire que la conscience de ce qui est mal entraîne aussitôt en moi une volonté de réparation. Je décidai donc de me repentir.

Mon exposé achevé, je dis que je voulais profiter de cette circonstance et du fait que j'étais l'invité de l'Union des médecins protestants de France pour évoquer mon enfance à l'École alsacienne et chez les Éclaireurs. Je racontai que la religion protestante m'avait profondément marqué et que ma venue, ce soir-là parmi eux, avait pour moi une valeur de pélerinage. J'évoquai le chant des scouts (mais il se trouva que c'était celui des scouts catholiques) :

Va, scout de France,
Et, ton bâton à la main,
Va prêcher la loi scoute
Au vagabond du chemin.

Je vis alors quelques visages se dérider et compris que j'étais en train de gagner une manche. Lorsque j'ajoutai que nous, Éclaireurs, nous avions lu religieusement *les*

Nourritures Terrestres, je sentis que ça y était : le courant passait. A partir de là, je trouvai des accents pathétiques pour vanter les mérites de la religion protestante.

Je rappelai qu'un des plus grands chirurgiens de tous les temps, Ambroise Paré, avait été protestant. Je citai Aggrippa d'Aubigné. J'affirmai que le malheur de la France venait de l'exil des protestants et des suites de la révocation de l'Édit de Nantes. Et tout ce que je disais avait d'autant plus de valeur que je ne cessai de rappeler en même temps que je n'étais pas protestant mais juif.

Ce que je leur disais, en fait, c'était que je les aimais. Et ce fut bien ce qu'ils comprirent car, lorsque je m'arrêtai de parler, je vis que la salle avait un nouveau visage.

Ma prestation fit tant de bruit dans le Landerneau protestant que je fus invité quelque temps après à l'émission télévisée du dimanche matin, *Présence protestante*. Et là, j'enfourchai carrément un de mes thèmes favoris, celui de *la mano en la mano* entre juifs et protestants : je prêchai la résistance au catholicisme impérialiste ou impérialisme catholique, comme on voudra. D'après ce qu'on m'en a dit plus tard, je crois comprendre qu'il s'agissait d'une sorte d'appel à l'union sacrée, une sorte de «programme commun» religieux... J'en conclus en toute humilité que je devais être, ce matin-là, dans un de mes jours prophétiques.

7.

Des chaumières à l'Élysée

A force de se répandre de la sorte, de croître et de multiplier, ma renommée ne pouvait pas ne pas atteindre l'Olympe élyséen. Le président de la République lui-même devait se flatter de me compter au nombre de ses commensaux. On aurait pu croire à une plaisanterie ou à un conte de fées, surtout si l'on veut bien se rappeler qu'à l'origine de toute cette aventure ne se trouvaient qu'une interview tronquée et un bouquin aux prétentions en fait plutôt modestes... Je ne voudrais pas avoir l'air de dénigrer toujours un système qui s'est montré si généreux à mon égard, toutefois je m'étonne encore que ce premier livre m'ait valu cent fois plus d'honneurs que toutes mes activités médicales et tous mes travaux réunis[1].

Un matin, je trouvai donc dans mon courrier un fort élégant bristol, émanant de la présidence de la République, qui me priait de participer à un dîner donné en l'honneur de Teng-Hsiao-Ping. C'était presque mieux que *Le Journal inattendu* de RTL. Si quelques petites contrariétés de-ci de-là pouvaient encore me faire douter de l'étendue de ma réussite, cette superbe invitation me fournissait une preuve éclatante de ma bonne fortune. J'eus une petite

1. Je ne voudrais pas non plus que ces quelques traits décochés aux média fassent oublier toute l'aide que m'ont apportée les journalistes pour promouvoir en France la prévention maternelle et infantile, un domaine où le corps médical a été peu présent.

pensée compatissante pour Escande, en me disant que je l'avais à présent définitivement distancé et que je prenais sur lui une telle avance qu'il ne pourrait plus jamais me rattraper.

Si toutes ces histoires me paraissent aujourd'hui assez grotesques, je dois avouer que sur le moment cette invitation me flatta infiniment et que j'en frétillai intérieurement comme un courtisan à qui le roi vient d'accorder un tabouret. Il faut croire que malgré mes titres et cette gloire soudaine qui me submergeait je n'avais toujours pas digéré la façon dont, en 1940, j'avais été violemment expulsé de la communauté nationale. Au fond de moi, je me sentais encore un marginal, mal accepté, un «Français pas comme les autres». Et cette invitation que m'octroyait le premier personnage de l'État, successeur des rois de France — qui a, d'ailleurs, tendance à se prendre lui-même pour un monarque —, étalait enfin un baume délicieux sur cette plaie mal cicatrisée.

D'un autre côté, je trouvais quand même la situation du plus haut comique et ne pouvais m'empêcher de me regarder avec cet air de commisération attendrie que l'on adopte face aux naïvetés d'un grand enfant, mais le plaisir était le plus fort.

Au jour dit, je quittai donc l'hôpital avant l'heure habituelle et me précipitai chez moi pour me préparer. Je m'habillai avec fébrilité, comme une jeune fille qui se rend à son premier bal. Je dus m'y reprendre à trois fois pour nouer correctement mon nœud papillon. Enfin je fus prêt... Je jetai un dernier regard dans la glace et m'adressai un sourire de satisfaction. Le noir de mon habit faisait un heureux contraste avec la blancheur de mes cheveux. En définitive, je me trouvai plutôt bel homme.

Je débattis longtemps de la manière dont je me rendrais à l'Élysée. Utiliser mon auto personnelle risquait de me mettre en retard, car j'aurais alors à chercher une place pour me garer. Je songeai un moment à prendre un taxi, imaginant par avance le plaisir que j'aurais en lançant : «Chauffeur, à l'Élysée!» Mais cette solution ne me parut pas non plus la bonne et je l'écartai à son tour : il était tard, et je risquais d'errer des heures avant de tomber sur une voiture libre. En fin de compte, j'optai pour la solution la plus simple et décidai de faire le trajet à pied.

A me voir parcourir ainsi les rues en direction du palais de la présidence, je ne pus m'empêcher bientôt d'évoquer la marche similaire et célèbre de Giscard le jour de son intronisation. Je ne peux pas dire qu'alors je me pris vraiment pour lui, mais tout de même, il y avait une certaine parenté dans nos façons respectives d'aller ainsi à la rencontre de nos destins. Je ne le cacherai pas, ma tête, déjà grosse, enfla soudain davantage...

Et l'accueil qui m'attendait n'était pas fait, on s'en doute, pour me ramener à une plus juste appréciation de moi-même : la garde républicaine, en grand uniforme, sabre au clair, se déployait à la porte. Je dois l'avouer, traverser le perron de l'Élysée entre deux haies de sabres brandis en votre honneur, cela ne vous laisse pas indifférent, on se sent vraiment quelqu'un. On s'y fait, bien sûr, et je peux dire aujourd'hui, en toute humilité, que je n'y attache plus guère d'importance, mais, sur le moment, je ne me sentis plus voler, je me métamorphosai en Alexandre le Magnifique!

Une surprise m'attendait à l'entrée des salons : je fus accueilli par un de mes neveux qui appartenait au service du Protocole. J'eus un peu l'impression, dès lors, de me retrouver en famille, d'être d'une certaine façon chez moi. Je me mis littéralement à flotter, à planer dans une douce béatitude.

Très excité, je pénétrai dans le salon, mais il était pratiquement vide. J'avais à ce point craint d'être en retard que j'étais arrivé largement en avance. Un curieux personnage, le crâne couvert de cheveux blancs comme neige, errait dans ce désert. Au col roulé rouge qu'il portait sous son veston, je compris tout de suite que j'avais affaire à un habitué.

Je me dirigeai aussitôt vers lui et me présentai. Il se présenta à son tour : c'était Abel Gance, le célèbre metteur en scène, gloire de l'âge d'or du cinéma français. En entendant son nom, j'aspirai une grande bouffée de souvenirs. son *Napoleon* avait été un de mes films de chevet. J'éprouve aujourd'hui une profonde aversion pour ce Corse mégalomane qui a trahi la révolution, mis l'Europe à feu et à sang et truffé le paysage français d'institutions rigides qui l'étouffent et le tuent, mais j'avais été dans ma jeunesse un admirateur inconditionnel du personnage.

Je me lançai aussitôt — et avec une assurance plutôt louable, vu les circonstances — dans un panégyrique exalté de son œuvre, que je qualifiai tour à tour de géniale, de fondamentale, d'essentielle, et de je ne sais quoi encore. Naturellement, je ne soufflai mot de ma répulsion actuelle pour l'homme au bicorne et à la redingote grise, pensant qu'il devait lui conserver une certaine reconnaissance. Par contre, je m'étendis longuement sur mon propre goût pour le septième art. Bref, j'en fis tellement que, lorsque je me tus enfin, je l'entendis me dire de sa voix chevrotante : « Mais moi aussi, monsieur, j'aime beaucoup ce que vous faites. Je trouve vos films très bons. »

Entre-temps, le salon s'était rempli. Et j'allais lui répondre pour le détromper lorsque je fus happé par un mouvement de foule qui m'éloigna de lui.

Dans les minutes qui suivirent, je vécus un moment d'intense vanité. Ce fut d'abord le menu fretin : des députés à demi anonymes, des diplomates de passage à Paris et qui avaient entendu parler de mon livre, puis des industriels qui n'avaient pas dû avoir le temps de le lire mais qui avaient probablement demandé à leurs collaborateurs de leur rédiger une petite note de lecture, et qui tenaient à me la réciter, bref, tous ces gens qui ne sont pas vraiment quelque chose, mais qui sont de tout, et qui accompagnent la gloire comme les oies marquent les saisons.

Puis je vis se diriger vers moi Françoise Giroud, qui était à l'époque une sorte de ministre. Elle me tendit gracieusement la main et m'annonça qu'elle avait « beaucoup, mais beaucoup, beaucoup » aimé mon bouquin.

On me présenta ensuite à M. Peyrefitte, dont je ne partage pas les idées et que je considérais, de plus, comme un rival, ayant comme lui la réputation d'être un spécialiste de la Chine — réputation qui m'avait d'ailleurs valu mon invitation en ces lieux. Toutes mes préventions tombèrent pourtant lorsqu'il aborda mon «œuvre». Il m'assura que j'avais écrit là un ouvrage important qui stigmatisait avec une rare clairvoyance les tares du système français. Il ne me proposa pas de me nommer premier ministre lorsque lui-même serait élu président, mais je compris clairement qu'il ne lui déplairait pas de s'entourer alors d'hommes de ma valeur et de ma lucidité. Il conclut son compliment en m'avouant que, chez lui, on se réunissait pour lire en famille certains passages de mon livre... J'acceptai ses compliments d'autant plus facilement que j'ignorais alors que cet homme, en apparence si distingué, serait un jour l'auteur d'une des lois les plus scélérates du régime.

A peine m'avait-il quitté que je vis s'approcher M. Chirac. Il n'avait en fait jamais lu la moindre ligne de mon bouquin, mais il m'affirma avec chaleur être en tous points d'accord avec ce que j'avais écrit, alors que je l'avais passablement écorné!

C'est là qu'apparurent soudain deux de mes collègues, le professeur Denoix, qui était à l'époque directeur de l'institut Gustave Roussy, et le professeur Gérard Milhaud qui milite à l'extrême-droite du syndicat autonome des médecins. Je trônais au milieu du salon, entouré d'admirateurs, lorsque je les aperçus, au moment même où ils venaient eux aussi de me découvrir. Ils eurent une sorte de haut-le-corps et me tournèrent le dos avec un bel ensemble. Dans le milieu médical, c'est ainsi que l'on se salue parfois entre confrères.

Le président fit alors son entrée, et tout le monde se prépara à aller lui présenter ses respects. J'abandonnai donc là mes jaloux et m'en fus prendre mon tour. La scène était étonnante : Giscard était affligé d'une mine sinistre qui lui donnait l'apparence d'un croque-mort, et nous tous, alignés en rang, nous défilions pour lui serrer la main. Cela faisait très « ces messieurs de la famille ».

Les présentations achevées, nous passâmes enfin à table dans une immense salle à manger dont le décor doré, rococo et nougateux, défie toute description. Le reste de l'Élysée a une certaine allure, mais cette salle à manger me parut vraiment sinistre. Avec ses lustres qui laissent tomber une lumière glauque sur des stucs douteux, elle ressemble à un de ces vieux décors en carton pâte qui firent la gloire des studios d'Hollywood avant la faillite des grandes compagnies.

Au moment de prendre place, nous découvrîmes enfin la présence d'une multitude de petits invités en vareuse bleue, qui étaient restés jusqu'alors d'une rare discrétion : le Protocole avait eu, en effet, la bonne idée d'intercaler à table Français et Chinois. Nous les oubliâmes aussitôt et, avec cette impolitesse si caractéristique de notre pays, qui a tendance à croître avec le niveau social, nous nous empressâmes tous, à peine assis, de nouer la conversation, par-dessus la tête du Chinois qui se trouvait donc entre nous, avec notre plus proche voisin français. Bien entendu, tout le monde parla de la Chine en débitant un nombre impressionnant d'erreurs et de stupidités. « Comment peut-on être Chinois ? » disaient d'un air entendu des diplomates de haut rang. En ma qualité de président des amitiés franco-chinoises, et fort de mes deux voyages là-bas, je me posai tout de suite en spécialiste, ce qui veut dire que je sortis au moins autant d'incongruités que les autres, mais d'un air infiniment plus compétent. Pendant ce temps-là, les Chinois faisaient toujours mine de ne pas exister et mangeaient imperturbablement leur dîner qui, du reste, n'était pas bon. Et nous n'en finissions pas de débiter nos banalités sur les Mandchous, le péril jaune, le conflit soviéto-chinois, etc.

Vint le moment des allocutions. Le président français prononça la sienne. Le thème en était la vieille amitié franco-chinoise qui avait déjà été si profitable par le passé à nos deux pays et qui portait en elle tant de promesses pour l'avenir. Le tout articulé autour d'un thème désormais classique : avec nous, c'est pas comme avec les super-grands, vous ne risquez rien.

Aujourd'hui, sans doute aurait-il parlé d'un quadrilogue, mais la mirifique idée d'organiser le monde autour d'une Europe à la botte de la France n'avait pas encore germé dans son esprit.

Puis, M. Teng-Hsiao-Ping parla à son tour. Tant que ce fut du chinois, son discours nous parut fort aimable. Mais lorsque nous en écoutâmes la traduction, un mouvement de stupeur agita l'assistance. On sait en quels termes les Chinois parlent des Russes, mais là, vraiment, c'était de l'inédit. A côté de son torrent d'injures, les invectives que les communistes balançaient à la belle époque du stalinisme auraient eu l'air de compliments.

Le traducteur acheva sa diatribe dans un silence plutôt embarrassé. Le gouvernement au complet était présent, et chacun guettait la réaction de l'autre. Tous étaient plongés dans une intense réflexion, comme si tout cela ne les concernait pas. Les Chinois, imperturbables, demeuraient toujours muets. Cela dura très peu, le temps pour le président de détendre ses belles mains aux doigts fuselés et de les frapper élégamment l'une contre l'autre en guise d'applaudissement. Soulagés, nous lui emboîtâmes, si je puis dire, le pas. Un seul, à la stupéfaction de tous, tant ses palinodies et la souplesse de son échine sont célèbres depuis les temps les plus reculés de la IVe République, garda ses mains ostensiblement posées sur la nappe : Edgar Faure. Comme quoi il n'y a pas d'âge pour se refaire une virginité.

Le véritable clou de la soirée nous attendait encore. Nous allions quitter la table, lorsque soudain, comme mus par un signal invisible, les Chinois semblèrent se réveiller et se mirent à parler tous ensemble... dans un français impeccable.

Sans doute avais-je fait bonne impression, puisque,

quelque temps après, je reçus un second carton de l'Élysée me conviant à un déjeuner, donné cette fois en l'honneur de «Sa Béatitude» Monseigneur Koreiche, patriarche maronite de Beyrouth. Mon ami Paul Milliez était lui aussi de la fête — comme il l'avait déjà été la veille au ministère des Affaires étrangères. Nous étions tous deux assez surpris par ces invitations répétées, car nous entretenions des relations avec les Palestiniens du Liban et, faut-il le rappeler, c'étaient les phalangistes maronites qui avaient mandé les Syriens à leur secours, pour finir par faire des cartons sur les civils qui sortaient, les mains en l'air, de l'enfer de Tal-el-Zaatar. Ces souvenirs étaient encore frais dans nos mémoires.

J'en conclus que je devais figurer au tiroir «Liban» dans les fichiers de l'Élysée, de même que je figurais au tiroir «Chine», et qu'on avait invité indistinctement toutes les personnalités qui avaient eu quelque chose à voir avec ce pays.

En tout cas, Milliez bouillait d'indignation, car il savait de source sûre que la France abandonnait le Liban tout en se donnant les gants du soutien verbal.

Je dois reconnaître que «Sa Béatitude» — voilà bien un titre merveilleux dont j'aimerais que l'on me gratifie! — fit montre d'une grande élévation dans son discours. Le ton était à la réconciliation et non à la vengeance, contrairement à celui des phalangistes qui eux ont oublié le message du Christ.

Il y avait à table toutes sortes d'ecclésiastiques en soutane, des maronites, des évêques catholiques romains, des cardinaux et des prêtres. On m'avait placé entre la seule femme invitée, Mme Eyquem, excellente journaliste au demeurant, et une espèce de Monseigneur, un personnage sentencieux qui s'empressa de corriger vertement ma voisine dès qu'elle parla de «Proche-Orient». «L'expression correcte est Moyen-Orient», affirma-t-il avec cet air de certitude absolue que donne à ces messieurs le temps passé dans leur jeunesse chez les bons pères.

Quelques instants plus tard, le président de la République, qui est orfèvre en la matière, parlait naturellement de « Proche-Orient ».

A la fin du repas, Monseigneur, qui avait donc passé son temps à réprimander notre voisine pour son mauvais français, constata, d'après un carton de table, que j'étais « professeur ». Il me demanda ce que j'enseignais et je lui répondis très aimablement : « La même chose que vous, Monseigneur, et que la plus grande partie de l'Église : contraception, méthode Ogino, avortement... Nous sommes tous des prêtres-gynécologues. »

On mange assez mal à l'Élysée, et l'on s'y ennuie ferme. Mais on y côtoie du beau monde et l'on s'y sent, somme toute, assez fier d'être français.

J'y retournai une fois encore, à l'occasion d'une journée de l'Enfance. J'avais ouvert officiellement l'Année de l'Enfance sur les ondes de France-Culture. Cependant, à mon sens, toute l'opération était assez bidon, car tant que plus de la moitié, pour ne pas dire les deux-tiers des enfants du monde souffriront de la faim, tous les autres problèmes demeureront mineurs. Et la France avait choisi comme thème pour cette Année internationale de l'Enfance : les loisirs à l'école ! Un peu partout, les congrès et les colloques se multipliaient. Chaque fois qu'un pédiâtre ou un étudiant prenait la parole, il exaltait les vertus de l'opération : tout cela était d'une extrême hypocrisie. L'UNESCO avait même choisi un cancérologue pour ouvrir le débat, ce qui montre bien l'absurdité de la chose.

Je retrouvai donc, dans les affreux salons du palais de la Présidence, des hommes politiques, des pédiâtres, des assistantes sociales, des puéricultrices, tous ceux en un mot qui s'étaient manifestés une fois dans leur vie, dans la presse, à la radio ou à la télévision, sur ce sujet.

On nous fit d'abord un long tableau de l'enfance battue. L'allocution n'avait rien de très original, puisque, depuis déjà quinze ou vingt ans, nous savons tous que des enfants meurent sous les coups de leurs parents ou connaissent des accidents cérébraux très graves. Je m'y intéresse particulièrement puisqu'un grand nombre de ces victimes sont, comme le prouvent les statistiques, d'anciens prématurés. J'avais rencontré à l'université du Colorado le professeur qui a décrit pour la première fois la situation, et, en France, l'apôtre des enfants battus est mon ami Straus. Et voilà qu'on nous présentait Mme Giscard d'Estaing comme la présidente de la Fondation pour les enfants battus !

Cependant, la foule était impatiente de boire les paroles de notre président. Le chef de l'État sortit un petit papier de sa poche et se lança alors dans le discours suivant, probablement rédigé par un énarque de service :

« Mesdames et messieurs, l'enfant se distingue de l'adulte par trois points. Premièrement, il est spontané (explications). Deuxièmement, il est affectueux (explications). Troisièmement, il est innocent. » Et, pour le cas où l'assistance, complètement béotienne, n'aurait pas compris, il expliqua en détail le sens d'« innocent » en précisant son étymologie (« qui ne nuit pas »).

Ces trois catactéristiques énoncées, un tonnerre d'applaudissements s'éleva. Le discours était fini.

Depuis ce temps-là, je commence presque toutes mes communications officielles en citant intégralement les parôles du Président, puisque tout ce qu'il dit est parole d'Evangile.

Comme l'a défini Piaget, et comme nous le pensons tous, ce qui individualise l'enfant est sa *créativité*, le fait qu'il ne ressemble pas aux autres, qu'à la différence de l'adulte il ne se comporte pas à la façon d'un robot. On peut donc être sorti de Polytechnique, connaître Maupassant, régner sur la République et retomber soi-même en enfance !

Pour dire tout l'intérêt que je portai à ses élucubrations, j'avouerai que pendant presque tout le temps que dura son discours je me contentai de regarder les énormes lustres qui ornent les salons. Et lorsque quelqu'un me demanda ce que j'admirais de la sorte, je répondis — nous étions au beau milieu de l'affaire des diamants — « Je contemple les diams de Bokassa ! »

8.

Le vaticinant erratique
total Meshuge*

* *Complètement dingue*, en yiddish.

J'aurais pu me satisfaire de ce dernier triomphe et me retirer de la vie publique, ainsi que me le conseillait sagement mon entourage. Que pouvais-je espérer de plus? Ma vocation unique n'est-elle pas la médecine? Et les plaisanteries les plus courtes ne sont-elles pas les meilleures?...

Mais c'est mal connaître la gloire que de croire qu'il est facile de s'arracher à son étreinte. La gloire promet sans cesse davantage. Pareille à ces femmes que l'on dit à juste titre «fatales», elle sait vous laisser toujours sur votre faim, elle vous hypnotise et vous rend insatiable. Ce dîner élyséen, qui aurait dû me contenter, être une apothéose et une fin, s'avéra n'être qu'une étape. Je n'avais pas encore épuisé les joies de la chasse aux honneurs.

Mais peut-être est-ce parce que mon parcours se trouvait également ponctué d'intermèdes sérieux et que, si je m'amusais la plupart du temps, il m'arrivait de réintégrer le réel et de connaître des situations particulièrement graves et riches d'enseignements.

Mais après avoir touché la main des religieux, je me sentis aussi un impérieux besoin de serrer celle des travailleurs. Mes propos ne s'adressaient pas uniquement aux grands de ce monde, bien au contraire. Et, sans aller, comme ma bête noire (pourtant toujours vêtue de blanc), donner le baiser aux lépreux, je voulais me tourner vers les humbles, vers ceux qui éprouvent quotidiennement les difficultés de la vie.

C'est ainsi que je me lançai dans un véritable tour de France du travail. Je visitai des dizaines d'entreprises, d'usines, d'administrations et de bureaux. Mon intention était moins de parler que d'apprendre : là, j'étais surtout «à l'écoute». Mais je fis tant et si bien que cela finit par indisposer le CNPF, qui me qualifia par la bouche de son vice-président, M. Chotard, de «camarade-mandarin-docteur». C'est que, troublé par ce que je voyais, je commençais à attaquer l'honorable patronat français. Certaines choses me paraissaient inadmissibles et me remuaient au plus profond de moi-même ; je ne pouvais me borner à un rôle de témoin, il était de mon devoir de réagir.

Il serait vain de mentionner ici toutes les entreprises auxquelles je rendis visite, mais je souhaiterais en évoquer une dont je garde un souvenir particulièrement poignant : le Centre des chèques postaux de Paris. Six mille femmes y travaillent dans un bruit d'enfer. Rivées littéralement à leurs terminaux de mécanographie, elles passent leurs journées à réceptionner, enregistrer et retransmettre une énorme masse d'informations codées défilant à une vitesse prodigieuse. Elles sont enfermées dans un monde de non-sens absolu, soumises à un flux de signaux abstraits et inintelligibles qui se ruent vers elles et les débordent à la moindre seconde d'inattention. Leur tâche est si pénible, si éprouvante pour les nerfs, que le taux de dépressions graves relevé dans leur profession est ahurissant. Celle qui tombe une fois, remarque-t-on, ne parvient plus jamais à se relever entièrement : quelque chose se casse en elle qui ne se répare plus tout à fait.

Le plus admirable, c'est que ces travailleuses de l'absurde, contraintes pour la plupart à des besognes ménagères dès qu'elles rentrent chez elles, trouvent malgré tout le temps et la force de s'organiser pour s'entraider et défendre leurs pauvres droits.

Je ne suis pas toujours d'accord avec les syndicats,

surtout la CGT. Je n'aime ni leurs revendications démagogiques ni leurs slogans politiques, mais je dois dire que je fus profondément ému, bouleversé même, par le courage de ces militantes, par leur dévouement, et aussi par l'extraordinaire ouverture d'esprit dont elles faisaient preuve, par leur disponibilité à s'intéresser à une multitude de choses. Moi qui avais pris l'habitude de plastronner et de pérorer, je me sentis soudain très humble face à ces femmes, et je ne pus m'empêcher d'avoir un peu honte de leur approbation inconditionnelle.

Sur le coup, les émotions me retournent, me transportent ou me font bondir, mais elles ne me modifient pas. Une fois leurs effets passés, je redeviens moi-même. Est-ce une réaction de défense? J'éprouve avec intensité mais je n'intègre pas. Le métier que je pratique y est sans doute pour quelque chose.

Le spectacle de la souffrance, la confrontation avec des êtres qui vivent et qui travaillent dans des conditions qui ne devraient pas être tolérées ne m'empêchèrent donc pas de poursuivre mon irrésistible — et combien futile — ascension...

Mon besoin de «réparation» n'était pas assouvi. Il me restait, entre autres, un compte à régler avec l'Ecole polytechnique.

Un de mes cousins était autrefois parvenu à entrer dans ce prestigieux établissement. Il faut savoir ce que représente Polytechnique pour une famille juive de l'époque : un idéal rarement atteint, le *nec plus ultra* des études, un sommet que l'on n'ambitionnait d'escalader que dans les rêves les plus fous. Et moi, qui étais persuadé d'être partout le meilleur, le plus gentil et le plus intelligent, je vis un jour, par la faute de ce cousin, les regards se détourner de mes prouesses scolaires. Bien sûr, mes parents continuaient à m'admirer, mais, pour le reste de la famille, je n'apparaissais plus que comme un honnête tâcheron.

Que l'on imagine la joie que je ressentis le jour où me parvint une invitation solennelle à venir prêcher la bonne parole en ce lieu, devant toutes les promotions réunies. Je tenais ma revanche, et, pour qu'elle fût complète, j'invitai mon cousin à m'accompagner. Nous pénétrâmes ensemble dans la salle du grand amphithéâtre où nous attendaient, outre le général de l'école, les trois cent cinquante élèves, dressés dans un garde-à-vous impeccable...

Mais les choses ne devaient pas en rester là. Lorsque, un peu plus tard, Polytechnique quitta Paris pour s'installer à Palaiseau, un Institut de prospection du futur, qui prit le nom d'institut Auguste Comte, fut créé dans ses anciens locaux. La supervision de l'opération fut confiée à un personnage tout à fait représentatif de notre société et qui est, depuis des lustres, passé maître dans l'art de discourir avec compétence sur n'importe quoi : François de Closets. Je me considérais un peu comme son disciple dans ce domaine, mais je n'étais, à côté de lui, qu'un pâle amateur, un modeste Poulidor, un besogneux sans génie. Reconnut-il mes efforts et voulut-il les encourager ? Je ne sais pas.. Toujours est-il qu'il me pria un jour de venir *penser* avec lui, en compagnie d'un tas de savants qui étaient en majorité des anciens de la rue d'Ulm.

Ma fierté se mua en perplexité lorsque M. de Closets nous expliqua la raison pour laquelle il nous avait réunis. Voici, grossièrement résumé, ce qu'il attendait de nous : les polytechniciens construisent, mais ils ne savent pas pourquoi ; les chercheurs cherchent, mais que cherchent-ils en réalité ? Les ingénieurs atomistes, de leur côté, construisent des centrales nucléaires, mais quelle signification donner à leur entreprise ? Les médecins soignent, la belle affaire, mais se demandent-ils jamais le but de leur action ? Notre présente mission consistait donc à nous interroger sur les implications et les visées les plus profondes de nos spécialités respectives afin d'en mieux cerner les objectifs les plus lointains. Je ne peux que résumer, car en fait, il décrivit son projet pendant deux bonnes heures, et avec un air de compétence qui, je l'avoue humblement, me fit me pâmer d'envie.

Pourquoi soignons-nous? Pourquoi nous efforçons-nous de sauver des vies humaines? Pourquoi nous battons-nous contre la souffrance et la mort? A vrai dire, je n'en ai pas la moindre idée. La chose, il me semble, est déjà assez difficile en elle-même, sans que nous allions encore nous en demander le pourquoi. La vie est trop courte et la tâche trop importante, comme le dit, à peu près, le Talmud. D'autre part, ce genre de problématique appartient, à mon avis, davantage à l'adolescence qu'à l'âge adulte. J'avais renoncé depuis longtemps à répondre à ces questions et je trouvais l'aventure parfaitement oiseuse. Mais cependant je ne pus résister au plaisir de venir, de temps à autre, réfléchir gravement sur les fins dernières de notre lutte en compagnie de tout un aréopage d'anciens de la plus belle école de France.

Métamorphosé en penseur scientifique et en théoricien par la grâce de M. de Closets, et prenant mon rôle très au sérieux, je voulus naturellement m'initier de plus près aux branches les plus mystérieuses du savoir et je «fis dire» que je ne serais pas indifférent à une invitation à aller visiter le centre d'études atomiques de Saclay. On me «fit répondre» de la même manière que le centre de Saclay serait très honoré de me recevoir.

Cette fois, on ne m'accueillit pas au garde-à-vous, mais avec une certaine déférence tout de même qui montrait bien que là non plus, on ne me prenait pas pour un obscur. En vérité, je fus frappé par l'attitude quasi confraternelle qu'adopta à mon égard le physicien chargé de me servir de guide, par sa manière de me parler d'égal à égal, sans s'embarrasser de ces explications faciles que l'on réserve d'ordinaire aux béotiens.

Suivant ma bonne habitude, j'avais un peu pioché la question la veille au soir. Je ne prétends pas que j'avais essayé de comprendre en quelques heures le fonctionnement d'un réacteur — la physique demeure pour moi une science hermétique — , mais j'avais tenté d'assimiler certains principes et de retenir les termes techniques qui me permettraient de soutenir le dialogue pendant une heure ou deux. Nous voilà donc partis, mon mentor, à priori persuadé que je savais, et moi, bien décidé à le lui laisser croire.

J'arpentai les immenses salles étranges de ces bâtiments aux proportions démesurées, sorte de Beaubourg inquiétant, sans baisser la garde un seul instant, lâchant, dès que je me sentais perdre pied, une bordée de vocables savants qui plongeaient le plus souvent mon guide dans l'embarras puisqu'ils n'avaient aucun sens et qu'il leur en cherchait un. En France, encore une fois, un professeur est toujours pris au sérieux pourvu qu'il sache trouver le ton et se parer du manteau de la technicité.

Je commençais à me sentir à l'étroit dans le champ restreint de l'hexagone. La terre est vaste, et je me mis à guigner bientôt par-dessus les frontières, à rêver d'aller porter la bonne parole à ces populations étrangères qui avaient le malheur d'en être encore privées. Comme à l'époque on ne me refusait rien, qu'il me suffisait de désirer pour être aussitôt exaucé, on me convia à aller inaugurer un hôpital à Liège, en Belgique. La personne qui faisait office d'intermédiaire me mit tout de suite à l'aise en me déclarant sans ambages que j'étais, à ses yeux, le médecin le plus remarquable du monde. Quelques mois plus tôt, une telle déclaration m'aurait fait mourir de rire, mais, sur le moment, elle ne me parut pas entièrement démesurée : je fus seulement heureux que d'autres que moi convinssent de la chose.

D'autre part, l'affaire semblait parfaitement relever de ma compétence, puisque cet hôpital était d'un type nouveau qui correspondait tout à fait à ce que je prônais. Il était d'ailleurs si conforme à mes goûts que, bien qu'ayant ignoré jusqu'alors son existence, j'en assumai aussitôt l'entière paternité.

Il s'agissait d'un établissement de jour où tous ceux qui le désiraient pouvaient consulter n'importe quel spécialiste, et cela absolument gratuitement. La visite durait obligatoirement une demi-heure, même si le patient ne présentait aucun symptôme. Ce point me paraît important, car il permet l'instauration d'un dialogue. Nous nous écartions enfin de l'habitude française qui réduit généralement la consultation à la signature d'un arrêt de travail et à la prescription d'une quinzaine de médicaments que le malade ne prendra jamais. Ne pas délivrer de certificat d'arrêt de travail peut avoir chez nous des conséquences dramatiques : une fois sur deux, le patient déçu choisit de changer de médecin. Quant à l'ordonnance, autre aberration, elle n'a souvent pour fonction que de nous donner l'air d'accomplir un acte médical. Système absurde et qui lèse tout le monde : le malade, parce qu'il n'est pas soigné, la société, parce qu'elle y engloutit des fortunes, et le médecin lui-même pour qui ce rôle d'épicier est bien souvent un crève-cœur. Là-bas, dans mon hôpital idéal, plus rien de tout cela. Le médecin se sent tout à fait libre vis-à-vis du malade, puisqu'il est salarié, et le malade a la possibilité de venir aussi souvent qu'il le souhaite, puisque la consultation est gratuite. Tous deux sont sûrs, l'un de pratiquer, et l'autre qu'une bonne médecine lui sera dispensée, puisque la consultation dure obligatoirement un certain temps. Voilà enfin un établissement selon mon cœur. J'en étais à ce point enchanté que je décidai d'y emmener mon fils aîné, qui s'occupe précisément d'information dans le milieu médical.

C'est du moins la raison que je lui donnai pour le décider à m'accompagner. J'en avais une autre, secrète, dont je me gardai bien de lui parler. Ma famille formait, à l'époque, un des derniers bastions de ces irréductibles qui refusaient, avec une mauvaise foi exaspérante, de voir en moi cette sorte de héros que la France entière acclamait ; chez moi, j'étais sans cesse en butte à toutes sortes de quolibets, d'avanies, de lazzis. On ne croyait pas en ma gloire ni surtout en mes mérites.

Depuis que j'avais péroré sur la musique pendant deux heures à la radio, par exemple, mon fils cadet ne parlait plus de moi que comme du *grand musicologue*. Mes succès se retournaient contre moi, on me renvoyait les phrases que je prononçais en se moquant, on m'imitait, on se gaussait. Au début, j'avais souri avec complicité, puis avec indulgence, puis avec commisération, et puis un jour, j'avais cessé de sourire. Un peu plus tard, j'avais essayé de me fâcher, et pour finir, j'avais pris le parti de me taire.

Cette histoire d'inauguration d'hôpital me fournissait donc une merveilleuse occasion de renverser la vapeur. Je me disais que, témoin de mon triomphe et donc associé à lui, mon fils aîné ne pourrait que basculer dans mon camp. Et je me faisais fort, alors, de rabattre leur caquet à ces effrontés qui niaient si farouchement et si aveuglément la grandeur que j'avais acquise.

Mon fils, trop passionné par son métier[1] pour éventer le piège, accepta l'invitation de bon cœur, et, par un matin venteux de fin d'hiver, nous prîmes ensemble le train pour Liège.

Les Belges avaient bien fait les choses et, mis à part l'orphéon, rien ne manquait pour m'accueillir. Je découvris avec satisfaction que ma renommée n'avait pas perdu de son éclat en franchissant la frontière. A peine arrivés, nous fûmes conduits à une réception à laquelle participaient le recteur de l'Université, un bon nombre de parlementaires, et plusieurs ministres qui, insigne honneur, nous y avaient précédé.

Il apparut clairement, dès les premières minutes, que j'étais bien l'invité d'honneur, celui sur qui toute l'attention se concentrait. Les gens s'agitaient autour de moi, posant une question, quêtant une réponse, me complimentant à l'infini sur mon livre, sur mes travaux, et, tant il est vrai qu'on ne prête qu'aux riches, sur des tas de choses également dont je n'étais pas l'auteur. J'avais un

1. Il dirige un cabinet d'études spécialisé dans les enquêtes sur la profession médicale.

mot pour chacun, et je m'entendis proférer des éloges démesurés à mille personnes qui n'arrivaient pas à en croire leurs oreilles.

A table, on m'attribua la meilleure place, et je m'y assis le plus naturellement du monde. Puis le banquet commença, un de ces énormes banquets comme seuls les gens du Nord savent en organiser, et auprès desquels nos dîners de l'Elysée ne sont que casse-croûte de gargote.

Le repas achevé, nous nous rendîmes solennellement à l'hôpital, un superbe bâtiment construit tout en granit et en marbre. J'y découvris des installations vraiment remarquables, que pas un hôpital de jour français ne peut se vanter de posséder, et qui me satisfirent d'autant plus que je continuais à me prendre pour son instigateur spirituel.

La visite s'achevait. Nous nous dirigeâmes vers une grande estrade qui avait été érigée au-dehors pour la circonstance. Devant elle se dressait une sorte de statue ou de stèle dissimulée sous un voile. Nous nous immobilisâmes tout autour en silence. Un homme s'en approcha, tira sur un cordon, et découvrit à nos yeux un gros bloc de marbre poli. Je ne peux pas dire que je fus particulièrement sensible à la beauté de l'œuvre, mais sur la pierre, était gravé en lettres d'or, inoubliable à tout jamais, mon propre nom. J'observai mon fils : il avait vu comme moi. Nos regards se croisèrent et je lus alors sur son visage que le coup avait porté : il craquait.

Je montai sur l'estrade, tandis que les diverses personnalités se groupaient devant moi, debout, pour ainsi dire à mes pieds, et commençai un discours plein de déférence et de louanges, d'admiration et d'allégresse. J'affirmai que cet hôpital était unique au monde, que rien ne pouvait lui être comparé sur toute la surface du globe, qu'il était une preuve supplémentaire de la primauté de la Belgique, de l'excellence de ses institutions, de la perfection de son génie, de la magnificence de sa culture... Je me laissai emporter. Puis soudain, ne sachant plus quoi inventer, je fus à court de compliments. Il me manquait une chute, mon panégyrique n'était pas complet, je n'en n'avais pas assez dit pour leur exprimer ma gratitude et mon émerveillement ; les mots me faisaient défaut. Je me souvins alors que Liège est située en pays wallon et que les Wallons haïssent les Flamands. J'abandonnai donc la phrase en suspens et conclus : «...et ce n'est pas étonnant si cet hôpital voit le jour en cette illustre ville, au cœur même de ce pays dont la population francophone l'emporte ô combien! sur sa voisine, par son brio, son intelligence, son esprit d'innovation...» Devant moi, les têtes dodelinaient d'aise... Enivré par mes propres mots, exalté par le plaisir que je suscitai, je levai les bras en V au-dessus de ma tête et m'écriai d'une voix ardente : «Vive la Wallonie libre!»

Epilogue :

Quelques mois plus tard, le médecin fondateur et organisateur de ce centre hospitalier exceptionnel, celui-là même qui m'avait invité, disparaissait avec la caisse et sa petite amie.

J'étais donc en passe d'acquérir une dimension internationale — ou du moins je commençais à le croire. Le monde s'ouvrait à moi.

En fait, aujourd'hui, mon expérience me paraît assez instructive. Je ne suis certes pas le seul à avoir été propulsé, presque involontairement, jusqu'aux cîmes de la renommée ; beaucoup d'hommes ont vécu avant moi pareille aventure, et beaucoup la vivront encore après. Mais plus rares sont ceux à qui la chance permet de se réveiller, d'ouvrir les yeux et de se dire : «Alexandre, mon vieux — ou Pierre, ou Paul — , trop c'est trop, en voilà assez, il est plus que temps d'arrêter de faire le con.»

Lorsque je me penche à présent sur ces quelques années d'ivresse, je suis stupéfait par la façon dont le vertige peut s'emparer d'un homme et l'abuser au point de le faire se sentir différent des autres, supérieur, plus intelligent ou plus fort, de le persuader qu'il a une mission à remplir, qu'il détient une vérité si précieuse qu'il a le devoir de la communiquer à tous. Bien sûr, je n'ai jamais été si loin et n'ai jamais été qu'à moitié la dupe de moi-même. Je ne me suis jamais *totalement* pris au sérieux. Pourtant je ne peux m'empêcher de m'interroger : quelle mouche m'avait donc piqué? Comment une personne relativement sensée — ou à peu près — comme moi, médecin de surcroît, formé à une certaine rigueur intellectuelle et n'ayant plus depuis longtemps l'excuse de la jeunesse, peut-elle tomber de la sorte dans le panneau et se livrer à de semblables excès? Je tourne et retourne la question dans ma tête bien que je la sache sans réponse. Stephan Zweig a décrit, dans une de ses nouvelles, un mal mystérieux qui frappe les indigènes de Malaisie. Ceux qui le contractent se mettent à courir, et plus personne n'est en mesure de les arrêter. Ils courent jusqu'à ce que l'épuisement les terrasse, et certains dépassent à ce point les limites de leur résistance qu'ils finissent par en mourir. Là-bas, on les appelle *Amok*.

Je ne veux pas dire que j'étais *Amok*, mais chaque fois que je songe à cette période de mon existence, qui n'est d'ailleurs pas si lointaine, la nouvelle de Zweig me revient en mémoire. J'étais mû, moi aussi, par une force prodigieuse, qui me propulsait en avant sans que rien puisse me contenir. Et je me demande si quelqu'un comme M. Marchais par exemple, qui semble victime lui aussi de ce microbe étrange, pourra s'essoufler un jour... Je le souhaite en tout cas, autant pour lui que pour le Parti communiste et la gauche toute entière. Georges Marchais est devenu, inconsciemment ou non, un véritable « opium du peuple », et j'espère de tout mon cœur qu'il guérira de son délire, qu'un beau matin, comme cela m'est arrivé, il se regardera dans son miroir, qu'il éclatera de rire et retombera sur terre. Mais sans doute ce vœu n'a-t-il que peu de chances d'être jamais exaucé, car, malheureusement, une immense différence nous sépare : je n'ai personnellement jamais cessé d'être sincère lorsque je disais n'importe quoi.

Il y avait pourtant de quoi se sentir grisé! En quelques

semaines, le médecin honorablement connu dans sa spécialité que j'étais s'était vu, par la seule vertu d'un livre, encensé, acclamé, flagorné. Il était devenu l'objet d'une adulation sans bornes qui ne lui laissait aucun répit.

Je dois avouer que l'on ne participe pas impunément à une émission de radio et surtout de télévision. Les gens se souviennent de votre visage, ils vous ont vu sur leur écran, ils ont remarqué votre photo dans les journaux, ils finissent par vous reconnaître dans la rue et vous aborder, et ils vous rappellent sans cesse que la baguette magique de la gloire vous a touché...

A vrai dire, la chose avait pris de telles proportions que j'en étais presque à m'efforçer de me fondre dans l'anonymat. Je ne portais pas encore de lunettes noires comme Greta Garbo, mais je rasais quand même un peu les murs, et lorsqu'on me demandait — ce qui pouvait se produire plusieurs fois par jour — «Vous êtes bien le professeur Minkowski?», je répondais précipitamment : «Non, ce n'est pas moi, je lui ressemble.» J'inventais n'importe quoi et je m'éclipsais.

Il y avait bien, par-ci, par-là, quelques exceptions, quelques fausses notes. Par exemple, je me souviens d'un après-midi où, en l'espace d'une dizaine de minutes, deux ou trois personnes m'avaient reconnu. En rentrant de l'hôpital, tout fier, j'avais engagé la conversation dans l'ascenseur avec une infirmière. Sûr d'avance de sa réaction, je lui avais incidemment parlé de mon livre. Elle l'avait lu et l'avait trouvé pas mal, mais elle ajouta : «Oui, c'est bien ; si seulement vous lui ressembliez, au personnage de votre bouquin... !»

Quelques mois plus tard, je me trouvais en Espagne, à Séville, où je devais participer à un congrès. Sachant que j'adore le flamenco, un de mes amis m'avait invité dans un des meilleurs cabarets de la ville. Les filles dansaient d'une manière sublime et je passai la soirée dans un état second. Le programme s'achevait lorsqu'une des danseuses s'avança jusqu'à notre table, me prit les mains et me tira jusqu'au milieu de la piste. J'ignore pourquoi, mais j'imaginai aussitôt qu'elle m'avait reconnu, que les échos de ma gloire avaient franchi les Pyrénées et que c'était la cause de cette faveur. Cette idée me donna des ailes. J'en oubliai mes soixante ans et mon arthrose de la hanche, je cambrai fièrement la taille et, heureux comme un gamin, m'élançai à sa suite, persuadé qu'un homme universel se devait d'avoir le flamenco dans la peau. Peu après, lorsque nous nous rassîmes, je demandai à ma belle Espagnole où et comment elle avait entendu parler de moi. Elle eut l'air étonné, désigna du doigt mon hôte, et me répondit dans un français hésitant que ce monsieur lui avait simplement dit d'aller inviter «son ami français, le vieux schnock aux cheveux blancs».

Mais, mis à part ces incidents qui sonnaient à mes oreilles comme des couacs et que je m'empressais de chasser de mon esprit, j'étais aussi adulé que Léon Zitrone. Même à Houston, je me découvrais des fans. J'y avais un jour fait escale alors que je me rendais au Mexique ; je regagnais l'avion lorsque j'entendis une voix mélodieuse m'appeler par mon nom. Je me retournai ; une femme courait vers moi. Arrivée à ma hauteur, elle me tendit mon porte-documents que j'avais oublié dans la salle de transit. «Professeur Minkowski, me dit-elle, je crois que ceci vous appartient.» Comme je m'étonnais, elle ajouta avec un enthousiasme qui me toucha d'autant plus qu'elle était particulièrement jolie : «J'ai tellement aimé votre livre, Professeur, vous êtes un homme si merveilleux.»

Une autre fois, je me trouvais au bord de la mer Morte, dans l'oasis d'Ein Guedi. Il faisait particulièrement chaud, et j'étais au bord de l'épuisement. Un inconnu s'approcha de moi et me déclara tout de go : «Vous êtes le professeur Minkowski!» La température était telle que je n'eus pas la force de nier. Hélas, mon admirateur était, lui, tout à fait insensible à la canicule. Ravi de l'aubaine, il se lança dans un interminable exposé de mes qualités. Excédé par sa tirade, je l'interrompis au bout d'un moment et acquiesçai d'un ton plutôt ironique : «Oui,lui dis-je, c'est vrai, je parle comme la Bible.» Je le vis se décomposer. Son visage exprima tour à tour la gêne, la tristesse et la réprobation. Il murmura seulement, après un silence douloureux : «Vous dites des choses si importantes, je n'arrive pas à croire que vous plaisantiez.»

C'était surtout à bord des avions que se manifestaient les signes évidents de ma gloire. A cette époque, je ne pouvais voyager sans être reconnu et entouré d'une merveilleuse sollicitude de la part de l'équipage. Il n'était plus question de me laisser voyager en classe économique, d'autorité, on m'installait en première. Avant le départ, le commandant de bord me faisait l'honneur de me serrer la main et j'avais l'impression d'être le président de la République allant saluer le conducteur de la locomotive. Ensuite, durant le vol, j'étais entouré, choyé, chouchouté par un ballet d'hôtesses qui prétendaient toutes avoir lu mon bouquin et l'avoir adoré. Vraiment, j'étais un homme comblé.

La confiance que l'on me portait finissait par déteindre sur moi et me coiffer d'œillères, par étouffer mon sens du jugement. Je me croyais capable de tout, et même de briller dans les domaines qui me sont le plus étrangers. Ainsi, lorsque mon ami Jean-Claude Casadesus, qui dirige avec talent et compétence l'orchestre de Lille, me proposa un jour de tenir le rôle du récitant dans une œuvre bouleversante de Schœnberg, *Le Dernier Survivant de Varsovie*,qui devait être jouée devant tout le gratin de la Gauche européenne, de Willy Brandt à Melina Mercouri, lors de la soirée inaugurale de l'Assemblée européenne socialiste, j'acceptai immédiatement. N'était-ce pas là pour moi une merveilleuse occasion d'affirmer, publiquement, à la fois ma judaïcité et ma solidarité avec les persécutés du monde entier, avec toutes les victimes de toutes les barbaries? J'allais montrer ainsi que je ne reniais pas mes origines et que le souvenir des miens qui avaient été massacrés demeurait en moi, vivant et inexpugnable. Bien que je n'aie pas particulièrement ce qu'on appelle le sens tragique de l'Histoire, et que je ne me sentisse pas du tout dans la peau du personnage, je me préparais en toute innocence à monter sur une scène. Pas une minute je ne doutai de mes capacités de récitant. La peur du ridicule de m'effleura même pas.

Ce fut mon fils cadet qui me sauva du désastre, et je me demande encore aujourd'hui ce qui se serait passé s'il ne m'avait pas retenu. Il m'expliqua que non seulement je ne savais pas déclamer, mais que je ne parviendrais même pas à suivre le tempo de l'orchestre. Il m'exposa un à un tous les périls que j'encourais. Pour la première fois depuis longtemps, je sentis qu'il ne se moquait pas de moi. Je ne lus aucune ironie dans sa voix ni sur son visage, je n'y découvris que beaucoup d'amour et un peu d'inquiétude. Nous venions de dîner, je quittai la salle à manger et regagnai ma chambre. Une bribe de poème dansait dans ma tête : «J'ai heurté mon front à la voûte céleste ; je suis sanglant, rompu, brisé pour bien des jours...» Je me répétai ces vers plusieurs fois, puis je m'endormis. Le lendemain, dès la première heure, je téléphonai à Jean-Claude Casadesus pour lui annoncer que je renonçais.

Mon nom figura quand même sur le programme. Mais je venais de remporter ma première défaite et d'essuyer ma première victoire. Tel Icare, je m'étais envolé trop haut, j'avais joué avec le feu ; et voilà que la cire de mes ailes fondait au soleil de la renommée...

9.

De la difficulté d'être Juif

La célébrité rallie les hommes — c'est bien connu — de même que le miel attire les mouches. D'autres que moi essayèrent de profiter de la gloire dont on m'avait paré, et je voudrais raconter à présent un certain nombre de tentatives dont je fus victime — une victime il est vrai, bien souvent consentante.

Les premiers à venir frapper à ma porte furent mes braves congénères : je veux parler des Juifs. Le terme «congénère» peut choquer, mais je n'en trouve pas de meilleur pour rendre compte des liens qui m'unissent à eux, puisque je ne les considère ni comme des coreligionnaires, n'étant pas religieux (je ne suis même pas circoncis), ni comme mes compatriotes, puisqu'il ne s'agit pas ici de patrie.

Leurs manœuvres d'approche commencèrent après une de mes sorties virulentes contre le Pape. Jean-Paul II venait d'être élu. Le monde entier saluait sa nomination dans un unanime concert de félicitations. On entendait les cloches sonner de toutes parts. L'Etat d'Israël lui-même semblait tout à fait ravi par l'apparition de ce pape polonais. Personnellement, cette liesse générale m'agaçait. Je n'avais rien en particulier contre l'homme, il paraissait plutôt sympathique au premier abord, mais il représentait l'Eglise polonaise qui avait été comme me l'avaient appris mes parents qui savaient de quoi ils parlaient, une des institutions les plus antisémites du monde. J'écrivis donc un article incendiaire que j'envoyai au *Monde*. Je dois dire que j'y utilisais entre autres le mot «pogrom», ce qui me valut plusieurs lettres de mise au point émanant d'historiens polonais où l'on me signalait doctement que l'origine de ce mot était russe. Personnellement, je veux bien, mais quelle différence cela fait-il? Peut-être, du côté de Cracovie, se sert-on d'un autre terme, en tout cas le résultat est le même. En fait d'antisémitisme et de massacre de Juifs, on n'a rien là-bas à apprendre de personne, pas même des Russes qui, je l'avoue, connaissent la question.

Je concluais mon papier en m'étonnant de ce que nul, jusque-là, n'eût cru bon de rappeler ces quelques vérités évidentes, et que tout le monde, y compris l'Etat d'Israël, eût envoyé sans lésiner ses félicitations au membre le plus éminent d'une église qui avait eu au cours des siècles passés du sang sur les mains[1].

J'avais pondu mon article sur le coup de l'indignation et sans en peser les conséquences. C'est devenu presque une habitude chez moi de prendre la plume chaque fois que quelque chose me fait bondir. Mais, là, je ne pouvais vraiment pas prévoir que je déclencherais une pareille tempête. Ce n'était pas mon intention. Le jour même de la parution de mon papier, je reçus pourtant un coup de téléphone de RTL me demandant une interview

Lorsque j'écris, il m'est toujours facile de me contrôler. La chose est beaucoup moins aisée lorsque je m'exprime oralement, et surtout si je dois parler d'un sujet qui me tient à cœur ou que je ne connais que par référence. L'antisémitisme polonais satisfaisait malheureusement à ces deux conditions. Je me mis donc à évoquer des massacres, des viols, des horreurs perpétrées sur des enfants ; je racontais la terreur avec laquelle, chaque année, les Juifs voyaient venir le Vendredi Saint, jour de prédilection des pogromistes, je rappelai les accusations monstrueuses de

1. Il faut tout de même reconnaître qu'un certain nombre de religieux polonais, dont le pape actuel, ne collaborèrent pas avec les nazis.

crimes rituels que l'on portait contre eux, la cérémonie de bénédiction des armes à l'intérieur des églises avant chaque expédition punitive, etc.

A vrai dire, je n'ai pas souffert moi-même de ces atrocités, et je pense n'avoir jamais rien lu de vraiment sérieux sur la question. Si j'avais un compte à régler avec la Pologne, c'était à cause de tout ce que mes parents y avaient enduré autrefois. Mon père avait choisi d'effacer de sa mémoire cette période de sa vie, et il parlait peu de son enfance. Ce que je sais, je le tiens de ma mère. Même en dégageant ses récits d'une certaine part d'exagération, j'étais à même d'évaluer la réalité des souffrances infinies dont son cœur gardait la trace et qui ressurgissaient sur son visage à chaque évocation de sa jeunesse. Je ne pourrais jamais oublier la douleur qui crispait alors ses traits. Cette vision est aussi forte pour moi que tout l'amour que je lui porte.

Et puis, tout ce tapage odieux fait autour du successeur de saint Pierre, à la télévision, à la radio, dans les journaux, m'irritait prodigieusement. On cherchait à nous engluer sous les onctions, les bénédictions, les sermons et les prêches. Et cette atmosphère saint-sulpicienne d'adoration aveugle m'est aussi insupportable au sein des Eglises que dans les partis politiques.

On me traîna pas mal dans la boue à la suite de ces interventions jugées intempestives. Pourtant je ne regrette pas mes déclarations, car, grâce à elles, je pus renouer avec une partie de moi-même en retournant, pour la première fois après cinquante ans, à la synagogue de la Victoire.

En effet, le chantre de cette synagogue me téléphona le soir même de ce scandale. Il m'avait, me dit-il, entendu l'après-midi à la radio et avait été bouleversé par mon interview. Il m'avoua qu'il avait supprimé la terminaison polonaise de son nom comme pour se débarrasser symboliquement du souvenir des horreurs qu'il avait vécues. Il approuvait entièrement les propos que j'avais tenus, et beaucoup de Juifs autour de lui partageaient son opinion.

Je me sentis ému à mon tour. Au cours de la conversation, il en vint à parler de la fête de Souccot qui se terminait le lendemain et me dit que, si cela me faisait plaisir, je serais le bienvenu parmi eux. Je ne pus m'empêcher de lui répondre presque aussitôt : « Vous savez, moi, les synagogues, je ne sais plus très bien ce que c'est. Je n'y ai jamais remis les pieds depuis le jour de ma *Bar Mitzwa* — si l'on excepte celle de Tolède qui est, je crois, désaffectée depuis au moins cinq siècles. Et c'est chez vous, justement, que j'ai perdu la foi. Vous voyez, je n'en garde pas un souvenir très agréable. De plus, la Victoire représente à mes yeux une des citadelles de l'*establishment* juif. Vous comprendrez alors que je risque de ne pas m'y trouver très à l'aise. » Il ne se vexa pas le moins du monde, et m'assura, sans insister davantage — en quoi il fut très habile sans le vouloir —, que tout cela n'avait aucune importance, puis il me répéta qu'ils seraient tous très heureux si j'acceptais de me joindre à eux. Je luis dis que j'allais y réfléchir, mais au fond de moi-même, je me sentais déjà céder.

Naturellement, je commençai par commettre une maladresse. Depuis le temps, j'avais totalement oublié qu'on ne pénètre pas tête nue dans « la maison du Seigneur ». J'avais à peine franchi le seuil de la porte qu'une espèce de gardien en livrée de Suisse, me sauta littéralement dessus et m'expulsa bel et bien dehors en m'expliquant qu'il me fallait demander au concierge une *kipa*, un calot, et qu'il ne m'autoriserait à entrer que lorsque j'aurais le chef couvert. Pour des retrouvailles, c'était réussi. Le retour du fils prodigue ne s'annonçait pas très bien. Je faillis repartir. Cependant, comme j'étais là et que je n'avais rien d'autre à faire..., je pris le parti de rester et de me soumettre. Sagement coiffé de la rituelle *kipa*, j'assistai donc dans un coin à la fin de l'office.

Je n'étais pas vraiment ému, mais des sentiments bizarres me tiraillaient. Je m'étais décidé à venir en quelque sorte par hasard, sous le coup d'une impulsion irraisonnée, presque pour faire plaisir à ce brave homme qui m'avait téléphoné. Mais plus le temps passait, plus des souvenirs que j'avais crus irrémédiablement enfouis, et qui dissipaient l'irritation causée par l'accueil du Suisse, resurgissaient en moi. Je retrouvais des sensations étranges, des odeurs familières. Je repensais à mes parents : à mon père qui, bien qu'athée, fréquentait régulièrement la synagogue à l'occasion de chaque grande fête; puis à ma mère, qui y venait plus rarement, mais était, elle, profondément croyante.

Le silence se fit, suivi aussitôt par un grand brouhaha. Je levai les yeux; tout le monde était debout. Je me levai à mon tour et vis un homme s'approcher de moi, hésitant, presque timide. Il se présenta : c'était le chantre. On donnait une réception dans une pièce adjacente pour célébrer la fin de «Souccot». Il m'invita à le suivre, m'expliquant qu'on y boirait du vin et qu'on y mangerait toutes sortes de bonnes choses en récitant des prières. Je fus tout de suite séduit. Autant je déteste l'idée d'une prière officielle et froide, autant cette manière de mêler les paroles divines aux gestes quotidiens me parut sympathique.

Et c'est ainsi que je me retrouvai, un calot de papier sur la tête, au milieu d'une vingtaine de rabbins et de fidèles chantant les louanges du Seigneur, buvant du vin et mangeant. L'atmosphère avait quelque chose de prenant. Les participants priaient, mais il n'y avait rien de compassé, rien de dévôt dans leur attitude. Leur expression était empreinte de joie, de la joie profonde que leur inspirait ce jour de fête. Et cette joie s'exprimait dans leurs chants. J'avais presque envie de joindre ma voix aux leurs, tellement je me sentais remué. J'avais beau essayer de me raisonner, je ne parvenais pas à contrôler l'émotion qui m'envahissait. Alors, pour me ressaisir et rompre le charme, je lâchai négligemment, sans m'adresser à personne en particulier, dès le premier instant de silence :

— Mais, dites-moi, cela ne vous fait rien d'accueillir une sorte d'hérétique parmi vous, un type qui ne croit pas en Dieu?

— Nous, vous savez, me répondit un des membres de

l'assistance d'une voix tranquille, Dieu, nous ne savons pas très bien qui Il est. A la limite, savons-nous ce qu'Il n'est pas, mais ce qu'Il est...

J'étais bluffé, mais je ne voulais pas encore m'avouer vaincu. J'ajoutai :

— Et que je sois l'ami des Arabes, ça ne vous dérange pas non plus ?

— Non, puisque je suis moi-même un Juif arabe, me répondit en souriant mon voisin qui était originaire d'Afrique du Nord.

Je compris alors que ces hommes m'acceptaient totalement. Pour eux, j'étais un Juif, au même titre qu'eux, et ce que je pensais ou disais ne pouvait rien y changer. *Alors, à mon tour, et pour la première fois de ma vie peut-être, je me sentis juif, totalement, sans la moindre restriction.* Toutes mes préventions étaient tombées devant ces hommes si sûrs d'eux, si fortement ancrés dans leur foi et leur identité, et en même temps si peu sectaires, si peu dogmatiques, tolérants et respectueux des particularités des autres. Non seulement je me reconnaissais comme Juif, mais j'étais heureux de l'être, heureux d'appartenir à un peuple capable d'une telle ouverture d'esprit, d'une telle disposition de cœur.

Je ne résistai plus. Je me laissai aller à un doux bonheur presque enfantin. J'avais retrouvé mes racines.

Il s'agissait en majeure partie de Juifs polonais, ces colporteurs universels de la *diaspora* dont il faut déplorer l'extinction.

Malgré ces débuts prometteurs, j'étais bien décidé à résister à toute nouvelle tentative de récupération. Il faut dire que le contexte dans lequel nous nous retrouvâmes la deuxième fois était tout à fait différent : il s'agissait d'aller signer mon livre aux Douze Heures pour Israël, c'est à dire, ni plus ni moins, de participer à une entreprise de propagande sioniste, de la plus braillarde et la plus chauvine espèce. Or, si Israël est très cher à mon cœur, j'observe, à l'égard de son gouvernement, une attitude plus que réservée qui frise même, parfois, la plus franche hostilité. Je ne voulais donc pas cautionner de ma présence une politique que je trouve détestable, voire suicidaire.

Sur ces entrefaites, j'étais allé à *Radioscopie* et j'y avais fait, comme je l'ai raconté au début de ce livre, mon grand numéro sur la réconciliation judéo-arabe. J'avais si bien parlé que mes propres arguments m'avaient convaincu moi-même. Tout attendri, impressionné par mon lyrisme, titillé peut-être aussi par mon indécrottable pseudo-prophétisme, il m'apparut soudain clairement que mon devoir m'obligeait à assister aux Douze Heures, afin, non pas d'appuyer la scandaleuse attitude vis-à-vis des minorités arabes du gouvernement de M. Begin, mais, au contraire, de l'attaquer.

C'est ainsi que, sans y réfléchir davantage, je pris ma décision. Je n'étais pourtant pas très sûr de moi. Que se passerait-il si je m'étais trompé? si personne ne partageait mes opinions? Ces braves Juifs aux yeux de qui Arafat n'est qu'un assassin sanguinaire n'allaient-ils pas me tomber dessus?

Je suis ainsi fait. Lorsque je parle, je suis souvent persuadé de la justesse et de la vérité des thèses que je soutiens. Le doute ne m'assaille qu'après, lorsque je peux m'interroger à loisir. Bien sûr, j'avais raison, entièrement raison : les Juifs et les Arabes doivent s'entendre entre eux. Mais il subsiste tant de méfiance, tant de peur, tant de ressentiment...

Ma démarche commençait à me sembler hasardeuse et je me disais : «As-tu vraiment besoin de t'occuper de cette affaire? Tu es un médecin et non un homme politique. Pourquoi ne pas les laisser se débrouiller tout seuls?» Je faillis tout annuler, mais, moralement, je m'étais déjà trop engagé : j'aurais eu l'impression de commettre une lâcheté.

Je pénétrai donc quelques jours plus tard dans l'immense hangar du Parc des Expositions, à moitié rassuré. J'eus tout de suite l'impression d'être projeté dans un autre monde. Cela ressemblait à la Fête de *l'Humanité*, mais en plus bruyant, à quelque chose qui se situerait entre les Galeries Lafayette et le grand marché de Kaboul à l'époque de Kipling.

J'étais assis à mon stand depuis moins d'une demi-heure, toujours pas très à mon aise, lorsque je vis s'approcher de moi une vieille dame, un peu timide et maladroite. Elle me tendit mon livre à signer en disant, avec un accent d'Europe de l'Est comme je croyais qu'il n'en existait plus depuis longtemps :

— Ah, Docteur ! Je suis très contente de vous voir, il y a longtemps que je voulais vous rencontrer.

— Ah bon ! Et pourquoi ?

— Parce que vous êtes un bon Juif!

Alors là, je fus sidéré. C'était bien la première fois de ma vie qu'on me complimentait de la sorte. Je crus d'abord avoir mal compris. Je levai les yeux vers elle; mais non, il y avait tant d'admiration, tant de tendresse même dans son regard, que le doute n'était pas possible. D'étonnement, je lui dis :

— Mais, madame, je ne suis pas sioniste, je ne crois pas en Dieu, je ne suis même pas circoncis, et, en plus, je ne suis pas l'ennemi des Arabes !

— Cela n'a pas d'importance, me répondit-elle, parce que *Docteur n'a pas honte d'être juif*.

Je dois avouer que je reçus un petit coup au cœur. Vraiment, j'étais ému. A peine remis du choc, je fus abordé par une bande de jeunes gens en qui je reconnus aussitôt des Juifs d'Afrique du Nord. Ils me déclarèrent qu'ils m'avaient entendu à *Radioscopie* et qu'ils étaient tout à fait d'accord avec moi : « Nous aussi, nous aimons les Arabes, m'expliquèrent-ils. Nous avons été élevés avec eux. Ils nous sont même beaucoup plus proches que les Français. » Ils me félicitèrent encore pour mes opinions et me conseillèrent de continuer dans cette voie sans me préoccuper des critiques que l'on pourrait m'adresser. Cette haine qui divise Juifs et Arabes, ajoutèrent-ils, venait d'un tragique malentendu qui risquait de causer beaucoup de tort à Israël et à tout le peuple juif.

J'étais arrivé un peu inquiet, mais la confiance et la foi

que ces gens manifestaient me rendirent toute mon assurance. Mon enthousiasme atteignit son comble lorsqu'ils conclurent que des hommes comme moi avaient une mission à remplir. Prophète! le rêve secret de ma mère, comme de toutes les mères juives d'ailleurs. Je ne me sentais plus d'aise... Pour la première fois de ma vie peut-être, et pour la dernière, j'espère, je me pris en cet instant totalement au sérieux. Je me vis sous les traits d'une sorte de missionnaire parcourant le monde pour y prêcher la paix. Et le plus extraordinaire, c'est que je fus, l'espace d'un moment, comme persuadé que je possédais la solution du conflit et qu'il me suffirait de parler pour que la haine s'évanouisse, que toutes les préventions tombent, qu'Israéliens et Palestiniens, enfin réconciliés, se serreraient la main grâce à moi et s'ouvriraient mutuellement les bras. C'était une certitude d'autant plus forte, plus irrésistible, que rien de sérieux ne l'étayait.

Elle dura exactement deux heures et demie, le temps d'achever ma séance de signatures et de retourner chez moi. Depuis ce moment, j'ai pris l'habitude de me taire.

Comment ne pas l'avouer? je ne sais pas grand-chose du judaïsme, et puis trop de choses nous séparent, les Juifs m'exaspèrent souvent et je ne suis pas toujours très tendre à leur égard. Je ne suis même pas certain de me sentir, au fond de mon cœur, entièrement juif. Bien sûr, je frémis lorsqu'Israël est menacé, qu'une synagogue est profanée ou qu'un enfant juif est assassiné par un irresponsable mystique. Je ressens parfois de grandes flambées de tendresse pour ce peuple, mais, en même temps, je ne peux m'empêcher d'éprouver une certaine réticence, un malaise, une impression indéfinissable de gêne vis-à-vis de ces origines avec lesquelles je me sens pourtant tout à fait incapable de rompre.

10.

Un petit Français face à ses ancêtres

Que le lecteur me pardonne cette nouvelle digression, mais je dois revenir à l'histoire de mon enfance. J'ai déjà raconté mon passé patriotico-catholico-protestant, mais je n'ai toujours rien dit sur la manière dont le bon petit Français que j'étais voyait ses origines. C'est cette autre facette de mon existence que je me propose d'aborder à présent. Je ne le fais pas sans une certaine dose d'appréhension et de honte, car je suis parfaitement conscient de ce tout que mon attitude d'alors empruntait à l'arsenal antisémite. Mais ce livre n'aurait ni intérêt ni raison d'être si je ne m'efforçais pas d'y être toujours sincère.

Autant dire d'emblée les choses comme elles sont : étant enfant, je n'aimais pas vraiment les Juifs. J'en voyais défiler de toutes sortes chez nous, dans notre petit appartement du square Delambre, puis, plus tard, du boulevard Montparnasse. C'étaient généralement de pauvres gens que je considérais sans ménagement comme de simples pique-assiette. Je m'étonnais, et même me scandalisais parfois, que mes parents puissent se comporter à leur égard avec tant de gentillesse. Ils ne me semblaient avoir aucun point commun avec nous. Comparés à ces êtres merveilleux qu'étaient à mes yeux mon père et ma mère, doués de toutes les qualités, nantis de toutes les vertus, ils me paraissaient plutôt douteux, dans leur mise comme dans leurs intentions, plutôt mal élevés, et sans intérêt apparent. Je déplorais leur culot et leur penchant aux lamentations, cette façon qu'ils avaient de geindre perpétuellement sur leur sort. Je n'ai compris que beaucoup plus tard qu'il s'agissait en fait, pour la plupart, d'émigrés de fraîche date qui n'avaient pas encore trouvé de travail. En outre, leurs noms me paraissaient étranges et imprononçables : ces Klimovitz ou Abrahamson, à côté desquels les sonorités pleines de noblesse de Minkowski me semblaient presque françaises, écorchaient mes tendres oreilles. Et non seulement ces gens-là venaient nous importuner chez nous, mais — ce qui me semblait une aberration — nous étions régulièrement obligés de leur rendre visite. Bien entendu, ils habitaient sous les toits, en haut d'escaliers interminables, dans de misérables chambres non chauffées, tout encombrées de leurs pauvres hardes. Et nous y passions des heures, ce qui était pour moi un véritable calvaire.

Je ne comprenais vraiment pas ce que je faisais chez eux, et je me terrais dans un coin, empli d'une gêne indéfinissable. Qu'avions-nous à voir avec ces gens-là? N'étais-je pas français? N'étais-je pas né boulevard Raspail? Et surtout, pourquoi mes parents s'entêtaient-ils à les fréquenter? Ils étaient tous deux remarquablement intelligents; mon père avait combattu à Verdun; quel besoin avions-nous de perdre notre temps avec ces êtres tristes qui, avec leurs vieilles fourrures, leurs vêtements rapiécés, leur visage angoissé, semblaient sortis de quelque cour des miracles?

En y repensant aujourd'hui, je me demande si l'aversion qu'ils m'inspiraient n'était pas précisément due à ce qu'ils étaient un rappel vivant de mes origines. Je m'obstinais à me vouloir tellement français, tellement «intégré»... Je ne suis pas sûr que cette explication soit la bonne, mais elle me paraît vraisemblable, parce que je n'étais, par ailleurs, pas du tout xénophobe. J'en donnerai pour preuve le souvenir suivant : à la même époque, plusieurs fois par mois, ma mère m'emmenait dans une pâtisserie russe qui se trouvait à deux pas de notre maison, rue Saint-Jacques. Elle était tenue par un couple d'émigrés qui parlaient le français avec un accent incroyable, mais qui ne me dérangeait pas le moins du monde. Souvent, ma mère restait une petite heure dans cette boutique à bavarder dans une langue hybride faite pour moitié de russe et pour moitié de français. C'étaient là pour moi des minutes délicieuses. J'aimais cet univers blanc de farine, plein d'odeurs savoureuses. Il évoquait à mes yeux la splendeur de la Russie des tsars, ce pays dont ma mère me parlait parfois. Le pâtissier et sa femme me semblaient des gens merveilleux, je les trouvais aussi beaux que gentils. J'éprouvais pour eux une immense affection. Mais je me souviens qu'à chaque fois que je pensais à eux, je me répétais : « ... Et ils ne sont pas du tout juifs. »

Le voyage que je fis à Varsovie vers l'âge de treize ans me renforça encore dans mon sentiment. Tout me déplut là-bas, les gens, la nourriture, les mœurs. Ce séjour reste lié, dans mon souvenir, à une terrible impression de saleté. Les rues, les maisons, ce que je mangeais, tout me paraissait douteux. Et il me semblait que j'en étais moi-même perpétuellement souillé.

Un jour, mon père m'emmena à Nalewki, en plein quartier juif. Ce fut une des expériences les plus traumatisantes de mon enfance. Je garde l'image d'un grouillement de gens uniformes, vêtus du même habit noir, d'une cohorte d'hommes à la barbe sale, aux kaftans maculés...

Nous marchions au milieu de la foule. Mon père restait silencieux. Il était à mille lieues de se douter du choc énorme, absolument terrible, que j'étais en train de recevoir. On voyait très peu de femmes dans les rues. Nous traversions une masse compacte d'hommes qui me faisaient penser à des croque-morts. Et partout, lancinante, cette perpétuelle impression de saleté. Les enfants, souvent pâles et maigres, la tête à moitié rasée, avaient le visage encadré de longues papillotes soyeuses. Ils étaient accoutrés d'une manière encore plus misérable que les adultes, de pauvres choses grossièrement rapiécées. En les regardant, je compris soudain que, si mes parents n'avaient pas quitté autrefois la Pologne, j'aurais été comme eux. Et ma pitié se mua en répulsion. L'idée que moi, ce joli petit garçon si bien habillé, j'avais failli être un de ces malheureux, me plongea dans un abîme de doutes que je tentai aussitôt de combler en me répétant à chaque pas que j'étais français, indiscutablement français.

Et non seulement ces gens ne me plaisaient pas, mais ils soulevaient en moi une sourde hostilité. Je leur en voulais d'être ce qu'ils étaient. Et je leur en voulais d'autant plus que j'avais l'impression qu'ils faisaient exprès de porter ces haillons misérables, qu'ils trouvaient là une marque de leur identité, une manière de se distinguer des autres hommes.

Ces images me poursuivirent pendant des années, jusqu'au jour où je crus que le temps les avait enfin effacées. Mais je les retrouvai intactes, aussi violentes et aussi troublantes, quelque dix ans plus tard, en 1940, peu après la retraite de Norvège. Comme je l'ai raconté plus haut, je rejoignis l'armée française au Maroc. Un jour que je me promenais dans le mellah, le quartier juif de la vieille ville, je fus soudain saisi d'un léger malaise, et aussitôt ma mémoire se remit en branle. Brusquement, tout me devint odieux, les gens et l'odeur qui se dégageait en ces lieux misérables. Je pouvais me promener des heures dans les souks de Meknès ou de Marrakech sans être le moins du monde indisposé par la foule, ni par ces relents d'huile et d'urine qui y flottent, je leur trouvais même un certain parfum d'exotisme qui ravissait mon cœur de touriste, mais, dans le mellah, cela m'était insupportable.

Puis, de nouveau, le souvenir parut s'effacer. Je le revécus une dernière fois, à Jérusalem, quelques années après la sortie du *Mandarin*. J'étais allé voir le mur des Lamentations, plus par curiosité que pour y chercher d'hypothétiques racines ou une foi plus hypothétique encore. Si un reste de foi subsiste quelque part en moi, ce n'est pas la vision d'un vieux pan de mur délabré qui la fera resurgir, au contraire même, surtout depuis que, au nom de Dieu, Begin revendique la Samarie et la Judée. Le spectacle de ces idôlatres — puisqu'ils adorent un objet matériel auquel ils attribuent des pouvoirs surnaturels — m'indisposa terriblement. En quittant l'esplanade, je fus abordé par un vieux Juif exactement semblable à ceux de Nalewki : même barbe douteuse, même kaftan éculé, même air humble et buté. Il tendit la main dans ma direction en me demandant, dans un assez bon français, «de l'argent pour les pauvres». Son aspect, sa supplique, tout en lui me fut instantanément insupportable et je réagis avec une violence qui me déconcerta moi-même. Je lui dis qu'il était un menteur, que l'argent était pour lui, qu'il n'avait qu'à travailler, qu'Israël et le peuple juif n'avaient pas besoin de parasites de son espèce, etc. Et plus je parlais, plus je m'énervais. Je me rappelle lui avoir répété plusieurs fois : «Mais, bon sang, allez donc travailler au lieu de mendier!»

Il écouta sans broncher, sans que son visage accuse la moindre contrariété, et, quand je me tus enfin, il répondit : «Mais je ne peux pas travailler. Mon grand-père mendiait déjà. Mon père a fait comme lui. Et maintenant, c'est mon tour.» Il s'exprimait avec une telle douceur et une telle dignité que je ne sus pas quoi lui répondre. Je me tournai alors vers les amis avec lesquels je me trouvais, des Juifs tunisiens qui participaient comme moi à un congrès, et leur dis, désignant cet homme qui me regardait, imperturbable : «Au fond, vous voyez, c'est comme ça que je vais finir, par mendier en français devant le mur des Lamentations. J'ai toujours su que je finirais comme ça. Après ma retraite, c'est là qu'on me retrouvera, pauvre comme Job, et qu'on me rendra visite.»

Ce judaïsme que je fuyais — avec quelle fureur! — devait me rattraper au tournant. Ce fut un véritable drame pour moi, qui se produisit en deux temps et qui m'empêcha peut-être de devenir un Juif douteux. Le premier acte se joua durant mon adolescence.

A l'âge de la puberté, en même temps que mon teint frais et rose se brouillait sous un début d'acné, je vis croître, au milieu de mon visage, à l'endroit de mon si joli petit nez, une vilaine protubérance.

Mon désagrément ne fut au départ que d'ordre esthétique. Je passai des heures à me lamenter sur cette incongruité qui m'avait poussé au milieu de la face et qui me défigurait d'une manière que je craignais inéluctable.

L'affaire se compliqua lorsque mes camarades commencèrent à me faire des commentaires désobligeants sur la forme de mon appendice nasal et à rattacher celui-ci à mes origines — ces origines que je récusais depuis mon voyage en Pologne —, que je mettais tant d'application à édulcorer et à gommer. Et voilà qu'elles me rattrapaient soudain, ces origines, et qu'elles se vengeaient de la manière la plus cruelle : en m'éclatant en pleine figure. A quoi me servait-il de ne pas être circoncis puisqu'une marque indélébile se gravait à présent sur la partie la plus visible de mon anatomie ?

Et pourtant, cette expérience me sauva d'un complet reniement de moi-même, et fit s'accomplir en moi tout un travail intérieur qui allait aboutir à la conception d'une autre image de ma judéité, sublime celle-là. Puisque je ne pouvais nier mes origines, je les magnifiai. Prenant comme modèle mes parents que je vénérais, je conçus une image idéale du Juif, exactement inverse de celle que j'avais gardée de ces pauvres du ghetto de Varsovie.

Mais la tension entre ces deux images était trop extrême, trop douloureuse; elles étaient toutes deux trop caricaturales pour que je puisse m'identifier réellement à l'une ou à l'autre. C'est alors que je m'inventai un troisième type de Juif : celui du Juif pas comme les autres. Et je m'y accrochai de toutes mes forces.

Le modèle était solide. Il me permit de traverser toute l'adolescence sans être trop importuné par l'antisémitisme qui, pourtant, devenait virulent en ces années troubles de l'avant-guerre. Aucune critique, aucune observation ne pouvaient plus m'atteindre, je n'étais pas juif, ou plutôt j'étais *un Juif pas comme les autres*.

Solide, il l'était, mon modèle, mais, comme je l'ai déjà raconté, il ne résista pas à la tempête de haine et de folie meurtrière déclenchée par l'occupation nazie.

J'ai décrit le choc que je reçus en revenant de la manifestation de l'Étoile, en 1940. Quelques jours plus tard, un autre incident du même genre survint. Jusque-là, tout le monde m'avait plus ou moins ménagé. Mes titres militaires impressionnaient. Mais la sortie du Dr Motte avait libéré soudain mes «camarades» de cette sorte de respect craintif que je leur inspirais. Les injures, auxquelles je ne pouvais répliquer que par des coups, se mirent à pleuvoir dru, et l'une d'entre elles m'est restée plantée dans la poitrine : «Ta présence dans la salle de garde transforme cette pièce en ghetto», me cracha un jour un collègue interne. J'étais redevenu un Juif de Nalewki.

Conditionné par ce passé, je vis toujours ma relation avec les Juifs sur le mode de l'ambivalence. Et l'aversion qu'il m'arrive encore d'éprouver se mue parfois lorsque je suis en face d'un Juif selon mon cœur, en une véritable adoration.

Au fond, j'attends tout de mes «congénères». Je crois en eux comme on croit au Messie. Peut-être parce que je suis conscient d'être moi-même un Juif de mauvaise qualité, un Juif très imparfait, assez quelconque, finalement, un Juif de raccroc, un Juif pas très catholique... Alors, chaque fois que j'en rencontre un qui ressemble à mon Juif idéal, je fonds littéralement d'amour.

Ce fut le cas en Israël, avec les Karplus. Ce couple qui vit dans le désert touche, presque à chaque instant, au sublime, ils sourient perpétuellement et ne se plaignent jamais, évitent de parler de la guerre, des dangers qu'ils ont courus et de ceux qu'ils peuvent courir. Lorsqu'on aborde avec eux les problèmes politiques, ils disent : «Nous, pourvu que nous ayons la paix, le reste ne nous intéresse pas, et nous voulons bien rendre tous les territoires que l'on veut. » Leur vision politique n'est peut-être pas très savante, mais je crois que ce sont eux qui ont raison et non pas tous ces faucons qui ne rêvent que de conquêtes. Les Karplus, eux, veulent vivre en paix avec les Arabes, et cela seul compte à leurs yeux.

Il est pédiatre et elle est rééducatrice pour handicapés. Ils s'occupent tous deux des Bédouins, qui sont à peu près quarante mille et vivent dans le Néguev. Autrefois ils étaient nomades, mais à présent ils se sont fixés en tribus dans des espèces de gourbis. Le désert, toujours en plein soleil et sans un arbre, est toute leur vie. Et les Karplus, qui dirigent le service de nouveau-nés de l'hôpital de Beer Sheva, ont une antenne mobile dans le désert. Ils ont tous deux appris l'arabe et se sont spécialisés dans la rééducation fonctionnelle et les soins aux mères et aux enfants. Ils essayent de convaincre les Bédouins qu'une malformation n'est pas, contrairement à ce qu'ils pensent, un don de Dieu, et que leurs enfants peuvent guérir. Ils y parviennent à force de douceur et de compréhension. Et lorsqu'on va dans leur antenne, installée sous quarante ou cinquante degrés au soleil, on est frappé par l'atmosphère extraordinaire qui y règne, amicale, humaine, fraternelle. Et je pense qu'il faut être juif comme les Karplus pour en donner autant. Comme le disait mon père, et comme je le répéterai jusqu'à mon dernier souffle, c'est une philosophie de la main tendue. C'est là la preuve qu'il y a encore en Israël des êtres qui prêchent pour demain. Voilà la promesse de l'aube.

11.

Beaucoup de prophètes,
peu de témoins

Ce chapitre est dédié à Henry Curiel, juif qui a tendu la main aux Arabes, assassiné.

La récupération prit un tour plus officiel le jour où l'on m'invita à participer, en Israël, à un colloque sur les Palestiniens. Une fois encore, ma première réaction fut de refuser. Après mon séjour dans les camps du Liban, j'avais été copieusement injurié par toute l'arrière-garde de l'armée sioniste. Je ne suis pas particulièrement masochiste, et j'hésitai à m'embarquer dans une aventure dont il me semblait prévoir par avance les conséquences et les retombées. Deux éléments me décidèrent finalement à accepter. D'abord, la qualité des participants. Les organisateurs étaient parvenus à rénir un assez bon plateau : Pierre Mendès France, Nahoum Goldman (l'ancien président du Congrès juif mondial), l'ambassadeur américain Brown et Lord Cavedon (l'auteur de la résolution 242 de l'ONU). La présence de telles personnalités me parut être une garantie de haut niveau des débats. La deuxième raison qui m'amena à accepter venait de mon espoir, souvent déçu et jamais éteint, de rencontrer des Juifs selon mon cœur. Et puis, Israël montrait là son esprit libéral, généreux et démocratique, et je ne pouvais faire moins que de répondre présent.

Naturellement, une fois de plus, je rêvais. Tandis que je préparais mon intervention, je reçus chez moi, par le courrier, une copie de la charte de l'OLP, accompagnée d'une carte de bristol ainsi libellée : «Avec les compliments de l'ambassade d'Israël.» J'entrai dans une fureur noire. Je pensai aussitôt téléphoner à l'ambassade pour leur dire mon opinion sur leur façon d'agir, mais je me ravisai : je me souvins que je devais aller, quelques jours plus tard, à une réception organisée par les Amis de l'université du Désert (dont je fais partie), et que j'y rencontrerais sûrement l'attaché culturel que je connaissais personnellement. Il me fallait un esclandre pour calmer ma colère, alors autant qu'il soit public, il n'en serait que plus fameux!

Le soir de la réception, ma colère ne s'était pas calmée. A peine entré dans la salle, j'en fis le tour du regard pour repérer ma victime. Mon diplomate se tenait debout près du buffet où il bavardait avec deux ou trois personnes. Je m'empressai de le rejoindre et après un bref bonjour, le questionnai aussitôt : «Est-ce vous qui avez cru bon de me communiquer la charte de l'OLP?» Il parut gêné et me dit : «Oui, c'est-à-dire... nous savons que vous devez participer au colloque et nous avons pensé que ce serait là pour vous un élément d'information intéressant.» Je n'en revenais pas. Je repris : «Vous avez l'air de croire que je ne sais pas que la charte existe et qu'elle prévoit la destruction d'Israël. Je peux vous assurer que je n'ai pas du tout apprécié votre "attention". Car, ou bien vous pensez que je n'ai jamais lu ce document et vous me prenez pour un imbécile, ou bien votre envoi est un rappel à l'ordre. Mais dans les deux cas votre geste est grossier.»

Ce congrès de Tel-Aviv se révéla une véritable catastrophe. Ce fut un bel exemple de l'intolérance israélienne.

Le matin, peu avant l'ouverture, des Arabes de Cisjordanie vinrent nous voir pour se plaindre de l'occupation et nous expliquer à quel point celle-ci était pénible, comment elle avait détruit leur vie culturelle, ruiné leur économie et démantelé leurs familles. Ils nous dressèrent un tableau de la situation très sombre (et que les événements actuels ne font que confirmer). Ils s'exprimèrent dans un silence poli, mais distant. Personne ne fit le moindre commentaire. Visiblement, ces critiques ne dérangeaient pas les Israéliens, ils en avaient l'habitude et les considéraient comme normales. Probablement devaient-ils se dire qu'il n'y a pas de bonne occupation et qu'un occupant est toujours haï.

Les observations que je m'apprêtais à faire étaient infiniment plus mesurées, et je ne doutais pas un seul instant de pouvoir les formuler dans le calme. C'était compter sans le fanatisme de toute cette faction d'Israéliens qui considèrent ceux qui leur adressent des reproches comme des antisémites s'ils ne sont pas juifs et comme des «judéo-traîtres» lorsqu'ils le sont.

Je commençai par projeter une série de diapositives que j'avais prises dans des camps palestiniens. Elles montraient, entre autres, l'entraînement militaire qu'y suivent presque tous les jeunes enfants. Je me contentai de dire que je trouvais très grave cette haine insufflée à des adolescents et qui n'était pas près de disparaître. Mais déjà, je sentais des mouvements d'impatience dans la salle. Ils se transformèrent en un véritable tollé lorsque je montrai des photographies d'un camp du Sud bombardé par l'aviation israélienne. J'avais pourtant pris la précaution de bien préciser que je considérais les Palestiniens comme des gens dangereux, à qui il n'est pas facile de faire confiance. Mais, malgré ça, je me positionnais comme un traître à leurs yeux. Tous les journalistes locaux se levèrent et quittèrent la salle avec un bel ensemble. Le lendemain, la presse me traîna dans la boue. Je sais bien que si un Anglais, par exemple, avait tenté durant la Deuxième Guerre mondiale d'émouvoir l'opinion publique de son pays sur le sort des pauvres Allemands bombardés par les Alliés, il aurait été fort mal accueilli. Mais ce n'est pas exactement pareil, et ce raisonnement ne me satisfait pas. Peut-être parce que j'attends trop des Juifs en général et des Israéliens en particulier...

Je sortis de cette affaire plutôt meurtri. Je l'ai déjà dit, je ne suis pas très sûr de mon judaïsme. J'ai parfois envie d'adhérer à mon peuple de toutes mes forces. Mais, en même temps, je me sens en marge de ce judaïsme-là.

Quelque temps après, je reçus un coup de téléphone du professeur Lwoff, prix Nobel, qui me demanda de présider à sa place le dîner donné à l'occasion de la collecte des bons pour Israël.

L'entreprise avait tout pour me déplaire. Je n'aime pas le principe de ces collectes. Je trouve qu'elles instaurent des liens malsains entre les Juifs de la Diaspora et l'État d'Israël. Malsains pour ce dernier qui se trouve ainsi en position d'assisté, et malsains surtout pour tous ceux qui s'achètent une bonne conscience à peu de frais.

L'assemblée que je pensais y rencontrer me déplaisait tout autant. Elle serait formée, pensais-je, par cette bourgeoisie juive qui vote à droite pour défendre son portefeuille et soutient l'État-mère pour assurer ses arrières.

Je crus bon de prévenir Lwoff en lui rappelant quelles étaient mes prises de position. Il m'assura cependant que cela n'avait aucune importance et que, tel que j'étais, je ferais très plaisir à tout le monde en présidant le dîner. Il fit tant et si bien que, finalement, j'acceptai. Un collègue juif parisien, au fort accent polonais, m'assura de son côté : « Vous pourrez dire tout ce qui vous passera par la tête, ils seront toujours fiers de vous compter parmi eux. » Je sentais que cela allait mal se passer, je me connaissais suffisamment bien pour le présager, mais comment résister à la promesse d'être accepté tel que l'on est, assortie, en prime, de celle de faire plaisir ?

Ma première impression fut assez bonne. La foule avait l'air sympathique, contrairement à ce que je craignais. Je repérai çà et là des médecins avec lesquels j'entretenais des liens amicaux. L'atmosphère était plutôt à l'opulence, sans doute, mais tout le monde semblait plein de bonne volonté. Et puis il y avait là le professeur Caroli qui avait été un de mes maîtres et pour lequel j'éprouvais une grande estime. Cependant, mon optimisme ne dura pas longtemps.

A peine assis, je fus apostrophé par le général Ben Gal, mon voisin, que l'on m'avait présenté comme un héros de la guerre du Kippour. Bel officier de quarante-cinq ans environ, il avait publiquement déclaré un jour que les Arabes étaient « le cancer d'Israël ». Autant dire que, dès le premier contact, il me hérissa le poil. Pourtant il avait une épouse si belle que j'étais prêt à beaucoup lui pardonner.

Nous venions donc de gagner nos places, lorsqu'il se tourna vers moi et me demanda abruptement ce que je faisais en France au lieu d'être en Israël. Il ne me laissa pas le temps de répondre et poursuivit aussitôt : « Votre place est dans votre pays. Ici, vous n'êtes qu'un étranger. » Alors, là, je bondis. C'était exactement le type de propos que j'avais entendu sortir de la bouche des pires antisémites. Ce n'était pas loin de ce que m'avait déclaré le Dr Motte en 1940. Comme quoi tous les fascistes du monde se ressemblent, qu'ils soient juifs, antisémites, maccarthystes ou staliniens... Je parvins à maîtriser le son de ma voix pour lui expliquer qu'être juif dépassait le simple fait d'habiter tel ou tel pays et de posséder tel ou tel passeport. Il dut prendre ma modération pour de la pusillanimité, car il me coupa à nouveau la parole pour affirmer, avec une assurance redoublée, que des gens comme moi étaient des irresponsables qui se feraient toujours massacrer... Le grand couplet sioniste.

Lorsque vint le moment de faire mon petit laïus, j'étais donc passablement énervé. Je cherchai un moyen de récupérer mon calme quand, heureusement, me revint en mémoire une phrase de mon père qui m'avait toujours troublé : « Je suis un Juif perplexe. » Cette maxime m'apaisa, et je décidai de la prendre comme thème de mon discours.

Mon père avait été une personnalité importante du judaïsme français, et je savais qu'en me plaçant ainsi sous sa houlette je m'assurais d'avance un certain respect.

J'avouai en premier lieu que je ne me sentais pas digne de présider une telle assemblée et que mes connaissances sur le sujet étaient trop modestes pour m'autoriser à m'exprimer en mon propre nom. J'annonçai donc d'emblée que je me contenterais de parler de mon père et de sa conception du judaïsme. J'embrayai ensuite sur la perplexité, la nécessité d'une certaine humilité en face de tout problème, sur ce doute dont nous devrions toujours tempérer nos prétendues certitudes. Je posai la question de savoir si l'attitude que nous avions adoptée vis-à-vis des Arabes était bien la meilleure. Et je réintroduisis sans cesse la notion de perplexité. J'évoquai enfin la tendance récente de l'Église catholique à s'appuyer sur l'Ancien Testament, en la commentant comme suit : «Si l'Église catholique s'appuie sur les Juifs, c'est qu'elle est vraiment foutue!» Je parlai longtemps. Je ne dis pas que je réussis à convaincre mon auditoire de la nécessité de faire la paix, mais je fus, il me semble, écouté avec une certaine attention et même une certaine bienveillance. La soirée était en fin de compte une réussite, et la collecte qui suivit rapporta plus d'argent que les autres années.

J'étais aux anges! Cette fois, tous mes pronostics s'étaient avérés faux. Mes craintes avaient été vaines et mes préjugés stupides. Je saluai le général sans rancune et me dirigeai vers la porte. J'allais sortir, lorsque le responsable de l'Association des médecins israélites de France, une sorte de Ben Gal en civil, m'aborda. Je le connaissais un peu et ne l'appréciais guère : c'est une sorte de pète-sec borné et arrogant. Mais d'avoir évité le drame après l'avoir frôlé de si près me rendait euphorique et me remplissait le cœur de tendresse pour l'humanité entière. Je lui tendis la main fort civilement. Il se planta alors devant moi et, ignorant délibérément mon geste, me lança d'un ton hargneux : «Eh bien, monsieur, sachez que nous autres, les médecins juifs de France, nous ne sommes pas perplexes!» Toute ma colère se ranima d'un coup et, sans même réfléchir, je ripostai : «Eh bien, monsieur, sachez que moi, Alexandre Minkowski, je vous emmerde!»

Et je partis aussi furieux contre moi-même que contre

lui, en désespérant plus que jamais de parvenir un jour à faire la paix avec ce peuple qui est pourtant le mien...

J'aimerais aborder à présent l'autre face du problème.

Je me suis toujours intéressé à l'envers des choses. C'est ainsi que, parmi les premiers, j'avais été amené à visiter des pays comme la Chine que peu de Français avaient eu jusque-là l'occasion de bien connaître. Probablement est-ce encore à cause de mon éternel goût de la provocation, de mon désir de ne pas moisir idiot à l'intérieur du troupeau...

La plupart de mes amis juifs se rendaient régulièrement en Israël et, peut-être justement pour cette raison, je n'étais guère tenté de leur emboîter le pas. Quelle aurait été l'originalité d'un tel voyage ? Je pensais bien que j'irais là-bas un jour, mais j'attendais sans impatience que survienne un prétexte quelconque : un congrès médical ou un débat scientifique. L'occasion se présenta finalement en 1970. J'en fus heureux, mais ce que je voulais surtout, c'était observer les Arabes d'Israël qui allaient être mes premiers Palestiniens.

La politique de la main tendue a toujours été la mienne. J'avais entendu parler de la discrimination pratiquée dans ce pays entre Arabes et Juifs et, avant même de la constater de mes propres yeux, elle me semblait tout à fait monstrueuse. Je ne comprenais pas comment, avec un passé de discriminés aussi lourd que le leur, des Juifs pouvaient à leur tour devenir discriminateurs. Je ne tolère le racisme sous aucune forme et je bouclai mes valises avec un esprit, je l'avoue, déjà prémuni.

J'allais m'installer chez les moines du Bec Hellouin, du côté d'Abougosh. Les Arabes qui vivent dans cette région — ainsi que me l'apprirent les gens qui m'accompagnaient — comptent parmi les seuls à être demeurés fidèles aux Israéliens durant la guerre. Cet endroit constituait une véritable exception. Mais ce fut là également, à travers les témoignages que je pus recueillir, que je vérifiai la véracité des informations qui m'étaient parvenues en France : il existait bien, au sein de l'État d'Israël, un divorce grave entre les ethnies. (Plus tard, au cours de nouveaux voyages, je découvris que ces mêmes Arabes d'Abougosh avaient pris leurs distances, et que les relations entre les deux communautés étaient en train de se détériorer. Ils n'étaient plus d'accord avec la politique du gouvernement. Mais qui pourrait leur en vouloir ?)

Je ne m'étais jamais encore vraiment penché sur le problème des Palestiniens. Je savais qu'ils n'étaient pas considérés comme des citoyens à part entière. Je connaissais, bien sûr, les terribles tensions et les déchirements qui troublaient la paix à l'intérieur du pays. Mais, d'après les journaux que je lisais et ce qu'on m'en disait, les Palestiniens m'apparaissaient essentiellement comme des terroristes : ils étaient tristement célèbres pour les attentats sanglants qu'ils commettaient. J'éprouvais donc à leur égard un sentiment tout à fait univoque : je les imaginais comme des fous revendicateurs. Il ne me venait pas une seconde à l'esprit que les Israéliens aussi, en d'autres temps, avaient été considérés comme de dangereux terroristes, et que moi-même, pendant l'Occupation, j'avais mis sur pied des opérations de résistance qui, en fait, n'étaient pas très différentes, puisqu'à chacune d'entre elles nous prenions le risque de faire fusiller des otages innocents.

Il me sembla également qu'il y avait en Israël une classification des Arabes, une sorte de hiérarchie. Si les Druses ou les Bédouins du Neghev causaient peu de problèmes aux autorités, les Arabes de Cisjordanie étaient vraiment en bas de l'échelle. On parlait d'eux sur un ton tantôt haineux et tantôt paternaliste. On affichait à leur égard un mépris que je trouvais intolérable. On estimait, par exemple, qu'ils n'étaient pas des gens en qui on pouvait avoir confiance, qu'ils n'étaient pas crédibles, qu'ils n'étaient que des sous-développés. C'était là pour moi une attitude inadmissible. Le respect de la personne humaine, de la dignité, m'a toujours semblé essentiel. J'ai même assez tendance à croire en une égalité forcée, puisque je ne crois pas en l'égalité naturelle. Et, à mon avis, aucun pays sur-développé, et surtout pas Israël, n'a le droit de manifester le moindre dédain vis-à-vis d'un de ses voisins moins fortuné.

Les Arabes qui m'intéressaient le plus étaient ceux de Galilée, car ils étaient les plus revendicateurs. Le maire de Nazareth est même communiste, et j'ai connu là-bas un prêtre, fameux pour ses prises de position, qui est à la fois du côté des Arabes israéliens et des Palestiniens. Il dit à qui veut l'entendre qu'il faut rendre à ces gens leur dignité perdue et reconnaître leurs droits. Je partage tout à fait ses opinions.

Dès ce premier voyage, j'entrai donc de plain-pied au cœur de la discrimination. Je découvris ainsi que les Juifs d'Afrique du Nord étaient aussi l'objet d'un certain mépris, qu'on leur reprochait leur manque de culture, leur état social, leur manque de qualifications techniques. En cherchant à me renseigner plus à fond sur ces « fous dangereux » qu'étaient les Palestiniens, j'appris aussi les expropriations pratiquées en Galilée. Je m'enquis des conditions de vie en Cisjordanie (des Juifs américains surtout m'en avaient peint un tableau enthousiaste) et m'aperçus que la réalité n'était pas très rose : je vis partout régner l'hostilité; des Juifs, qui avaient été comme moi persécutés et occupés, occupaient et persécutaient à leur tour, traitaient un peuple en inférieur et l'opprimaient. Je me suis toujours senti à la fois un ex-opprimé et un opprimé potentiel, et ce que je pus constater me parut insupportable. J'ai réfléchi depuis à toute cette masse de haine et de ressentiment qui s'accumulait depuis des années, et j'ai compris pourquoi la guerre était inévitable tant que durerait cet état de choses : nous avons là les conditions requises pour que tout aille en s'aggravant. Bien sûr, il n'est plus question de comparer l'occupation de la Cisjordanie à celle que nous avons vécue en Europe après 1940, mais le résultat est le même : l'oppression règne, et ceux qui luttent pour leur liberté sont mis en prison. L'image de marque d'Israël et celle des Juifs en général me parurent compromises. Et peut-être est-ce pour cela que je me suis promis de m'occuper désormais des Palestiniens.

Que l'on me comprenne : *ma solidarité de principe avec Israël n'a jamais été et ne sera jamais remise en cause.* Elle ne l'a pas été au cours de mon premier voyage et ne le sera pas dans le futur, mais cela ne veut pas dire que je puisse fermer les yeux sur certaines erreurs. La survie de ce pays, même et surtout si elle est problématique, me tient énormément à cœur, et, tant que je serai vivant, que je pourrai m'exprimer et agir, je ne resterai pas passif devant n'importe quelle tentative visant à rejeter les Israéliens à la mer. Mais, une fois encore, toute discrimination, quelle qu'elle soit, est inadmissible. C'est en tant que Juif que j'ai décidé de mieux connaître les Palestiniens.

J'avais entendu parler de l'existence de l'Association médicale franco-palestinienne grâce à deux de mes amis, Marcel-Francis Kahn et Paul Milliez. Ils savaient l'intérêt que je portais, non pas à cette cause, mais à ce problème. Je leur avais clairement exposé mon opinion, spécifiant que, malgré cet intérêt indéniable, rien ne me ferait jamais accepter les agissements de l'OLP.

Auparavant, j'avais déjà été appelé en Tunisie, après mon voyage en Israël, comme consultant dans un congrès international pour l'Aide aux enfants handicapés des pays arabes. Des Lybiens, des Kowétiens, des membres de presque tous les pays musulmans y assistaient, et pourtant les deux experts présents étaient juifs (le docteur Vis et moi-même). Je fus très remué par ces Arabes qui nous tendaient fraternellement la main. Ils savaient que nous n'étions pas anti-israéliens et ils nous avaient quand même invités.

Et c'est ainsi que je devins peu à peu, presque officiellement, consultant privilégié pour la prévention des maladies infantiles dans ces pays.

Au cours de l'été 1976, l'occasion me fut donnée de rendre aux Arabes l'hospitalité qu'ils m'avaient offerte : le Croissant Rouge palestinien venait en France en grande délégation, avec à sa tête le docteur Fahti Arafat, le propre frère de Yasser Arafat, qui, médecin lui-même, était le président de cette association. Il exprima le désir de visiter un centre de médecine périnatale, mais, depuis la guerre d'Algérie, le milieu des patrons parisiens était assez hostile à tout ce qui était arabe, et rares furent ceux qui voulurent se risquer à recevoir chez eux le frère du célèbre leader. Influencé probablement par l'Association médicale franco-palestinienne, il choisit mon service. Il ne me vint pas à l'idée de refuser. Cette visite me permettait d'atteindre un double résultat : rendre leur politesse à mes hôtes de Tunis, et montrer que je ne repoussais personne. N'avais-je pas, déjà en 1973, en pleine guerre du Vietnam, fait se rencontrer dans mon service le ministre de la Santé de la République Démocratique du Vietnam et des pédiatres américains? Le seul terrain d'entente possible entre deux partis ennemis est bien souvent la médecine et l'art de soigner son prochain. Tout ne s'était-il pas très bien passé à l'époque? J'avais déjà un Syrien, une Israélienne, deux Algériens et une Indonésienne musulmane dans mon service, et ils travaillaient tous en parfaite intelligence. Alors pourquoi ne pas y ajouter quelques Palestiniens?

Ils arrivèrent à l'hôpital à dix ou vingt, tous médecins, à l'exception d'une assistante sociale palestinienne chrétienne. Nous ne fîmes nulle publicité autour de l'affaire et aucun journaliste n'assista à leur visite. Tout se déroula normalement, à un seul détail près : je dois reconnaître que je ne fus guère enthousiasmé par la personnalité de M. Fahti Arafat. Il ressemblait à son frère comme un jumeau, mais il se montra verbeux, inutilement bavard, parlant de tout avec une certaine suffisance. Et la confusion dont il fit preuve confirma par la suite ma mauvaise impression. Je voulais donc tendre la main aux Palestiniens, mais lorsqu'ils me demandèrent en retour de les accompagner à une réception donnée dans les bureaux parisiens de l'OLP, j'hésitai. Je ne voulais surtout pas cautionner les assassinats qu'ils commettaient, et dont les récits figuraient à l'époque en bonne place dans les journaux. Cependant — toujours mon désir de la main tendue — je pensai que j'effectuerais là un geste gratuit et j'acceptai. Je ne peux pas dire que je fus vraiment à mon aise au cours du débat qui suivit. Je rencontrai à nouveau Fahti Arafat et Azedine Kalak, le représentant de l'OLP à Paris, assassiné depuis. Mais bien vite la conversation se limita au domaine de la médecine, et je me sentis dans mon élément. Ce qui les intéressait en premier lieu — et constituait la raison essentielle pour laquelle ils avaient choisi de visiter mon service — c'était mon expérience de la «médecine de terrain», telle que je l'avais acquise aux côtés des Chinois et des Vietnamiens. Ils avaient besoin que je les aide à développer un programme de travail pour ce qui était de ma médecine périnatale.

Et c'est ainsi que, tout naturellement, après cette soirée, je fus convié à me rendre au Liban.

Leur invitation m'était en fait un prétexte professionnel pour me rendre compte par moi-même, sur place, de la situation des Palestiniens. Puisque moi, un Juif, j'avais été appelé comme expert à Tunis, je ne voyais pas ce qui m'empêcherait d'aller cette fois au Liban.

Nous étions en 1976, j'en étais à mon énième voyage en Israël, et mon opinion sur les Palestiniens s'était modifiée : je commençais déjà à ne plus les considérer seulement comme de dangereux terroristes. Je savais que les Arabes avaient tué beaucoup plus de Palestiniens que les Juifs, et ils me paraissaient en grande difficulté. Pourtant, je me méfiais de mon éternelle sentimentalité qui me fait toujours regarder d'un œil très optimiste ce que je découvre lors d'un premier contact. Cette fois, il me fallait faire attention et tenter de conserver un minimum d'objectivité. Il me fallait surtout prendre garde à ne pas me faire récupérer, d'un côté comme de l'autre. J'étais plus serein en Israël, car on n'ignorait plus, là-bas, mes prises de position et on m'y acceptait désormais tout entier, sans s'offusquer de mes idées. On avait compris que je ne cautionnais pas la politique sioniste et que je ne considérais pas les Arabes comme nos ennemis héréditaires. Mais comment allait-on m'accueillir au Liban ?

Mon voyage était prévu pour le début août. Dès le mois de juillet, je me mis à réfléchir à ce que j'allais devoir et pouvoir faire pour ne pas me laisser embrigader. Je me souvins alors que le fils prématuré d'un Libanais chrétien orthodoxe était hospitalisé dans mon service. Au cours d'une conversation, le père me dit qu'il retournait au Liban un peu avant mon départ. C'était là ma planche de salut, il pouvait me fournir un îlot d'objectivité. Je lui expliquai alors que j'étais invité chez les Palestiniens mais que j'aurais souhaité loger chez lui, si cela était possible, afin de m'assurer une plus grande liberté de mouvement. Je ne pouvais pas me douter que j'étais là en train de me plonger dans une situation tout à fait inextricable. De plus, je devais arriver à Beyrouth peu de temps après le massacre de Tal-el-Zaatar, dont l'idée me révulsait. L'idée de voir les catholiques qui avaient appelé les Syriens à leur secours pendant la guerre civile ne m'enchantait guère.

A l'aéroport, je fus reçu par la délégation palestinienne... et par la famille du chrétien orthodoxe qui m'attendait à quelques pas de là. J'annonçai à mes hôtes officiels que j'allais demeurer au nord de Beyrouth, à Junieh, en plein quartier chrétien. J'ignorais que les Palestiniens ne se seraient aventurés là-bas pour rien au monde. Je ne savais pas, bien que la guerre civile fut en principe terminée, qu'il n'y avait aucune communication entre les quartiers Nord et Sud de la ville. Ils tentèrent patiemment de me faire comprendre ma situation. Jamais un de leurs chauffeurs n'irait me chercher au cœur de la zone maronite. Mais, dans le souci de garder mon indépendance, je ne voulus rien entendre et partis avec la famille de mon petit malade. Je n'y restai à vrai dire que peu de temps, suffisamment tout de même pour mesurer les dégâts terribles causés par cette guerre que je n'avais suivie que de loin. Il y avait là plusieurs jeunes veuves, des orphelins, et on pleurait les frères et les parents disparus. Je rencontrai aussi une dame du monde, maronite, qui me déclara tout de go, lorsqu'elle apprit par qui j'avais été invité dans son pays : «Les Palestiniens, je ne connais qu'une manière de les traiter, c'est de les tuer tous.» Comme elle était croyante, je lui fis remarquer que son observation me semblait très éloignée du message du Christ, mais elle ajouta : «Nous, les maronites, nous avons le courage de nos opinions!» Était-ce une pierre dans mon jardin? Toujours est-il que je ne tardai pas à trouver l'ambiance peu propice à ce que j'attendais, et je changeai bientôt de secteur pour me retrouver définitivement chez les Palestiniens.

Je louai une chambre dans un hôtel de Beyrouth, car je ne pouvais toujours pas me résoudre à accepter leur hospitalité. Un jour, ils me donnèrent rendez-vous pour aller à Damour, au sud de la ville, où se trouvait leur centre médical. Ce que je ne savais pas alors, c'est qu'ils avaient attaqué ce village chrétien et qu'il y avait eu des pertes importantes dans la population civile. On me cacha soigneusement la chose. Je n'étais guère au courant des événements et ignorais, entre autres, que les Palestiniens avaient exercé une pression policière sur le Liban *avant* l'arrivée des Syriens. Ce qui modifiait quelque peu leur image de victimes. Il faut essayer de faire la part des choses.

Tous les matins, un chauffeur passait me prendre à mon hôtel pour m'emmener à Damour, qui servait de PC à l'ensemble des services de santé et également au groupement du Secours palestinien. Ce dernier est un organisme de gauche qui est plus ou moins en rapport avec le FDLP de Nayev Hawathmeh (Front de libération de la Palestine qui ne doit pas être confondu avec le FPLP de Habbache). Les trente kilomètres qui séparent Beyrouth du village de Damour étaient étroitement surveillés par des policiers syriens postés environ tous les cinq cents mètres. Au bout de quelques jours, je demandai à me rendre dans deux camps, qui comptent parmi les plus connus du Liban, celui de Chattilah et celui de Sabra. A présent que j'ai vu le Cambodge, je ne peux pas dire qu'ils représentaient le comble de l'horreur, mais les réfugiés qui s'y entassaient — car on ne peut guère dire qu'ils y habitaient — s'y tenaient à huit ou dix par pièce. Toutes les constructions étaient provisoires, des ordures circulaient dans les canalisations à ciel ouvert, provisoires elles aussi. (On m'expliqua que les Libanais avaient interdit de construire en dur, mais je ne sais pas si c'est vrai.) Il y avait là environ trois cent à quatre cent mille réfugiés, vivant misérablement, dans un manque d'hygiène évident, et pourtant sans épidémie apparente.

Je compris vite qu'il y avait deux sortes de camps au Liban : ceux des réfugiés fortunés, disposant de quelque argent, et ceux de l'immense masse des autres et de leurs enfants. On s'y rendait accompagné par des militaires armés. C'était un peu comme si on arrivait dans un micro-État à l'intérieur du Liban, un État à l'intérieur de l'État. Ni les Libanais ni les Syriens n'y avaient accès. Les Syriens en gardaient l'entrée de loin. Ils arrêtaient les voitures et essayaient de reconnaître les Palestiniens à leur accent. Je compris bientôt que les deux peuples ne parlaient pas tout à fait la même langue. Dans la voiture qui me conduisait, les Palestiniens singeaient un autre accent que le leur. Ils m'expliquèrent que les Syriens avaient l'habitude de présenter une tomate aux voyageurs car, d'après la manière dont le mot arabe était utilisé, ils pouvaient identifier à coup sûr un Palestinien. Ils me racontèrent qu'un jour, un Palestinien ainsi interrogé avait répondu que ce que le soldat tenait dans sa main était un melon. Comme le Syrien s'énervait en affirmant que ce n'était pas un melon, le Palestinien lui avait dit pour rire : « Mais je suis désolé, pour moi, *c'est* un melon. »

Alors que ces camps ne disposaient pratiquement pas de poste sanitaire ou de service médical vraiment organisé, on trouvait par contre, à proximité immédiate, un hôpital du Croissant Rouge muni de locaux souterrains tout à fait luxueux. Ceux-ci étaient équipés essentiellement pour la chirurgie cardiaque de première urgence. C'était exactement le contraire de cette «médecine de terrain» qu'ils voulaient instaurer et pour laquelle ils m'avaient appelé. Je savais par expérience, grâce à mes voyages en Chine et au Vietnam, qu'en présence d'une population traversant une période de crise et privée du minimum, il importait avant tout de se fournir en soins courants, en sages-femmes, en infirmières et en «médecins aux pieds nus». Il ne sert à rien de posséder des installations hyper spécialisées, aux fonctions très précises et donc très limitées. De plus, les hôpitaux libanais étaient toujours là pour accepter les cas d'urgence. Quel inacceptable gâchis et, surtout, quel illogisme dans la conduite suivie!

Et ce n'était pas là la seule invraisemblance. Je me rendis vite compte que c'était l'organisation entière de leurs services de santé qui laissait à désirer. Je voulais bien croire que telle était justement la raison de ma présence parmi eux, mais je ne voyais vraiment pas l'utilité de dépenser ainsi de l'argent à bâtir des installations luxueuses alors même que le strict nécessaire manquait.

C'est dans un de ces camps que je pus rencontrer un homme merveilleux, un Suisse, le docteur Spirgi, un de ces êtres exceptionnels qui se dévouent tout entiers à la cause du peuple palestinien et payent souvent de leur personne durant les coups durs, un véritable héros comme j'en ai rarement croisé dans ma vie. Il vivait là depuis longtemps, et, à ses côtés, les quelques illusions que je pouvais encore avoir quant à mon utilité là-bas furent vite dissipées. Il m'expliqua qu'il était difficile de travailler avec les Palestiniens, surtout avec sa direction. Celui-ci, m'apprit-il, recevait des sommes d'argent considérables de la main des Saoudiens. Je n'en croyais pas mes oreilles. Ce mouvement, dit révolutionnaire et avancé, recevait l'essentiel de son financement des pays du pétrole! C'était déjà paradoxal, mais j'appris par la suite que les Palestiniens, dans leur vision politique du Moyen-Orient, prétendaient supprimer toute trace de féodalité...

Spirgi me le démontra clairement : il était pénible, en dépit de tout cet argent, de tenter de mettre en place un quelconque plan de santé avec le Croissant Rouge. Ils étaient trop désorganisés, et Fahti était un homme trop confus et autoritaire. Les gens qui travaillaient là le faisaient en toute aberration, aussi bien les Palestiniens que les étrangers dévoués à leur cause. Et malheureusement je réalisai bientôt qu'il n'avait pas noirci le tableau !

Spirgi s'avéra être, comme moi, un homme qui aimait bien rire, quoique la situation dans laquelle croupissaient ceux qui nous entouraient incitait plutôt à la tristesse. Un jour, nous fûmes tous deux conviés à visiter un centre de contraception, à Tyr. Cela ne nous concernait pas particulièrement, mais nous fûmes sensibles à l'intention des responsables de nous montrer qu'ils possédaient là un centre médical de tout premier ordre. A peine arrivés, on insista pour nous faire assister à la pose d'un stérilet. En tant que pédiatre, je n'avais que peu d'intérêt pour la chose, mais je souhaitais ne vexer personne. Cette démonstration fut suivie par un tour du centre, et notre accompagnateur voulut à tout prix nous remettre à chacun une panoplie de planning familial comprenant tous les instruments de la contraception, de la capote anglaise au diaphragme. Cela se présentait comme une de ces panoplies de docteur que l'on offre aux enfants pour Noël. Spirgi et moi n'osions échanger un seul regard de peur d'éclater de rire. Puis ce fut le déjeuner. On me plaça à côté d'une Libanaise de la bonne bourgeoisie, très dame patronnesse, la seule femme au milieu de tous ces hommes qui discutaient contraception avec ferveur. Au cours du repas, empreint d'un ennui certain, Spirgi trouva qu'il était temps de rire un peu. Il sortit un stérilet de sa panoplie — heureusement que ce n'était qu'un stérilet... — et, devant toute l'assemblée silencieuse, prit la petite ficelle qui y était accrochée et me la passa autour du cou en disant : « Minkowski, je te fais chevalier de l'ordre du stérilet. »

Ma voisine, qui était présidente d'honneur du planning familial, demanda alors : « Mais qu'est-ce que c'est? » Il fallut tout lui expliquer par le détail, les capotes anglaises, les diaphragmes, c'est tout juste si je ne dus pas lui faire un cours sur le *coïtus interromptus*... La pauvre femme avait les yeux hors de la tête. Elle ne s'était jamais rendu compte de quoi elle était présidente d'honneur. Après les explications que je lui avais fournies, partagé entre la commisération et le fou rire, elle ne me demanda même pas pourquoi j'avais été décoré... Cela dut lui paraître tout naturel !

Je dois avouer à présent que ma rencontre avec Spirgi fut probablement le véritable élément positif de mon séjour. Je liai avec lui une grande amitié, et il m'apporta le réconfort dont j'avais besoin après ces journées entières passées dans des baraques misérables où les femmes continuaient à accoucher par terre, aidées par des matrones traditionnelles qui n'y connaissaient rien; où l'infection du nouveau-né était courante, et où les prématurés mouraient.

Au milieu de mon séjour, je fus mis en contact avec l'autre organisation sanitaire du pays, celle du Secours palestinien. J'appris à cette occasion l'existence de rivalités profondes entre les différentes factions du groupe, et je me rendis vite compte que le FDLP de Nayev Hawatmeh cherchait de son côté à me récupérer. C'est sans doute parce qu'il connaissait mes opinions, dites de gauche, que je n'avais encore essuyé aucune tentative de récupération de la part du Fath, la droite de l'OLP. Par contre, le FDLP, de tendance marxiste-léniniste, essayait maladroitement de me tendre la main. Mais autant j'avais récusé la personnalité de Fahti Arafat, son autoritarisme envahissant, autant là j'étais agacé par le marxisme-léninisme de service. Cela se manifesta au cours d'un dîner auquel j'assistai en compagnie, entre autres convives, d'une musulmane de la haute société palestinienne qui était chargée de la protection maternelle et infantile — plutôt du côté du Secours palestinien à ce que je crus comprendre. Je commençais à me demander les raisons de ma présence à cette table lorsque la conversation s'orienta vers le Croissant Rouge. On me dit alors : « Vous savez, il ne faut pas vous faire avoir par eux, car ce sont des gens qui ont beaucoup d'argent mais aucun programme. » Je dus bien reconnaître que c'était vrai, et ils poursuivirent : « Nous, nous sommes des marxistes-léninistes, nous allons changer tout cela, nous sommes des gens sérieux. Les autres sont des fumistes qui roulent carrosse mais ne font rien de tangible. » Et ils partirent alors dans l'habituel catéchisme du parti que je commence à connaître par cœur. Par miracle, leurs discours ne parvinrent pas à entamer ma profonde compassion pour la misère palestinienne. Je pense depuis toujours que ce peuple a le droit d'avoir en propre un pays, un État. Mais, sur place, je n'avais trouvé que l'incohérence d'un côté, et, de l'autre, une direction, certes, mais bien trop rigide à son goût. Force m'est pourtant de reconnaître que les pays communistes disposent d'un bon programme de santé. Et le but de mon voyage n'était-il pas précisément d'introduire là-bas des notions de médecine perinatale de terrain? Je décidai donc d'essayer de ne pas me laisser récupérer et de continuer néanmoins ma visite des camps. Spirgi m'accompagna dans le Sud, près de Tyr, où nous en traversâmes d'autres, tout aussi misérables. Mais l'impression fugitive que j'en gardai fut meilleure : il n'y avait pas de militaires. Ils devaient sûrement se terrer ailleurs, mais pas aux abords des baraquements. Nous visitâmes Rachidieh, bombardé par l'aviation israélienne, et je pensai aux enfants de Maaloth. Quand les Palestiniens commettaient des actes de terrorisme en Israël, les représailles des aviateurs israéliens avaient lieu sur ces villages, tuant une vingtaine de civils en trois minutes. Je ne sais pas lequel des deux partis a raison, je note simplement ces faits sans haine ni passion.

La population du Sud-Liban me toucha particulièrement. Mais mon enthousiasme était tempéré par le fait que je commençais à penser que l'on se servait de moi. Les journaux arabes des environs écrivaient alors : «Le professeur Minkowski est venu nous faire une conférence sur tel ou tel sujet.» J'étais utilisé. On citait mon nom dans la presse, mais mon programme n'avançait pas d'un pouce parce que je nageais en pleine confusion.

Je visitai des établissements pour «les enfants des martyrs», c'est-à-dire les orphelins de Tal-el-Zaatar. Ces bambins étaient vêtus d'une tenue tigrée, ils portaient l'uniforme des paras dès l'âge de six ans et même avant. Mitraillette au poing, ils faisaient le signe de la victoire sur notre passage. Certains promenaient une photo représentant Begin avec un corps réduit à l'état de squelette. C'était un spectacle effrayant que ces enfants en bas âge, même pas nés en Palestine, à qui on infligeait des exercices intensifs, déjà difficiles à admettre pour des adultes. Je ne pus m'empêcher d'en faire la remarque, car ces enfants que l'on avait baptisés «les lionceaux» subissaient un entraînement forcené, hors du commun... J'en parlai à mes accompagnateurs, mais sans toutefois les critiquer ouvertement. Les Palestiniens luttent pour la récupération de ce qu'ils appellent leur pays et je n'avais pas droit à la parole; je n'étais là qu'en observateur. Le seul terrain sur lequel je pouvais me battre, c'était celui qui concernait la misère des réfugiés dans les camps. Je devais essayer d'être utile, au-delà de cette incohérence, de cette inorganisation qui m'entourait. Mais en aucun cas je ne pouvais intervenir dans ce qui était leur raison de continuer la lutte.

J'en étais là, vers la fin de mon séjour, lorsqu'on me prévint, toujours dans le cadre de cette tentative de récupération par le Secours palestinien, que l'on m'avait ménagé une rencontre avec Nayev Hawathmeh. Je dois dire que j'ignorais, au moment de cet entretien, que c'était lui qui avait organisé le massacre d'enfants de Maaloth. C'est donc sans aucune arrière-pensée que je pénétrai dans l'immeuble de la capitale où il habitait et qui était un véritable camp retranché. Je n'avais jamais rien vu de semblable dans aucun pays. Des gens armés jusqu'aux dents me conduisirent jusqu'à lui. Je pensai qu'il devait craindre à la fois une incursion israélienne et celle d'une faction ennemie.

L'homme me parut nettement plus structuré, plus cohérent que tous ceux que j'avais rencontrés jusque-là. Nous passâmes près de trois heures ensemble, et cette discussion avec un être aussi intelligent, que peu avaient eu le privilège d'approcher, m'intéressa au plus haut point. Je devinai derrière ses propos une ligne directrice étrangère au marxisme-léninisme, ce qui me le rendit aussitôt sympathique.

Il voulut s'exprimer en anglais, puis, après une tentative un peu laborieuse, opta pour l'arabe, et un interprète me traduisit ses propos en anglais. La traduction me fit peut-être perdre quelques nuances de langage, comme c'est souvent le cas, mais j'espère, dans l'ensemble, avoir bien compris le message qu'il souhaitait faire passer.

Je me présentai à lui en disant : «Je vous rappelle que je suis ici en tant que médecin juif, donc que je suis nécessairement lié à Israël. C'est pourquoi je ne peux dialoguer avec vous qu'à condition de vous mettre en garde sur le fait que je ne serai jamais d'accord avec les vôtres pour accepter la destruction d'Israël.» Il me répondit aussitôt : «Mais cette charte nous sert d'instrument politique, en fait, l'État d'Israël existe bel et bien et nous ne pouvons l'ignorer.» J'insistai : «La disparition d'Israël est prévue, et vous savez bien que, nous autres Juifs, nous ne pourrons jamais l'accepter. Et, si ce n'est sa destruction effective, vous prévoyez sa fin, son renoncement à une identité en tant qu'État.» Il reprit la parole : «Mais si un jour, *et nous ne sommes pas pressés,* l'entente devient possible entre la gauche israélienne et nous, sur des bases qui restent à préciser, pour fonder un État socialiste au Moyen-Orient, à ce moment-là nous serons, socialistes palestiniens et socialistes israéliens, assez forts ensemble pour mettre en pièces les régimes féodaux des pays arabes. »

C'était là la reconnaissance implicite d'un fait sur lequel on n'a jamais assez insisté : dans le monde arabe, les grands ennemis des Palestiniens ne sont pas forcément seulement les Israéliens. Il y a tous les autres pays de l'Islam qui voient dans les Palestiniens une menace très grave pour leur propre régime.

Je sais qu'il est difficile de discourir sur le sort des Palestiniens en toute quiétude, qu'ils ont fait couler le sang de nombreux civils et que certains les considèrent uniquement comme des extrémistes sanguinaires, comme moi-même avant de mieux les connaître. Mais ils ont peut-être l'excuse, non négligeable, d'avoir été chassés de chez eux et d'avoir perdu leur identité. Ils n'ont pas de passeport, et le monde entier essaye tout à la fois de les acheter, de se les approprier, et de les combattre. Ils constituent un très grand danger pour le monde arabe au Moyen-Orient, et cela, nul ne peut le nier. Ils sont dynamiques, intelligents, puissants, et ce sont des progressistes.

Au Koweit, par exemple, les affaires sont entre les mains de 150000 Palestiniens. C'est plus qu'il n'en faut pour se mettre à dos les puissants pays du pétrole...

Hawathmeh me dit ensuite qu'il faudrait que les Israéliens, dans un accord dont il se garda bien de me donner la teneur exacte, telle qu'il la prévoyait, « nous laissent entrer en partie chez nous ». Je dus lui répondre que cela me semblait quand même tout à fait illusoire, qu'Israël ne ressemblait pas aux villages où ils étaient maintenant. Il est certain que les Palestiniens qui ont aujourd'hui entre 45 et 65 ans, qui ont dû quitter leur pays natal, souffrent de ne pouvoir y retourner. Il est également vrai qu'ils n'ont rien en commun, que ce soit dans leurs habitudes, leur culture ou leur manière de vivre, avec les autres peuples de l'Islam. Mais, en cela, mon interlocuteur me parut réaliste. Il ne demandait pas le retour systématique de tous les Palestiniens, il pensait qu'il fallait seulement autoriser ceux qui le souhaitaient à rentrer chez eux. Je lui répondis qu'à mon sens, les Israéliens pouvaient sans doute faire là un geste symbolique, mais que ce geste n'aurait aucun sens pour les siens : ils ne reconnaîtraient plus rien, ne retrouveraient pas leur maison, ni même le paysage qu'ils avaient connu, tout avait changé. Ce serait nécessairement les placer en situation d'infériorité. D'autre part, les faire rentrer en masse, une masse qui tendrait à croître et multiplier, reviendrait à introduire dans la place des adversaires actuels et futurs du peuple juif. Cela ne me semblait pas très raisonnable. Hawathmeh ne s'entêta pas à continuer sur ce sujet puisqu'il voyait que nous n'étions pas d'accord.

Nous parlâmes ensuite de l'État national palestinien. Ou plutôt il monologua, car je n'avais pas à répondre. Ses revendications me semblèrent éthiquement, politiquement et nationalement légitimes. Il y a un peuple palestinien, de même qu'il y a un peuple juif, et on ne peut pas méconnaître plus longtemps ses droits. Que les Arabes n'aient pas fait pour eux ce qu'il fallait, c'est évident, mais ils sont aujourd'hui réduits à la portion congrue et sont devenus la diaspora palestinienne... Je crois qu'on parviendrait, à la rigueur, à faire comprendre aux Palestiniens qu'ils ne rentreront pas en Israël si, en contrepartie, l'État juif reconnaissait l'existence de leur peuple et son droit à une identité nationale. C'est une question de principe dont je discutai alors avec Hawathmeh. Je pense que si une déclaration formelle était faite dans ce sens, le fameux article de l'OLP préconisant la destruction d'Israël pourrait être supprimé. C'est aux Israéliens, qui sont aujourd'hui puissants, seigneurs et maîtres, de faire le premier geste. Pour moi, l'identité nationale palestinienne signifie un État palestinien en Cisjordanie. Mais, en toute honnêteté, je crains qu'au bout du compte ne subsiste l'idée utopique de l'État mixte judéo-arabe de Palestine, idée qui signifierait pratiquement la suppression de l'actuel État théocratique juif. Je crois m'être rendu compte que Hawathmeh tenait beaucoup à cette idée de l'État judéo-arabe, et qu'il se donnait une cinquantaine d'années pour y parvenir. Je ne suis pas assez homme politique, personnellement, pour prévoir ce qui arrivera. N'étant pas religieux mais, par contre, terriblement internationaliste, je ne peux que souhaiter un tel État, et pourtant je n'y crois pas. Israël est un petit peuple en danger : même s'il est fort en ce moment, il peut devenir rapidement très faible.

Je tirai finalement de cet entretien l'impression que j'avais à faire à un homme qui savait ce qu'il voulait et qui n'était pas pressé de l'obtenir. Il saurait attendre le moment propice. Je fus surtout rassuré de l'entendre dire qu'il ne posait absolument pas comme condition première l'idée d'une destruction radicale d'Israël. Et j'étais d'accord avec lui pour reconnaître qu'il était normal que son peuple disposât d'une patrie, bien qu'il ne sût pas encore sous quelle forme, mais que leur objectif initial était l'entente avec une certaine gauche israélienne. Voilà en résumé ce que je retins de cette discussion. Cependant, je ne me cachai pas que, quoique d'un esprit nuancé, mon interlocuteur était tout de même d'obédience communiste, donc un doctrinaire, ce qui ne constitue pas, on l'a déjà compris, « ma tasse de thé ».

On peut, sur cet entretien, porter le jugement que l'on veut, je ne fais ici que servir de témoin et rapporter ce que l'on m'a dit. Encore une fois, j'ignore quelles sont les possibilités de paix au Moyen-Orient, mais, même si cela me paraît aujourd'hui très hypothétique, j'espère qu'il y aura quelqu'un, en Israël, pour le comprendre. Sincèrement, je ne pense pas que cela puisse aboutir à l'idée d'un État complètement associé, mais, s'il y avait un État palestinien d'un côté et l'État d'Israël de l'autre, et que ce dernier ne soit pas ce qu'il est maintenant, alors la nécessaire entente pourrait s'établir. Et le Moyen-Orient aurait un État de type socialiste, ce qui changerait complètement son profil.

Je n'ai jamais écrit cela nulle part, mais je crois que derrière la pensée de Hawathmeh se trouve le germe de quelque chose qui peut aboutir. A moins que je ne sois encore plus candide que je ne pense et que j'aie été entièrement berné par ses propos. J'enregistre tout de même qu'il a tenu à me voir pour me communiquer des idées, des propositions qu'il jugeait utiles d'être répétées, ce que je ne fais qu'à présent.

Avec le recul du temps, ses propos me semblent importants. Je me garderai bien de prononcer un jugement de valeur quelconque. J'ai eu, au Liban, l'impression d'une grande misère. Les Palestiniens y vivent sous la coupe de chefs inopérants ; et ce ne sont pas seulement les vivres et les médecins qu'on y envoie qui pourront les remettre sur pied.

Il me paraît tout à fait simpliste de vouloir réduire, comme le font souvent les hommes politiques, la question du Moyen-Orient à des problèmes de pétrole. La force de ces peuples est beaucoup plus grande qu'on ne le pense, et c'est là un élément politique que plus personne ne doit ignorer. Chacun forme un bloc qui menace l'autre. Et pourtant je suis certain que certains Israéliens souhaiteraient entrer en contact avec les Palestiniens, mais ils ne l'osent pas parce qu'ils sont menacés dans leur vie par des factions extrémistes.

Si j'analyse aujourd'hui ce que je suis allé faire là-bas, j'ai plutôt tendance à considérer que c'était parfaitement utopique. Ma démarche n'était pas structurée, et je n'avais, pour tout bâton de pélerin, que ma bonne volonté et mon goût pour l'aventure. J'aurais voulu faire une tentative de rapprochement sur des bases médicales. Mais, malgré l'apparente chaleur avec laquelle j'ai été reçu, chaque fois que j'ai voulu personnaliser une relation, aller un peu plus loin que les apparences, je me suis senti comme lorsque je vivais dans le quartier noir de Chicago : un étranger. Malgré ma bonne volonté, en Israël, où je suis soi-disant au milieu des miens, je suis critiqué à cause de mon non-conformisme; chez les Arabes, j'ai été chaleureusement reçu, mais sans possibilité d'aller de l'avant et d'être réellement efficace. On m'a pourtant laissé exprimer des points de vue que mes hôtes ne partageaient pas. J'ai critiqué le fait que mes laïus ne débouchaient sur aucune action pratique, j'ai dit que je ne croyais pas du tout au genre de médecine que mettait en pratique le Croissant Rouge, que j'étais tout à fait contre l'entraînement des «lionceaux», que j'avais pu observer. Mais, finalement, personne n'a fait écho à mes récriminations. Je pensai alors qu'en Israël, certains se posaient tout de même des questions, qu'ils n'avalaient pas les couleuvres toutes crues. Enfin, pas tous. Mais, là non plus, je ne reçus pas la moindre réponse positive. C'est pourquoi la position d'Hawathmeh, même si elle me paraît complètement idéaliste aujourd'hui, est pour moi une marque de bonne volonté. Et, entre le témoignage d'Hawathmeh et l'aberration des propos de M. Begin, le plus borné des citoyens de l'État d'Israël, il demeure possible de ne pas rejeter complètement l'adversaire d'aujourd'hui qui sera nécessairement l'interlocuteur de demain.

A mon retour, j'ai continué à m'interroger. Lorsque j'étais revenu de Chine, je savais que j'avais été très utile, j'avais réussi à modifier certaines choses. Mais là, je ne peux rien dire. Tout ce que je sais, c'est que le peuple palestinien est malheureux et qu'il a le droit d'être reconnu. Pourtant, je ne sais pas si l'OLP peut modérer ses intentions.

Le Secours palestinien m'a plusieurs fois demandé de retourner au Liban, et, si j'avais le moindre sentiment que ma venue puisse changer quoi que ce soit, je m'y rendrais aussitôt. Seulement, il ne s'agit que de voyages, de rencontres et de discussions qui ne débouchent sur rien.

Depuis mon retour, j'ai pensé à la «victimisation» des Palestiniens, et je me suis demandé, comme dans les romans policiers : «A qui profite le crime?» A qui cela profite-t-il? Probablement à leurs chefs, et aux pays arabes voisins, qui, pendant ce temps, n'ont rien à craindre. Je crois réellement que le maintien de cet état de choses, de cette solution qui n'en est pas une, arrange beaucoup de monde.

Si peu que je sois parvenu à accomplir au cours de ce voyage, je me suis fait honnir par une bonne partie de l'opinion israélienne; et par une plus grande partie encore de l'opinion judéo-parisienne. Quant à la réaction des Juifs américains, elle se reflète entièrement dans cette anecdote : au cours d'un congrès scientifique, je fis la rencontre d'un Juif américain de San Francisco dont la femme s'occupait, en Cisjordanie, de faire du paternalisme. Disons qu'elle souhaitait leur apporter le double bonheur, qu'elle ne savait garder pour elle-même, des civilisations juive et américaine. On la comprend. Mais j'avais pris le mari en amitié, et mon sentiment semblait partagé. Pendant un de leurs séjours à Paris, je les invitai à dîner. Au cours de la conversation, alors que je racontais mon récent voyage au Liban, il me dit : « Moi, de toutes façons, je ne discute même pas avec les terroristes. » Je demandai, un peu surpris par cette remarque abrupte : « Mais de qui voulez-vous parler? » « Des Palestiniens. » Je ne pus m'empêcher de le provoquer avec ma boutade habituelle tant sa réaction me paraissait stupide. « Mais, vous savez que moi aussi je suis un ancien terroriste? Un ancien résistant, mais c'est la même chose... » Il faillit s'étrangler avec son potage et quitta la table en entraînant sa femme sans même me dire au revoir. Voilà, pour moi, l'image de l'intolérance telle qu'elle me paraît malheureusement fréquente chez les Juifs américains. Il est tout de même étonnant que les gens, dans les jugements qu'ils portent, se prennent tantôt pour le pape, tantôt pour l'ayatollah, tantôt même pour Begin. En tout cas rarement pour le Christ, ce qui leur donnerait un peu plus de fiabilité. Le monde musulman même est plein de ceux qui se prennent pour Mahomet. Ils sont bien loin pourtant du personnage qu'un Juif, Maxime Rodinson, a si exactement compris.

Cependant je n'oublie pas que les Palestiniens m'ont caché certaines choses, comme Damour, qui fut attaquée par l'armée palestinienne du Liban et aux trois-quarts détruite. Des enfants furent tués et la population dut se réfugier dans la montagne. Sur place, les Palestiniens m'ont seulement dit que c'était un village «qui avait été chrétien». On m'a tu également les exactions d'avant Tal-el-Zaatar, d'avant l'arrivée des Syriens, alors que les Palestiniens, qui formaient à l'intérieur du Liban un véritable État avec sa propre armée et sa propre police, se sentaient momentanément les plus forts. Et pourtant la population libanaise demeure impartiale autant que faire se peut. Certains pensent toujours qu'ils ont eu raison d'accueillir les Palestiniens qui ne savaient pas où aller. Au même moment, d'autres disent que si la guerre a eu lieu au Liban, c'est parce que les Palestiniens se sont conduits comme ils l'ont fait. Parce qu'au lieu d'accepter le statut de réfugiés, ils ont voulu avoir le pays à leur botte. Et cela n'est contesté ni par l'ambassade de France ni par les Libanais intellectuellement modérés.

Quant à moi, je souscris à l'idée que le Liban a payé très cher l'hospitalité qu'il a offerte aux Palestiniens. Deux factions ennemies se sont ainsi constituées. La guerre palestino-arabe contre les catholiques se soldant par une défaite quasi totale des phalangistes, on a appelé au secours l'ennemi héréditaire. Rien de tout cela ne m'a été raconté lors de mon voyage, et depuis, je suis devenu plus circonspect dans mon engagement, mais je serai toujours présent aux côtés d'un peuple qui souffre. Le problème crucial de celui-ci c'est qu'il vit en ghetto, mais, au-dessus de cette foule misérable qui le compose, misérable mais chaleureuse, les plus riches s'entre-déchirent. Je suis solidaire de ces gens parce qu'ils sont brimés. Je chercherai avec eux la solution au problème de leur identité. Car c'est seulement lorsque sera réglé le problème palestinien que le Liban, avec ses chiites, ses maronites, ses orthodoxes chrétiens, ses arméniens, ses druses, ses hommes et ses femmes aux cent cultures, pourra enfin renaître de ses cendres. Et nous devons admettre que le règlement de ce problème dépend, tout au moins pour une grande part, de la générosité israélienne. En attendant qu'arrive le moment inévitable où chacun de ces deux peuples aura reconnu l'autre, je crois que nous, les témoins, devons nous efforcer de ne pas couper les ponts. Le pont, le lien, la reconnaissance de l'autre, c'est par là que passe notre propre liberté.

12.

De la difficulté, pour un homme, d'être féministe

Mon premier livre m'avait fourni une occasion rêvée de parler des femmes à ma guise et d'exprimer toute l'amitié que je leur porte. Et j'avais mis tant de bonne volonté et tant de superlatifs dans mon dithyrambe que cela — même sans l'avoir recherché — ne pouvait manquer d'être remarqué et de susciter un vaste enthousiasme. J'étais parfaitement sincère, comme toujours, mais je m'aperçois qu'en fait sincérité et démagogie ne sont pas forcément incompatibles. On connaissait déjà mes sympathies de ce côté, mais, là, véritablement, je me présentais comme leur fidèle *fellow traveller*. J'étais l'éternel compagnon de route des femmes, et j'allais bientôt me métamorphoser en un authentique Bernard-Henri Glucksman de la condition féminine.

Car, bien entendu, je fus très rapidement récupéré. D'autant plus rapidement que je me laissai faire avec un immense plaisir. Cela commença par une émission de radio à laquelle me convia Benoîte Groult et où elle me décerna le titre d'« ami fraternel des femmes ». A vrai dire, son compliment ne me plut qu'à moitié. « Fraternel » me parut avoir une connotation nettement boy-scout, et, en outre, je trouvais cela terriblement insuffisant. Je méritais mieux et je décidai de le prouver. Je déclarai que j'aimais les femmes en entier et sans restriction. Je pense que mon numéro était assez bon, car, dès le lendemain, on vendit au moins 10 000 exemplaires de plus de mon bouquin. On se l'arracha comme des petits pains.

Après cela, Benoîte Groult et moi devînmes assez amis. Elle m'invita dans sa belle maison d'Hyères et me présenta à son mari, l'écrivain Paul Guimard. Je me mis à lire ses livres et, peu à peu, à endosser ses idées, à partager son combat et sa cause.

J'espère qu'elle ne m'en voudra pas d'aborder aujourd'hui tout cela avec une certaine légèreté. Benoîte Groult est une féministe convaincue. Et, personnellement, le féminisme — qu'il ne faut pas confondre avec les revendications des femmes — a plutôt tendance à m'ennuyer. Je ne suis pas féministe, mais j'acceptai tout de même de me ranger sous cette bannière pour ne pas me désolidariser de leurs légitimes revendications. Naturellement, je répondis présent à tout ce qu'elles me proposèrent.

Puis il y eut un débat sur FR.3, je ne sais plus très bien quel était le titre de l'émission, mais Benoîte Groult m'appela en quelque sorte à la barre pour que je défende publiquement la cause des femmes. J'étais donc déjà totalement embringué dans cette affaire. J'attendais une polémique et j'étais parti pour m'amuser, mais, malheureusement, tout le monde sur le plateau s'avéra être du même avis, aucune contradiction ne s'éleva. Même Villalonga, avec ses cheveux gris platine et son air suffisant, était d'accord avec nous, ce qui eut le don de me déprimer. On parla un peu érotisme parce qu'une des invitées, Régine Desforges, éditait ce genre de littérature — et l'intérêt de la conversation baissa encore d'un degré. Cette manie que l'on a aujourd'hui de dépiauter le sexe à la télé me paraît particulièrement barbante. Il me semble qu'il vaudrait mieux y penser toujours et n'en parler jamais. Quoi qu'il en soit, peut-être n'existe-t-il plus d'antiféministe inconditionnel présentable, ce qui rend ce genre d'émission assez terne. En tout cas, cela m'ôta l'envie de continuer à y participer.

Cependant, de fil en aiguille, je commençais à

apparaître comme un porte-drapeau de la lutte des femmes,ce qui pour un homme est une situation un peu ridicule tout de même. Mais, d'autre part, je me disais, qu'il y allait de mon devoir, de mon honneur de défenseur de la veuve et de l'orphelin. Je ne pouvais me désister. Je devais poursuivre le combat, pour le meilleur et pour le pire. Et c'est ainsi que je finis par atterrir dans le groupe «Choisir» dont Mme Gisèle Halimi est un des piliers. Nos relations ne furent pas toujours très faciles. Gisèle Halimi est une personne courageuse, active, je dirais presque : activiste, présente, mais aussi terriblement dominatrice. Ce groupe comprenait aussi quelques militantes enflammées et virulentes, de ces femmes que Woody Allen qualifierait de «sionistes castratrices». Je me méfiais. Enfin, nous devions participer avec Jacques Monod à un colloque sur l'avortement à Avoriaz. Cet endroit ne me paraissait pas exactement être le cadre idéal pour discuter de l'avortement. Je veux bien être récupéré, mais il y a tout de même des limites. Pour clore le tout, on me bombarda président de ce congrès sans prendre la peine de me consulter.

Heureusement, le mouvement «Choisir» comprenait aussi des femmes plus modestes, entièrement dévouées à une lutte dont on ne peut nier la justesse. Sans adhérer complètement à leur cause, je me décidai donc à leur emboîter le pas et à les appuyer, en bon pasteur de l'avortement que je suis. Je figurai dans nombre des réunions de ces dames et je les suivis même à l'UNESCO, lors des Journées des femmes d'octobre 1979.

Quoi que je fasse, je ne peux m'empêcher de rester au fond de moi-même un scientifique, pas plus que je ne peux me défendre d'une certaine rigueur. Avec ces militantes, il me fallut cependant quelque peu composer. A l'UNESCO, le premier jour, de nombreuses femmes vinrent témoigner — aussi différentes que Miou-Miou, Françoise Fabian et Maria-Antonietta Macciocchi. Leurs dépositions furent remarquables et, le deuxième jour, je ne voulus pas demeurer en reste. Si bien qu'après avoir fait un topo extrêmement sérieux de la situation en développant l'idée qu'il ne fallait pas différencier les femmes entre elles, qu'il ne fallait pas dissocier les mères de celles qui se font avorter et de celles qui pratiquent la contraception, je ne pus me retenir de lever mes deux bras en V à la fin de mon discours et de m'écrier : « Vive le nouveau-né libre ! »

Et, naturellement, je ne devais pas en rester là. Gisèle Halimi me demanda un jour de venir témoigner avec elle à Aix où allait être jugée une fameuse histoire de viol. Cette fois, c'était du sérieux, et j'acceptai de m'y rendre sans la moindre hésitation.

Nous débarquâmes à Aix un matin de mai. La salle du tribunal ressemblait plus à un champ de bataille qu'à une cour de justice. Une atmosphère de guerre flottait du côté du public. Il soufflait sur nous un vent de haine et de vengeance. Les nervis de Marseille étaient montés là avec la ferme intention de nous cracher au visage, et les militantes de « Choisir » voulaient profiter de l'occasion pour étaler au grand jour leurs revendications. C'était le machisme méditerranéen opposé au féminisme le plus enragé. Personnellement, le viol me paraît une cause encore plus claire, et méritant encore plus d'être défendue, que l'avortement. Je sentais que nous participions à un événement important, qui allait faire date, et j'étais prêt à me lancer dans la lutte de toutes mes forces. Mais, peut-être serait-il bon, au préalable, de rappeler les faits.

Deux femmes belges, homosexuelles avouées, âgées respectivement de 19 et 24 ans, faisaient un peu de nudisme dans une calanque isolée. Quelques jeunes Marseillais les aperçurent et se dirent, puisqu'elles se baignaient nues et qu'elles avaient l'air de lesbiennes, qu'elles ne demandaient en fait qu'à se faire violer. Forts de ce raisonnement, dès qu'ils les virent s'endormir dans leur tente, ils leurs tombèrent dessus et les prirent de force, d'une manière ignoble et en groupe. L'instruction dura des années. L'affaire fut d'abord envoyée devant un tribunal correctionnel, sous la simple qualification de coups et blessures. Il fallut attendre un arrêt de la Cour de cassation pour qu'elle passe aux Assises, c'est-à-dire pour qu'on lui reconnaisse une valeur criminelle et qu'elle soit jugée non pas par un magistrat mais par un jury populaire.

Je ne voudrais pas faire de racisme, mais il est indéniable que dans le Midi l'opinion que l'on a des bonnes femmes n'est pas particulièrement libérale. J'ai interrogé toutes sortes de personnes dans la rue, et tout le monde, même les femmes, m'a fait la même réponse : «Des lesbiennes, qui se baignent nues... elles n'ont eu que ce qu'elles méritaient!»

A l'extérieur, la violence augmentait, et les CRS semblaient de connivence avec les voyous de Marseille. Les féministes pouvaient subir les pires brutalités sans qu'ils se décident à intervenir. Et je dois dire que le courage dont fit preuve Mme Halimi, dont la vie était directement menacée, comme celui de toutes ces militantes qui étaient venues nombreuses au procès, m'impressionna terriblement.

Les témoins avaient été curieusement sélectionnés. Je me trouvais en compagnie de gens aussi divers que Pierre Emmanuel, Arlette Laguillier, Florence d'Harcourt... Nous étions enfermés dans une sorte de cellule inconfortable et glaciale qui nous donnait l'impression d'être en prison. Comme nous n'avions rien de mieux à faire, nous nous mîmes à bavarder. Une jeune fille d'une quinzaine d'années venait de se suicider parce qu'elle n'avait pas trouvé le moyen de se faire avorter. Je signalai à Mmes Moreau et d'Harcourt, qui étaient toutes deux députés, qu'il était scandaleux que personne n'ait songé à interpeler le Parlement sur cette histoire, de manière à souligner le fait que la loi sur l'avortement était mal appliquée. A ma grande surprise, Mme d'Harcourt me répondit qu'elle n'avait pas osé et qu'elle ne voulait rien dire sur l'avortement par crainte de se heurter à Mme Simone Veil. J'étais stupéfait. Elle n'appartenait pas au même parti qu'elle, et elle n'osait pas! Quel était donc le rôle d'un député? Quant à Mme Moreau, par ailleurs une femme très intelligente, en bonne communiste, elle ne savait pas parler d'autre chose que de la ligne du Parti. Pierre Emmanuel, homme éminemment respectable, au maintien très noble, me paraissait un peu «dans les vaps». Je retournai donc tous mes débordements affectifs et politiques sur Arlette Laguillier. J'ai beaucoup d'estime pour elle et il m'arrive même, de temps à autre, de lui donner mon vote — surtout lorsque je suis excédé par la gauche — parce que je trouve qu'elle sait s'adresser au peuple, que ce qu'elle dit est toujours vrai et qu'elle n'a pas peur de s'en prendre à tout le monde. Arlette Laguillier est une militante selon mon cœur; c'est, véritablement, pour moi, une figure de proue.

J'eus largement le temps de m'entretenir avec tous les témoins du procès, puisqu'on me fit attendre dans cette cellule sept heures le premier jour et qu'on ne m'entendit en fait que le lendemain. Le président des Assises crevait de peur et son comportement dénotait une grande lâcheté. Véritable dictateur, il faisait expulser du tribunal par ses CRS tous ceux qui ne lui plaisaient pas : il était plus sensible à la pression du machisme méditerranéen qu'aux lois de la démocratie. On sentait souffler dans la salle de vagues relents de fascisme.

Son principe était simple : n'avaient le droit de témoigner que ceux qui connaissaient personnellement les deux jeunes femmes qui avaient été violées. Les autres n'avaient qu'à se taire et à rentrer chez eux. Pierre Emmanuel, qui est pourtant un grand monsieur, poète et résistant, s'est ainsi fait sortir avec perte et fracas par les CRS. Mme Florence d'Harcourt subit le même sort, tout député qu'elle est. Arlette Laguillier comprit immédiatement de quoi il retournait et se mit à hurler, dès qu'elle entra dans le prétoire, que c'était un scandale et que ça n'allait pas se passer comme ça : elle fut expulsée comme les autres.

On m'appela donc à la barre le lendemain. Les voyous

s'étaient déchaînés à l'arrivée des avocates et des plaignantes en les traitant de : «Salopes! Gouines! Putains! Enculées! etc.» L'atmosphère était survoltée, mais je n'avais pas l'intention de me laisser faire. Je voulais témoigner coûte que coûte, et, lorsqu'on me fit prêter serment, sur je ne sais plus trop quoi, de dire la vérité, rien que la vérité et toute la vérité, il m'était en fait totalement égal de mentir ou pas. Il était simlement de mon devoir d'apporter ma contribution à la partie civile et de plaider la cause des violées.

Je commençai par râler un bon coup. Je rappelai que j'étais le professeur Minkowski «soi-même» que je m'étais déplacé exprès de Paris et que ça faisait presque vingt-quatre heures qu'on me faisait attendre. Je précisai que je ne tenais pas à être interrompu car il me fallait me concentrer, ce que j'avais à dire étant très grave.

Le gros problème, dans toute affaire de viol, c'est l'absence totale de témoin direct. Tout se joue sur les récits des plaignantes et sur ceux des accusés. Et le verdict repose entièrement sur l'interprétation qu'en fait le président de correctionnelle ou le jury. On nage donc en plein arbitraire.

Je concentrai mon argumentation sur deux thèmes. J'évoquai d'abord, d'un point de vue médical, les terribles répercussions qu'un viol pouvait avoir sur une femme. Les plaignantes étaient, de toute évidence — il suffisait de lire leur dossier — terriblement traumatisées par ce qu'elles avaient enduré. Comme la majorité des violées, elles ne parvenaient pas à se ressaisir, et elles finirent d'ailleurs, un peu plus tard, par se séparer.

J'abordai ensuite la fameuse question du «consentement terminal». Comment définir ce consentement? A quel moment peut-on dire qu'une femme devient consentante? On a vu de nombreux cas où des victimes se traînaient jusqu'à un commissariat pour s'entendre répondre par un policier : «Du moment que tu t'es fait baiser, c'est que tu le voulais bien.» Bien contentes encore celles qui n'ont pas été palpées alors en tous sens, sur lesquelles les flics ne se sont pas livrés à des voies de fait et même qui n'ont pas été violées à nouveau. L'histoire de notre police est riche d'enseignements.

Dans l'affaire présente, le viol ne faisait aucun doute. Mais, de toutes façons, lorsqu'on est le plus faible physiquement et qu'on sait qu'on risque d'être tué si on persiste à se défendre, il est normal, comme cela est fréquent sous la torture, qu'au bout du compte on finisse par céder.

Je conclus ma déclaration sur ces mots : «... Il s'agit véritablement d'une insulte à la dignité de l'homme et, en tant qu'ancien résistant, arrêté et soumis à la question par la police, je peux vous assurer que l'expérience épouvantable, dramatique, atroce dont parlent ces femmes est semblable à celle que j'ai vécue pendant la guerre.» Je crois que cet argument porta et qu'il fut pour beaucoup dans la très lourde condamnation qui frappa les accusés bien que ceux-ci aient eu le temps, durant toutes les années qu'avait duré l'instruction, de se ranger, de se marier et de devenir pères de famille. Je voulais marquer le coup et montrer que le viol était à la fois une chose horrible et déshonorante pour les hommes. La femme n'était pas la seule victime. Il nous faisait apparaître comme des nazis, des brutes et des tortionnaires.

Entre dix et quinze ans de réclusion criminelle... Je sais que c'est là une peine très sévère. Pendant que je témoignais, un avocat des accusés m'interrompit grossièrement pour me demander si je me rendais compte, moi qui étais sensible aux droits de l'être humain, que j'étais en train d'envoyer en prison «trois pauvres types», «trois minables», ce sont ses expressions, qui n'avaient peut-être pas vraiment abusé des plaignantes. Je faillis répondre à l'avocat : «Et si vous-même aviez été sodomisé de force?»

La chose la plus curieuse, c'est que tout le monde n'a pas réagi de la même façon à l'annonce de la sentence. Beaucoup de femmes ont trouvé qu'elle n'était pas très équitable et qu'elle ne ferait qu'aggraver la rancœur des hommes. Quelques temps plus tard, j'animai un débat à l'école de magistrature de Bordeaux sur le thème : responsabilité médicale et droit. Lorsque je racontai l'histoire d'Aix, la majorité des femmes présentes condamnèrent le verdict en prétendant pareillement que la répression n'arrangerait rien...

A mon avis, il était important que ces hommes soient jugés sévèrement, et pas seulement pour leur crime, mais pour l'exemple. Mais il est vrai qu'il n'est pas prouvé qu'une condamnation exemplaire soit la meilleure solution. Je n'ai aucun regret; seulement cette attitude m'a surpris et je ne peux que m'interroger. Il est vrai que la justice, aussi lente soit-elle, est finalement toujours trop expéditive. Encore une fois, tous les crimes peuvent s'expliquer par l'environnement, l'éducation, l'enfance, la famille. Et je crois que la prévention reste la seule solution valable.

Le procès d'Aix fit date, et nous devons à Gisèle Halimi qu'il ait eu l'issue et le retentissement que l'on sait. Mais le combat pour la liberté est un combat de chaque minute dans lequel chaque action compte, aussi infime soit-elle.

J'ai toujours eu un faible pour les Anglo-Saxonnes, et en particulier pour les Américaines. Ainsi je crus un jour trouver mon fanal, mon lumignon, dans la personne de Jane Fonda. Je la rencontrai pour la première fois dans mon bureau. Elle m'amenait sa fille, Vanessa, qu'elle avait eue avec Vadim. Au cours de la consultation, je découvris une femme intelligente, belle, et avec un côté engagé qu'on ne trouve qu'en Amérique. Nous devînmes bientôt assez amis, surtout lorsque nous nous aperçûmes que nous militions dans les mêmes combats.

J'assistai plusieurs fois à des conférences de presse où elle mélangeait la guerre au Vietnam et la cause féministe, montrant que les G.I. se comportaient comme de véritables machos. Bien sûr, le fait est indéniable, et j'avais pu voir par moi-même comment l'Occident avait transformé la Thailande et le Sud-Vietnam en un immense bordel. Pour nourrir leur famille, une bonne partie des femmes vendaient leur corps à l'armée. Mais là n'était pas vraiment le problème.

J'avais donc de l'admiration pour Jane Fonda, et j'étais, secrètement, assez fier de la connaître, mais je l'aimais tout de même plus pour son intelligence et sa beauté que pour ses côtés excessifs et pseudo-virils. Mes yeux se dessillèrent le jour où je reçus d'elle une longue lettre qui se terminait, en guise de formule de politesse, par ces mots : « *With you in struggle* » (Avec vous dans la lutte).

Brusquement mon vieil esprit français se réveilla, c'était un peu trop. Probablement suis-je assez vieux jeu, mais je dois dire que, venant d'une femme aussi charmante, je trouvai cette expression « *Whith you in struggle* » assez étrange. Peut-être aussi commençais-je à me lasser des féministes...

Les choses en étaient là de mes désillusions lorsque me parvint un livre volumineux intitulé *Notre corps*, rédigé par un collectif féminin de je ne sais quoi, et qui portait la dédicace suivante : « Au docteur Minkowski qui nous a aidées à préserver l'intégrité de notre corps. » Je relus la phrase deux fois et me dis alors qu'il était temps de faire le point, qu'il ne fallait tout de même pas exagérer, et je décidai alors de mettre un terme à ce que l'on pourrait appeler mon irrésistible ascension dans le domaine du féminisme.

Mon côté saint-bernard ou chien d'avalanche m'entraîne souvent dans des aventures qui frisent le ridicule, et je suis ainsi régulièrement astreint à m'arrêter et à essayer d'y voir clair. Les revendications des femmes, qui ont été persécutées, brutalisées pendant des siècles, traitées comme du bétail, me paraissent totalement justifiées. Mais devais-je, moi qui suis un homme, les suivre dans tous leurs excès, même s'ils sont parfois nécessaires? je crois qu'il serait très dangereux de trop éloigner les femmes des hommes, et leur ségrégation me paraît déjà trop poussée. L'important est que la femme trouve son expression et son équilibre au sein de notre société, sur le plan moral, social, et sur celui du travail. Il ne s'agit pas d'amputer les relations entre les deux sexes. Je voudrais, à cet égard, raconter l'émotion qui me saisit lors de la projection du film qui a été consacré à Simone de Beauvoir. J'admire le personnage pour lui-même encore plus que pour ses écrits. Ni Sartre ni elle n'ont dit de choses vraiment définitives et tellement importantes ; mais ce que je trouve admirable, absolument exemplaire, c'est que ce couple soit toujours parvenu, dans l'amour, au sens le plus noble du mot, à conserver un respect mutuel qui tient presque de la perfection.

Vouloir séparer les femmes des hommes me paraît une entreprise aussi grotesque que celle que tenta autrefois le christianisme avec l'âme et l'esprit. Les deux sont indissociables, et ce serait nier la vie que de s'y employer. Le féminisme à outrance va à l'encontre de nous-mêmes. Personnellement, je crois devoir aux femmes tout ce que je sais de la vie. Les hommes ne m'ont donné qu'une connaissance livresque des choses et, somme toute, superficielle. Peut-être aussi un certain sentiment de fraternité. Mais, en dehors de ça, ils ne m'ont guère aidé à comprendre la vie. Tout le reste, ce que l'on doit sentir, le bonheur, la sensibilité, me vient des femmes. On finit ainsi par conclure qu'il ne faut pas essayer de jouer au petit soldat avec elles. La meilleure chose que l'on puisse faire, c'est de s'efforcer de les aimer, si elles le veulent bien...

13.

Le scalpel et la faucille

Rien n'a changé depuis le jour où Arthur Koestler écrivit *le Zéro et l'Infini.* J'ai lu ce livre, il y a de cela des années, et je suis étonné de constater qu'avec les communistes c'est vraiment toujours la même chose. Que l'on tente de discuter avec un membre du PCF, un stalinien de la belle époque ou un chinois à étoile rouge, on finit inévitablement tôt ou tard, par s'apercevoir que pour eux le mensonge — politique ou non — est une règle naturelle et absolue, une véritable obligation, d'autre part, qu'ils sont tellement respectueux de la doctrine, lui vouent un culte si fort, si indestructible qu'ils en deviennent incapables de réfléchir vraiment sur quoi que ce soit : du moment que c'est bon pour le Parti, cela doit être bon pour tout le monde, un point c'est tout. C'est une des formes les plus graves de perversion mentale.

Je savais ces choses depuis longtemps : quand j'étais FTP, ma vie avait été menacée par mes propres camarades sous prétexte que je n'étais pas inscrit au PC. Pourtant, d'un autre côté, les événements nous forcent à reconnaître qu'il n'est pas facile aujourd'hui, pour un homme de gauche, de rejeter en bloc les communistes d'une manière totale et définitive, pour la simple raison que le fascisme gronde toujours. Lorsque le fascisme menace, nous sommes bien obligés, même à contrecœur, de faire front et de nous joindre à ceux qui nous sont le plus proches, quels que soient leurs défauts. A l'époque où l'on craignait que l'OAS ne débarque en France, et le danger paraissait réel, nous fûmes ainsi contraints, à Paris en tout cas, de nous chercher des alliés de leur côté : nous ne pouvions nous tourner vers la droite pour prévenir une éventuelle arrivée des paras. Ce serait donc être de mauvaise foi que nier le rôle en quelque sorte stabilisateur que peut jouer notre PC national chaque fois qu'une dictature fasciste se pointe à l'horizon de l'hexagone. Et la France, sans que le péril soit jamais terrible, me semble toujours sur le point de succomber. Comment alors ne pas tendre la main à ses camarades de la Résistance ?

Dans les moments de grande euphorie, par contre, comme en mai 68, où on avait la liberté d'exprimer ouvertement son mécontentement, on se rend compte — il suffit de se souvenir de l'attitude communiste au stade Charlety — que le Parti sabote toujours les mouvements révolutionnaires qu'il ne contrôle pas, et qu'il devient alors l'allié spontané de l'extrême-droite.

Tout cela pour dire que la situation n'est pas claire. Et qu'en ce qui me concerne, je m'efforce toujours de distinguer les réalisations des prises de positions. Ainsi, au cours de mes différents voyages dans les pays de l'Est, j'ai toujours cherché à m'en tenir à ce que je voyais sur le plan de la santé en essayant de faire abstraction de mes propres réactions au communisme.

En réalité, mes incursions à l'Est n'ont pas commencé avec la Chine, bien que la Chine ait été le grand choc, elles remontent aux années 60-65, donc à l'époque où Khroutchev faisait le procès du stalinisme et où l'on avait l'impression que les Soviétiques lâchaient un peu de lest. Sans doute est-ce là la raison majeure qui m'avait fait accepter de participer à un congrès scientifique sur le système nerveux qui se tenait en Tchécoslovaquie. Malgré mes préventions, je n'avais pu résister à l'envie d'aller me rendre compte sur place, par moi-même, de ce qui se passait.

Naturellement, pour cette première visite, j'eus tout de

suite à affronter ces petits désagréments qui rendent là-bas la vie tellement insupportable. Cela commença en pleine nuit par une fouille systématique de ma voiture à la frontière germano-tchèque. On me fouilla aussi moi-même d'une manière odieuse, digne des pires moments de l'Occupation. Mes papiers étaient pourtant tout à fait en règle.

Le deuxième incident est beaucoup plus significatif. A peine installé à Pilsen, où se tenait le congrès, un fonctionnaire de la radio tchèque vint me voir pour me prier — pour ne pas dire : m'ordonner — de parler dans mon discours d'ouverture des déclarations de Khroutchev à l'ONU sur la déstalinisation. N'ayant encore aucune expérience des mœurs de ces contrées, je réagis en Occidental et lui répondis aussitôt que même si j'avais des commentaires à faire, je ne pouvais tolérer d'y être forcé, et que, de toute manière, je ne voyais pas comment des considérations d'ordre politique pourraient entrer dans un débat purement scientifique. Je lui signalai au passage que les représentants des divers pays participants ne s'intéressaient pas forcément aux sorties de Khroutchev et que je me trouvais là avant tout pour travailler. Comme quoi, même en pleine période de libéralisation et de détente, le système *apparatchi* communiste continuait à fonctionner...

Le congrès s'avéra passionnant pour plusieurs raisons. J'y découvris que les Tchèques n'avaient aucun retard sur nous et que l'on pouvait travailler chez eux aussi efficacement que chez nous, ce qui fut une grosse surprise. Je m'aperçus également que l'essentiel de l'appareil du congrès était entièrement encadré par des Soviétiques et que l'emprise politique qu'ils exerçaient était permanente. Nos hôtes ne s'occupaient en fait que de la communication, alors que les Russes, tout en demeurant discrets, étaient omniprésents.

C'était d'autant plus étonnant que si les Russes sont très forts pour ce qui est de la physique, des mathématiques ou de la chimie, ils sont, à la différence des Tchèques, très médiocres pour tout ce qui concerne la médecine. Ils sont obnubilés par Pavlov qu'ils accommodent à toutes les sauces. Je ne veux pas dire que les théories de Pavlov sur les réflexes conditionnés n'ont aucune valeur, mais on ne peut pas pour autant tout y ramener, comme Lyssenko la botanique et la génétique. C'est là une attitude caractéristique des Soviétiques. Curieusement, par exemple, lorsqu'ils partent d'une hypothèse, ils arrivent toujours à la confirmer. Et si l'on a le mauvais goût de leur demander de quelle manière ils établissent cette confirmation, ils répondent inévitablement que cela n'a aucune importance et que la seule chose qui compte ce sont les idées. Ayant personnellement une formation anglo-saxonne, où tout est fondé sur la rigueur et la démonstration, je dois avouer que j'ai beaucoup de mal à dialoguer dans ces conditions : les méthodes du Parti appliquées à la science médicale me paraissent la pire des aberrations.

Les Anglais et les Américains qui participaient à ce congrès partageaient entièrement mon opinion. Chaque fois qu'un Russe prenait la parole, nous lui demandions des preuves de ce qu'il affirmait, des chiffres, des résultats d'expériences. Et nous nous heurtions toujours au même silence, à ce dogmatisme absurde et mensonger qui est de règle en URSS comme dans la majorité des pays communistes et au sein de notre propre parti communiste français. Le plus étonnant, c'est que nos critiques ne les gênaient pas le moins du monde. Ils poursuivaient leurs communications en toute sérénité.

Par contre, je fus très impressionné par l'atmosphère qui régnait dans les maisons de la culture et les bibliothèques publiques. Nous n'avons pas l'habitude en France de voir des ouvriers, entre leurs heures de travail, lire ou visiter des expositions au lieu de casser la croûte ou de discutailler dans un bistro. Je sais bien qu'il s'agit là de culture obligatoire, mais le fait est quand même frappant, de même la manière dont la musique est enseignée dans les écoles où tout le monde semble jouer d'un instrument. C'est là qu'on voit qu'à l'Est, il y a aussi quelquefois du bon.

Je fus amené ainsi à découvrir à l'université Charles IV les remarquables réalisations médicales — comparables à ce qui se faisait de mieux en Amérique — auxquelles était parvenue la Tchécoslovaquie et me mis par la suite en devoir de les faire connaître au monde occidental. De même que je compte parmi les premiers à avoir fait connaître ces travaux aux Etats-Unis, j'ai également un peu contribué à ce que de nombreux médecins tchèques trouvent un asile politique après la période d'épuration qui suivit l'invasion de leur pays.

L'invasion de la Tchécoslovaquie par les Russes en 1968 me paraît un des plus grands forfaits de ces dernières décennies, même si on considère que Dubcek aurait dû prévoir ce qui allait se passer et qu'on le charge d'une part des responsabilités. Je me suis juré à l'époque de ne plus jamais remettre les pieds dans un pays du rideau de fer, sauf si, pour des raisons de transit, comme par exemple pour aller au Vietnam, je ne pouvais faire autrement. Et j'ai tenu ma promesse. Je n'irais pour rien au monde en URSS. Je refuse également de voyager en pays fasciste. Ainsi, j'ai cessé d'aller en Grèce, où pourtant je me rendais chaque année, durant tout le règne des colonels. Et cela malgré les demandes pressantes de mes collègues grecs qui souhaitaient que je leur apporte un peu de réconfort. Ils reconnurent d'ailleurs par la suite que j'avais eu raison de m'abstenir de donner la moindre caution à un gouvernement éminemment fasciste. De la même façon, et cela finit par me limiter sérieusement dans mes déplacements, je ne suis jamais allé au Brésil, au Chili ou en Argentine. A vrai dire, je n'ai même pas à refuser les invitations qui me parviennent de ces pays-là : je me contente simplement de mettre comme condition à ma visite que l'on me donne accès aux prisons, qu'on me laisse parler de la torture et des droits de l'homme, et qu'on m'autorise à me promener partout à ma guise. Cela suffit en général pour qu'on en reste là.

Quant aux pays communistes non-européens, c'est-à-dire la Chine et les Etats du Sud-Est asiatique d'une part, et Cuba de l'autre, je dois dire que j'ai eu la grande chance de pouvoir, dans chacun d'entre eux, effectuer deux voyages à quelques années d'intervalle. Et, à chaque fois, mes réactions ont été identiques : mon premier séjour me laissait toujours pantelant d'admiration pour ce qu'on y faisait dans le domaine de la santé; et je me rendais compte au second que derrière toutes ces merveilleuses réalisations se cachait un appareil politique strangulateur, épouvantable, qui annihilait complètement l'individu, qui ne se contentait pas de le priver de liberté, mais le réduisait littéralement à zéro pour le transformer en une sorte de robot manipulé. Ce qui signifiait donc que si ces merveilleuses réalisations existaient, elles n'étaient en fait qu'un des rouages de régimes qui comptent parmi les pires que la terre ait jamais connus.

Ce qui m'étonne, c'est que, tout en sachant cela, je ne peux m'empêcher, sans parvenir à m'expliquer pourquoi, de rester assez ouvert aux expériences communistes, alors que je suis totalement hermétique à tout ce qui appartient au fascisme. Et pourtant, je suis entièrement convaincu que le régime communiste est bien plus préjudiciable, plus dangereux pour l'homme, que tous les fascismes réunis parce qu'il est sous-tendu par une théorie pouvant faire illusion.

Cela dit, je suis tout de même devenu un actif président des amitiés franco-chinoises, et, à ce titre, j'ai voulu faire connaître toutes les merveilles que j'avais observées durant mes voyages. Le monde occidental a la fâcheuse tendance de chercher plutôt à réparer qu'à prévenir. Nous savons nous comporter admirablement *après* les catastrophes, mais nous nous soucions peu d'empêcher que les catastrophes surviennent. Il n'y a qu'à voir ce qui se passe chez nous avec le tabac, l'alcool ou les accidents de la route. Avec tout un outillage moderne, nous sommes formidablement équipés pour soigner le mal, mais pas pour l'endiguer. Et c'est la même chose pour la mère et l'enfant. Ce que j'ai appris en Extrême-Orient, dans ces pays pauvres et donc démunis de technologie, c'est que l'on peut, par des moyens très simples mais généralisés, intervenir avant que le danger ne se manifeste. Tel est en fait l'avantage d'un régime communiste coercitif : la prévention ne concerne pas des cibles isolées, elle vise tout le pays, et, pour cette raison, s'avère efficace. Bien entendu, on dispose là-bas d'un personnel énorme que nous n'avons pas les moyens de nous offrir. L'Occident se construit de gigantesques hôpitaux qui sont presque des monuments ; en Asie, on bâtit peu, mais on emploie beaucoup de personnel, et un personnel toujours disponible. On finit par s'apercevoir qu'avec un nombre suffisant d'infirmières, de puéricultrices et de sages-femmes, on peut faire des tas de choses sans l'aide de cet appareillage extra-lourd que l'on rencontre par exemple aux Etats-Unis. Cela me paraît, d'emblée, capital, et j'ai essayé dans la mesure du possible, d'introduire cette manière de voir chez nous. Bien entendu, nous ne pouvons l'appliquer à la lettre, mais nous pouvons nous en inspirer, ou tout au moins apprendre à nous défaire de notre foi aveugle en cette super-technologie à l'américaine qui ne laisse aucune place à la prévention.

Les Chinois, il faut le dire, ne sont pas des communistes comme les autres et leur extraordinaire amabilité n'est pas une légende. Tandis que les Vietnamiens sont en général étriqués, et que les Cubains ont plutôt tendance à nous raconter n'importe quoi, les Chinois sont des gens astucieux, intelligents et cultivés. Et puis ils ont surtout cette énorme qualité : ils écoutent vos éventuelles critiques et sont tout prêts à en tenir compte. Jamais un Vietnamien ne tolèrera un avis contraire au sien, surtout émanant d'un Français ; son nationalisme, lorsqu'il ne le rend pas carrément xénophobe, lui tient lieu en tout cas d'œillères. En vérité, la Chine serait presque un pays de rêve si, au bout d'un certain temps, ne commençaient d'apparaître quelques détails troublants qui révèlent l'emprise terrible sur tous ses habitants d'une politique totalitaire et écrasante.

Je me souviens d'un fait très révélateur qui se produisit juste après la sortie d'un film de Jean Yanne sur les Chinois. Le film, une farce vulgaire et médiocre, n'avait retenu l'attention de personne malgré une publicité tapageuse. L'ambassade de Chine fut la seule à s'y intéresser, et elle demanda, d'un ton particulièrement autoritaire, à l'Association des amitiés franco-chinoises dont j'étais un des présidents, de prendre position et de déclarer publiquement que la diffusion de ce spectacle était «un geste inamical vis-à-vis du peuple chinois». Comme je l'ai déjà dit, j'ai horreur de recevoir des ordres, et, bien entendu, je refusai. Mais je me retrouvais en présence de cette attitude typiquement communiste, et surtout typiquement stalinienne, qui consiste, sous une apparente et exquise politesse, à vous dicter littéralement votre conduite. Bien qu'ils critiquent beaucoup la Russie, les Chinois demeurent de grands admirateurs de Staline, dont le portrait figure encore dans tous leurs défilés. A vrai dire, la différence entre communiste, stalinien, etc., est plutôt mince. A l'exception des Yougoslaves, tous les communistes sont staliniens et inversement. Le résultat est toujours le même : celui qui s'écarte d'un centimètre de la ligne du Parti finit en taule ou dans un camp de concentration. Et, sans parler de la bureaucratie et autres maux, c'est bien là ce qui se passe en Chine.

Peu après cet incident, je voulus donner ma démission à cette association, car la Chine commençait à soutenir Pol Pot au Cambodge, elle qui avait été jusque-là le porte-drapeau, en quelque sorte, de toutes les nations opprimées, à l'encontre de la Russie soviétique. Bettelheim, qui était comme moi président, et qui est une autorité en matière de marxisme, m'en dissuada : «Il ne faut pas», me dit-il. Après tout, je n'étais pas engagé avec Pékin autrement que sur le plan de la santé, et si certaines de leurs idées étaient bonnes pourquoi ne pas continuer à les diffuser?».

Pourtant, ce même Bettelheim, quelque temps après, ne se gêna pas, lui, pour quitter notre association avec perte et fracas, parce que, affirma-t-il, l'attitude de Teng-Hsiao-Ping lui déplaisait. Bettelheim est un ami, et il m'en voudra probablement de ce que je l'assimile ici aux communistes, mais il représente le marxisme officiel et je trouve qu'il a quelque peu l'esprit perverti du Parti : il justifiait sa démission en invoquant tout ce qui s'était passé après la mort de Mao, ses motifs étaient donc bons, alors que les miens, parce qu'ils n'étaient pas « idéologiques », et ne représentaient qu'une réaction individuelle, bourgeoise, ne valaient rien. Je fus tout de même très surpris de voir un monsieur intelligent, cultivé, professeur à l'Ecole des hautes études, tomber dans le piège du système politico-débile général. Et je dois dire que je ne suis pas prêt de lui pardonner. Je pensais qu'une certaine subtilité pouvait subsister chez les marxistes et les communistes ; grâce à lui, je sais à présent qu'elle n'existe pas.

J'ai quand même fini par donner ma démission. A cause de l'incident du film de Yanne, qui ne représentait rien en lui-même mais qui était significatif, à cause de la reconnaissance de Pol Pot, et parce que je commençais à me rendre compte de tous les excès dont le communisme est capable et de son opportunisme permanent.

En ce qui concerne le Vietnam, l'évolution de mes opinions, mon itinéraire a été à peu près semblable : lors du deuxième voyage que j'y fis en 1970, j'aperçus, derrière le paravent des belles idées, l'hydre du communisme et du nationalisme sous son vrai jour.

L'histoire vaut d'être racontée. L'Union des femmes du monde était parvenue à réunir la somme impressionnante d'un million de dollars en faisant payer à des femmes de toutes nationalités, et pas forcément communistes, à des Américaines, des Anglaises, etc., une obole d'un dollar. Cet argent était destiné à financer la construction d'un Institut de la mère et de l'enfant à Hanoï. Une délégation d'experts fut créée, composée d'un architecte soviétique, d'un obstétricien d'Allemagne de l'Est et de moi-même qui me trouvais donc être le seul non-communiste de la bande. On nous envoya sur place pour discuter des plans. Cela se passait quelque temps avant les bombardements de Noël 1970 qui furent, on s'en souvient, particulièrement meurtriers. A peine arrivé là-bas, je voulus rencontrer un vieil ami, le colonel Ha-Van-Lau, qui présidait la Commission d'enquête sur les crimes de guerre américains au Vietnam, et avec lequel j'avais déjà travaillé. Mais quand les communistes décident, même sans raison, qu'une personne n'a pas le droit d'en rencontrer une autre, rien ne peut les faire changer d'avis : ils vous mentent, inventent des excuses ou oublient de vous répondre. Je cherchai donc mon ami pendant au moins huit jours, en vain. Finalement je le rencontrai par hasard, dans un stade où il assistait à un match de football opposant Hanoï à Cuba. Nous tombâmes dans les bras l'un de l'autre et j'appris ainsi qu'il n'avait jamais été prévenu de mon arrivée. Nous ne parvînmes jamais à savoir pourquoi.

Vint ensuite le moment de décider de l'emplacement du futur hôpital. On nous indiqua d'abord un des endroits les plus bombardés de la ville. Je me permis de faire remarquer aux officiels vietnamiens qu'il était assez idiot de construire un bâtiment utile là où il avait le plus de chance d'être détruit. Et, effectivement, tout le quartier fut rasé par les B.52 à la Noël. En guise de réponse, ils se mirent à rire bêtement, ce qui, comme souvent en Asie, ne traduisait pas leur gaîté mais leur embarras.

La solution de rechange qu'ils nous offrirent alors tenait véritablement du délire : ils nous proposèrent de bâtir notre institut dans ce qu'ils appelèrent le Nouvel Hanoï. Nous demandâmes à visiter l'endroit et on nous conduisit en jeep, à soixante-quinze kilomètres de la vraie ville, sur un chemin impraticable, quelque part au pied des collines qui ferment la plaine du fleuve Rouge. Là, nous vîmes un terrain vague, riche en fougères, en arbustes et en moustiques, perdu au milieu d'une vaste forêt. Nous interrogeâmes les architectes, les urbanistes et les fonctionnaires les plus qualifiés qui nous firent alors une description de ce qui devait être le Nouvel Hanoï tout à fait hilarante.

Le problème devenait tout de même inquiétant : comment s'effectueraient les transports? à quoi servirait cet Institut de la mère et de l'enfant s'il fallait deux heures pour transporter en réanimation un gosse mourant? Est-ce que soixante-quinze kilomètres, ce n'était pas beaucoup pour des urgences? On nous répondit, toujours en riant, qu'il ne fallait pas nous inquiéter, que ce n'était pas grave, qu'on avait tout prévu.

Non seulement cette ville n'existait pas, mais, dix ans plus tard, elle n'a pas encore progressé d'une pierre. Il n'avait jamais été question que le Nouvel Hanoï soit érigé au cœur de la jungle. L'architecte soviétique se mit alors à murmurer des jurons en russe, qu'il eut l'amabilité par la suite de me traduire en français. L'allemand de l'Est, qui était pourtant le type même du communiste rigide et soumis (un mélange de prussien et de bolchevique), avoua à son tour que le record de l'absurde venait d'être battu. Et nous reprîmes tous les trois le chemin de nos domiciles respectifs après avoir refusé catégoriquement de signer le protocole de construction qu'on nous avait présenté. C'est donc ce même protocole débile qui fut approuvé quelques mois plus tard par un groupe de Hongrois de service que l'on avait transportés là-bas pour la circonstance.

J'ai appris récemment que notre Institut de la mère et de l'enfant venait d'être inauguré et que, curieusement, le texte d'inauguration déclarait que c'était «grâce à l'initiative du professeur Minkowski que cette merveilleuse réalisation avait pu voir le jour...» L'Union des femmes françaises, qui est notre section nationale de l'Union des femmes du monde, n'y trouva rien à redire. Comme quoi les communistes finissent bien par tout récupérer.

Mes conclusions actuelles sur les Vietnamiens sont extrêmement sévères. Ce peuple qui a su se comporter admirablement en temps de guerre, est incapable, à cause d'un nationalisme enragé et d'une bureaucratie stalinienne, de réaliser aujourd'hui quoi que ce soit de positif.

S'ils ne parviennent pas à reconstruire leur pays, ce n'est pas seulement parce qu'ils ont été ruinés par l'Amérique. Et si leurs armées envahissent à présent les territoires voisins, c'est que la guerre est en fait la seule activité qu'ils pratiquent avec succès.

Durant l'occupation américaine, aucun pays n'a aidé le Vietnam autant que Cuba. Cette petite île n'est pas très riche, mais tous ses habitants ont vraiment fait tout ce qu'ils pouvaient pour secourir leurs frères opprimés. Ce prodigieux effort individuel et national me les rendait plutôt sympathiques et lorsque me parvint un jour une invitation à aller chez eux, j'acceptai bien volontiers.

L'accueil qu'ils me réservèrent ne manqua pas de chaleur, mais c'est surtout son luxe qui me stupéfia. On m'installa dans une villa immense, une sorte de palace destiné aux hôtes étrangers de marque, et on me gratifia aussitôt de sept ou huit domestiques. A côté de ce que je pouvais voir dans la rue, cela avait de quoi choquer, mais c'est là aussi un travers typiquement communiste. Ainsi, au Vietnam, je me souviens d'être tombé un jour sur un édifice baptisé Hôpital de l'Amitié soviético-vietnamienne, une vieille bâtisse en ruines qui datait de l'occupation française, où croupissaient, à même la terre, dans des conditions vraiment effroyables, toutes sortes de blessés graves, tandis que juste au milieu se dressait un beau pavillon de marbre, avec des douches qui fonctionnaient, etc. On me signala qu'il était réservé aux Soviétiques et aux membres du Parti. Comme ce n'était pas exactement là l'image que je me faisais de l'égalité sociale, je posai quelques questions. On me répondit que tous les hommes étaient effectivement égaux, et également précieux, mais qu'un camarade soviétique ou un membre du Parti, tout de même...

Mais, en dehors de ce train de vie somptueux que l'on m'avait octroyé, je dois reconnaître que mes premiers contacts avec les Cubains furent excellents. Leur système sanitaire fonctionne parfaitement, et j'ai vu des dispensaires de campagne tout à fait efficaces. Dans ce pays sans grandes ressources, le budget de la santé représente, paraît-il, près d'un quart du budget national. Enfin, c'est ce qu'on m'affirma. Des gens faisaient la queue devant les magasins, mais les soins étaient assurés, et, pour ce qui est de la mère et de l'enfant, les résultats que je pus constater étaient excellents.

L'ambassadeur de France m'invita un soir à dîner avec un personnage assez intéressant, un cardinal, nonce apostolique de Rome, qui avait astucieusement pris en mains la révolution cubaine, un homme très sympathique, et que je qualifiai d'emblée de *Compañero-Monseñor*, ce qui signifie : « camarade-monseigneur ». Au cours de la soirée, je parlai avec une certaine ironie de l'élitisme de nos énarques. On me répondit que la France appliquait les principes de *la République* de Platon et qu'elle préparait naturellement ceux qui étaient appelés à gouverner à leur tâche difficile, et que les autres, ma foi... Ce qui me fit penser que notre conception des privilèges, si bien appliquée par la monarchie giscardienne, n'est finalement pas très différente de celle des communistes.

A Cuba, je visitai également l'Institut scientifique, qui est un des plus beaux bâtiments du monde, une merveille de l'architecture moderne. Là, je fus frappé par un certain désordre — la rigidité et le désordre ne sont pas du tout incompatibles, surtout dans un pays hispanique. Ce somptueux édifice abritait un gâchis extraordinaire : les salles étaient bourrées d'appareils hyper-sophistiqués offerts par les principales puissances communistes, mais on n'y disposait d'aucune pièce de rechange. Il y avait là pour des millions de dollars de machines, mais personne ne savait les réparer. J'en fis la remarque successivement au ministère de la Santé et au ministère de la Recherche scientifique. On me répondit que, dans un pays comme Cuba, ce qui comptait, c'était le prestige.

Tout cela n'était pas encore très grave, et, après mon second voyage, je voulus installer là-bas un centre de soins intensifs et de réanimation comparable à celui dont je dispose à Paris. Deux de nos infirmières et une interne acceptèrent de quitter notre service et de consacrer un an de leur vie à cette réalisation.

A chacun de mes séjours dans l'île, on m'avait donc royalement attribué des appartements somptueux et plusieurs domestiques. Mais j'étais «un professeur». Une simple interne et deux pauvres infirmières ne pouvaient espérer pareil traitement. On les hébergea donc dans des conditions à la mesure de leur rang social : dans un local misérable. Pour ce qui est de l'aide financière qu'on nous avait promise, elles se heurtèrent à l'absentéisme le plus total, typique lui aussi des Etats communistes, et durent tout faire par elles-mêmes. Elles rentrèrent en France au bout d'un an et, comme le précisait leur contrat, elles demandèrent à recevoir le petit remboursement en dollars qui devait les dédommager de la perte de leur salaire. On refusa alors, purement et simplement, de les payer. J'écrivis à l'ambassadeur de Cuba à Paris, en joignant à ma lettre un double de leur contrat, pour lui dire que je ne remettrais plus les pieds dans son pays tant que cette dette ne serait pas acquittée. J'ai conservé sa réponse. Elle est ainsi conçue : «Monsieur le Professeur, nous ne pouvons payer vos infirmières en raison de l'impérialisme américain.»

Les communistes m'avaient largement berné, et, quoique toujours boy-scout et acharné à défendre la veuve et l'orphelin, je décidai cette fois de renoncer définitivement à me rendre chez eux. Mes bonnes résolutions durèrent une dizaine d'années. Pourtant, tout en sachant qu'une fois de plus je risquais d'être récupéré, j'ai quand même fini par reboucler mes valises et par accepter d'aller au Cambodge. On retombe toujours dans les mêmes ornières. Sans doute me suis-je dit que je pouvais être utile, et qu'après tout, à côté de ce qu'il y avait à faire pour ces mères et ces enfants en détresse, le fait de se faire récupérer par les communistes comptait peu. Bien sûr, il m'est difficile de travailler avec des gens qui, comme ces médecins communistes français, ont approuvé par exemple l'invasion de l'Afghanistan. Et le parti communiste n'entreprend jamais aucune opération humanitaire sans quelque idée politique derrière la tête. Comme par hasard, on le retrouve partout où se déclare l'urgence d'une opération sanitaire. Il faut s'y résigner.

Encore une fois, mes sentiments sont ambigus. Je ne peux oublier l'extraordinaire bravoure des communistes durant la Deuxième Guerre mondiale. Je ne peux effacer de ma mémoire ces militants qui criaient sous la torture : «Je suis patriote», et qui sont morts dans les salles d'interrogation de la Gestapo ou dans les camps de concentration. C'était, il est vrai, l'époque des Gabriel Péri et des Vaillant-Couturier qui n'ont pas grand chose à voir avec ce guignol de Marchais qui, lui, n'a jamais risqué sa peau. Je ne peux pas davantage oublier ces milliers de soldats russes tombés en arrêtant les troupes hitlériennes sur le front de l'Est. Mais cela n'excuse pas les crimes de leurs dirigeants et n'empêche pas le rouleau compresseur du Parti de continuer de nous écraser aujourd'hui.

Lorsque je fais le bilan, je me rends compte que le système communiste est ainsi fait que toute tentative d'action commune se solde par un échec. Une autre aventure que j'ai vécue au Vietnam me semble assez symbolique de cette barrière qui nous sépare. Nous avions créé, avec des gens de gauche, des catholiques et des protestants, une Association médicale franco-vietnamienne qui fut sans doute l'outil sanitaire le plus efficace de cette guerre. L'association fournissait le matériel humain, mais aussi des médicaments, des appareils, tout ce qui était indispensable à la bonne marche de son action. Bien que dénuée de tout esprit politique, elle parvint à aider énormément les Viet-Congs. Et puis, un beau jour, sans crier gare, les communistes français qui en faisaient partie déclarèrent qu'ils se dissociaient de nous pour fonder leur propre association, entièrement inféodée au Parti, transformant ainsi, une fois de plus, une opération humanitaire en une opération politique. Une des machines essentielles de laboratoire, très compliquée, était composée de deux pièces distinctes. L'une tomba entre leurs mains et nous conservâmes l'autre. Malgré tous nos efforts, nous n'arrivâmes jamais à faire que ces deux pièces très coûteuses puissent se rejoindre pour que la machine fonctionne. Cela se passe de commentaire.

14.

De la difficulté d'être médecin

Aux infirmières et à toute l'équipe médicale de l'unité de soins intensifs de Port-Royal

«Il est un temps pour tout», dit l'Ecclésiaste. Cette excursion au pays de l'artifice m'a permis de sortir de la quotidienneté de la souffrance avec laquelle je cohabitais depuis si longtemps. J'en étais arrivé à ne plus la supporter, je ne pouvais plus voir un parent en difficulté sans prendre en charge une partie de sa peine. Mais, si mon tour de manège au royaume des médias et du n'importe quoi m'a distrait, il m'a en même temps permis d'apprécier à sa juste valeur la vanité du monde dans lequel il m'avait propulsé. Jusque-là, je n'en avais eu qu'une idée lointaine, j'imaginais difficilement que pendant qu'à la télévision ou dans les journaux on parle, par exemple, de problèmes de politique internationale, la personne humaine est sans cesse mise à l'écart, oubliée, quand elle n'est pas carrément foulée aux pieds. On pourrait aussi constater que la majorité des Français n'a plus de pensée propre si elle n'a pas, au préalable, assisté à quelque «dîner de têtes» dont les convives seraient Giscard, Marchais et autres Dalida. J'ai pu constater de mes yeux l'incroyable façon dont les gens se gargarisent de mystifications, de jeux et d'embrouilles. J'ai peut-être eu la chance de ne pas m'y laisser trop prendre, contrairement à certains de mes collègues, prisonniers du mythe de la communication, pour qui la télévision est l'occasion de donner une homélie ou un discours de réception à l'Académie française. Je dois en partie ma délivrance à la sortie de mon ouvrage *Pour un nouveau-né sans risque*, un livre de médecine tout à fait sérieux celui-là, et dont le sujet est au centre de mes vraies préoccupations : comment bien informer la femme enceinte et surtout celle qui court le risque d'une naissance prématurée. A sa sortie, *France-Soir* m'accorda l'honneur de lui consacrer plusieurs de ses colonnes, accompagnées d'un énorme portrait de moi. L'article me qualifiait à peu près de roi mage de la néo-natalité et autres billevesées de ce genre. Il ne me manquait plus que l'auréole.

C'est alors que tout l'absurde de la situation me saisit. Je vis soudain la noblesse et la dignité de ma profession bafouées avec mon concours. J'avais perdu toute crédibilité en tant que médecin. Je n'avais pourtant pas déserté l'hôpital et n'avais cessé de travailler, mais trop de choses futiles m'avaient accaparé. J'avais un peu négligé ce secteur primordial de ma vie, celui qui me permet de participer à une œuvre réelle, tangible, dont les progrès se mesurent de jour en jour, cet effort de chaque instant où le dialogue avec les parents nous enrichit et où la parole est loin d'être innocente. J'avais délaissé quelque peu les prématurés, la détresse de leur famille, les efforts de mon équipe.

Je pris alors la décision de ne plus m'occuper de rien hormis mon service. Mon excursion au royaume de l'illusion avait quand même donné quelques fruits : j'étais relativement célèbre, et grâce à cela, je recevais de nombreux témoignages écrits, des questions brûlantes et des marques de sympathie individuelle me parvenaient qui me touchaient énormément. Plus mon nom était connu, plus ces preuves de confiance étaient nombreuses. C'était le plus souvent une lettre de parents qui avaient un enfant handicapé et qui me demandaient conseil. Je me suis efforcé de répondre à toutes.

Je retrouvais enfin mon bureau et cette question qui est à l'origine de l'essentiel de mes recherches : pourquoi un nouveau-né est-il malade? Je retrouvais aussi la compagnie des parents et leur souffrance. Les progrès réalisés en néonatologie nous ont parfois permis d'atténuer cette souffrance, de la soulager, mais, malheureusement il nous est encore impossible de ne pas rendre aux parents, dans certains cas, un enfant qui devra vivre avec un lourd handicap.

Il y a trente-quatre ans, lorsque j'ai commencé, à mon retour des Etats-Unis, à m'occuper d'enfants de faible poids, qui souffraient le plus souvent de troubles respiratoires ou d'hémorragies crâniennes, ces derniers mouraient dans la plupart des cas, tandis que les premiers demeuraient handicapés. L'époque n'est pas tellement lointaine où des collègues qui me croisaient dans la cour de l'hôpital me lançaient : « Alors, Minkowski, tu continues à la diriger, ton industrie d'handicapés ? »

En trente-quatre ans, nous avons traité, à Baudelocque et à Port-Royal, quelque 16 000 enfants — l'équivalent de la population d'une ville comme Fontainebleau. Le taux de dommages cérébraux, lorsque j'avais ouvert mon service, atteingait les 30 %; nous l'avons réduit aujourd'hui à quelque 5 ou 7 %. Une meilleure technologie permet à présent de mieux ventiler les poumons d'un bébé atteint de détresse respiratoire, de le sortir plus rapidement de l'agonie dans laquelle il est plongé et qui lèse son cerveau. Le cerveau de ces nouveau-nés se nourrit, entre autres, de sucre et d'oxygène. Nous avons appris à fournir l'oxygène, grâce à des appareils très perfectionnés qui fonctionnent à une plus grande vitesse que par le passé. Le sucre, lui, vient directement de l'organisme de l'enfant. Et si les chiffres de mortalité infantile que nous connaissons ont diminué, c'est que nous réussissons aussi à sauver des enfants de très faible poids.

Cependant, il y a encore des insuffisances auxquelles nous ne pouvons remédier. J'ai ainsi été confronté, au cours de la rédaction du présent ouvrage, à un enfant atteint de fragilité osseuse congénitale. Je n'ai connu que trois cas semblables depuis que j'exerce la médecine. Il s'agit d'une maladie très rare qui se traduit par des fractures multiples après un traumatisme à peine sensible, ou parfois même en l'absence de tout traumatisme. Dans ce cas précis, des fractures avaient déjà eu lieu dans le ventre de la mère qui percevait, pendant sa grossesse, les craquements des os de son enfant. C'était la première fois que je recueillais pareil témoignage. A la naissance, le bébé présentait de nombreuses fractures des membres et du crâne. Et, à chaque mouvement, il se cassait de nouveaux os. Les parents me l'avaient amené après avoir consulté différents spécialistes. Et c'est au cours de ce dialogue que j'ai, une fois encore, mesuré toutes les difficultés de la relation avec un père ou une mère au bord du désespoir. J'ai eu beaucoup de mal à leur expliquer de quoi souffrait leur enfant. Au cours de sa grossesse, la mère avait subi plusieurs radiographies, et elle était absolument persuadée qu'elles étaient la cause des malformations de son bébé. On sait qu'un fœtus exposé aux rayons X peut parfois présenter des signes anormaux. Mais, en l'occurrence,la fragilité osseuse est une maladie constitutionnelle et d'origine probablement héréditaire. Je devais donc expliquer à ces parents que leur enfant allait demeurer handicapé pour toujours, qu'il allait se rompre les os à tout instant, qu'il serait condamné à être grabataire. Mais personne, à l'université, ne nous apprend la terrible tâche de dire la vérité à la famille ou aux malades. On nous propulse, alors que nous avons à peine notre diplôme en poche, vers des patients avec lesquels nous sommes incapables de dialoguer. Et comment expliquer à des gens, persuadés que toute leur peine découle de radiographies effectuées plusieurs mois auparavant, que leur enfant est atteint d'un mal héréditaire? Comment excuser le médecin qui avait ranimé avec acharnement cet enfant qui, dès sa naissance, était mourant? Comment affronter le fait qu'ils ne veulent même pas vous écouter parce que la chose est totalement inacceptable? Comment leur dire que, malgré ses composantes héréditaires, cette maladie n'est pas la résultante d'une tare de l'un ou l'autre des parents? Qui nous apprendra jamais à trouver les mots qu'il faut pour que ces êtres meurtris se résignent à l'inadmissible?

J'ai passé une heure à leur révéler la dure vérité, parce qu'il le fallait, et parce que je pense qu'on n'a pas le droit, comme l'avaient fait les spécialistes qu'ils avaient consultés avant moi, de leur mettre leur bébé sur les bras en disant : « Nous ne savons pas trop de quoi il en retourne, mais vous verrez bien. » Et, face à ce couple désarmé, nullement préparé à recevoir mes paroles, je ne pus que rappeler qu'ils avaient déjà trois enfants parfaitement normaux, et que cette malformation, dont le dernier était victime ne réapparaîtrait sûrement pas dans la famille car elle était rarissime.

Atterrés, ils ne voulaient rien en croire et s'interrogeaient sur le pourquoi de leur infortune. L'injustice les avait frappés et rien ne pourrait les soulager. Il est vrai que lorsque des parents acceptent enfin la vérité, ils veulent alors comprendre pourquoi *eux* ont été atteints. Quelle faute ont-ils donc commise? Ceux-là accusèrent l'accoucheur de ne leur avoir rien dit, le radiologue d'avoir fait ses rayons, les médecins qu'ils avaient vus avant moi de ne pas leur avoir expliqué de quoi il s'agissait. Je m'aperçus qu'ils ne pouvaient absolument pas assumer cette naissance, et je suis bien obligé d'avouer qu'après une heure de discussion je finis par perdre patience. Je m'en voulais terriblement de ne pas avoir su trouver les mots pour les calmer, les rassurer, les conforter.

J'ai dû chercher le secours d'une de mes assistantes. J'ai toujours été étonné par cette faculté qu'ont les femmes d'utiliser un langage plus humain que le nôtre, moins technique, de trouver les paroles qui aideront le mieux la mère à supporter son malheur. C'est pourquoi la collaboration de mes infirmières m'est précieuse entre toutes. Nous autres médecins, patrons, chercheurs, techniciens, sommes trop insuffisamment formés à ce qui me paraît pourtant être notre premier devoir : apporter un soulagement à la détresse humaine.

Dans mon cas, l'habitude pourrait pallier au manque de préparation, mais on ne s'habitue guère à la souffrance des autres. D'autre part, je suis personnellement pris à ce double piège qu'est mon désir d'honnêteté vis-à-vis des parents d'une part, et, de l'autre, la crainte de provoquer un traumatisme énorme et donc insupportable. Je n'ai toujours pas découvert le moyen de ne rien dissimuler sans causer trop de mal. Et cela me rend parfois maladroit.

Ainsi, j'ai reçu un jour dans mon bureau une femme remarquable, Françoise Loux, auteur de livres très intéressants sur la tradition des maternités dans les provinces françaises. Devant cette jeune femme qui me paraissait d'une intelligence très au-dessus de la moyenne, je crus pouvoir parler avec franchise. Elle avait, dans mon service, un enfant d'un kilo qui respirait à peine, et nous nous demandions tous s'il allait survivre. Cette mère vint me voir, tout sourire, et me dit : « Je suis si contente que tout aille bien. » Alors, il me sembla tout à coup monstrueux de ne pas préparer cette femme à l'éventualité de la mort de son enfant. C'est donc avec cette naïveté que des années d'expérience n'ont pas entamée que je répondis : « Madame, je sais que vous êtes satisfaite de nos soins, mais, actuellement, je dois vous avouer très honnêtement que votre enfant n'est pas encore tiré d'affaire. » Elle fondit en larmes. Toute son énergie, tout le tonus qu'elle avait accumulé, tous les efforts qu'elle faisait pour se cacher la réalité, tout cela s'écroula. C'était comme si je l'avais poignardé dans le dos. C'est du moins ce que je ressentis. Heureusement, le bébé a survécu, sans séquelles. Nous avons fêté son troisième anniversaire dans le service et sa maman m'a pardonné.

Si j'ai voulu citer cet exemple, qui n'est malheureusement pas isolé, c'est pour montrer que tout professeur de médecine que je sois, à peu près techniquement qualifié et travaillant avec une équipe solide, il me reste beaucoup à apprendre. Apprendre à écouter et à formuler, apprendre aussi que le malade est informateur et que c'est souvent lui qui nous dicte la conduite à suivre. Car, alors que je ne souhaitais, dans ce cas comme dans d'autres, qu'émettre des paroles de réserve, de mise en garde, de préparation, j'avais failli provoquer une catastrophe. Et le mal qu'il m'arrive de commettre peut parfois se prolonger des mois, des années. Une mère est un être d'une extrême fragilité, très anxieux, aux sentiments très mélangés. A sa peur d'avoir à élever un enfant handicapé s'ajoute la culpabilité d'émettre parfois des souhaits de mort. Mais pourtant, dans la grande majorité des cas, c'est elle qui vacille le moins sous le choc et qui sait le mieux faire front.

Je me souviens aussi de l'arrivée dans mon bureau, il y a une dizaine d'années, d'un jeune Juif rubicond au visage de bon vivant. Je me sens tout de suite à l'aise avec un Juif d'origine polonaise, et je m'octroie parfois plus de liberté qu'avec d'autres parents. Celui-ci amenait dans mon service deux jumeaux d'un kilo deux cents grammes, nés à vingt-huit semaines, c'est à dire à la limite officielle, jusqu'à ces derniers temps, de la viabilité. Ces enfants étaient dans un état catastrophique. Leurs poumons ne fonctionnaient pas, ce qui est courant dans le cas d'une naissance au bout de six mois de gestation. Cette insuffisance est due à deux faits : le premier est que le poumon n'est pas mûr, pas suffisamment développé pour fonctionner en tant que chambre respiratoire capable de permettre les échanges gazeux de l'inspiration et de l'expiration. Il est encore dur, cartilagineux. Le corps gras qu'on appelle le *surfactant*, et qui enduit sa surface, ne fait son apparition qu'au cours de la trente-troisième ou trente-quatrième semaine. A ce sujet, j'aime à raconter un détail troublant : lorsqu'on prévoit une naissance prématurée, il est nécessaire parfois de déclencher l'arrivée de ce corps gras au moyen d'injections de cortisone, et on a ainsi remarqué, pour la plus grande joie des féministes, et sans qu'aucune raison scientifique ne vienne justifier cette particularité, que l'injection est efficace dans 95 % des cas lorsqu'il s'agit d'un fœtus fille et plus rarement lorsqu'il s'agit d'un garçon.

Tant que les prématurés ne souffrent que de lésions pulmonaires, nous pouvons parvenir à les guérir avec un certain succès. Leur cas devient problématique lorsqu'ils présentent en outre une grande hémorragie dans le ventricule cérébral, qui est une sorte de cavité située au milieu du cerveau et qui contient le liquide céphalorachidien.

Ces jumeaux, donc, ne présentaient aucun signe d'hémorragie ventriculaire. Mais leurs poumons étaient tellement atteints qu'à l'époque rien ne permettait de penser qu'ils pourraient être sauvés, car les machines à ventiler de mon service n'avaient pas encore atteint le degré de perfectionnement qu'elles ont aujourd'hui. De plus, l'utilisation intempestive de ces machines pouvait se révéler catastrophique. Je demandai donc à mon assistant de l'époque de ne pas les ventiler trop, de peur que cela ne leur fût nuisible. En présence de ce père juif, je me sentais donc plus «en famille» qu'avec un autre parent. Essayant comme toujours de me montrer le plus honnête possible, je lui dis : «Vous savez, monsieur, vos enfants ont très peu de chances de survivre, car ils ne sont vraiment pas en bon état.» Par miracle, ces jumeaux furent sauvés. Mais le père n'oublia jamais le choc que je lui avais causé en essayant de le préparer à la perte éventuelle de ses fils. Les enfants ont maintenant une dizaine d'années et, chaque fois que je rencontre cet homme, il me maudit : «Monsieur Minkowski, me répète-t-il, mes enfants vont très bien, mais vous m'avez gâché le plaisir de leur naissance et de leur résurrection.»

J'ai beaucoup réfléchi aux suites de cet incident. D'autant plus que nous avons la chance d'avoir un médecin psychanalyste dans le service qui est une personne très humaine et à qui mon équipe doit une grande part de son efficacité. Tout le monde sait que je n'ai pas une grande sympathie pour les psychanalystes; il n'empêche que c'est à l'instigation de cette femme que nous avons tenté certaines expériences pour nous aider dans nos rapports avec la douleur. C'est de manière à ce que nous prenions conscience de notre incapacité à la regarder en face qu'elle nous a suggéré d'enregistrer nos conversations avec les parents, les miennes, comme celles de mes chefs de clinique et de mes assistants. Et nous nous sommes ainsi vite rendu compte, malheureusement, que dans la majorité des cas, face à celui qui souffre, notre discours n'était pas approprié.

Je sais à présent que j'ai bien plus appris de la vie au contact de ces parents qu'en me promenant dans les couloirs de l'Elysée ou qu'en participant à des débats télévisés.

J'ai appris, entre autres, à me poser cette question à laquelle, je crois, il est impossible de répondre d'une façon définitive : «Que représentent, dans notre métier, le respect de la personne humaine et le respect de la vie ?»

Je ne tiens pas à reprendre ici mes démelés avec la psychanalyse, mais j'aimerais à nouveau préciser ma position. Mon intérêt pour cette «science» s'était ranimé avec l'apparition, il y a quelques années, des théories du Dr Leboyer sur l'accouchement sans violence. Nous avons déjà eu l'accouchement sans douleur, mais, là, il ne s'agissait plus de la douleur de la mère mais de celle du nouveau-né. Selon Leboyer, l'accouchement serait pour ce dernier une épreuve terrible, il en résulterait un traumatisme dont le premier cri — ce cri que poussent tous les bébés en venant au monde — serait la preuve et l'expression, et dont nous garderions ensuite la trace. Il proposait toutes sortes de mesures pour adoucir cette redoutable expérience.

Je retrouvai là toutes les élucubrations des psychanalystes. Pendant des années, ceux-ci avaient assailli de demandes mon service de Beaudelocque pour venir y étudier le subconscient des bébés. J'avais toujours écarté systématiquement ce genre de recherches au nom d'une certaine rigueur scientifique. Nos nouveaux-nés n'étaient pas là pour confier leurs angoisses. Je pense d'ailleurs que l'on devrait moins parler d'angoisse que de l'idée que l'on s'en fait. Ce fameux cri, qui traduirait selon Leboyer une souffrance indicible, n'est au regard de la physiologie que le support de la première respiration. Tout le reste n'est qu'hypothèses parfaitement gratuites. Une fois de plus, la psychanalyse tentait d'appliquer ses schémas à n'importe quel prix. Et c'était d'autant plus facile dans ce cas que le sujet n'avait pas ici le moyen de les démentir.

Il est exceptionnel, pour ne pas dire carrément impossible, que l'on puisse se souvenir vraiment du jour de sa naissance. Ma mémoire, par exemple, ne peut aller au-delà de 1918. Je suis né en 1915 et avais donc alors près de trois ans. Les Allemands étaient encore assez proches de Paris et ils tiraient sur la capitale avec leurs grosses Berthas. Un obus était tombé sur Port-Royal et mes parents me descendaient pendant les alertes dans une cave qui sentait le charbon. Il m'arrive parfois de retourner dans cette cave pour retrouver ces impressions. Ce que je veux dire, c'est qu'il ne faut pas mésestimer les traumatismes de la prime enfance, mais que ce serait exagérer que de charger le nouveau-né des problèmes de l'adulte — du moins tant qu'il ne sera pas interrogeable. Quant aux résultats obtenus sous hypnose, ils me semblent sujet à caution et assez discutables.

Pour éviter ce traumatisme, Leboyer nous suggère, entre autres, de ne plus soumettre le nouveau-né à un éclairage violent qui blesserait ses yeux. Or nous savons en neuro-physiologie que le cerveau se développe avec les stimulations. Ce genre d'excitations nerveuses est un facteur de maturation cérébrale. Bien sûr, certains aspects de la méthode Leboyer me paraissent par ailleurs tout à fait positifs et dignes d'interêt. Grâce à elle, l'accouchement retrouve un côté naturel. Je trouve personnellement excellent que la mère prenne ainsi son enfant sur son ventre et qu'elle le caresse de manière à prolonger le contact physique. Mais ce qu'en tant que scientifique je ne peux admettre, c'est qu'on prête au bébé des sentiments sur lesquels nous ne savons rien. De nombreux psychanalystes, et non des moindres comme le Dr Thysse, échafaudent de la même manière toutes sortes de théories sur les traumas de la période intra-utérine. Or si nous avons à présent certaines notions sur des mouvements tels que la déglutition durant cette phase de la vie, nous ignorons presque tout de la douleur, et absolument tout de la conscience du fœtus.

Voilà pourquoi je suis si réticent sur toutes les interprétations psychanalytiques liées au phénomène de la naissance. Je ne dis pas qu'il faut les occulter d'emblée, mais tâcher tout au moins d'écarter leurs côtés mystiques. La psychanalyse me fait songer parfois au stalinisme ou à ces procès du temps de l'Inquisition où l'on s'évertuait à introduire dans l'esprit des gens des préjugés qui n'y étaient pas. En ce sens, les psychanalystes peuvent s'avérer dangereux. Et je voudrais raconter à ce sujet deux anecdotes, survenues toutes deux dans des établissements extrêmement respectables, qui montrent bien jusqu'où les disciples de Freud peuvent aller.

La première se passait il y a une bonne trentaine d'années, j'étais à l'époque très ami avec le Dr Hélène Michèle Wolfromn, gynécologue et psychologue, qui avait écrit un livre intitulé *Cette chose-là*. Elle était en relation avec un institut lacanien qui se tenait rue Saint-Jacques. J'y fus invité grâce à elle à venir me pencher, en compagnie d'un auditoire brillant, sur le cas d'une jeune femme qui avait déjà eu trois amants, trois expériences amoureuses donc d'assez brève durée, et qui donnait tous les signes de la frigidité. C'était là une de ces confrontations gynéco-psychanalytiques très à la mode à l'époque. Gynécologiquement parlant, rien n'expliquait la frigidité de cette jeune femme; on se tournait alors vers la gynécologie psychosomatique que j'appelle personnellement «psychosémétique» — le calembour est facile — parce que je trouve très talmudique cette façon de couper les cheveux en quatre quand ce n'est pas en huit.

On s'interrogea, on discuta durant des heures, en se servant d'un jargon, de vocables si sophistiqués que, je l'avoue sans honte, je n'y compris pas grand chose. Au bout d'un certain temps, le Dr Held s'exclama en se fâchant, mais on sait que les éclats de Held cachent souvent une ironie très acérée : «C'est tout de même incroyable de penser que cela fait des heures que nous discutons d'un cas clinique difficile et que nous n'ayons pas encore entendu une seule fois prononcer le mot masturbation. »

J'ignore si l'ironie de Held fut perçue, mais le débat reprit de plus belle sur le thème de la masturbation. On se justifia, on prétendit n'avoir pas évoqué la masturbation pour telle ou telle raison, etc. J'en eus alors assez et, comme je n'avais encore rien dit, je levai la main pour demander la parole. « Voilà une jeune femme, déclarai-je, qui n'a eu jusque là que trois expériences sexuelles et qui n'éprouve toujours pas de plaisir. Est-ce tellement extraordinaire? Je crois que nous avons tous rencontré dans notre vie des personnes à qui cela est arrivé. Peut-être n'était-elle pas tout simplement amoureuse? Nous savons tous que lorsqu'une femme n'est pas amoureuse, il se peut qu'elle ne ressente aucun plaisir, même si son partenaire, comme dirait Molière, s'y prend le mieux du monde. » Et je conclus sur l'importance de l'amour ou de l'affectivité qui, comme Dieu, échappent à tout effort de définition.

Il y eut alors un silence consterné. On me regarda comme une bête curieuse. Personne ne comprit comment un homme comme moi, qui avait été interne très jeune, qui était déjà chef de clinique, qui revenait des USA, dont les deux parents étaient d'éminents psychiatres et qui semblait avoir un bel avenir devant lui, pouvait s'abaisser, sans fournir la moindre référence et dans un langage dénué de toute recherche, à des platitudes pareilles. Messieurs les Membres, si j'ose dire, étaient consternés.

La deuxième histoire est plus récente et concerne directement le problème de la femme enceinte. Elle survint à l'occasion d'un exposé fait à la clinique Beaudelocque par Mme Françoise Dolto que je connais depuis longtemps; c'est une femme intelligente, une des personnalités les plus remarquables du milieu psychanalytique, et je dois dire qu'elle a pas mal évolué. Quand j'étais pédiatre dans un cabinet privé et que certaines femmes de ma clientèle se débrouillaient mal avec leurs enfants — ce qui arrive à 98 % de mères; elles sont maternelles, mais cela ne suffit pas; ceci dit, j'aimerais bien voir les pères à leur place! — elles décidaient donc souvent de consulter Mme Dolto. A cette époque, celle-ci pratiquait une sorte de psychanalyse sauvage d'où l'on sortait assez meurtri. Au lieu de réconforter, d'aider et de conseiller celles qui venaient la voir, comme j'essaie de le faire, elle leur démontrait qu'elles n'y connaissaient rien, qu'elles étaient incapables de s'occuper correctement d'un bébé, que ce n'était même pas la peine de continuer... Les mères revenaient chez moi complètement démoralisées.

Ce qu'il y a de terrible avec les psychanalystes, c'est qu'ils ont un schéma bien à eux qu'ils veulent nous imposer de force.Là où nous avons un corps, un schéma corporel, ils tentent de nous infliger un schéma freudien. Hors de Freud, il n'y a pas de vérité pour eux et ils s'acharnent à tout ramener à leurs données.Personnellement, l'expérience m'a appris que chaque personne est différente de son voisin, qu'on peut bien distinguer des lignes générales, mais que la dose d'incertitude est telle qu'il faut procéder en toutes choses avec beaucoup de précaution et de nuances. Je ne dis pas que la psychanalyse sauvage ne puisse pas déboucher sur d'éventuels succès, mais que la personne humaine est fragile et qu'il faut toujours s'y prendre avec doigté. Encore une fois, tous les schémas, quels qu'ils soient, sont appauvrissants, dogmatiques, sectaires : ils enferment l'homme dans des limites très étroites.

Ceci dit, Mme Dolto a donc évolué, elle a uni son christianisme à son savoir psychanalytique, et elle est devenue une sorte d'oracle dans une station de radio périphérique. On m'affirme que son émission est de qualité, mais cela m'étonne quand même. Je trouve assez caricatural de voir ainsi une des pythies de la psychanalyse lancer son message à travers les ondes...

Mme Dolto vint donc à Beaudelocque expliquer à un

public composé de sages-femmes comment se passait le «vécu» de la grossesse. «Vécu» est un mot à la mode que les psychanalystes aiment à employer et que je finis moi-même par utiliser car il confère un peu l'air de savoir de quoi on parle. Si au cours de mon débat lacanien j'avais évoqué le «vécu de la frigidité», on m'aurait sans doute prêté une oreille plus attentive.

Le discours de Mme Dolto consistait en une sorte de description de la grossesse complètement traumatologique — je ne dis même pas traumatisante — *traumatologique*, c'est-à-dire qui relève du domaine des fractures, des accidents graves de la route... Selon elle, la grossesse serait une expérience dramatique qui bouleverserait la vie du couple jusqu'à la détruire. L'envie d'avoir un enfant s'effacerait devant le heurt du narcissisme féminin et du machisme masculin. Les oppositions iraient en croissant, entre l'être qui porte et celui qui se contente d'un rôle passif, entre la mère qui souhaiterait toujours inconsciemment la venue d'un garçon et le père celle d'une fille, etc. Ajoutez à cela les difficultés physiques de la grossesse, la détérioration des rapports sexuels, et vous aurez l'image d'un véritable cauchemar. Le Dr Thysse qui était présent, raconta même qu'il avait connu un boucher qui s'était coupé le doigt en imaginant, alors qu'ils se trouvait à son étal, l'accouchement de sa femme. L'histoire etait probablement vraie mais pour une introduction à une meilleure compréhension psychologique de la grossesse à l'usage des sages-femmes, c'était un peu gros!

Ce qui me paraît très grave, c'est de vouloir psychiatriser, «pathologiser» si j'ose dire, toutes sortes de gens qui ont en eux de magnifiques possibilités. Je crois avoir connu à présent suffisamment de femmes enceintes pour affirmer que la grossesse est dans la majorité des cas une expérience merveilleuse. Les psychanalystes essayent de vous persuader qu'il n'y a pas de salut hors de leur art et ils sont prêts à vous assommer, vous démolir pour vous en convaincre. Je suis d'autant plus féroce là-dessus que j'ai de l'estime pour Mme Dolto et je fus furieux de l'entendre discourir de la sorte. Lorsque je fus suffisamment excédé, j'intervins en disant : «Je suis pédiatre, j'ai été élevé aux mamelles de la psychiatrie et je ne suis ni hostile à la psychiatrie ni même à la psychanalyse à condition que cette dernière soit manipulée avec douceur et restriction. Sinon, on risque de réduire la femme et l'homme à des êtres diminués, voués à la difficulté et incapables de faire face. Il y a une chose sur laquelle vous n'avez rien dit : l'amour à l'intérieur du couple et l'amour porté à l'enfant. Cet amour permet de surmonter bien des écueils». Je terminai en disant que c'était vraiment sous-estimer les possibilités des parents que d'en présenter cette image. Et je conclus, dans mon emportement : «Tout ça c'est du freudisme à 3,50 F!». Peut-être que cette dernière sortie dépassa un peu ma pensée, mais pas vraiment. Quoiqu'il en soit, le silence s'établit alors dans la salle et Mme Dolto, après avoir cherché vainement une réponse, me déclara simplement : «Vous avez dû préparer ce coup-là à l'avance!» Et tous ses fans, qui la suivent comme une idole de la chanson dans tous ses déplacements, l'applaudirent frénétiquement.

Je n'ai aucune hostilité systématique contre la psychanalyse, présisément parce que j'ai horreur des systèmes et que je ne veux pas tomber dans les travers de cette vision. De même que je reconnais des qualités à la méthode Leboyer — je ne nie que ses explications et trouve simplement qu'elle expose l'enfant à une certaine insécurité, à tous les inconvénients de la démédicalisation — j'ai donc voulu que mon service bénéficie lui aussi de l'aide d'une psychanalyste, comme cela se fait aux Enfants Malades.

Une élève de Lacan nous a alors été recommandée par le Dr Ginette Rimbaud. Elle est elle-même médecin, ce qui me paraît très important. Un psychanalyste qui ne le serait pas ne ferait à mon avis que de la psychologie, comme c'est souvent le cas. Avant de commencer son travail proprement dit avec nous, elle a tenu à assister à toutes nos séances de discussion; elle s'est donnée la peine de voir dans quelles conditions nous vivions, alors que beaucoup de psychanalystes pour enfants se contentent de recevoir leurs patients chez eux, dans leur bureau. Elle a ensuite cherché à dialoguer avec les parents, et c'est ainsi qu'elle a eu l'idée d'enregistrer toutes nos consultations. Je dois avouer qu'elle nous a beaucoup appris. Il arrive que sa présence muette nous gêne, que nous soyons indisposés par cet observateur silencieux, qui reste parmi nous sans faire de commentaire. On a parfois l'impression qu'à cause d'elle nous faisons dire aux gens des choses qu'ils ne nous confieraient pas normalement, et parfois aussi celle d'être jugés. C'est une discipline qui demande une certaine habitude et que mes collaborateurs ne supportent pas tous avec la même facilité. De temps à autre, cette psychanalyste se rend dans mon bureau pour m'entretenir de problèmes courants et certains de mes chefs de service en ont naturellement déduit que ça ne devait pas tourner très rond dans ma tête et que je m'octroyais ainsi des «séances» sur le divan... Je l'en ai averti en lui disant : «Vous voyez, vous êtes en quelque sorte le fou du roi». Elle ne l'a pas mal pris, mais elle s'interroge régulièrement sur l'utilité de son travail chez nous. Et, personnellement, je suis très sensible à ces remises en question, à ces doutes perpétuels que la majorité des psychanalystes semble malheureusement ignorer.

Nous devrions être toujours ainsi, ouverts, prêts à changer de direction, prêts à revenir sur nos opinions et nos jugements. Je ne me sens, personnellement, pas du tout prisonnier dans un carcan rigide, enfermé dans mes directives et mes attributions, sclérosé à l'intérieur d'un moule définitif dans mes relations avec autrui. De même que j'ai dit que je finirai mendiant à Jérusalem devant le mur des Lamentations, de même je n'écarte pas l'hypothèse que je pourrais alors aller m'allonger sur le divan de quelque psychanalyste israélien...

15.

La vie,
la mort,
et le respect de la personne

« La vie, je ne sais pas ce que c'est, pour moi, il n'y a que des personnes vivantes. » Un prêtre, mon ami.

Jusqu'à une époque très récente, il était entendu que le médecin, conformément au serment d'Hippocrate, avait pour devoir, dans n'importe quelle circonstance, de sauver coûte que coûte le malade de la mort. C'était pratique, sans bavure, et cela évitait ces migraines qui sont l'apanage de toute prise de conscience. Or, aujourd'hui, sans être totalement rejeté, ce sacro-saint respect de la vie commence à nous poser pas mal de problèmes. Parfois il nous arrive de devoir faire semblant de l'oublier, et c'est là une responsabilité nouvelle qu'il aurait été impossible d'envisager par le passé.

« Tu ne tueras point » est un des plus beaux Commandements de la Bible. Autrefois, la vie humaine n'avait aucune valeur et on tuait allègrement qui on voulait, quand on voulait, et sur le seul prétexte qu'on avait déplu. Qu'on se rassure, loin de moi l'idée que la vie humaine n'est pas importante. Mais il ne faut pas non plus tomber dans l'excès inverse. L'évolution de notre époque nous oblige maintenant à regarder la mort en face.

Notre siècle est un siècle de souffrances. Il aura été celui de la torture, des camps de concentration, et de ces camps de rééducation où des hommes meurent encore aujourd'hui. On voit tous les jours des femmes et des enfants brutalisés, et j'ai personnellement été confronté à des situations où la femme était bafouée dans sa personne.

Lorsqu'une épouse est contrainte, comme c'est encore le cas par exemple dans beaucoup de pays du Tiers Monde et du pourtour de la Méditerranée, de se soumettre aux volontés de son mari — il serait plus juste de dire : son maître —, de procréer comme une machine ou une bête, de se résigner, souvent, à perdre un nouveau-né, ou d'accepter d'élever un handicapé sans qu'aucune parole de réconfort ne lui parvienne, que reste-t-il alors de la personne humaine? J'ai vu des milliers de femmes réduites à subir des avortements clandestins dans des circonstances insupportables, et d'autres obligées de s'occuper d'handicapés profonds sans recevoir aucune aide de la société. Tout cela m'a conduit à réviser mes conceptions et a entamé sérieusement mon adhésion à l'idée d'une conservation inconditionnelle de la vie.

Je pense en effet qu'au-delà d'un certain degré de souffrance la personne humaine se désintègre complètement. Je me fonde pour affirmer cela sur mon expérience de médecin. Il m'est apparu clairement, au cours de ma carrière, que la sauvegarde de l'intégrité de la personne devrait être, dans certains cas, une préoccupation largement plus urgente et capitale que celle du maintien de la vie à tout prix. C'est pourquoi je ne suis plus guère convaincu, entre autres choses, de la nécessité de prêter le serment d'Hippocrate, serment que rompent d'ailleurs de nombreux médecins, ne serait-ce qu'en ce qui concerne la gratuité des soins pour les patients en difficulté.

Sans être d'un naturel particulièrement laxiste, je me suis imposé des limites dans l'exercice de mes responsabilités, et, en premier lieu, dans tout ce qui a trait à la bonne marche des soins intensifs. En effet, grâce à certains progrès récents, nous pouvons maintenant «manipuler» presque à notre guise la «résurrection» d'un enfant, comme on dit au Québec. Il s'agit là d'un redoutable pouvoir qui nous dicte une certaine règle de conduite — c'est à dessein que je n'emploie pas ici le mot «morale» : il est, avec «démocratie», l'un des termes les plus galvaudés de la langue française.

Il me semble que, dans ce domaine, vouloir trancher à coups de lois, de règles strictes et d'interdits serait absurde.

Si je comprends l'attitude et les motivations des inconditionnels du respect de la vie, je ne peux pour autant me ranger à leurs côtés, car leur position débouche trop souvent sur des contradictions dramatiques. Imaginons, par exemple, qu'une faute médicale soit commise avant ou pendant une grossesse, ou encore au moment de l'accouchement, et que cette erreur entraîne la naissance d'un enfant terriblement handicapé pour le restant de ses jours. Cette hypothèse n'est malheureusement pas invraisemblable. L'équipe qui a commis cette tragique erreur se mettra alors à effectuer tout ce qui est en son pouvoir pour réaliser une réanimation intempestive; mais, s'ils parviennent à le réanimer, il est évident que cet enfant sera alors un poids et une charge pour ses parents et pour la société. Il me semble, quant à moi, qu'il vaudrait mieux ne pas réanimer cet enfant.

J'ai souvent participé à l'émission *Aujourd'hui madame* en compagnie de mères d'handicapés. Certaines d'entre elles se trouvaient être des infirmières et s'étaient parfaitement rendu compte, dès la salle de travail, qu'une réanimation intempestive était pratiquée systématiquement. Et pourtant, elles étaient sorties de la maternité avec un handicapé profond sur les bras. Et tout cela à cause du sacro-saint respect de la vie.

A cet égard, autant j'attaque les Eglises lorsqu'elles se livrent à leurs imprécations habituelles contre l'avortement, autant je dois reconnaître que, paradoxalement, on rencontre souvent beaucoup plus de compréhension chez les prêtres qu'à l'intérieur du corps médical. Nombre de mes collègues me paraissent, en comparaison, faire figure d'intégristes semblables à Mgr Lefèvre et à ses ahuris de St-Nicolas du Chardonnet. Au cours d'un débat sur l'euthanasie, un prêtre m'a dit un jour : « La vie, je ne sais pas ce que c'est, pour moi, il n'y a que des personnes vivantes » — nous parlions d'une euthanasie à laquelle nous nous étions résignés et qui nous avait beaucoup coûté. C'est que l'être humain n'a pas une capacité de résistance infinie à la douleur, il ne peut pas toujours surmonter seul toutes les épreuves : le médecin est là pour prendre alors sur lui une partie de son fardeau. Le problème se pose d'ailleurs souvent, dans les mêmes termes, dans les services hospitaliers où l'on soigne des cancéreux.

On pourrait penser qu'il existe une différence énorme entre pratiquer l'euthanasie sur un cancéreux et sur un nouveau-né. En fait, il n'y en a qu'une : le premier peut exprimer sa volonté, et l'autre pas. Mais, même face à un cancéreux qui souffre abominablement, qui est de toute évidence perdu, et qui réclame que l'on mette fin à ses jours, il se trouve toujours un médecin pour dire : « Peut-être sommes-nous sur le point de trouver un médicament pour le sortir de là. » Et, en effet, on a vu parfois des malades apparemment condamnés, ayant perdu tout espoir et toute volonté de vivre, parvenir à se tirer ainsi d'affaire. Mais cela est rarissime.

S'agissant d'un nouveau-né, nous sommes en présence d'un être humain parvenu à un stade de son existence où il n'a pas encore de possibilité de communication directe. On ne peut pourtant pas dire pour autant qu'il s'agit d'un être inconscient, puisqu'il a la faculté de sourire et celle de pleurer. Je ne tiens pas à rouvrir ici le débat ridicule dont s'est emparé la religion et qui consiste à savoir à quel moment l'âme entre dans le corps, mais il est certain que dans les cas d'euthanasie précoce — pratiquer un avortement ou renoncer à réanimer un enfant qui se trouve dans une situation catastrophique — on prend beaucoup de liberté avec la morale traditionnelle. On essaie alors de se mettre plutôt à la place de la famille qu'à celle de l'enfant. Et c'est un point de vue tout à fait contestable, je le reconnais. Mais je me méfie des principes, quels qu'ils soient, avec leurs retombées d'applications aveugles, sectaires, dogmatiques. Je tiens à le préciser encore une fois, l'idée que je me fais de la médecine est la suivante : il s'agit toujours d'une relation entre individus. Ce que nous, pédiâtres, essayons de faire, c'est de limiter les dégâts pour la famille. Nous pouvons être amenés à commettre ainsi une entorse certaine au respect de la vie et surtout au droit qu'a l'être humain de donner son avis sur sa propre existence; et c'est là le grand argument de ceux qui refusent l'avortement, de ceux qui pensent que tout enfant, à sa naissance, quels que soient les termes de ses conditions d'existence ultérieures, quel que soit le pronostic cérébral, a droit au maximum de soins.

Mais, depuis que je m'occupe d'enfants, j'ai vu beaucoup de familles être complètement détruites par la venue au monde d'un handicapé cérébral profond. S'il s'agit d'un premier-né, les parents refusent souvent d'en faire un second et concentrent toute leur attention sur celui-là. Ce qui signifie que le couple renonce définitivement à mener une existence normale. D'autres confient leur enfant à une institution et se sentent alors terriblement culpabilisés par ce qui leur apparaît comme un abandon. Lorsque de nouvelles naissances suivent celle de l'enfant handicapé, il arrive enfin que la mère se dévoue plus particulièrement à celui qui souffre et délaisse les autres, ce qui fait que l'on voit des enfants parfaitement normaux au départ être attardés à cause du manque affectif qui en résulte.

De toute manière, il est certain que cette épreuve entraîne des troubles du comportement, aussi bien chez le père que chez la mère. Et cela malgré les diverses associations de parents qui font ce qu'elles peuvent pour soulager la détresse des uns comme des autres.

Depuis une trentaine d'années, nous savons que 99 % des parents préfèrent voir leur enfant mourir plutôt que de le garder s'il est handicapé. C'est ce que m'a enseigné ma propre expérience et c'est ce que l'on constate dans toutes les unités de soins intensifs semblables à la nôtre. Personnellement, je n'ai rencontré qu'une fois des parents, très catholiques par ailleurs, qui m'ont demandé de sauver coûte que coûte la vie d'un nouveau-né qu'ils savaient définitivement gâchée. Il s'agissait d'un bébé microcéphale présentant des malformations d'origine rubéolique sur lequel on dut procéder à plusieurs interventions chirurgicales. Lorsqu'une grave affection intestinale se déclara de surcroît, je leur demandai s'ils désiraient que je le sorte de là au moyen d'un traitement à base d'antibiotiques. Ils me répondirent par l'affirmative. Un seul oui pour des milliers de non...

Parfois, mais cela est extrêmement rare, les parents abordent eux-mêmes le problème. Ils comprennent que leur enfant restera à jamais gravement handicapé, et ils envisagent avec nous de mettre fin éventuellement à ses jours. Mais ils sont en général trop culpabilisés par le fait de formuler — consciemment ou pas — le souhait que leur enfant meure pour pouvoir en discuter. Et je pense que les interroger à ce sujet revient à les culpabiliser davantage encore.

Parfois aussi nous avons à faire face au problème inverse : des parents, qui sont souvent médecins, mais qui connaissent mal tous les progrès réalisés en France dans le domaine de la néo-natologie, ont dans notre service un prématuré d'environ neuf cents grammes et nous demandent de ne pas le laisser vivre. Là, tant que subsite le moindre espoir, il est évident que nous ne cédons pas. Un bébé de sept cents grammes, né à vingt-six semaines, a aujourd'hui 70 % de chances de s'en sortir, ce qui était impensable il y a seulement dix ans. Et je dois préciser, de manière à ce que l'on ne s'imagine pas que notre service n'est qu'une espèce de centre d'exécution de bébés, qu'heureusement de pareils cas de conscience sont beaucoup moins fréquents que j'ai l'air de le laisser entendre, et que notre tâche quotidienne consiste avant tout à soigner...

Quand je participais à la campagne pour la libéralisation de l'avortement, on me traitait souvent ainsi de tueur d'enfants. Le Conseil de l'Ordre était outré par mes prises de position. Et pourtant... Je voudrais raconter à ce sujet une édifiante histoire.

Il était une fois, à Seveso, une usine patronnée par une grande compagnie multinationale qui laissa un jour échapper un immense nuage d'un produit toxique, la dioxine.

L'affolement fut total. Il n'existait aucun précédent de malformation due à la dioxine, mais on savait, depuis la guerre du Vietnam, que ce produit, mélangé à des herbicides, était corrosif pour l'homme et qu'injecté à la femelle du hamster il pouvait entraîner des anomalies chez les petits. Il faut préciser que l'on savait aussi depuis longtemps que la nocivité de certains produits, qui est certaine sur l'animal, est parfois nulle sur l'espèce humaine. Il arrive même que ce qui est bénéfique à l'homme, comme la vitamine K, soit toxique pour la femelle gestante du cobaye.

Or, à peine le nuage répandu, le bruit courut que, d'après les observations réalisées par les Vietnamiens au cours de la guerre, la dioxine pouvait casser les chromosomes et être ainsi la cause de mongolisme. Rien, cependant, ne confirmait ces suppositions. Un examen de lames effectué dans mon laboratoire par le Dr Berger, généticien de recherche, avait prouvé à l'époque qu'il ne se produisait aucune rupture chromosomique. Donc, malgré mon engagement de longue date dans le combat de libération du Vietnam, j'avais réfuté, au nom de la rigueur scientifique, ces conclusions quelque peu fantaisistes.

A l'occasion des événements de Seveso, l'histoire refit surface et les Italiens consultèrent le Pr Tong-Ta-Tung, chirurgien vietnamien, lequel, peu soucieux d'exactitude et d'objectivité, réitéra ses affirmations : la dioxine provoque des malformations chez l'homme.

L'affaire devint publique, et la politique comme la religion s'en emparèrent. Sans aucune preuve à l'appui, et pour cause, les partis de gauche réclamèrent l'avortement pour les quarante femmes de Seveso enceintes de moins de trois mois, qui est la période de gestation où le fœtus est le plus réceptif. Et, lâcheté suprême, ils bénéficièrent pour une fois de l'accord tacite de l'Église catholique.

On connaît mes sentiments à l'égard de l'avortement. Ce qu'on sait moins, c'est que chaque jour j'empêche des femmes prises de panique, car mal informées, de se faire avorter sous prétexte qu'elles ont pris un médicament supposé toxique ou qu'elles ont attrappé une grippe ou une rougeole... Tous les ans, c'est par dizaines que se comptent les femmes que je dois ainsi rassurer et qui ont ensuite la joie d'avoir un enfant tout à fait normal alors que des médecins ignares ou froussards leur avaient conseillé l'avortement.

Les futures mères de Seveso reçurent donc le conseil de se faire avorter avec la bénédiction officielle. Aussitôt, je me rendis à RTL et à France-Inter pour affirmer publiquement qu'il n'existait aucune preuve du danger de la dioxine pour le fœtus humain. J'ajoutai que je comprenais parfaitement qu'une femme traumatisée par l'information, même si celle-ci était erronée, ne veuille pas passer sept ou huit mois dans l'angoisse de l'attente. Par la suite, au cours d'un colloque sur Seveso, je rencontrai quelques médecins italiens. Ils me confirmèrent que l'état de panique régnait et que les enquêtes médicales menées sur place s'effectuaient avec un manque de rigueur scientifique rarement égalé.

Les quarante femmes se firent ainsi avorter. On sait depuis que le pourcentage de produits d'avortement avec malformation était insignifiant : inférieur de moitié à celui d'une population normale.

Voilà donc comment, avec l'accord des autorités, ces femmes, qui pour la plupart désiraient leur enfant, se sont fait avorter pour rien.

Nous avons cependant appris à tenir compte dans notre comportement de celui des parents. Je mesure parfaitement la gravité de ces propos qui m'exposent, qui *nous* exposent, aux critiques les plus violentes. D'autant que ceux qui ont la charge de légiférer n'ont aucune expérience, aucune connaissance concrète de ce genre de situations.

C'est vrai, nous avons un choix à faire. Et si nous prenons avant tout en compte l'avis des parents, c'est que c'est l'avenir de la famille qui est en premier lieu engagé. C'est là pour nous une priorité. Nous préférons commettre un crime aux yeux de la loi plutôt que briser un couple en nous évertuant à tout prix de sauver un handicapé profond. Certains médecins font le choix inverse, et je connais des collègues tout à fait estimables, parfaitement agnostiques, qui estiment tout de même que l'avortement ou le refus de laisser vivre un nouveau-né, jusque dans les cas les plus graves, sont totalement injustifiables. Dans notre service, nous essayons de pratiquer ce qui nous paraît être une politique du moindre mal. Nous sommes des expérimentalistes et non des théoriciens. Et des idées comme « toute vie humaine appartient à Dieu », etc., que l'on nous propose régulièrement, ne peuvent pour nous entrer en considération. Nous n'avons à faire qu'à des cas particuliers, sur lesquels il nous faut nous pencher sans préjugés, que nous devons aborder à chaque fois avec un regard neuf. Un handicap se mesure en chiffres, d'après le quotient intellectuel. Aux alentours de 80, nous disons que nous avons affaire à un débile léger, au-dessous de 70, à un débile moyen qui a quelques chances d'être rééduqué, mais au-dessous de 50, qu'on le veuille ou non, le cas est incurable.

L'euthanasie est, bien évidemment, une décision très difficile à prendre. D'autant plus que nous ne pouvons nous permettre de nous bercer d'illusions. Une de celles-ci consisterait à croire, par exemple, comme beaucoup de parents, qu'un enfant avec un électroencéphalogramme plat serait malheureux si on le laissait vivre. C'est inexact. Un handicapé cérébral profond n'est probablement pas malheureux, beaucoup moins en tout cas qu'un handicapé moteur condamné à la paralysie mais conscient. C'est donc bien avant tout, je tiens à le répéter, de l'intérêt des parents que nous nous soucions en premier.

Ce choix — disposer ainsi de la vie d'un enfant — m'a été progressivement dicté par l'expérience. Au début de mes études, je suivais aveuglément le serment d'Hippocrate en tout point. L'avortement me paraissait un acte abominable, tout comme l'euthanasie. C'est la réalité qui m'a forcé à réfléchir, et je sais que beaucoup de mes collègues m'ont suivi dans cette évolution — ou précédé. Ce que nous demandons, nous qui avons changé de route, aux inconditionnels de «Laissez-les vivre», c'est de renoncer à cette attitude rigide qui consiste à dire : «En toute circonstance notre devoir est de...» Il n'y a pas deux circonstances semblables. Je répète que je respecte leur attitude pour l'avoir partagée. Mais je leur demande un respect identique de notre position à nous, qui pouvons effectivement paraître, si l'on ne s'y arrête pas plus longuement, en totale contradiction avec toutes les motivations de notre profession. Et c'est là en fait que le bât nous blesse le plus : nos idées nous contraignent parfois à assumer des actes contraires à nos fonctions.

J'ai dit que nous utilisions l'électroencéphalogramme. Nous ne décidons qu'au vu de preuves certaines. Il nous est arrivé de nous opposer à des parents qui voulaient que l'on supprime un enfant dont nous ne pouvions avec assurance présager l'avenir. Nous faisons des enquêtes. Ainsi nous savons maintenant avec certitude que 95 % des enfants touchés par la nécrose cérébrale sont condamnés à des séquelles horribles et définitives. Dans de tels cas, nous savons à quoi nous en tenir. Mais, dans les cas douteux, jamais nous ne nous engageons définitivement. Ce qui nous conduit souvent à maintenir en vie des enfants qui n'auront, malheureusement, aucune chance réelle de s'améliorer. Mais nous ne pouvons agir autrement; tant qu'il reste un espoir, aussi ténu soit-il, nous nous y accrochons de toutes nos forces. Par la suite, je n'ai pas d'autre solution que de proposer, aux familles à qui la tâche semble trop lourde, de les placer dans une petite institution de l'Essonne que je connais bien pour être président de son conseil d'administrtion. Elle accueille les quelques handicapés graves que nous avons. C'est un spectacle bouleversant que devraient voir les défenseurs inconditionnels de la vie : des enfants avec une tête énorme, cinq ou six fois plus grande que la taille normale, d'autres avec des yeux qui leur sortent des orbites, des grabataires dont la seule activité est celle de la respiration. Ils n'ont pas de regard... Et ils ne sont là que parce qu'ils n'ont pas été exécutés à la naissance, alors que leur développement était prévisible. Tout cela parce que la loi le veut.

Les mongoliens entrent dans une catégorie à part. Il y a une vingtaine d'années, le mongolisme semblait une chose effroyable. A présent, grâce aux progrès faits dans ce domaine, leur cas n'est plus aussi dramatique. Bien élevés par leur famille, ils peuvent avoir une activité presque normale, aller à l'école, se suffire pratiquement à eux-mêmes.

Lorsqu'un cas nous paraît désespéré, nous déterminons donc, grâce à des moyens d'examen comme les radiodensimétries du crâne, les chances réelles de survie de l'enfant. Nous disposons aujourd'hui de systèmes très perfectionnés pour entrer en possession de tous les renseignements nécessaires. Nous cherchons ensuite à savoir si nous devons consulter les parents. Si — et c'est hélas l'exception — nous sommes en présence d'un couple extrêmement équilibré et responsable, nous leur demandons leur avis, qui, je dois le dire, correspond en général au nôtre. Mais si les parents sont dans un état de profond désarroi, nous commettons alors une double entorse au droit humain. Nous savons, grâce aux travaux des psychologues, médecins ou psychanalystes, et simplement grâce à notre propre expérience quotidienne, que les traumatismes psychologiques causés par la mort d'un enfant sont considérables et peuvent avoir des conséquences dramatiques et irrémédiables. Les parents, et surtout la mère, traversent alors, comme je l'ai déjà signalé, une période épouvantable de culpabilisation. La naissance, qui aurait dû être un événement heureux, une véritable fête, s'est avérée être une catastrophe. Il y a alternance de souhaits de mort et de souhaits de vie, et c'est un déchirement effroyable. Si nous mettions à chaque fois les parents au courant, nous risquerions d'accroître considérablement ce traumatisme. C'est donc à l'équipe soignante, qui rencontre les parents au cours des visites, de décider, en fonction de ce qu'elle observe, si les parents seront capables ou non de supporter le choc. Parfois, il nous arrive ainsi d'aller au-devant de leurs désirs. J'ai eu connaissance, à l'époque où j'avais une clientèle privée, d'une demi-douzaine d'enfants handicapés étouffés dans leur sommeil par leurs parents. Il est évident que mon devoir aurait été de les dénoncer à la police, mais je ne l'ai jamais fait.

Certains parents nous déclarent après : « Nous aurions voulu être consultés. » Cette solution me semblerait idéale, mais malheureusement elle est rarement applicable. Je crois que, lorsque les parents sont terrassés et qu'ils s'en remettent à l'équipe médicale pour ce qui concerne le destin de leur enfant, dans la majorité des cas il vaut mieux ne rien dire. Ni avant ni après.

Mais il y a une chose plus terrible encore. Il arrive, lorsqu'on soustrait l'enfant à la machine à ventiler, ou lorsque, d'emblée, on ne l'y met pas, que la mort ne survienne pas immédiatement. Dans ce cas, l'enfant, s'il survit, est alors condamné à des séquelles plus graves encore. Ce qui pose alors le problème de l'euthanasie active. Il m'en coûte de relater ces pratiques, mais je ne crois pas que la clandestinité soit souhaitable, ni qu'il soit bon de se dissimuler la vérité. J'essaie simplement de m'interroger sans rien me cacher, de laisser s'exprimer mes doutes et mes incertitudes et de nuancer au maximum mes conclusions. Aucune réponse n'est vraiment la bonne, et il s'agit moins de porter un jugement absolu que de définir une tendance. Il n'est pas aisé de se prononcer, et je sais que l'on nous accuse ouvertement de pratiquer une sorte de génocide. On commence avec les handicapés, nous dit-on, on poursuit avec les mongoliens et les vieillards, puis viendront les indésirables et tous ceux qui ne nous plaisent pas. Je connais ce type de raisonnement pour l'avoir entendu mille fois. Il prouve simplement qu'il est bien impossible d'établir la moindre législation sur le sujet et qu'il n'est en fait question que de conscience individuelle.

L'essentiel de ce métier, sa récompense unique, demeure cette joie que manifestent les parents lorsqu'ils viennent chercher chez nous un enfant qui nous était arrivé en catastrophe, et dont nous avons fait un être qui deviendra parfaitement conscient et sain. Encore une fois, je le rappelle, plusieurs dizaines de nouveau-nés de moins d'un kilo ont survécu dans notre service avec un cerveau normal, soit 70 % de survie là où il n'y en avait auparavant que 10 %.

Il me faut enfin préciser qu'il n'y a jamais d'ordre donné lorsque nous nous résignons à prendre des décisions aussi graves que celles que je viens d'évoquer. Il nous faut pour agir un consensus du patron, des chefs de service, des internes, de tout le personnel médical responsable et surtout de tout le personnel infirmier. Nous considérons en effet que la personne la plus engagée, la plus touchée par le destin de nos enfants est sans nul doute l'infirmière. C'est elle qui les veille, quotidiennement, qui les suit minute par minute, qui leur est le plus proche : elle leur est en quelque sorte une seconde mère, et c'est pourquoi nous n'allons jamais à l'encontre de l'avis d'une infirmière.

Je voudrais à présent citer intégralement le témoignage de parents d'un enfant handicapé grave que l'acharnement thérapeutique a condamné à survivre. C'est à cause de tels cas, qui ne sont malheureusement pas isolés, que j'ai été amené à réfléchir sur ce droit de vie ou de mort dont dispose le médecin, à réviser ma position et à agir comme je le fais aujourd'hui. Je suis persuadé à présent que, comme le dit si bien cette lettre, il entre également dans la bonne conscience médicale une grande part de lâcheté.

« Notre enfant est né avec de graves malformations : bec de lièvre bilatéral total associé à un colobome partiel de l'œil gauche (la partie colorée étant d'ailleurs nettement plus petite, plus strabisme), qui font déjà appréhender des lésions cérébrales. Sa tête est monstrueuse et son faciès rappelle celui des mongoliens. A la mâchoire complètement éclatée s'ajoute un maxillaire inférieur anormalement fuyant ; les oreilles sont très basses ; les yeux sont étirés. (Nous attendons le verdict du caryotype.) Le crâne est déformé et alourdi par de gros bourrelets (fontanelles soudées). Le corps est maigre et fripé. La peau semble très blanche.

On a constaté dernièrement une malformation osseuse des membres inférieurs (léger pied bot ?), d'autre part, une cardiopathie a été découverte, ainsi qu'une hernie hiatale qui s'accompagne depuis de vomissements. (L'œsophage est court et tire sur l'estomac.) Le bébé souffre de troubles digestifs et s'alimente très difficilement ces jours-ci. Il est traité au phosphalugel.

Pour assombrir le tableau, l'enfant fait une infection urinaire (germes).

Bien que déjà très chargé, ce bilan peut s'accompagner d'autres handicaps qui n'ont pas encore été détectés. Il faut aussi composer avec les troubles tardifs qui suivront les différentes interventions chirurgicales. Nous sommes catastrophés... (et tellement loin des traumas que, dès la naissance, nous voulions lui éviter : méthode Leboyer, etc.)

Nous voici donc inquiets à la fois de sa fragilité physique et psychologique. Tout est un affreux cauchemar, et le plus accablant pour nous est notre impuissance.

Dès les premiers instants, alors même que nous préjugions l'absurdité de la vie future de l'enfant, nous nous sommes trouvés dépossédés de toute décision.

Le corps médical a condamné notre fils à vivre et, depuis, décide de son existence. Mais ses responsabilités s'arrêtent là... L'enfant devra supporter ses malheurs et, au mieux, s'assumer tel qu'il est — c'est-à-dire monstrueux.

L'institution médicale nous encourage aussi à la démission. Déjà on nous a pressentis en vue d'un abandon éventuel. (Assistance publique ou centre spécialisé.) Voilà la seule alternative! Quelle lâcheté sous couvert de bonne conscience!

Que vaut alors la notion de respect de la vie! Est-il convenable qu'une législation prohibitive et répressive soit cause d'un long supplice?

Après avoir multiplié nos inadaptations en nous interdisant toute prise directe sur notre milieu, les spécialistes sont chargés maintenant de nous assister! Nous subissons leur myopie et les cours magistraux écrasants et distants, les envolées sermoneuses... L'optimisme rayonnant est pire encore et plus du tout de circonstance. Nous ne voyons qu'une seule chose : on va essayer de remettre à flot notre enfant au moyen de replâtrages successifs. Mais pour quoi faire? Pour combien de temps? Et au prix de quelles souffrances pour lui?

Pour la médecine, il n'est qu'un cas clinique. On l'a déjà testé, manipulé, piqué, trituré (nous l'avons vu gémir et se contorsionner des heures entières), et cela n'est rien comparé à ce qu'il va devoir subir. Et pour quel résultat? Combien d'interventions seront tentées? Comment croire que la vie est toujours un bienfait? Quand comprendra-t-on que douleur et maladie sont plus que des problèmes techniques à la charge d'une institution professionnelle? Nous sommes face à l'absurde. Sans échappatoire. Même les discours compatissants nous sont odieux. Comment philosopher quand un enfant souffre? Comment parler pourcentage de « réussite » quand on sait pertinemment que, de toutes façons, le résultat final sera négatif?...

Chacun se cache le vrai problème : technicité, savoir-faire, législation en vigueur et morale sont autant d'alibis. Nous ne savons plus que faire, nous sommes désespérés. Depuis que le bébé est né, nous nourrissons des idées morbides. »

16.

Le médecin et les droits de l'homme

Je commencerai par parler du droit à la santé des Français, qui dépend bien entendu de la qualité des études.

A ma grande surprise, je fus appelé un jour, par la Commission des affaires culturelles du Sénat, à venir parler de la réforme des études médicales. Comme la plupart des réformes, celle-ci était particulièrement absurde, et si le système médical français, dans son ensemble, fonctionne assez mal, l'enseignement est dans notre domaine particulièrement défectueux.

Je me retrouvai donc devant un groupe de vieux sénateurs, de véritables pères conscrits, dont la moyenne d'âge était d'environ soixante-quinze ans. On me prévint que je pourrais parler tout le temps que je le désirerais et on me demanda d'expliquer ma vision globale de la chose plutôt que de m'arrêter sur des points de détail.

Si on me consultait, c'était en raison de mon appartenance à l'opposition. Sans doute souhaitait-on ainsi se donner les gants de la discussion démocratique et le visage du libéralisme. Je me permis donc d'emmener avec moi deux des mes étudiants de Cochin dont je connaissais les idées contestataires. Cela me paraissait amusant et original. Lorsqu'ils prirent la parle, ils commencèrent d'ailleurs par ces mots : «Avant tout, il faut changer la société.» Cela donnait le ton.

Quant à moi, je comparai les études telles qu'elles étaient conçues chez nous et telles qu'elles l'étaient à l'étranger, en Amérique, en Hollande ou dans les pays scandinaves. Je déclarai que notre manière d'apprendre tout par cœur était ridicule, et je prononçai ces phrases scandaleuses qui secouèrent l'assemblée sur ses bases : «Tant que l'internat sera ce qu'il est, un bachotage pour des gens de vingt-cinq ans qui n'explique absolument rien, on ne devra pas s'étonner d'avoir des internes de mauvaise qualité. Ce fut mon cas, et ce corps d'élite qu'est l'internat, que l'on compare à Polytechnique ou aux grandes écoles, ne vaut plus grand-chose. Il n'a d'ailleurs jamais été tellement remarquable. Un des points de la réforme fait qu'il n'y aura plus de spécialisation autrement qu'à travers l'internat. Pour être spécialiste, il faudra dorénavant être interne. Autrement dit, par exemple, le certificat d'études spécialisées de pédiatrie sur lequel nous nous sommes beaucoup penchés est supprimé. Nous tombons dans l'élitisme avec toute son horreur. Ceux qui n'ont pas la faculté d'emmagasiner leurs cours par cœur seront considérés comme des incapables. C'est anti-démocratique...»

En fait, on cessa de m'entendre dès que j'eus touché à l'internat. Un sénateur de Toulouse me dit que j'avais attaqué une de nos institutions les plus sacrées (il oublia de rappeler qu'elle remonte à Napoléon), et que je m'exprimais comme Pierre Fresnay dans *le Grand Patron*, ce qui me fit assez plaisir puisque c'est un de mes acteurs favoris. Un autre sénateur, qui ne devait pas être très éloigné des quatre-vingts ans, et se trouvait être médecin lui-même, m'affirma que chaque fois qu'il avait besoin d'un renseignement, il compulsait ses questions d'internat. Ce qui signifiait qu'il fondait son diagnostic sur un texte qu'il avait rédigé cinquante ans auparavant, et qu'il considérait toujours comme sa Bible! Quand on sait ce qu'était la médecine de l'époque, on ne peut que s'interroger sur la qualité des traitements qu'il peut prescrire...

La chose est, à vrai dire, trop sérieuse pour que je me

permette seulement d'en plaisanter. C'est la santé de notre pays qui est en jeu. La manière dont nous serons soignés dépend de l'enseignement que recevront les médecins. Et je trouve inadmissible que l'on s'en remette pour cela à une commission atteinte de gâtisme et d'incompétence mais qui a droit de regard sur la réforme de nos études. Nous avons là un bon exemple de ce qu'est le système politique français où les décisions n'appartiennent pas aux gens les plus éclairés ou dotés d'un certain sens critique, mais à quelques vieux bonshommes qui ne devraient être là que pour la décoration.

On pense souvent que la tâche du médecin consiste uniquement à bien s'occuper de ses malades et que, lorsque la porte de l'hôpital ou de son cabinet se referme sur lui, il est libre de retourner au chaud dans ses pénates. A mon avis, le médecin doit être un homme compétent, consciencieux, bien sûr, mais aussi *disponible*. Et s'il a une activité de chercheur, il lui faut, en outre, être rigoureux. Malheureusement, toutes ces qualités qu'il me semble essentiel de posséder pour exercer correctement notre délicat métier n'apparaissent nullement dans les critères de sélection, ni à la fin des études médicales. Et comment s'en étonner, puisque tout ce qu'on apprend au futur praticien, c'est la biologie et les mathématiques ! Pas un mot sur la psychologie, la psychiatrie, l'ethnologie, la sociologie, l'économie de la santé, bref, sur tout ce qui va composer réellement son environnement futur.

Personnellement, je m'étonne toujours de ne pas rencontrer plus souvent, parmi mes confrères, autre chose que des êtres qui sont sûrement de bons médecins, qui ont à cœur de bien s'occuper de leurs malades, mais avec qui il est difficile d'aborder un problème humain, un problème mondial ou, pourquoi pas, cosmique. On croirait presque que rien ne les atteint. Mis à part quelques exceptions, ils ne songent en général nullement à s'engager dans une lutte extra-professionnelle. Et je ne parviens pas à m'habituer à cette espèce de carapace, à ce solide système de défense qu'ils arborent et qui fait qu'ils ne sortent pas aisément du cercle de leur routine quotidienne. Bien entendu, on peut estimer que notre métier est déjà assez dur comme cela, assez difficile pour que nous n'ayions pas à épouser de nouvelles causes. C'est là une opinion assez répandue. Mais il ne faut rien exagérer, la médecine est une activité passionnante qui apporte bien des satisfactions. Alors pourquoi ce muret solide dont la plupart de mes confrères s'entourent ?

Il me semble que le médecin est pourtant un individu particulièrement qualifié pour aider les hommes en détresse, pour leur apporter son soutien, pour combattre la douleur, même lorsqu'elle est étrangère à toute maladie. Je pense à la famine, à la torture, à la privation de liberté. Nous connaissons, pour la côtoyer journellement, la souffrance physique et morale. Et nous la connaissons mieux que personne. Pourquoi alors limiter notre action aux quatre murs de notre cabinet ou à l'enceinte de l'hôpital ?

Sans doute sont-ce les mêmes raisons qui ont fait que 85 à 90 % du corps médical fut d'accord, durant la guerre, avec la politique de Vichy. Je ne veux pas dire ici que les neuf dixièmes des médecins français collaborèrent avec les Allemands, mais que, passivement, ils suivirent cette sorte de reniement général, de masochisme collectif à la limite de la trahison, sans bien se rendre compte de ce qui se passait ni chercher à se révolter. Naturellement, en 1944, les blouses blanches se retournèrent avec un bel ensemble, et on assista subitement à une prolifération de médecins résistants. Cela me frappa à l'époque, et me confirma dans l'idée que ce n'est pas au sein du corps médical qu'il faut chercher des gens ouverts sur le monde. Cette ouverture, moi qui ne suis pas particulièrement religieux, je la trouve plutôt chez des ecclésiastiques et des moines.

J'ai déjà dit que, lorsque je vais en Israël, je loge dans un couvent, au Bec Hellouin, au grand dam de mes congénères israéliens et surtout sionistes. J'ai fait la connaissance de ces moines après m'être lié d'amitié avec leur père abbé qui avait fait avec moi la guerre en Norvège.

Et je rencontre toujours davantage de compréhension des problèmes que posent la fragilité humaine et les façons d'y remédier auprès de ces moines olivétains qu'en compagnie de médecins.

Je ne sais pas pourquoi, mais les rabbins me semblent moins ouverts que leurs «confrères» chrétiens. Peut-être est-ce parce qu'ils ramènent toute discussion au judaïsme et que cela les rend un peu bornés. Chez les moines, on sent la présence du Christ derrière chacun de leurs propos, mais sans que cela soit pesant ou qu'aucune référence précise y soit faite.

Les rabbins n'aiment pas que je leur parle de mes amis moines. Cela les indispose au plus haut point. De même qu'ils n'approuvent pas le fait qu'en Israël j'aille habiter dans des couvents. Bien sûr, je le fais un peu par provocation, mais aussi parce que les hôtels sont là-bas très chers et que la pension chez les religieux est très modeste. C'est ainsi qu'il m'est arrivé un jour, n'ayant presque plus un sou en poche, de trouver refuge chez des bonnes sœurs, à l'endroit où est né saint Jean-Baptiste. Lorsque vous quittez Tel-Aviv par avion, on vous fouille et vous questionne soigneusement. Les douaniers me demandèrent donc, comme c'est la coutume, où j'avais passé ma dernière nuit en Israël. «Chez les sœurs!» lançai-je fièrement. Des froncements de sourcils accueillirent ma réponse. On me pria de montrer ma valise, insinuant qu'elle avait pu être ouverte à mon insu. Je rétorquai que les nonnes sont d'honnêtes femmes et qu'elles m'avaient hébergé pour rien. C'en fut trop pour eux. Ils ne parvenaient pas à comprendre qu'étant juif, je puisse habiter chez des bonnes sœurs. Le ton devint agressif. «Oui, expliquai-je, je vais chez elles parce que vos hôtels sont tellement inabordables que je me suis retrouvé sans un kopeck. J'étais bien content hier soir de trouver un havre chez les sœurs de Saint-Jean-Baptiste!» Je crois qu'ils n'admirent pas davantage ma critique de leurs tarifs hôteliers que ma nuit chez ces religieuses, car j'eus droit alors à une fouille minutieuse et que je ne suis pas près d'oublier.

Mes rapports avec les rabbins, comme je l'ai déjà dit plus haut, ne sont pas toujours très chaleureux. Je leur reproche leurs prêches intolérants et d'être en partie responsables de l'occupation sauvage de la Cisjordanie. Avec leur talès au vent et leur calot vissé sur le crâne, ils haranguent comme de vrais va-t-en-guerre. Et je n'ai jamais laissé passer une occasion de leur dire ce que je pense d'eux.

Ainsi, lorsqu'à l'occasion de la deux millième *Radioscopie* de Jacques Chancel, je rencontrai le rabbin Eisenberg, je ne lui mâchai pas mes mots. Il faut dire que l'audience était de première qualité : tout ce qu'il y avait de cabotins à Paris — et je n'étais pas le moindre — figurait au programme. C'est le rabbin Eisenberg qui m'aborda le premier pour me dire qu'il était très content de me rencontrer enfin. « Moi aussi, lui répondis-je, mais je trouve que vous êtes un sacré militariste. » D'étonnement, il écarquilla les yeux. Je poursuivis : « J'écoute votre émission tous les dimanches matin, car je souhaiterais mieux connaître le judaïsme, et je vous entends faire de constants rappels des hauts faits militaires que les Juifs ont accomplis autrefois. Vous n'hésitez pas non plus à établir un parallèle avec la guerre que le peuple d'Israël livre en ce moment sur ses frontières. » Il avoua être très surpris par mes propos. « Puisque nous en sommes aux reproches, me répondit-il, permettez-moi de vous dire que, lorsqu'un Juif comme vous participe à une *Radioscopie*, je trouve très ennuyeux qu'il clame de la sorte son amitié pour les curés. Vous pourriez au moins glisser un mot sur les rabbins. » Je rétorquai, vaguement agacé, que j'étais désolé, mais que je n'aimais pas les rabbins. Il insista et voulut savoir pourquoi. « Pour une raison très grave, repris-je, ils m'ont fait perdre la foi. » Il se mit à fixer ses chaussures, et, depuis, je n'en ai plus jamais entendu parler.

Sur tous les grands problèmes qui concernent notre métier, comme l'euthanasie et l'avortement, j'ai déjà dit combien il est plus facile de discuter avec des religieux qu'avec des médecins.

J'ai animé un jour un débat de trois cents personnes, dans un milieu catholique paroissial bien pensant, qui était présidé par un dominicain. Nombreux étaient les journalistes du *Pélerin*, de *la Vie Catholique*, et de *la Croix*. A part moi, les membres de l'assemblée étaient tous des catholiques convaincus. J'ai pris la parole pour leur déclarer : «Je conçois très bien que vous soyez hostiles à l'avortement au nom du respect de la vie et de votre foi, mais je suis venu vous dire comment moi, qui suis presque incroyant, je vis l'avortement au nom d'une certaine souffrance humaine que nous autres, praticiens, sommes obligés de prendre en considération.» Il est probable que prononcer un tel discours devant un corps de médecins traditionnels, membres du Conseil de l'Ordre, susciterait tout de suite la levée de boucliers, le serment d'Hippocrate et les haut-le-corps. Je sais bien que certains de mes confrères militent à gauche et s'inquiètent des problèmes du monde, mais leur nombre est malheureusement infime.

Je ne tiens pas à faire croire pour autant que j'ai particulièrement de mérite à m'occuper des droits de l'homme ou des prisonniers dénombrés par Amnesty International. Mon intention ici n'est pas de me mettre en valeur, d'autant plus que d'autres consacrent tout leur temps à cette cause dans un anonymat complet. C'est chez moi un penchant naturel que j'ai probablement hérité de mon philosophe de père. A sa mort, une médaille fut frappée à l'avers de laquelle on peut lire cette phrase qu'il aimait à répéter : «L'homme est fait pour l'humain.» J'ai cru longtemps que c'était là une évidence. Je pense maintenant que cela mérite réflexion.

Finalement, je dois aussi beaucoup à ceux qui, pendant la guerre, m'ont rejeté parce que j'étais juif. J'ai compris, grâce à la souffrance profonde qu'ils m'ont infligée, que désormais le spectacle de la douleur morale des autres me serait à jamais inacceptable. Et puis je pense que nous devrions tous avoir des priorités qui, sans passer nécessairement par la politique active, nous obligeraient à quelques réflexions et à quelques actions ponctuelles. Mes priorités, je le répète, ce sont les enfants qui meurent de faim ou les adultes privés de liberté, et elles débordent largement celles de mon métier. Un peu de notre temps, à nous médecins, doit être en particulier consacré à cette partie du globe qui est exploitée par les grandes puissances et dont les souffrances sont intolérables. Il est difficile d'exprimer un tel souhait tout en gardant une pointe d'humour, et pourtant, je m'en voudrais que l'on me prenne à mon tour pour un prêcheur.

J'ai donc ainsi été amené à m'occuper, dans la mesure de mes possibilités, de tortures et de liberté. Dans ce domaine, le groupe Amnesty International est le plus actif. Je n'en suis pas membre, mais je travaille souvent sous sa tutelle. Ce que j'aime chez ces gens, c'est qu'ils ne perdent pas de temps en homélies pour expliquer qu'il faut se soucier de ceux qui souffrent, comme le font certains qui demeurent par ailleurs inactifs. Amnesty International se livre à des enquêtes tout à fait impartiales dans tous les pays, quelle que soit la couleur de peau de leurs habitants ou le gouvernement qui les dirige. Ils ont informé le monde des massacres de l'Ouganda et du Tchad. Ils se sont penchés sur le problème de la torture, comme récemment en Tunisie où elle se développe considérablement. Cette organisation met aussi en contact des gens privés de leur droit et de leur liberté avec quelqu'un qui peut prendre leur cas en charge. Parce qu'en fait, si on regarde l'exemple des Juifs soviétiques, ceux que l'on va chercher dans les asiles ou dans les prisons sont presque toujours des gens renommés. On ne s'occupe guère des obscurs.

De notre côté, nous avons créé, Colette Dreyfus-Brisac, Robert Merle d'Aubigné, moi et quelques autres, une Association d'accueil aux médecins et personnels de santé réfugiés au moment de la prise du pouvoir par Pinochet. Nous sommes ainsi parvenus à faire sortir de nombreux confrères des prisons d'Argentine et du Chili. Mais nous avons beaucoup de mal à survivre, même financièrement, car nous ne trouvons, dans le corps médical, que très peu de gens mobilisés par notre cause. Depuis la création de cette association, nous nous efforçons d'héberger tous les médecins réfugiés du monde, qu'ils soient laotiens, vietnamiens, cambodgiens... Je n'ai malheureusement pas beaucoup de temps à consacrer à cette œuvre, mais Colette Dreyfus-Brisac, notre directrice de recherches, avec intelligence, courage et créativité, la tient merveilleusement en mains. Lorsque ces médecins arrivent en France, nous essayons de leur faire obtenir le droit d'exercer. Mais là encore nous nous heurtons au Conseil de l'Ordre qui n'en veut rien entendre. Peut être aurions-nous plus de poids si nous étions plus nombreux. Et il me semble, en vérité, que n'importe quel médecin se devrait de collaborer, financièrement ou moralement, à une œuvre d'entraide internationale.

Dernièrement, je me suis rendu au Maroc pour y voir les prisonniers politiques. Je n'étais pas mandaté par Amnesty International, car ses représentants ont été déclarés indésirables dans ce pays. Et pourtant, il y a là-bas de quoi s'occuper! On m'a ouvert toutes les prisons en me répétant que, puisque j'étais l'ami des Arabes, on n'avait rien à me cacher.

C'est ainsi que je me suis trouvé en rapport avec l'Union nationale des étudiants marocains, et plus particulièrement avec un de ses membres, Aziz Menebi, qui était alors hospitalisé pour une maladie grave. Auparavant, il avait été torturé par la police marocaine, mais nous avons pu le faire venir en France où il est maintenant soigné. Sa sœur, par contre, Saïda Menebi, est morte en prison, d'une grève de la faim qu'elle avait entreprise pour défendre ses droits. Avant de mourir, elle avait écrit des poèmes admirables où elle racontait son combat.

Toute une partie de la jeunesse marocaine meurt ou se

fait incarcérer à vie parce qu'elle veut des novations qui vont à l'encontre de la loi islamique. Son idéal est proche du marxisme-léninisme, c'est dire s'il est mal accepté dans un pays traditionnaliste comme celui-là.

Ce qui m'a surtout frappé au cours de ce premier séjour, c'est, comme dans la Résistance, le courage de ces jeunes gens, et surtout celui des femmes. A la prison de Meknès, on m'a fait entrer dans la cellule d'une petite femme frêle que l'on m'avait signalée parce qu'elle se trouvait dans un état de dépression très grave. Quand je lui ai demandé ce que je pouvais faire pour elle en tant que médecin, elle m'a répondu : «Comment serais-je en dépression alors que je lutte pour mes idées?» J'ai trouvé cela admirable. J'ai vu aussi une femme sahraoui, encore revêtue de ses voiles bleus car elle était en détention provisoire — ce qui peut durer des années —, lancer au visage des officiers marocains qui m'accompagnaient des vérités qu'ils n'avaient sûrement pas envie d'entendre en ma présence : «J'ai été torturée, cria-t-elle, la police m'a pendue par les pieds et violée avec des objets divers en me traitant de pute du désert...» Quel courage!

On m'a ouvert les portes des prisons, mais je n'ai rien pu dire sur place des agissements de la police. Et pourtant ceux-ci sont souvent horribles : détentions arbitraires, kidnappings, disparitions... Les prisonniers périssent sans laisser de trace, et ceux qui sont malades ne sont pas soignés. Mon intervention ne m'a permis que de les voir et de m'occuper d'eux indirectement. C'est dérisoire par rapport à ce qui devrait être fait.

Et mon second voyage au Maroc, en avril 1980, n'a pas été plus profitable, par la faute de certains officiels du gouvernement. Pourtant, j'étais cette fois mandaté aussi bien par la Ligue des Droits de l'Homme que par la Fédération des juristes catholiques. Le secrétaire d'Etat à la Justice, M. Fassi Fihri — qui est en fait le véritable ministre de la Justice, parce qu'actuellement le ministre de la Justice se trouve être aussi Premier ministre et ne s'occupe guère de ce département — avait accordé une réponse favorable à ma demande et m'avait assuré que je pourrais refaire mon tour des prisons accompagné d'une équipe spécialisée, et soigner librement les malades. Seulement, comme par hasard, ce secrétaire d'Etat à la Justice était absent lors de mon arrivée et ne réapparut à son bureau que le lendemain de mon départ. Je l'ai attendu en vain, parce que sans sa signature il nous était impossible d'obtenir les papiers nécessaires à notre projet. Nous n'avons donc pas pu mener à bien notre mission. Et cela, pour moi, est pire que tout. On avait essayé de se servir de notre nom pour se donner une certaine apparence de libéralisme, en nous ouvrant — en nous *entrouvrant* — une première fois les portes des prisons. Mais au moment où nous pouvions vraiment être utiles, plus personne, tous les verrous se refermaient. Et le gouvernement marocain pouvait plastronner lorsque les pressions humanitaires se faisaient plus fortes et que l'on se penchait d'un peu trop près sur ses agissements. On nous avait utilisés comme un paravent pour masquer les tortures et les mauvais traitements.

A mon retour, j'ai vainement essayé d'alerter la presse française. Même *le Monde* n'a pas cru bon de publier mon témoignage. Cette sorte d'occultation sur tout ce qui concerne les méfaits de nos anciennes colonies a quand même quelque chose d'étrange. Ce n'était d'ailleurs pas la première fois que l'on me refusait ainsi de publier un de mes articles. A vrai dire, ces refus interviennent toujours dans deux cas précis : lorsqu'il s'agit de rapporter quelque crime commis dans un des trois pays du Maghreb, et lorsqu'un journaliste est pris en flagrant délit d'erreur.

Les seuls qui s'intéressèrent à ce que j'avais vu dans les geôles de Casablanca et de Rabat furent les Belges. Dès mon retour, ils organisèrent deux conférences de presse, une à Charleroi et l'autre à Bruxelles. Quinze journaux relatèrent mes déclarations et, fait très rare, je pus parler à la télévision et à la radio flamandes en français, alors que l'usage de cette langue est interdit sur leurs ondes. La liberté d'expression est aussi respectée en Belgique qu'aux Etats-Unis. En France, elle n'est qu'un leurre. Par exemple, un journaliste qui vous interviewe à la radio s'arroge le droit d'amputer vos réponses, ce qui a souvent pour conséquence de modifier votre propos. C'est pour cela que, personnellement, j'insiste toujours pour parler en direct. Dans la presse écrite, il n'y a guère que *Libération* qui ouvre ses colonnes à toute information. Ailleurs, cela dépend de ce que l'on plaît ou non aux princes qui gouvernent le journal. Où est donc passé ce fameux libéralisme dont la droite comme la gauche nous répètent qu'il n'a jamais été aussi présent ?

17.

Mais
il ne faut pas
désespérer…

Je ne peux clore ce livre sans évoquer une des choses qui aujourd'hui me tiennent le plus à cœur : le Cambodge et son avenir. Et là, j'ai bien peur de ne pouvoir éviter de sombrer dans le lyrisme, car j'y ai découvert récemment, au cours de mon dernier voyage, une dimension de l'homme que je ne connaissais jusqu'alors qu'au travers de lectures, et qui m'a réellement bouleversé.

Je craignais depuis longtemps, à force de vivre en France — pays qui à mon sens manque d'enthousiasme, de dynamisme, que n'agite aucune grande idée et où la magouille politique règne en souveraine — de finir par me laisser prendre à mon tour dans un monde de compromis, d'habitudes, d'où seraient exclus la chaleur, les élans du cœur et la foi en l'humanité.

Dès que l'on arrive au Cambodge, et que l'on se donne la peine d'observer le comportement de ses habitants, on se trouve confronté à un peuple d'une dignité si parfaite qu'on a envie de se découvrir devant tant de noblesse. Voici donc pour moi les deux mots qui définissent le mieux les Cambodgiens : noblesse et dignité. Et, en cela, ils sont un exemple pour la terre entière.

Et je parle ici du Cambodge dans son ensemble, et pas seulement des réfugiés de la frontière thaïlandaise, qui ont fait d'ailleurs l'objet de quantité d'émissions de télévision, et qui ont été pris en charge par l'organisation Médecins sans Frontières. Ce que j'ai vu, et que je veux raconter à présent, c'est la manière dont on survit à l'intérieur du pays sous le joug du régime pro-communiste installé par les Vietnamiens.

En 1979, les premiers médecins étrangers de l'Ouest à pouvoir entrer dans le pays furent naturellement des communistes français. Et, alors que depuis des mois on entendait à la télévision et on lisait dans les journaux que la population mourait littéralement de faim, qu'il ne restait plus un seul enfant de moins de cinq ans vivant, ils affirmèrent, eux, dès leur retour, que contrairement à ce que l'on croyait, le Cambodge se reconstruisait peu à peu, que les choses rentraient progressivement dans l'ordre. Je ne savais que penser, et, selon mon habitude, je voulus aller me rendre compte de la réalité par moi-même.

Ce que je découvris en premier, c'est qu'il était très difficile d'obtenir un visa d'entrée, surtout si l'on n'était pas communiste. Je n'avais pas d'autre possibilité que de donner mon adhésion au Comité d'action pour l'aide au Cambodge, où se retrouvent toutes les tendances — le Comité catholique contre la faim et pour le développement, la CIMADE, qui est une organisation protestante, le Conseil œcuménique des Églises —, mais où l'influence du Parti est prépondérante, aussi bien par le rang que par le nombre. Je n'avais pas le choix : malgré toutes mes préventions et le fait que, de toute évidence, cette opération humanitaire recouvrait une fois de plus une entreprise de récupération, je me résignai à m'y joindre. On me proposa aussitôt d'aller sur place signer un protocole d'accord entre la Faculté de Phnom-Penh et le comité d'aide français composé presque exclusivement de médecins communistes. C'était un peu trop pour moi. J'hésitais sérieusement.

Je n'avais donc toujours pas obtenu mon visa lorsque, renouant ma vieille amitié avec les chrétiens, je fus mis en rapport avec le Comité catholique contre la faim et pour le développement (CCFD). Ce comité est très officiellement reconnu par l'Église et toute la hiérarchie catholique internationale, à commencer par Jean-Paul II. Il me semble pourtant très chrétien, au sens le plus noble du mot, c'est-à-dire qu'il se préoccupe des gens, de leurs misères et de leurs maux, sans tenir compte du régime politique qu'ils endurent.

C'était là la seule organisation non-communiste à être reçue à bras ouverts au Cambodge. Les Vietnamiens eux-mêmes l'acceptaient totalement. Ce qui n'allait pas, naturellement, sans susciter des animosités diverses, et en premier lieu celle de Médecins sans Frontières qui l'accusait d'être composée d'« agents du stalinisme »... A-t-on jamais vu provocation plus évidente ? Médecins sans Frontières est très efficace dans son travail sur le terrain, mais n'a ni foi ni loi dans ses déclarations.

Je fus donc mandaté par le CCFD pour aller faire sur place l'inventaire de tout ce qui manquait dans les hôpitaux de l'intérieur du pays. Depuis les fournitures de papeterie, les stylos et les cahiers, jusqu'aux gros équipements opératoires. Nous devions en outre tenter d'endiguer la distribution intempestive de tout médicament pouvant être nocif à forte dose, comme le chloramphénicol (les Vietnamiens ont aussi une fâcheuse tendance à vouloir épuiser leurs stocks pharmaceutiques sans prendre garde aux contre-indications, et ils ne sont pas les seuls à avoir ce travers).

Au Cambodge, les tâches se répartissent entre les divers organismes qui y sont admis, comme la Croix Rouge internationale, l'OXFAM ou l'UNICEF, qui sont d'autant plus appréciés de la population qu'ils évitent d'arborer un comportement colonialiste. Chacun s'occupe d'un secteur précis. La particularité du CCFD est de ne jamais considérer les Cambodgiens comme des incapables et de les traiter sur un plan d'égalité. En effet, comme il ne reste par exemple qu'un seul chirurgien sur les cinquante qui exerçaient autrefois, les étrangers sont parfois enclins à prendre un ton extrêmement paternaliste et supérieur pour expliquer comment on procède pour opérer. Les

Cambodgiens sont un peuple fier et intelligent, et c'est là une attitude qui les révolte.

Je partis avec le Dr de Montvalon qui avait été mon auxiliaire dans le bataillon de chasseurs où j'avais été affecté en 1944. A Bangkok, nous nous embarquâmes sur un vieil avion de parachutistes italien à peine pressurisé. Les hostilités étaient terminées, mais je n'en menais pas large. Nous devions traverser une zone dangereuse, longue de près de cent kilomètres, qui avait été une des régions favorites des Khmers rouges pour tendre leurs embuscades. J'avais un peu l'impression d'être reparti en guerre.

Arrivés sur place, on nous donna la possibilité de choisir librement notre itinéraire et d'interroger qui nous voulions sans restrictions et sans contraintes. Nous parcourûmes ainsi plus de mille kilomètres en Land Rover, à vingt à l'heure et sur des routes défoncées.

Notre première visite fut pour la prison de Tuol-Sleng, à Phnom-Penh. Ce sinistre établissement a été maintes fois décrit par les journalistes, mais ce que l'on n'a pas assez dit, c'est que dans cette prison des milliers de personnes ont été exécutées. Avec leur sens très particulier du raffinement, les Khmers rouges — dont le gouvernement est toujours reconnu par les Chinois et par les Américains et qui représentent aujourd'hui encore le Cambodge à l'ONU — avaient non seulement dressé la liste complète de leurs victimes, photographiées avant et après l'holocauste, mais encore avaient établi l'inventaire détaillé de toutes les tortures qu'ils avaient fait subir à leurs prisonniers avant de les achever.

J'aimerais rappeler ici qu'ils ont tout de même tué trois millions de personnes. Ce qui signifie, pour une population initiale de huit millions, qu'ils ont proportionnellement battu le triste record des génocides.

Ils ont laissé derrière eux deux cent mille orphelins, et 80 % des femmes sont veuves. Lorsqu'on interroge les survivants, qui parlent tous notre langue, on s'aperçoit que chacun d'entre eux a perdu entre cinq et dix membres de sa famille. Et tout cela avec une délicatesse inouïe. Ç'a vraiment été le massacre collectif le plus soigné de l'histoire de notre planète.

Et c'est à ces tristes personnages que les gouvernements français, suisse, américain, chinois, laissaient le droit d'effectuer leur sinistre propagande.

Après la visite de la prison, nous traversâmes tout le pays en nous arrêtant à chaque village. Je pus ainsi constater que, bien que les Cambodgiens fussent toujours, à plus ou moins longue échéance, menacés de malnutrition, le riz et autres denrées alimentaires étaient normalement distribués, contrairement à ce qu'avait affirmé la presse française. Et on ne peut guère me suspecter de sympathies communistes... Les provinces étaient pleines d'enfants, et nous pûmes en examiner un grand nombre. Ils ne souffraient pas encore de la faim, mais leur organisme était souvent infesté par de petits vers redoutables que l'on appelle des ankylostomes et qui attaquent le sang. D'autres étaient atteints de tuberculose, d'infections pulmonaires, et d'une sorte de paludisme extrêmement pernicieux résistant à tous les antipaludiques connus. Certains enfin, heureusement peu nombreux, étaient victimes de la «dengue», une maladie épouvantable qui provoque la mort en quelques jours et est accompagnée d'hémorragies et de phénomènes de *choc*.

Grâce à cette prise de connaissance des problèmes, il nous fut alors possible de nous lancer dans la création, à Phnom-Penh, d'une unité de soins intensifs de réanimation destinée à sauver ces enfants qui seront le Cambodge de demain.

Durant ce voyage, beaucoup de choses nous avaient étonnés. Dans les hôpitaux de province, deux à trois cents femmes en moyenne accouchent chaque mois. Malgré des conditions d'hygiène terriblement précaires, tout se passe en général assez bien. Aussi incroyable que cela puisse paraître, les Cambodgiens réussissent des interventions souvent compliquées, dans des endroits privés d'eau courante et d'électricité, et avec un personnel opérant qui n'a reçu aucune formation chirurgicale réelle. Ils sont, la plupart du temps, conseillés par des Vietnamiens, mais ils nous firent savoir à plusieurs reprises combien ils auraient en fait préféré recevoir notre aide.

C'est que les liens qui les unissent à nous sont loin d'être oubliés. J'ai rencontré là-bas une cinquantaine de médecins en tout. La majorité d'entre eux, comme le directeur de l'hôpital du Sept Janvier, à Phnom-Penh, avaient fait leurs études en France. Les autres avaient reçu leur diplôme de l'université locale où une grande partie du corps enseignant est français.

A Battambang, deux cents kilomètres au nord-ouest de la capitale, je vis des enfants opérés par un instrumentaliste qui avait simplement regardé autrefois des chirurgiens travailler. Et il était assisté par le médecin-chef de l'établissement qui n'était pas plus chirurgien que lui. Les enfants ne devaient pas avoir plus de deux ans et avaient reçu un éclat de mine ou d'obus dans le ventre. Là-bas, chaque jour, des centaines de personnes sautent ainsi sur des explosifs. Et ces gens sont soignés et guéris sans que la moindre infection se déclare jamais, dans des locaux qui ne disposent d'aucun équipement stérile. J'éprouve une immense admiration pour la débrouillardise et le courage de ces hommes qui réussissent des miracles avec presque rien. Là où d'autres auraient baissé les bras, les Cambodgiens savent agir sans que rien ne parvienne à altérer leur efficacité. C'est pourquoi je pense que nul ne mérite plus d'être aidé que ce peuple qui ne se laisse pas abattre. Personnellement, j'en suis presque à me dire que ma place est davantage auprès d'eux qu'ici, dans mon service.

Voici quelque chose que je souhaite depuis longtemps : que la médecine devienne réellement internationale. De même qu'on nous dépêche, chez nous, pour une urgence, j'aimerais que nous soyons envoyés d'office vers tous les points cruciaux du globe avec des vivres et des médicaments.

Le Cambodge bénéficie — et il faut s'en féliciter — de beaucoup d'attentions de par le monde, mais cela ne doit pas nous faire oublier les déshérités de Khartoum, de l'Ethiopie, de l'Ogaden, de Djibouti, et bien d'autres dont personne ne parle...

Dans certains pays, comme la Suède ou la Belgique, le service médical civil est obligatoire. En France, par contre, au nom de notre sacro-sainte médecine libérale, il n'a jamais été possible d'obtenir d'un étudiant qui vient de passer sa thèse qu'il aille effectuer un stage d'un an dans une région médicalement pauvre, comme l'Ardèche ou les Alpes. Et encore moins, naturellement, qu'il parte pour un pays du Tiers Monde, où sa présence serait pourtant nettement plus utile que dans certains cabinets de consultation parisiens.

Peut-être la fonctionnarisation de notre profession pourrait-elle apporter ce changement ? J'ai, à ce sujet, une position très catégorique : pour tout ce qui est de la santé, on peut être dirigiste. Il serait préférable de ne pas laisser le futur médecin libre de faire ce qui lui plaît. Je pense qu'il y a sur terre des causes prioritaires et qu'il faut rendre obligatoire le service médical civil. Ce serait profitable à tout le monde. Je me suis entretenu avec de jeunes médecins, belges et néerlandais, qui avaient exercé dans des camps palestiniens et en Colombie, et ils ne regrettaient pas cette expérience. Leur exemple devrait être suivi. Le Cambodge n'est pas le pays le plus défavorisé sur le plan médical, il reste aussi, et avant tout, l'Afrique et l'Amérique latine qui souffrent tant de la sécheresse et du manque de nourriture. Le travail de base de Médecins Sans Frontières a été remarquable; malheureusement, depuis quelque temps, et ce malgré le dévouement de ses membres, cette organisation est devenue une lourde institution bureaucratique et passablement politisée. Mais il est vrai qu'aujourd'hui leur idée originelle est heureusement en train de revivre grâce à Médecins du Monde.

Malheureusement, je le répète, l'enseignement de notre profession n'est centré que sur une certaine compétence. Les relations humaines comptent peu; les examens et les prouesses de mémoire prévalent. Rares sont ceux qui, comme les Médecins Sans Frontières et les Médecins du Monde, partagent cet état d'esprit très utopique qui est le mien. Pourtant, je ne comprends pas pourquoi, avec le chômage médical qui sévit en France, les jeunes ne s'expatrient pas d'eux-mêmes, ne serait-ce que temporairement.

La vraie raison en est probablement la peur de ne plus trouver de place libre à leur retour.

Je ne dispose d'aucun moyen politique pour faire aboutir et faire appliquer mes idées, mais je suis persuadé qu'elles contiennent la seule solution pour l'avenir, de la même manière que le partage équitable de la nourriture et des richesses. Pour l'instant, cela demeure à l'état de vœu pieux. On préfère attendre qu'ils accomplissent leur révolution et qu'ils nous menacent directement pour fournir aux peuples déshérités ce qu'ils demandent et à quoi ils ont droit. Nos décisions de partage sont rarement spontanées... Et je reconnais que si on obligeait nos jeunes médecins d'aujourd'hui, avec la formation qu'ils ont reçue, à exercer dans des contrées où ils n'ont nulle envie d'aller sous prétexte qu'ils seraient plus utiles là-bas qu'ici, ils s'y rendraient la mort dans l'âme et ne seraient plus alors de la moindre efficacité. Pourtant, malgré tout ce qu'il a encore d'utopique, j'aime à penser que mon rêve deviendra un jour réalité.

Je me dis, au fond, que les Cambodgiens ressemblent un peu à nos résistants. Avant que certains événements graves ne les mettent en lumière, personne ne parlait d'eux. C'était un peuple heureux autrefois. Et je suis très frappé par le fait que l'épouvantable épreuve qu'ils ont traversée leur ait été une sorte de révélateur.

Auparavant, c'étaient les Vietnamiens que l'on citait en exemple. Et il est vrai, comme je l'ai déjà dit, qu'ils ont fait preuve, au moment de l'occupation américaine, même sans compter l'aide énorme qu'ils reçurent de toutes parts, d'une sorte de génie de la survie vraiment exceptionnel. A la fin des hostilités, pourtant, et peut-être à cause de la bureaucratie, de ce système écrasant qu'implique le communisme, et naturellement de la famine et des inondations, ils se sont avérés incapables de s'organiser et de s'adapter à la paix. Et c'est probablement là que réside la différence. Avant d'être brisés, torturés, décimés, les Cambodgiens étaient le peuple du plaisir et de la joie; ils ne pensaient qu'à s'amuser. Mais lorsque le malheur s'abattit sur eux — un poids de souffrance comme peu de pays en ont supporté — la nature profondément humaine de ce peuple se révéla, et il permet aujourd'hui que se rétablisse en partie une certaine idée du respect de l'humanité, un respect si difficile à conserver quand on vit sous une latitude comme la nôtre...

Les Cambodgiens s'affairent pour trouver de la nourriture sans jamais se plaindre; en toute chose, ils restent dignes, et ils essayent de réparer, de reconstruire leur pays comme ils le peuvent. Sur les routes, on voit des colonnes entières de cyclistes qui arrivent de Thaïlande avec, sur leur porte-bagage, des chargements de vivres de vingt ou trente kilos. L'aide étrangère, qui leur vient tout autant du bloc communiste que des Occidentaux, n'est pas négligeable, mais ils tentent avant tout de se procurer leur nourriture par leurs propres moyens. C'est un des rares pays où un tel effort collectif est possible en toute fraternité. Ils ne veulent guère du soutien des Thaïlandais qui sont favorables aux Khmers rouges, et ils souhaitent en même temps pouvoir chasser les Vietnamiens de leur sol. Peut-être espèrent-ils que ceux-ci s'en iront lorsque la situation sera complètement rétablie, mais là, j'ai bien peur qu'ils ne se fassent des illusions.

Dans Phnom-Penh, les femmes font la queue pour la distribution de lait. Les gens cuisinent et mangent partout, accroupis au bord des trottoirs. On voit des bicyclettes par milliers. Les routes sont devenues impraticables et la circulation à l'intérieur du pays n'est pas facile. Mais c'est pourtant un immense effort de reconstruction pour lequel on réclame notre aide.

Ce n'était pas la première fois que j'allais au Cambodge. Je m'y étais déjà rendu à deux reprises : en 1965, au moment où je partais pour la Chine, et en 1968, en gagnant le Vietnam où les bombardements américains faisaient rage. La splendeur passée a disparu. Plus de fêtes, finie la joie de vivre. Le pays croule sous des circulaires et des tracts pareils à ceux qui inondent le Vietnam. On entend partout des slogans politiques. L'information que diffusent les haut-parleurs est entièrement dirigée. Les Cambodgiens acceptent ces choses avec sérénité; pour l'instant, ils n'ont guère le choix. Mais, en dépit de l'envahisseur, des pénuries, des deuils et de la souffrance, je dis que je n'ai jamais rencontré d'hommes et de femmes aussi dignes et aussi nobles.

Cela nous change bien des tristes personnages qu'on essaie de monter en épingle tous les jours en France, ces hommes politiques transformés en diamantaires, ces énarques outrecuidants, l'Ordre des médecins qui ne défend ni l'honneur ni la dignité de notre profession, les affairistes et les spéculateurs, les singes savants du type Marchais, notre odieux ministre de la Justice, tous ceux enfin qui écrasent chaque jour sous leurs mensonges le peuple de France qui ne le mérite pas.

Ce genre de considérations peut paraître bien élémentaire. Mais, loin des dogmes, des concepts et des théories, je pense que la vue d'un tel peuple, tout entier dressé et tendu vers sa survie, nous rend l'idée de ne jamais désespérer de l'humanité.

18.

Documents annexes

X..., le 7 novembre 1975,

Cher Professeur,

A chaque fois que je vous entends à la télé, je repense à ma propre histoire avec mon fils.

(...)

Pas question ici de discuter le travail que vous faites, je voudrais simplement le compléter par mon témoignage. Il semble qu'une dimension manque à votre recherche bien que vous y soyez sensible et que vous le rappeliez constamment. Il y a l'enfant handicapé mental parce qu'il a été atteint dans son corps. Il y a aussi l'enfant handicapé mental parce que sa mère a été touchée par un mot qui a tué la relation. Si vous et moi nous l'avions su il y a dix-neuf ans, quand mon garçon est né, il est probable que je n'aurais pas fait le périple que j'ai dû faire, allant de psychiatre en psychiatre, tous déconnant, égarant l'enfant et la mère, coûtant fort cher pour une efficacité nulle. Et que je traiterais volontiers de nazis, tant ces gens-là sont ignorants et pontifiants et manipulateurs de la souffrance humaine. Il a fallu Bonneuil et son écoute étonnante pour me faire cracher à travers une analyse ce qui s'était passé à la naissance.

Vous aviez dit alors : « C'est un enfant qui a souffert à la naissance ». Vous ne pouviez pas savoir et moi non plus que c'est moi qui avais reçu le choc, expédié par une infirmière stupide qui m'avait dit quelques instants après l'accouchement que l'enfant risquait de mourir. Quelles répercussions l'idée de la mort de mon fils ont-elles produit en moi, c'est assez indicible, la peur, l'angoisse, un refus tétanisé, affolé de cette possibilité. Ce que je sais, c'est que ce choc reçu, un travail propre dont personne ne s'est aperçu, véritable tir tuant à bout portant, à partir de là s'est installé en moi ce qui peut s'appeler une psychose anti-mort. Il fallait qu'il boive son biberon, il fallait qu'il prenne du poids, il fallait qu'il progresse, il fallait, il fallait, il fallait. Toute régression, toute maladie ou malaise réveillaient cette angoisse de mort. Plus tard, il fallait qu'il parle, il fallait qu'il lise et qu'il écrive, il fallait, il fallait. Je le dis maintenant mais je ne le savais pas et je sais que ça ne se voyait pas à quel point j'étais atteinte. Vous m'aviez un jour dit « C'est bizarre, vous n'avez pas l'air d'une mère angoissée ». Et le fait est qu'avec mes autres enfants je ne le suis pas. Et je ne le suis pas parce qu'en allant accoucher d'eux, je suis arrivée à la clinique les deux poings en avant en me disant : « Le premier qui nous touche, je lui pète la gueule ! ». Dommage que je n'aie pas compris plus tôt ce que je voulais me *dire. Il aura fallu des années, que le médecin de Bonneuil entende, lui, ce qui s'était passé, me permettant alors de tout débobiner. Quand je pense que j'ai dû raconter cette histoire à quinze psychiatres différents et que pas un n'a entendu, ça pose question !*

Tout ce blocage relationnel, mon fils, qui fut longtemps mutique et ne fit pas de scolarité, l'exprima longtemps en jouant avec une petite voiture qu'il faisait tourner en rond et brusquement produisait un accident, un éclatement, une explosion. Au fur et à mesure qu'à Bonneuil je retrouve la parole perdue, mon fils va de mieux en mieux. Il travaille maintenant, parle et devient de plus en plus autonome.

Mais parce que la psychiatrie est ce qu'elle est, il aura perdu dix-huit ans et n'aura pas fait d'études, ce qu'il aurait pu faire si l'on avait su alors m'entendre « à ma place » ce que fit Bonneuil.

Bon. Je sais que la recherche va son train et qu'on ne peut pas regretter ce qui n'avait pas alors fait de chemin suffisant pour sortir un enfant et sa mère de la merde.

Mais maintenant et pour l'avenir, est-ce qu'il n'y a pas quelque chose à prévenir au niveau des risques de dégâts relationnels faits par un diagnostic qui traumatise la mère, qu'elle ne montrera pas parce qu'on prend toujours un air très courageux dans ces cas-là et que rien dans les apparences ne vient traduire le drame qui se joue à l'intérieur.

Je sais qu'il y a des cas où vous ne pouvez pas tromper les mères et leur raconter des histoires. Le risque est réel et elles doivent en être averties. Mais la question que je pose est : « Quel effet profondément traumatisant provoque le mot « mort » sur une mère à l'instant où c'est une relation vivante qui est attendue et souhaitée? Comment cette femme va-t-elle prendre ce choc?». Je pose ici le problème d'une relation à la mort. c'est ça qui est en question. Les femmes ne savent pas forcément, surtout dans une société où tout concourt à se battre contre la mort et à la refuser, elles ne savent pas «qu'on ne se bat pas contre la mort». On l'accepte. On ne se bat pas contre la répression. On l'accepte. Vous, oui, vous pouvez vous battre, pas les mères.

Elles n'ont d'autre moyen de lutte que ce que j'ai appelé une psychose anti-mort. A partir de là, c'est le devenir de l'enfant qui est menacé parce qu'il n'y aura plus de place dans sa croissance pour les reculs, les échecs, les plats, la vie en somme. Dans la prévention, il me semble qu'il y a un travail à faire avec les mères pour les aider à vivre cette période douloureuse du doute et de l'angoisse en évitant que le flux relationnel entre elles et leur enfant ne se bloque. C'est presque une thérapie de groupe ou individuelle qui est nécessaire alors et pas avec des psycho stupides qui n'entendent rien à la relation mère-enfant. Mais avec des gens de la qualité de ceux de Bonneuil dont l'écoute et la chaleur et leur reconnaissance du sens de la mort psychique permettent un dénouement d'une relation gelée de peur. Ils ne cessent à Bonneuil de soigner les dégâts relationnels mère-enfant provoqués par des diagnostics soit faux, soit maladroits, soit possibles mais qui ne furent pas «encaissés». Je ne vous apprends rien en disant que l'objectivité médicale ignore totalement la relation mère-enfant.

Du moins pourrait-elle en apprenant à la connaître mieux, éviter de la pulvériser, c'est le devenir psychique de l'enfant qui en paye le prix.

Voilà. Je pensais que mon témoignage pouvait vous être utile dans vos recherches. J'ai mené la mienne à travers bien des souffrances mais maintenant bien des joies.

C'est curieux mais je m'aperçois qu'entre Maud Mannoni et vous il y a un pont qui n'est pas relié. Ce sont cependant deux recherches qui devraient se rencontrer quelque part. Est-ce parce qu'elle est une femme, certainement, qu'elle sait de quoi elle parle quand elle parle de la relation mère-enfant. Et quand elle dit dans un débat télévisé au milieu d'autres psychiatres, tous des hommes, «Mais une mère parle à son enfant!», elle n'est pas du tout entendue. Elle exprime pourtant là une vérité élémentaire. Mettez de la mort dans ce flux d'échanges et vous allez produire une explosion ou un blocage dingue du flux. Il faut que la médecine préventive entende cela, faute de quoi elle risque de chercher dans l'organique (non que ça ne soit pas parfois le cas) ce qui se trouve ailleurs.

Cher Professeur Minkowski,

Vous étiez interviewé par Jacques Chancel à propos de votre livre « Le Mandarin aux pieds nus ». Vous parliez de la femme, de la naissance, des progrès réalisés en néonatologie. C'était passionnant. A la fin de l'émission vous avez communiqué votre adresse, un geste qui m'a émue. J'ignorais qu'un jour, j'aurais besoin de me confier à vous, afin de m'aider à comprendre la tragédie qui vient de s'abattre sur notre couple.

C'était le 9 septembre 1979.

Après un accouchement pénible et traumatisant, je mettais au monde une petite fille mort-née. Stupeur, révolte, chagrin, désespoir, effondrement de deux êtres qui attendaient une naissance et à qui on annonce une mort.

(...)

C'est terrible de perdre un nouveau-né, Professeur.

A une époque où dans tous les domaines les prouesses scientifiques, techniques et médicales ont fait avancer l'humanité, comment est-il possible qu'un tel accident se produise. Ne pouvait-on pas le prévoir? Je me pose sans cesse la question, vous pouvez peut-être, Monsieur le Professeur, m'apporter une réponse. Tous les examens auxquels j'ai été soumise n'ont donc servi à rien. J'ai passé des radios fœtales, ne portaient-elles pas la trace d'un indice quelconque? L'interprétation d'une radio dure peu de temps, on ne voit que ce qu'il faut voir : les points d'ossification.

J'ai le sentiment effroyable que les futures mères entre les mains des médecins ne sont que des numéros, des êtres anonymes, examinés rapide-

ment... le travail à la chaîne en quelque sorte ! Le dialogue est quasiment inexistant. Une grossesse bouleverse profondément l'équilibre d'une femme, surtout lorsqu'il s'agit du premier enfant, durant neuf mois, elle devrait se sentir aidée, être en confiance, mais c'est peu souvent le cas. La société se déssèche et se déshumanise, et le corps médical n'échappe pas à cette terrible loi.

Et je dis stop aux informations mensongères montrant une femme qui accouche le sourire aux lèvres, avec, autour d'elle, une équipe médicale déployant gentillesse, dévouement, etc. etc. La vérité est tout autre. La vérité n'est pas dans les livres ni dans les documents filmés. Elle est dans une salle d'accouchement. La femme de 1980 accouche comme accouchait la femme du XIXe siècle et souffre de la même façon. Vous parlez de péridurale, cette méthode est hélas réservée aux fortunées et n'est guère utilisée. Et jamais je ne pourrai revivre un accouchement. J'ai doublement souffert puisque je n'ai pas été récompensée, et là, un sentiment de frustration m'envahit. Je suis profondément révoltée et écœurée, je ne pensais pas que mettre au monde un enfant sans vie était encore possible en 1980, c'est aberrant. « C'est un accident » voilà ce que j'entends dans le milieu médical. Par définition, un accident n'est pas prévisible mais celui-là aurait dû l'être. Je réfute la thèse trop facile de l'accident. Tout dans la vie serait alors accident, même la guerre, même la barbarie, même le fascisme.

Non « l'irrésistible ascension d'Arturo Ui » n'était pas un événement imprévisible, non ce n'était pas la fatalité. Il faut savoir devancer le cours des événements, en histoire comme en médecine, avant qu'il ne soit trop tard et que la catastrophe se produise.

Ma vie s'est arrêtée le 9 septembre 1979. Nous voulions un enfant, l'attente faisait notre bohneur, nous yeux avaient la couleur de l'Amour et de l'Espoir. Aujourd'hui je suis seule dans un appartement de la banlieue lyonnaise, je ne sais vers qui, vers quoi me tourner. Je me sens profondément inutile. Chaque minute est une lutte perpétuelle pour essayer de dominer ma peine, mes larmes et réprimer cette envie d'hurler « non ce n'est pas possible ». J'aimerais mieux mourir que survivre.

A 26 ans, c'était mon premier enfant et l'angoisse dans laquelle je suis plongée, me fait dire qu'il n'y en aura plus d'autre. Je n'ai pas honte de dire que j'ai peur : peur d'accoucher, peur de souffrir, peur de mettre au monde un second enfant malformé ou pourquoi pas, mongolien ! Comment oser recommencer après une telle épreuve ?

Je me culpabilise et soupçonne mon appareil génital de ne pas être conforme à la nature. Je doute de tout. Je souhaite me soumettre à toutes sortes d'examens et j'attends que les résultats me prouvent le contraire.

J'ai perdu confiance en moi, et oserais-je l'avouer, en mon médecin traitant, bien que je ne mette pas en doute sa compétence. Je pense avoir une réaction normale et je souhaite que vous compreniez mon égarement. A qui pourrais-je faire confiance, si ce n'est à vous. Vous offrez une image tellement rassurante.Sans tomber dans le mélodrame, j'aimerais que vous compreniez ma détresse et ma douleur. Aidez-moi, cher Professeur, à retrouver le goût de vivre, le goût de désirer une seconde maternité. Aidez-moi à affronter cette dure épreuve, vous qui savez ce que souffrir veut dire. Même si mon cas vous paraît banal, n'y soyez pas indifférent, je vous en supplie. Je me tiens à votre disposition, pour quoi que ce soit.

LETTRE ADRESSÉE AU PROFESSEUR MINKOWSKI À LA SUITE D'UNE ÉMISSION D'« AUJOURD'HUI MADAME » À LAQUELLE IL AVAIT PARTICIPÉ

Le 28 avril 1976

...Malgré tous mes efforts, mon petits-fils est demeuré un grand débile, hémiplégique, ne parlant pas et si les années ne lui ont pas amélioré son état, elles ont fait de lui, à 24 ans, un garçon d'1 mètre 85, fort en conséquence et, malheureusement très violent.

Lorsqu'il m'arrache mes cheveux, qu'il se bat avec son grand-père de 70 ans beaucoup plus petit que lui, je ne peux m'empêcher de regretter cette réanimation à la naissance qui, si elle a fait revivre un bébé né en état de mort apparente, a fait de lui un martyr et de notre vie à tous les trois un enfer.

Aujourd'hui je suis candidate à la cécité parce qu'atteinte d'une cataracte bi-latérale en raison de mon état coronarien.

J'adore cet enfant qui depuis tant d'années est ma raison de vivre, ou plus exactement de survivre. Mais je m'en veux de n'avoir pas le courage de le supprimer afin de devenir aveugle en paix. Lui qui déchire ses vêtements, démolit les meubles, casse la vaisselle, nous frappe sans que rien ne le laisse prévoir tout en attendant tout de nous, que deviendra-t-il ? Qui aura la patience de faire et refaire ses tricots, refaire ses boutonnières, remettre des boutons afin que malgré tout, il soit correctement vêtu. Déjà, malgré toute la bonne volonté de mon mari pour me remplacer auprès de lui, il est moins propre, et moins présentable. Enfin, tout récemment, il a pris l'habitude de taper son grand-père qui l'emmène obligatoirement en voiture. Le mois dernier, ils ont eu un accident, heureusement sans blessures, mais avec près de cinq mille francs de réparations.

Je sais bien que tous les anormaux n'en sont pas à ce stade puisque depuis sa fondation je fais partie de l'UNAPEI. J'y côtoie des enfants inadaptés, certes, mais généralement plus affectueux que les normaux.

Mais sous ce vocable d'inadaptés on range bien des catégories d'enfants différents. Ainsi, malgré que je ne sois pas de son avis, lorsque j'ai entendu le Professeur Lejeune se déclarer heureux de sa petite mongolienne, je le comprends parce que ces enfants restent doux.

Mais le mien, aussi affectueux qu'un bébé généralement, devient au cours de ses colères que les psychiatres disent incontrôlables, un vrai furieux dont maintenant nous avons peur. Or, j'ai entendu dire récemment par Bernard Wolker, correspondant de TF1 à Berlin, que dans la République Fédérale Allemande, on y opérait avec succès dans les prisons les criminels particulièrement violents. Je n'ai malheureusement pas de possibilités pour savoir si cette opération se pratique en France. On citait le cas d'un criminel condamné pour meurtre dont le comportement s'était totalement modifié après l'intervention. Parce qu'au travers de vos propos, au cours des émissions que je ne regarde plus, mais écoute toujours avec intérêt dès qu'elles approchent du cas de mon petit, vous me semblez bon et humain, j'ai pensé que ce que je ne peux savoir, vous le pourriez peut-être? Si la chose était possible, je voudrais tenter de le faire opérer afin que, plus calme, l'association dont je fais partie puisse s'en charger totalement après moi. Là, je sais qu'il ne serait pas malheureux. Sinon?...

C'est parce que je vous sens sincère que j'espère que vous ne vous formaliserez pas de ma démarche et vous remerciant à l'avance de la suite que vous voudrez bien lui donner, je vous prie d'accepter, Monsieur le Professeur, l'expression de mes meilleurs sentiments.

CE QU'AURAIT AIMÉ DIRE ALEXANDRE MINKOWSKI AU JURY ET AU PRÉSIDENT DE LA COUR D'ASSISES D'AIX-EN-PROVENCE*

1) Le viol doit être considéré par les Hommes comme une insulte au sexe masculin en général, et l'acceptation tacite du viol, qui m'a l'air d'aller de soi dans la région où nous sommes, me paraît comparable au temps de la préhistoire.

2) Le climat général du procès d'Aix me paraît incompatible avec la sérénité qui doit présider à la justice. Les violences aussi bien verbales que physiques dans la salle d'audience comme à l'extérieur, la plupart du temps le fait de petits voyous marseillais, me paraissent avoir eu, là encore, l'accord tacite de la police qui n'a strictement rien fait pour les empêcher.

3) Le président de la cour d'Assises était un débutant qui se voulait autoritaire pour masquer sa faiblesse. Il était à sa discrétion d'expulser un témoin entre deux gendarmes si les propos de ce témoin ne lui convenaient pas.

4) A l'un des avocats qui m'a demandé si je ne craignais pas d'envoyer en prison par le poids de mes déclarations trois «minables», pour reprendre l'expression de l'avocat lui-même, j'ai un instant pensé à répondre : que demanderiez-vous si vous vous étiez fait sodomiser de force par deux ou trois hommes? Car il ne faut pas oublier que l'on parle toujours de viol en termes de la femme agressée.

Pour finir, ce qui a compté le plus pour moi, et qui m'a

* Texte figurant dans l'ouvrage *Viol, le procès d'Aix*, avec une préface de Mme Halimi, Gallimard, 1978.

rappelé les plus sombres jours de l'Occupation, c'est l'accord tacite de la police avec la violence masculine; c'est ensuite, et pour finir, l'incapacité du président de garder sa sérénité, de diriger les débats devant un tel problème.

D'un autre côté, le fait que les avocats de la défense aient voulu plaider l'innocence au lieu de plaider une certaine irresponsabilité (ce que j'aurais pu comprendre), alors que pendant très longtemps les plaignantes ont fait figure d'accusées puisqu'elles avaient à démontrer qu'elles n'étaient pas consentantes. Tout cela m'a paru profondément méprisable.

Ce qui a sauvé le procès, c'est la dignité des plaignantes, leur courage, l'extrême exactitude de ton et d'arguments des plaidoiries des avocats des parties civiles et l'attitude parfaitement convenable de l'avocat général.

En conclusion, malgré le verdict, ce procès me paraît avant tout témoigner d'une parodie de justice et d'un mélange général de lâcheté, de violence et d'antiféminisme.

RÉPONSE DE M. M... A UN ARTICLE
DU PROFESSEUR MINKOWSKI
PARU DANS *LE MONDE* DU 21 OCTOBRE 1978
« ISRAEL, NOUS N'AVONS PAS BONNE CONSCIENCE »

Mon propos n'est pas de faire le procès du christianisme dans les nombreux domaines où, par la suite, il a hésité ou s'est grossièrement trompé en ses déductions philosophiques politiques ou sociales.

Quand le « chrétien » ne vit plus avec et selon l'Esprit du Christ, un malaise s'installe en lui, une « mauvaise conscience ». Alors s'il ne se repent pas afin de revivre, il devient agressif et cherche un « bouc émissaire ». C'est ainsi que le Juif est devenu « le bouc émissaire de prédilection » d'une foule de « chrétiens » qui ne pouvaient plus vivre le christianisme, car ils ne s'étaient pas ouverts à l'Esprit régénérateur. Alors par un mécanisme psychologique bien connu, ils déversèrent avec une violence démoniaque, sur le peuple Juif, le mécontentement profond qu'ils s'inspiraient à eux-mêmes. Cependant, aucune de ces « raisons » n'est une excuse, bien entendu. Le fait tragique demeure : d'une façon générale et prolongée, le christianisme s'est rendu coupable, devant Dieu et devant l'histoire, d'atrocités incommensurables envers les Juifs. Nous avons créé un interdit colossal qui ruine la santé morale et spirituelle de tout le monde dit occidental. C'est sous une malédiction certaine que se trouvent les peuples, les individus, les églises coupables d'antisémitisme larvé ou inconscient. Et que l'on ne s'abuse pas, l'antisionisme actuel n'est que de l'antisémitisme déguisé. Les conséquences de notre attitude à l'égard du « peuple témoin » qu'est Israël sont clairement annoncées par la Bible : « Béni soit quiconque bénira, et maudit soit quiconque te maudira » (Nombres XXIV : 9)

A TOUT CELA IL N'Y A QU'UN REMÈDE POSSIBLE : LA REPENTANCE. Il faut prendre au sérieux l'avertissement de Jésus : « Si vous ne vous repentez, vous périrez... » (Luc XIII : 3)

Le Seigneur nous dit que sans repentance il n'y a ni pardon, ni guérison profonde. Il précise que l'offense ne peut être effacée que si l'aveu en est fait : « Celui qui cache ses transgressions ne prospère point, mais celui qui les avoue et les délaisse obtient miséricorde. » (Proverbes XXVIII : 13) La Bible enseigne encore que la réparation pratique des torts est un devoir élémentaire qui doit accompagner toute véritable repentance (Nombre 5 : 5-7)

L'heure de la vérité pour l'Eglise chrétienne, pour le chrétien, face à Israël, a sonné. Un mea culpa historique nous défie. Il est insensé de vouloir l'esquiver encore comme étant de grandes institutions politico-chrétiennes qui cherchent à rassembler les branches, tandis que la communion d'amour avec le tronc du judaïsme sur lequel nous avons été greffés n'est pas encore rétablie. Il y a là un test de probité d'une importance sprirituelle capitale : L'EGLISE MALADE NE SERA GUÉRIE ET RÉUNIE QU'APRÈS S'ÊTRE REPENTIE.

Aujourd'hui Israël ressuscité, menacé mais protégé par Dieu, Israël représente précisément les Juifs de tous les temps et du monde entier. C'est donc, après Dieu, au gouvernement d'Israël, que la repentance des chrétiens doit être officiellement adressée par les représentants des églises sensibles à l'appel de Dieu et de la justice. Les fidèles, conscients de la nécessité inéluctable de cette repentance, doivent insister auprès de Dieu, dans la prière, comme auprès de leurs chefs spirituels pour qu'elle se produise.

Et puis, nous devons prier pour Israël, mais là, attention encore ! Il nous faut prier comme des êtres humains et non pas comme des êtres supérieurs que nous ne sommes d'aucune façon. Prions afin que l'ESPRIT DE L'ETERNEL souffle des quatre vents sur le Pays d'Israël comme sur l'Eglise. Alors nous préparerons et hâterons le jour béni où nous pourrons recevoir ensemble la REVELATION du MESSIE, de Celui par qui la merveilleuse nouvelle de la Grâce divine et de la paix aux hommes de bonne volonté fut annoncée, il y a deux mille ans déjà.

Avec ma bénédiction, je vous prie de croire, Monsieur le Professeur, à mes sentiments fidèles à notre Dieu à tous, au Dieu d'amour et de toutes les miséricordes.

P.-S. Baptisé le 28 mars 1921. Confirmé le 21 juin 1930, admis à la communion solennelle le 4 juin 1931 dans l'église Saint—Etienne de Romorantin.

LETTRE DE M. ALEX MAGUY AU JOURNAL *LE MONDE*

Cher Monsieur,

C'est avec une grande tristesse que j'ai lu les lettres du professeur Minkowski que vous avez publiées et je vous en félicite.

Malheureusement, je dois vous dire que je suis absolument d'accord avec lui.

Je reviens d'un voyage en Pologne avec mes camarades (anciens combattants de Narvik), et dans ce pays où j'ai vécu les pogroms à l'âge de neuf ans, l'antisémitisme est malheureusement plus fort que jamais.

Dans chaque ville j'ai parlé avec les gens, car cette question me touche personnellement, et malgré les événements tragiques qui se sont déroulés sous leurs yeux, la mentalité n'a pas changé. L'antisémitisme est ancré dans chaque individu de façon tenace et c'est à déplorer.

La lâcheté de ce peuple est malheureusement toujours exemplaire, et son antisémitisme n'est ni spirituel ni intelligent.

Actuellement, les Polonais sont soumis aux Allemands de l'Est, comme ils l'étaient à Hitler. Je suis navré de cette triste vérité.

Que tous les Polonais qui protestent se demandent si vraiment, en toute conscience, ils ont toujours agi loyalement envers les Juifs. Combien ont soutenu cette minorité et combien se sont révoltés contre leur destruction?

Lorsque j'ai visité dernièrement les fours crématoires, ainsi que tous les instruments de torture d'Auschwitz, les gens des alentours prétendaient presque n'avoir jamais rien vu... Aussi le misérable guide d'État qui fait visiter le camp ne dit pas un mot sur les millions de victimes juives. Il ne prononce même pas le mot et ne cite même pas les vieillards et les enfants massacrés là.

Voilà comment sont les Polonais.

C'est avec une grande et profonde tristesse que je remémore ce passage de ma vie qui est désormais devenu histoire, et je vous prie de croire à mes sentiments dévoués.

Éditions Ramsay

Ouvrages publiés au 30 septembre 1980

Documents, Essais, Histoire

VENDANGES AMÈRES, Emmanuel Maffre-Baugé.
MA ROUTE ET MES COMBATS, André Bergeron.
DUEL ROUGE, François Missoffe.
MENDÈS FRANCE, Alain Gourdon.
PROPOS DE MAUVAIS GOÛT, Julien Cheverny.
LIBERTÉ TOMBÉE DU CIEL, Henri Deplante.
QUESTIONNAIRE POUR DEMAIN, Jean-Louis Servan-Schreiber.
LA GAUCHE PEUT SAUVER L'ENTREPRISE, Jean Matouk.
POUR UNE POIGNÉE DE BOUDIN, Serge Adam.
EUROPES, Jacques Huntzinger.
DOSSIER NÉO-NAZISME, Patrice Chairoff.
SOLUTIONS SOCIALISTES, Serge-Christophe Kolm.
20 h 07, 19 MARS 1978. LÉGISLATIVES : LA GAUCHE BATTUE, Frédéric Moreau.
CLUBINOSCOPE 78, Gérard Carreyrou, Richard Artz et Martine Marcowith.
ET SI ON ALLAIT FAIRE UN TOUR JUSQU'À LA POINTE? Ou dix ans d'histoire des Français en vacances et en voyages, Jean-Francis Held.
LE PULL-OVER ROUGE, Gilles Perrault.
DÉFI DU MONDE CAMPAGNE D'EUROPE, Edgar Pisani.
LE POUVOIR INTELLECTUEL EN FRANCE, Régis Debray.
LA BEAUTÉ DU MÉTIS, Guy Hocquenghem.
HISTOIRE DU SOLDAT, DE LA VIOLENCE ET DES POUVOIRS, Alexandre Sanguinetti.
L'ARMÉE DU RIRE. L'HUMOUR DANS LES PAYS DE L'EST, Viloric Melor.
VINCENT MOULIA, LES PELOTONS DU GÉNÉRAL PÉTAIN, Pierre Durand, préfacé par Armand Lanoux.
CALINE, Serge Delarue.
LES FEMMES PRÉFÈRENT LES FEMMES, Elula Perrin.
TANT QU'IL Y AURA DES FEMMES, Elula Perrin.
ATTENTION CAMPAGNE! Franz-André Burguet.

LA VIE A BOUT DE BRAS, Michel Lardy.
TON AVENTURE PEUPLE DE GAUCHE 1920-1979, Guy Perrimond.
78, SI LA GAUCHE L'EMPORTAIT, sous la direction de J.-F. Held.
DAME L'ÉCOLE, André Henry.
IL ÉTAIT PLUSIEURS «FOI», Monique Gilbert.
POUR QUELQUES CHRÉTIENS DU PLUS, Claude Gault.
JOUER AU PAPA ET A L'AMANT. DE L'AMOUR DES PETITES FILLES, Nancy Huston.
MÉMOIRES DE MADAME CAMPAN, première femme de chambre de Marie-Antoinette.
DES FOUS DE MER, Henry Bernard. Ramsay «image».
BABOUCHKA, Marina Vlady, Hélène Vallier, Odile Versois, Olga Baïdar. Ramsay «image».
LA VIE AVANT LA VIE, Hélène Wambach. Ramsay «image».
LE FOOTBALL BUSINESS, Daniel Hechter. Ramsay «image».
MÉMOIRES VOLÉES, Jean-Hervé Lorenzi, Eric Le Boucher.
LES APPRENTIS SORCIERS. J. Rifkin, T. Howard.
LES INDIENS DU CANADA, Sabine Hargous.
Jean-Pierre Vittori présente : CONFESSIONS D'UN PROFESSIONNEL DE LA TORTURE. La guerre d'Algérie. Ramsay «image».
L'AFFAIRE PETIOT, Jean-François Dominique. Ramsay «image».
LE MAGNÉTISME, HISTOIRE, TECHNIQUES ET APPRENTISSAGE DU POUVOIR MAGNÉTIQUE, Émile Wanono. Ramsay «image».
ASTROLOGIE ET SEXUALITÉ, Judith Bennet. Ramsay «image».
HAENDEL, Janine Alexandre-Debray.
ANTI-GUIDE DE MOSCOU, Alexandre Dimov. Ramsay «image».
LES AVENTURES DE MA VIE, Henri Rochefort, Présentés par Jean Guichard-Meili. Ramsay «image».
LA STRATÉGIE DU MENSONGE. DU KREMLIN A GEORGES MARCHAIS, Auguste Lecœur.
LE BATEAU BLANC, Bernard Kouchner.
UN JUIF PAS TRÈS CATHOLIQUE, Alexandre Minkowski.

Département Histoire

LE P.C.F. DANS LA GUERRE, Stéphane Courtois.
UN CHATEAU EN ALLEMAGNE, SIGMARINGEN 1944-45, Henry Rousso.
LE CAS WALLENBERG, Jacques Derogy.

Collection «L'âge de...»

LA JEANNE D'ARC EST ROUILLÉE, Jacques Krier.

Romans, récits

DEVENIR CÉCILE, Lionel Rocheman.

FORTERESSE SOLITUDE, Pierre Barluet.
DE QUEL AMOUR BLESSÉ, Huguette Maure.
LE PRIX D'UNE MÈRE, Ferdinand Freed.
SI L'ON POUVAIT PARLER D'AMOUR ET RIRE ENCORE! Chantal Demaisière.
ALLIGATOR, Shelley Katz.
SOUVIENS-TOI ÉLÉONORE! Caroline Babert.
ORCA, Arthur Herzog.
ENTRE DIEU ET DIABLE, Emmanuel Maffre-Baugé.
LA GUARDIA AIRPORT, Pierre de Plas.
CEREBRO, I. Frédefon, J. Davin.
LES JOURS TROP BLEUS, Pierre Dumoulin.
LE JUGEMENT DE POITIERS, Jean Demélier.
PLUS TARD AU BORD DU LAC, Marcel Domere.
LE FILS MÈRE, Gail Parent, traduction Erik Kahane.
LE DÉSERT DE L'IGUANE, Alain Dubrieu.
STALINODIE, Pierre Hulin.
UN LYCÉEN A BUCHENWALD, Jacques Bailly. Ramsay «image».
RÊVE D'INCESTE, Elisabeth Mesner. Ramsay «image».
RAHEL, MA GRANDE SŒUR, Clara Malraux.
BALLADE POUR UN PÈRE, Xavier Emmanuelli.
MARIE, Annick Bernard.
LA POUDRE. CONFESSIONS D'UN REVENDEUR D'HÉROÏNE, Léon Serguine. Ramsay «image».
ALICE AU PAYS DES FEMMES, Elula Perrin. Ramsay «image».
AMANDA MIRANDA, Richard Peck, traduction Marc Albert.
LA BANQUIÈRE, Georges Conchon, Jean Noli.
LES MÉANDRES DE LA MOSELLE, Caroline Babert.

Collection «Mots»

BALAGE BOUNEL, Marco Koskas.
LE CAILLOU, Clarisse Nicoïdski.
RIDES, Charles Simmons, traduction Gilles Chahine.
LE MARIN BLANC DU PRÉSIDENT, Jérôme Charyn, traduction Birgitta Hessel.
LES HOMMES SPIRALES, Nicole Lise Bernheim.
LES PETITS CHEMINS DE L'ABIME, Pierre Joffroy.
SIGNES PARTICULIERS, Pascal Bonafoux.

Domaine romanesque

LA TABLE D'ASPHALTE, Revzani.

Mémoires de Saint-Simon

1 - 1691-1694. Présenté par F.R. Bastide.

2 - 1695-1699. Présenté par Ph. Erlanger.
3 - 1699-1702. Présenté par le duc de Castries.
4 - 1702-1705. Présenté par J.-L. Curtis.
5 - 1705-1707. Présenté par J. de Lacretelle.
6 - 1707-1709. Présenté par Sainte-Beuve.
7 - 1709-1710. Présenté par E. Le Roy Ladurie.
8 - 1710-1711. Présenté par Hyppolyte Taine.
9 - 1711-1713. Présenté par Didier Martin.
10 - 1713-1714. Présenté par Barbey d'Aurevilly.
11 - 1714-1715. Présenté par André Maurois.
12 - 1715-1716. Présenté par Henri de Montherlant.
13 - 1717-1718. Présenté par le duc de Lévis Mirepoix.
14 - 1718. Présenté par René Girard.
15 - 1718-1720. Présenté par Erik Orsenna.
16 - 1720-1721. Présenté par J.-C. L. de Sismondi.
17 - 1721-1723. Présenté par Ph. Sollers.
18 - Table alphabétique générale des Mémoires.

Collection « Vie Antérieure »

HENRI QUATRE, Gaston Bonheur.
CALLAS, UNE VIE, Pierre-Jean Rémy.
L'ENRAGÉ, Dominique Rolin.
CORTÈS OU L'AFFRONTEMENT DES DIEUX, Jean Duché.
LES CINQ GIROUETTES, Jean-Louis Bory.
JULIE DE LESPINASSE. MOURIR D'AMOUR, Jean Lacouture, Marie-Christine d'Aragon.
L'ABBÉ DON JUAN, Jacques Perry.

Collection « Reliefs »

Philippe Ariès présente : LA CIVILITÉ PUÉRILE, Erasme.
André Fermigier présente : TROIS MAÎTRES, Alexandre Dumas.
Michel de Certeau présente : LES GRANDS NAVIGATEURS DU XVIIIe SIÈCLE. Jules Verne.
Henri Guillemin présente : DE L'ABSOLUTISME ET DE LA LIBERTÉ. F. de Lamennais.
Dominique Fernandez présente : TRAITÉ DES EUNUQUES, Charles Ancillon.
Michel Tournier présente : ESSAI SUR LES FICTIONS. Germaine de Staël.
Gérard Guégan présente : THÉORIE DE L'AMBITION. Hérault de Séchelles.

Beaux Livres

ISRAËL, OMBRES ET LUMIÈRES, sous la direction de Joseph Kessel.
CHEFS-D'ŒUVRE DE LA PHOTO ÉROTIQUE.
ANTHOLOGIE DU VERS UNIQUE, Georges Schéhadé.

LA DERNIÈRE MODE, GAZETTE DU MONDE ET DE LA FAMILLE, Stéphane Mallarmé.
GUIDE PRÉCIEUX DES APHRODISIAQUES, Antoine Grenelle.
INTRÉPIDE EUROPE, Chenez.
L'OPÉRA DE 1597 A NOS JOURS.
Jean-Michel Royer présente : LES MÉMOIRES DE M. D'ARTAGNAN.

Collection «Nostalgie»

LES GRANDS GOALS DE L'HISTOIRE, Philippe Robrieux.
HISTOIRE DE PIAF, par Monique Lange.
LE VEL'D'HIV', Liliane Grunwald et Claude Cattaert.
L'AGE D'OR DU ROCK'N'ROLL, Jacques Barsamian, François Jouffa.
LUIS MARIANO, Jean-Louis Chardans. Ramsay «image».

Collection «Fureurs du Temps»

LA FRANCE A L'ABATTOIR, Pierre Bourgeade.
ASSEZ MENTIR, Vercors/Olga Wormser-Migot.
DIEU, QUE LA CRISE EST JOLIE! Philippe de Saint-Robert.

Collection «Spectacle»

LE CENTRE POMPIDOU, UNE NOUVELLE CULTURE, Robert Bordaz.
LE CINÉMA ET MOI, Sacha Guitry. Présenté par F. Truffaut.
LETTRES SUR LA DANSE. Présenté par Maurice Béjart.

Collection «Les Témoins du Sport»

FOOTBALL EN LIBERTÉ, Michel Hidalgo.
AVANTAGE FRANCE! J. Jauffret, Ch. Quidet.

Guides Pratiques

OÙ JOUER AU TENNIS, Gilles Lambert, Michel Sutter.
BIEN MANGER PRÈS DES AUTOROUTES, Pierre Amalou.
BIEN VIVRE SA GROSSESSE, Pr Yves Malinas.
L'AIDE-MÉMOIRE DE LA JEUNE MAMAN, Marguerite Kelly, Elia Parsons. Ramsay «image».
LA CUISINE AUX FRUITS, Marc Giniès.
PÂTES ET RIZ, 200 FAÇONS DE LES ACCOMMODER, Elmo Coppi.

Mes tables de fêtes, 91 restaurants parisiens, Claude Olievenstein, Ramsay «image».

Jeux, astuces et bricolage de l'Alsace authentique, Jacques Legros, Nouvelle édition 1980.

Guide Kronenbourg du Nord-pas-de-Calais authentique, André Gamblin.

«Les livres Femme pratique»

Le cahier de couture de maman, Françoise Lebrun.

Décors de table, Béatrice Malan, Marine Jacquemin.

La nouvelle cuisine pour chiens, Béatrice de Goutel

J'accouche en sécurité, Docteur David Elia.

Les enfants et le divorce, Richard A. Gardner, présentation du Dr Julien Cohen-Solal.

Les vertus des plantes, Maguelonne Toussaint-Samat.

Ces merveilleux desserts, Alice Vogel.

Cet ouvrage a été réalisé sur
SYSTÈME CAMERON
par Firmin-Didot S.A.
pour les Éditions Ramsay
le 5 septembre 1980

Imprimé en France
Dépôt légal : 3e trimestre 1980
N° d'édition : 360 — N° d'impression : 6993

Zu Gast bei Fürst Pückler

DIE TAFELFREUDEN
DES GRÜNEN FÜRSTEN

65 HISTORISCHE REZEPTE NEU INTERPRETIERT VON TIM SILLACK
HERAUSGEGEBEN VON MARINA HEILMEYER & STEFAN KÖRNER
FOTOGRAFIEN VON MARINA JERKOVIC

PRESTEL
MÜNCHEN · LONDON · NEW YORK

07 — Vorwort 15 —
freuden 39 —
57 — Suppen
97 — Fleisch

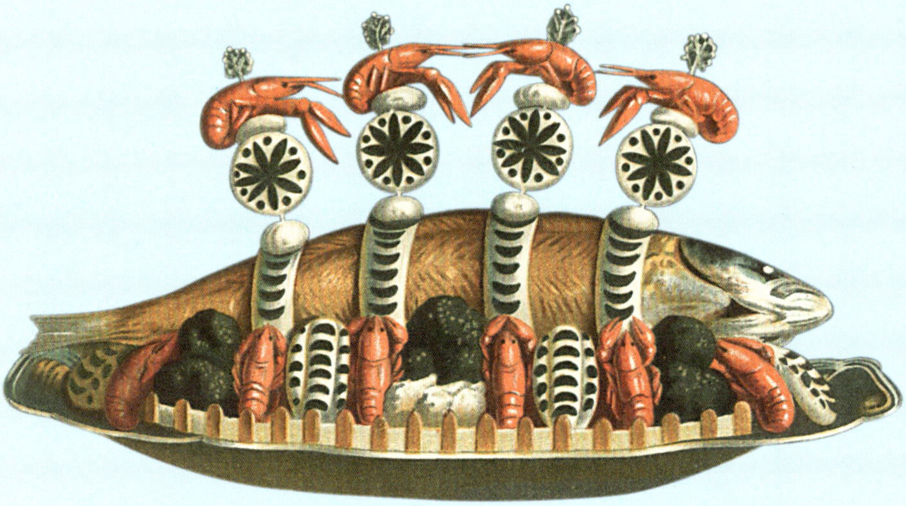

153 —
173 —
195 — Dessert & Eis

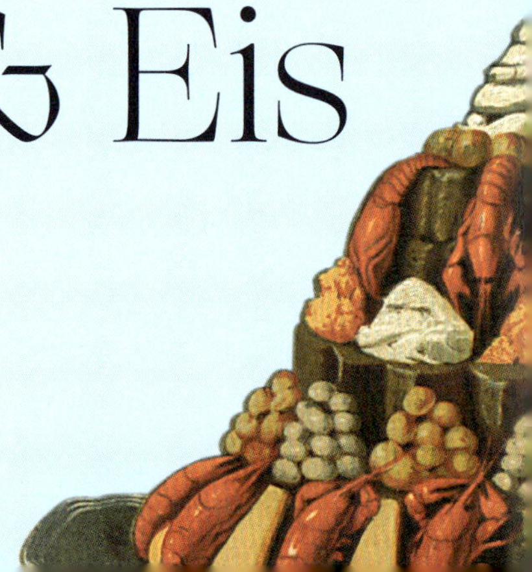

Fürstliche Tafel-Vorspeisen

79 — Fisch

119 — Pasteten

135 — Große Braten

Gemüse

Süßspeisen

215 — Essenzen

» Es ist dieses der Gourmandise, und befindet sich unmittelbar neben dem ehemaligen Mordsinn, denn es findet, gleich ihm, im Zerstören sein höchstes Vergnügen. Ich besitze es in bedeutendem Maße. Es verleiht dieses Organ nicht blos die gemeine Lust am Essen und Trinken, sondern befähigt seine Inhaber auch, die wahre Qualität der Weine und ihr Bouquet zu würdigen, so wie jeden Fehler und jede Genialität des Kochs augenblicklich gewahr zu werden. «

Briefe eines Verstorbenen, 4. Teil: 1826, 1827 und 1828, 1831, S. 124f.

Vorwort

STEFAN KÖRNER

»Semilasso ist uns als ein zu großer Freund der Gastronomie bekannt.«

Vorletzter Weltgang von Semilasso, 1835, S. 281

Hellwach war Fürst Hermann von Pückler-Muskau Zeit seines Lebens, auch wenn er sich selbstironisch als »Semilasso« (Halbmüder) bezeichnete. Nach aufsehenerregenden Aktionen in seiner Jugend in deutschen Landen, seiner abenteuerlichen Reise durch den Orient und großen Erfolgen als Schriftsteller in ganz Europa begann der »Grüne Fürst« 1846 mit der Gestaltung der Branitzer Parklandschaft im Süden des heutigen Landes Brandenburg noch einmal ganz von vorn. Mit Drive und Erfolg schuf Pückler hier seinen Alterssitz in einem Gesamtkunstwerk von Gartenkunst, Architektur und Kunstsammlungen und begründete seinen Weltruf als Gastrosoph. In fünf kostbaren Tafelbüchern wurden bis 1871 die fürstlichen Gäste und die ihnen kredenzten Gerichtefolgen verzeichnet, die Grundlage von Küchengeschichte und den Neuinterpretationen dieses Buches sind.

Zeit seines Lebens war Pückler die Neuerfindung, Selbstinszenierung und der Widerspruch in sich selbst: Aristokrat und Vordemokrat, Dandy und Melancholiker, Starschriftsteller mit gigantischem Erfolg und Gartenkünstler (oft) ohne genügend Geld, jugendlicher Salonlöwe und kosmopolitischer Hommes des lettres, umtriebiger Frauenschwarm und treuer Lebenspartner, Weltrealist voller Jenseitshoffnung, Grenzgänger zwischen Wissenschaft, Dichtung und Wahrheit. Sein Leben war bunt, sein Geist neugierig, seine Art ungeduldig, sein Humor hemmungslos. Der Ruf des »Tollen Fürsten« zwischen London und Muskau, zwischen Kairo und Branitz ist bis heute legendär. Das Innerste des *»fashionabelsten aller Sonderlinge«*, wie Heinrich Heine ihn nannte, ist jedoch bis heute rätselhaft. Nach Pücklers Aussage war seine Haupteigenschaft der *»Geschmack – der in allem das Vollkommenste zu erreichen sucht, und zu finden versteht.«*

Dieses Pückler-Kochbuch nimmt die Branitzer Tafelbücher, die sich im Besitz der gräflichen Familie Pückler befinden, zum Ausgangspunkt einer Reise in dieses Kapitel europäischer Geschmacks- und Küchengeschichte. Marina Heilmeyer, beste Kennerin des »Kulinarischen Fürsten« berichtet von den Tafelfreuden des Fürsten. Kleine Küchengeschichten garnieren die Rezepte, die Küchenchef Tim Sillack in seinem Restaurant »Lou« im historischen Kavalierhaus am Schloss Branitz neu interpretiert hat. Die Bilder der Gerichte und des Branitzer Gartenreichs des »Grünen Fürsten« von Marina Jerkovic lassen den »Freund der Gastronomie« hellwach in die Gegenwart leuchten.

Des
Herrn Fürsten von Pückler-Muskau
TAFELBUCH
gefangen im Jahre
1854

Fürstliche Tafelfreuden

—

MARINA HEILMEYER

Spät im Herbst des Jahres 1855 kehrte Fürst Pückler nach langer Abwesenheit wieder ins Schloss seiner Väter in Branitz zurück. Er wird für die Reise, wie er es später auch vielen seiner Besucher empfahl, von Berlin aus den seit 1846 fahrenden Zug ostwärts bis ins Städtchen Guben genutzt haben. Nach sechs Stunden Fahrt war dieses erste Ziel erreicht. Von Guben aus gelangte man mit der Kutsche in weiteren zwei bis drei Stunden in die Stadt Cottbus, wo eine elegante Equipage des Fürsten wartete, um die Reisenden ins nahe gelegene Schloss Branitz zu bringen. Es wird schon dunkel gewesen sein, als der Fürst an jenem 24. Oktober 1855 seinen Park und sein Schloss wiedersah, wo er von seinen treuen Bediensteten empfangen wurde. Obwohl der Fürst über zwei Jahre auf Reisen gewesen und die Fürstin bereits mehr als ein Jahr verstorben war, funktionierte der Schlosshaushalt unter Leitung der Inspektorin Bertha Stauß bestens. Der Park galt dank des steten Einsatzes von Obergärtner Wilhelm Freschke weiterhin als grüne Oase in der Lausitz, und um den täglichen Ablauf aller Arbeiten hatte sich Sekretär Albert Bidault zuverlässig gekümmert. Daher war der Champagner kalt gestellt und der Bordeaux hatte die rechte Temperatur, als sich der rückkehrende Fürst Pückler mit seinem »Hofmarschall«, dem kleinwüchsigen Wilhelm Masser, genannt Billy, spätabends an die schön gedeckte Tafel setzte, um ein Sieben-Gänge-Menu zu genießen.

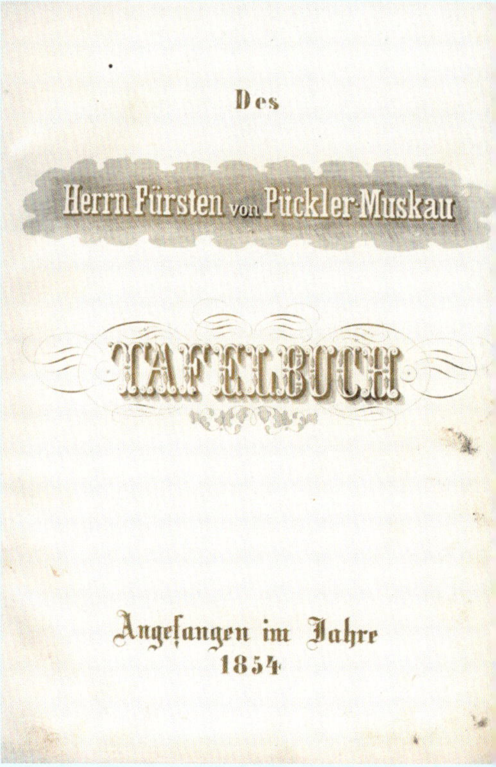

Die Tafelbücher – europäisches Genusserbe

Dem stets reiselustigen Billy wird der Fürst von seinen Reisen in den vergangenen Jahren erzählt haben. Vor allem von seinen langen Aufenthalten in Paris, wo er die bekanntesten Restaurants wie das »Trois Frères Provencaux« besucht hatte, bei Kaiser Napoleon III. gespeist, sich auf dem Büchermarkt im Auftrag von Preußens Prinzessin Augusta nach den modernsten Kochbüchern umgesehen und die neueste Ausgabe von Brillat-Savarins »La Physiologie du goût« für die eigene Bibliothek in Branitz erstanden hatte.

Zum Thema Essen und Geschmack erwartete ihn aber auch hier in Branitz eine Überraschung. Billy Masser wird dem Fürsten im Laufe des Abends die Neuigkeit gezeigt haben: ein großes, noch heute vorhandenes Tafelbuch.

Links oben: nach Julius Gottheil, Schloss Branitz von Osten, aus dem Schmuckblatt »Schloss Branitz und Umgebung«, Stahlstich, 1857 / links und oben: Titelseite und Einband mit dem fürstlichen Wappen des ersten Bandes »Des Herrn Fürsten v. Pückler-Muskau Tafelbuch«, 1854

Der Einband aus dunklem Saffianleder, auf dem der Besitzvermerk des Fürsten in Form eines runden goldenen Stempels prangt: die vom Fürstenhut gekrönte Devise »AMOR ET VIRTUS« (»Liebe und Tugend«) im Rund um einen Adler. Innen steht zu lesen: *»Des Herrn Fürsten von Pückler-Muskau Tafelbuch, angefangen im Jahre 1854«*. Auf den ersten Seiten hatte der Sekretär des Fürsten, Albert Bidault, vermerkt: *»Während der Abwesenheit des Herrn Fürsten«* und auf der linken Seite in deutscher Sütterlin-Schreibschrift das Datum, die Namen und Titel der bewirteten Gäste, die servierten Speisen und Getränke. Rechts waren die gleichen Angaben in Französisch und mit lateinischen Buchstaben festgehalten. Diese genauen Aufzeichnungen sollten wohl beweisen, wie gut man in Branitz auch in Abwesenheit des Fürsten selbst Gäste aus dem preußischen Königshaus zu betreuen und zu bewirten verstand.

Zunächst kam der 23-jährige Prinz Friedrich Wilhelm, der spätere Kaiser Friedrich III., mit Gefolge und wurde bei strahlendem Sommerwetter in der Pergola vis-à-vis des Schlosses mit einem »kalten Frühstück« überrascht, das sieben Gänge umfasste. Dieser Besuch wurde nicht nur als erster Eintrag im ersten Tafelbuch festgehalten, sondern auch in einem Bericht von Billy Masser an den Fürsten lebendig erzählt: *»Ich lud die Herren unter die Pergola, wo die Madame Stauß das sehr erquickliche Déjeuner hatte servieren lassen. Das überraschte den Prinzen ganz ungemein, und langte* [er] *nun aber mit einem Appetit zu, daß es eine Freude war zu zusehen. Auch hatten sich mittlerweile noch mehrere Offiziere aus seiner Umgebung in der Nähe eingefunden, und schauten oft mit sehnsüchtigen Blicken zu uns herüber, so daß ich mich erdreistete, Seine Königliche Hoheit zu fragen, ob ich wohl die Herren auch zu diesem Déjeuner einladen dürfte. Dies war ihm ganz angenehm, und nun wurde die Gesellschaft erst recht heiter und die Unterhaltung sehr vergnügt. Ein Glas Eisbowle nach dem andern wurde mit wahrer Wonne geleert, und einer Speise nach der andern wurde mit wahrer delicia zugesprochen, so daß die Herrn zuletzt alle einstimmig versicherten, sie könnten nun nichts weiter genießen, so vortrefflich hätte es ihnen geschmeckt.«*

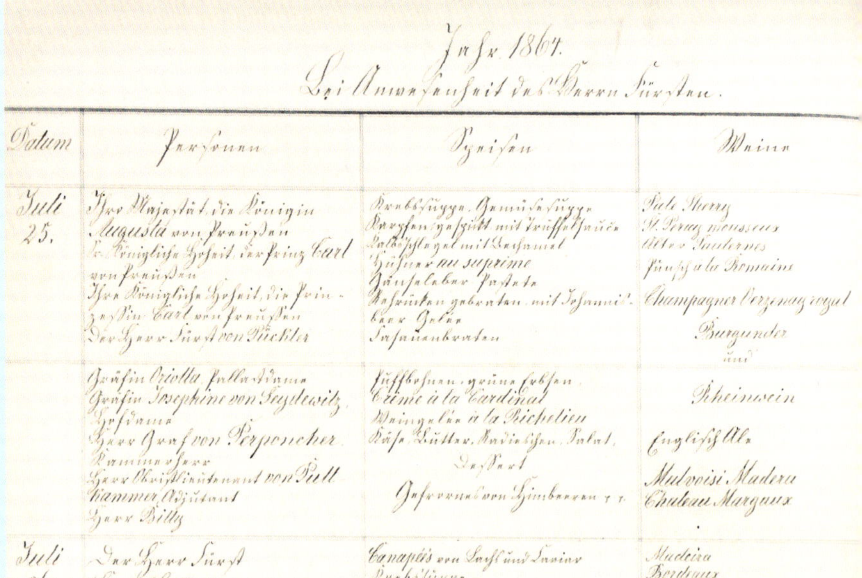

Zwei Wochen später stand die Branitzer Küche vor der Aufgabe, ein mittägliches Menu für ein Paar aus der fürstlichen Verwandtschaft zu servieren, das mit türkischen Pastetchen und »Artischocken à la Barigoule« glänzte. Wenig später meldete sich recht kurzfristig auch noch König Friedrich Wilhelm IV. von Preußen an, um den nun schon viel gerühmten Park zu besichtigen. Dieses Mal war Billy Masser verreist, aber Obergärtner Wilhelm Freschke übernahm die Führung und die bravouröse Schlossinspektorin Bertha Stauß servierte dem König und seinem Gefolge unter anderem eine jahreszeitliche Spezialität des Hauses, eine Pastete von Bekassinen.

Nur ein kleines Gabelfrühstück mit Gänsebraten und den für die Lausitz typischen »Plinsen« oder Pfannkuchen bekamen zwei adelige Damen, die das Grab der kürzlich verstorbenen Fürstin Lucie besuchen wollten.

Der Fürst dürfte sehr begeistert gewesen sein über diese genauen kulinarischen Aufzeichnungen in solch einem prächtigen Tafelbuch. Nur die summarische Angabe eines 1. und 2. Desserts gefiel ihm nicht. Er wollte erklärt haben, was man sich in Branitz darunter vorzustellen habe. Und so notierte Billy Masser noch unten auf dieser Seite des Tafelbuches: *»Das erste Dessert an der Tafel des Herrn Fürsten besteht aus Käse, Salat, Radieschen, Fenchel, Staudensellerie, Pumpernickel, Salzstängel, frischer Butter, etc., wozu English Ale serviert wird.*

Das zweite Dessert besteht wie gewöhnlich aus Gefrorenem, frischen und eingemachten Früchten, Compotte und Bonbons, wozu Bordeaux, Madeira und für die Damen süße Weine serviert werden. Bei kleiner Tafel werden einige Arten Gefrorenes, zuweilen auch am Schluss des Diners als süße Speise gegeben, dann aber nur das erste Dessert serviert.«

Mit der Rückkehr des Fürsten Pückler nach Branitz im Herbst 1855 begannen nun die regelmäßigen Aufzeichnungen im ersten Tafelbuch. In den folgenden 15 Jahren, bis zum Dezember 1870, sollten noch vier weitere Bücher (alle in Leder gebunden und die Seiten mit goldenem Schnitt) mit sorgfältigs-

Links: Pückler-Tafelbuch vom 25. Juli 1864: Besuch der Königin Augusta von Preußen mit Speisen und Weinen / rechts: Porträt Billy Masser, Haushofmeister des Fürsten und Mitverfasser der Pückler-Tafelbücher, Fotografie, um 1865 / unten: Moritz Daffinger, Porträt Fürst Hermann von Pückler-Muskau in Wien, Gouache, 1840

ten Eintragungen gefüllt der Nachwelt dokumentieren, wer zu Besuch kam und was es zu essen und zu trinken gab – ein kulturhistorischer Schatz, wie er in dieser Form bisher nirgendwo sonst gefunden wurde.

Die Tafelbücher erzählen nicht nur von den bedeutenden Ereignissen und den königlichen Besuchen, sondern verraten auch kleine Geheimnisse aus der Küche und über das Leben in Branitz. Sie berichten von jahreszeitlichen Besonderheiten, davon, wie oft der »Herr Fürst« und der »Herr Billy« nur zu zweit speisten, und dass es immer zwei Suppen zur Auswahl gab, sobald hochrangiger Besuch nach Branitz kam. Hier kann man auch verfolgen, dass es zum 70. Geburtstag des Fürsten am 30. Oktober 1855 seine Lieblingsgerichte wie Petersiliensuppe, Rindfleisch mit Sardellensauce und Kirscheis zum Dessert gab. Zu jedem Menu wurde Champagner gereicht und jeder Braten von Salat begleitet. Man erfährt, wer mit dem Fürsten tafelte, was Routine war und wann die Küche zu Höchstleistungen ermuntert wurde. Im letzten der Tafelbücher sind für den 26. Dezember 1870 noch zwei Gäste, ein neungängiges Menu und sechs sorgfältig sowohl auf die Speisen wie auch auf die Vorlieben der Gäste abgestimmte Getränke verzeichnet, bevor die Eintragungen vom 27. bis 31. Dezember 1870 nur noch die traurige Nachricht *»Der Herr Fürst krank«* vermitteln. Im Ganzen sind in 15 Jahren die abendlichen Menus von 3.542 Tagen aufgezeichnet worden, außerdem einige wenige Déjeuners. Zweimal wurde ein »Gabelfrühstück« angerichtet.

Der kulinarische Tagesablauf des Hausherrn

Der Fürst war ein Nachtmensch, der erst mittags aufstand, eine Tasse Tee zu sich nahm und es liebte, abends spät zu speisen. Schon als er 1811 – ganz unerwartet früh – die Standesherrschaft Muskau erbte und in jugendlichem Übermut mit gerade einmal 26 Jahren das Glück seiner Unabhängigkeit auskostete, liebte er diese Tageseinteilung und schrieb in sein Tagebuch: *»So lebe ich hier ganz allein ein wahrhaft patriarchalisches Leben, die Nacht lese ich, am Tage schlafe ich, und den Abend von 5 bis 10 Uhr bringe ich im Walde zu. Um 10 wird erst diniert, eine neue, sehr zweckmäßige Mode.«* Weniger begeistert waren allerdings seine Mutter, seine Schwestern und Schwager, die mit ihm im gewaltigen Muskauer

Schloss, dem Anwesen der mütterlichen Familie von Callenberg, lebten. Vor allem die Schwager verbrachten den Tag in der Küche, um ihren Hunger zu stillen und von den schon für den Abend zubereiteten Speisen zu naschen, wie der junge Pückler amüsiert feststellte.

Eine ähnliche Tageseinteilung wollte der Fürst in fortgeschrittenem Alter nun auch in Branitz verwirklichen und formulierte sie zunächst 1859 für einen Vetter, der ihn besuchen wollte, folgendermaßen: »*Übrigens lebt man hier bei mir ganz nach englischer Weise, d.h. ungeniert wie in seinem eigenen Hause. Jeder verlangt von der Schlossinspektorin durch die Diener was er wünscht, theilt den Tag über seine Zeit wie er Lust hat, bekümmert sich ebensowenig um den Hausherren, als dieser um ihn*«.

Diese »Hausordnung« präzisiert er 1869 für seine Biographie in Punkt fünf noch einmal: »*Der einzige Zwang besteht darin, zum Diner um 9 Uhr zu kommen, wenn der Tamtam zum zweitenmal donnert. Nur Krankheit, die der liebe Gott verhüte, dispensiert von dieser Pflicht. Nach dem Kaffee ist jedes Menschenkind wieder frei.*«

Für den Fürsten, diesen mit seinen 70 Jahren immer noch sehr eleganten und schlanken Mann, begann im Spätherbst 1855 in Branitz ein neuer, aber auch der letzte Abschnitt seines Lebens. Im Park würde er in den nächsten Jahren seine Pyramiden bauen, im Schloss wollte er viele Räume neu gestalten. Sein

Links: Hans Bach, Landpyramide im Branitzer Park, Fotografie, 2014 / links und rechts unten: nach Julius Gottheil, Treppenfichten auf den Mondbergen und Seepyramide mit Cottbus im Hintergrund, aus dem Schmuckblatt »Schloss Branitz und Umgebung«, Stahlstich, 1857

70. Geburtstag scheint dem Fürsten Anlass gewesen zu sein, der Welt noch einmal zu beweisen, welche Schöpferkraft und wieviel Gestaltungswillen noch in ihm steckten. Lange hatte er geträumt von einem ganz und gar selbstbestimmten Leben, in dem er sich keinem anderen Urteil und keinen anderen Geschmacksvorstellungen mehr unterwerfen müsste. Nach dem Tode der Fürstin konnte und musste er nun über alles alleine bestimmen. Und damit eben auch über den gesamten Haushalt mit Küche und Keller.

Gut geschultes Personal und eigene Ideen ließen ihn bald davon schwärmen, dass er in Branitz besser esse und trinke als irgendwo sonst auf der Welt. Hier verfügte er über ein wirkliches *»Chez Moi«*, wie er es nannte, also ein selbstbestimmtes Zuhause, in das er gerne Gäste einlud. Sie blieben häufig nicht nur zum gemeinsamen Tafeln, sondern verweilten auch für einige Tage. Der Fürst bediente sich bei den Einladungen gerne des alten italienischen Begriffes der »Villegiatura«: Seine Selbstinszenierung als charismatischer Weltmann in der tiefsten preußischen Provinz begann.

Während aber sein Gestaltungswille, seine Ideen und seine Schöpferkraft in Schloss und Park mit den Pyramiden der Nachwelt über Generationen erhalten bleiben sollten und sich selbst dokumentieren konnten, wären seine Fähigkeiten als Gastgeber, sein außergewöhnlicher Geschmackssinn, seine kulinarische Sinnlichkeit, seine Genialität in der Zusammenstellung von Menüs verlorengegangen ohne die Tafelbücher. Sie belegen des Fürsten Fähigkeiten als unübertrefflichen Gastgeber, als Weinkenner und Gourmet und sicherten seinen Nachruhm, der ihm so wichtig war.

Europa im Jahrhundert des Genusses

Es entsprach dem europäischen Zeitgeist in der trotz aller Kriege wirtschaftlich prosperierenden zweiten Hälfte des 19. Jahrhunderts, über kulinarischen Genuss zu diskutieren, über die Zubereitung von Speisen, über Wein und Punsch, über Pastete und Eis. Könige kochten und Köche wurden fürstlich entlohnt.

Das Thema Geschmack war allgegenwärtig, auch in Preußen. Stolz wurden Rezepte nach ihren Erfindern benannt. Man schwelgte im Luxus kostbarer Delikatessen. Was Kochbücher alleine nicht zu vermitteln vermögen, – die Kochkunst und die Tafelfreuden als integraler Bestandteil des Lebens, als Ausdruck von Persönlichkeit – das bieten die Tafelbücher in Branitz par excellence.

Dass er, der Fürst, über eine besondere Fähigkeit zur Gourmandise oder Feinschmeckerei verfügte, war ihm erstmals bei seinem Aufenthalt in England um 1827 aufgefallen. Er bemerkte damals, dass er nicht nur eine besondere Lust am Essen und Trinken verspüre, sondern auch die Qualität von Wein bestens beurteilen könne. Vor allem aber könne er jeden Fehler, ebenso wie jede Genialität eines Koches sofort entdecken.

Diese Erkenntnis führte beim Fürsten zu einer verstärkten Beschäftigung mit Fragen rund um Geschmack und Genuss, die ihm sowohl eine besondere Form von Selbstinszenierung wie auch von Selbstreflexion ermöglichten. Er entwickelte, wie seine Tagebücher und Briefe bezeugen, ein enormes Interesse an literarischen Dokumenten zum Thema, das von der Antike bis in seine Zeit reichte. Er zitierte den römischen Philosophen Seneca und dessen Beschreibung des adeligen Landlebens im antiken Rom, dessen Luxus maßgeblich in der Rückbesinnung auf Produkte von eigenen Feldern, Wäldern, Gärten und Gewässern bestehe. Eine frappierend moderne Idee, der auch Pückler gerne folgte und regionalen Spezialitäten der Lausitz gern den Vorzug gab. In seinen Gärten ließ er zudem seltene Gemüsesorten anbauen und präsentierte sie gut zubereitet seinen Gästen.

Er liebte den Hecht mit Spreewaldsauce, Karpfen in verschiedensten Zubereitungsarten, Neunaugen und Barsche, Aal und Krebse. Er liebte wildes Geflügel – heute schwer vorstellbar –, das Spektrum reichte von Lerche über Birkhuhn bis zum Auerhahn. Gurken und Spargel wuchsen in der Nachbarschaft, Moosbeeren und Berberitzen für ein wundervoll rot getöntes Eis wur-

den in den Wäldern gesammelt. Nicht zu vergessen die Kiebitzeier, die die Kinder seiner Arbeiter am Waldrand für ihn suchen gingen.

In der Theorie beschäftigten ihn Fragen rund um das Thema Geschmack und er zitierte den Königsberger Philosophen Immanuel Kant, der um 1780 schrieb: *»Die Kultur des Geschmacks verfeinert den Menschen überhaupt, und sie macht, dass er eines besonderen Vergnügens fähig wird, denn die Verfeinerung des Geschmacks bessert den Menschen, weil sie ihn gesellig macht, und der gute Geschmack beim Essen und Trinken schärft generell das Urteilsvermögen und so wird die Erkenntnis der Harmonien und Disharmonien des Lebens ganz allgemein gefördert.«* Was für ein Ansporn für einen Gourmand wie den Fürsten Pückler.

Gerade auf aristokratischer Seite gab es damals in Deutschland einen breit geführten Diskurs um die kulturelle und die ästhetische Dimension von Nahrung. Vor allem im Norden Deutschlands entstand ein literarisches Genre, die gastrosophische Literatur, die mit einer Mischung aus Rezepten, kulturgeschichtlichen Versatzstücken und anekdotenhaften Geschichten begeisterte. An der Lehre von den Freuden der Tafel, wie sie genannt wurden, war Pückler sehr interessiert und kannte ihre wichtigsten Vertreter wie Carl Friedrich von Rumohr, den er als einen großen Kunstkenner, aber auch als genialen Koch und *»behaglich originellen«* Gesellschafter beschrieb. Bei Eugen von Vaerst, dem Autor der 1851 publizierten »Gastrosophie oder Lehre von den Freuden der Tafel« schätzte er viele der als »Küchenzettel« bezeichneten Rezepte. Rumohr wie Vaerst waren mit dem damaligen

Links oben: Hans Bach, Schloss Branitz vom Schlosssee mit Venus Capua, Fotografie, 2013 / links unten: Pleasureground am Schloss mit dem Schnucke-Beet, Aquarell, um 1860 / oben: Andreas Franke, Sicht vom Kugelberg über den Schilfsee und Seepramide mit Gedenksteininsel im Tumulussee, Fotografien, 2019

Stand der Kochkunst in Deutschland ebenso unzufrieden wie der Fürst. Nachdem Pückler schon in England seine besondere Begabung für die Feinschmeckerei oder Gourmandise entdeckt hatte, verfolgte er mit den Einladungen an seine Tafel durchaus auch ein pädagogisches Ziel. Er habe es übernommen, so schreibt er, »*auf eine anmutige Weise, wie nur absichtslos und en passant, gesunde Ideen über vernünftiges Essen, worin seine Landsleute noch etwas zurück sind*«, etwas mehr bekannt zu machen. 1859 formulierte er ein sehr modern anmutendes kulinarisches Bekenntnis, als er der Schriftstellerin Fanny Lewald schrieb: *»Wenn Sie mich im Frühjahr in Branitz mit Ihrem Besuch erfreuen, verspreche ich Ihnen gute Diners, bei denen die Kochkunst der Natur nur nachhilft, und alle die guten essbaren Dinge auch nach sich selber schmecken und den Gaumen ihre feine Individualität erkennen lassen.«*

Ganz betont versprach er seinen Gästen in Branitz Gerichte vorzusetzen, *»wo die guten essbaren Dinge auch wirklich nach sich selber schmecken und nicht total verkocht und misshandelt sind«*.

Zu Tisch in Branitz

All die Menschen aus Cottbus und Umgebung, die seit Herbst 1855 die Ehre und das Vergnügen hatten, an die üppige Tafel des Fürsten geladen zu werden, verbreiteten die Fama von kulinarischen Wunderdingen. Auf die Besucher warteten Menus mit immer mindestens sechs gut aufeinander abgestimmten Gängen, begleitet von ebenso vielen köstlichen Weinen, seltenen Bieren, und vom stets fließenden Champagner. Und so dichtete der Prediger Robert Immanuel Berger, ein häufiger Gast auf Schloss Branitz, ein Lied, das an Goethes Sehnsuchtslied der Mignon erinnern sollte:

»Kennst Du den Fürst und seine Tafelfreuden
Wo Geist, Herz, Augen sich gemütlich weiden
Wo Scherz und Witz und Ernst in Harmonie
Dir zeigen des schönen Lebens Sympathie
Kennst du es wohl? Dahin, dahin
Lass uns zuweilen ziehn
das bringt dem Geist Gewinn.«

Links oben: Uwe Gaasch, Speisezimmer im Schloss Branitz, Fotografie, 2020 / links unten: Marina Jerkovic, Ananas auf der Kredenz, Fotografie, 2021 / oben: August Spitzer, Speisezimmer, Fotografie, um 1900

Neben den Cottbusern kamen in den ersten Jahren vor allem Mitglieder der Familie Pückler, um die Fortschritte bei der Parkanlage zu bewundern und zu sehen, wie sich das Leben des verwitweten Onkels entwickelte. Außerdem waren die Renovierungsarbeiten im Schloss in vollem Gange, so dass Pückler den ersehnten Besuch seines gleichaltrigen Freundes Karl August Varnhagen von Ense aus Berlin noch etwas verschieben musste, *»da im Hause von allen Seiten noch gebaut und meubliert wird, alles voll Maler, Vergolder und Tapezierer ist, die ich sämtlich im Hause unterbringen muss, so dass mir nicht mehr als drei oder vier anständige Fremdenzimmer übrig bleiben, woraus folgt, dass ich meine Gäste in kleinen Portionen nur nach einander und nicht mit einander sehen kann. Bliebe eine Serie nur einen halben Tag länger, so müßte sie im Park biwakieren.«*

Varnhagen und seine Nichte Ludmilla Assing konnten erst im Juli 1858 zu Besuch kommen. Ein Aufenthalt mit Folgen, denn die Schriftstellerin Ludmilla Assing empfahl sich mit einem Text über ihre Tage in Branitz als zukünftige Biographin des Fürsten, indem sie meinte: *»In der That gewöhnt man sich in Branitz schnell, das Unmögliche für möglich zu halten, und verliert somit den Maßstab der Dinge, alles ist anders als an anderen Orten, phantastisch, überraschend, märchenhaft.«*

In Berlin waren Varnhagen und seine Nichte früh aufgestanden, um den ersten Zug nach Guben zu erreichen, und nach langer Reise in Cottbus endlich von des Fürsten Equipage abgeholt zu werden. Varnhagen notierte in seinem Tagebuch: *»Nicht lange, und wir fuhren am Schlosse vor, das rings von Blumenterrassen umgeben ist, und stiegen auf prächtigen Granitstufen, von vergoldeten Gittern beschützt, zum Eingang empor; zahlreiche Dienerschaft kam uns entgegen, auf der inneren Treppe der Fürst selbst, in seiner türkischen Hauskleidung, uns herzlich bewillkommend, und uns zu unseren Zimmern geleitend.* [...] *Die Schöpferkraft, der Geist und Geschmack des Fürsten zeigten sich in allem, in Großem und Kleinem. Aus einer Sandwüste ist unter seinen Händen ein Paradies geworden.* [...]

Die Hauptmahlzeit war um halb 9 Uhr; reiche Tafel, feine Speisen, gute Weine; Champagner in Eis wurde immerfort eingeschenkt. Angenehmes Gespräch mit dem Fürsten, der stets verbindlich, geistvoll, anziehend, auf alles eingehend, in seiner Eigenheit beharrend und dabei ganz mild und billig für Andersgesinnte. Der Zwerg Billy mit bei Tisch, eine Art Faktotum, Vertrauter, Aufseher, Besorger, aufmerksam, verständig, in seiner Art gebildet. Nach dem Essen mit dem Fürsten in seinen Zimmern bis halb 2 Uhr in stets lebhafter Unterhaltung.

Am zweiten Tag Mahlzeit um 9 Uhr; es waren Gäste dazu aus Cottbus geholt worden, der Oberbürgermeister und der Landgerichtsrat. Gute Unterhaltung. Die Cottbusser voller Ehrfurcht, aber gesprächig und ungezwungen, lassen es sich gut schmecken. Nach dem Essen im Billardzimmer. Ich spielte eine Partie Billard mit dem Fürsten und eine Partie Schach mit Billy. Wir trennten uns um 1 Uhr.«

Es gab Croquetten, Plinzen mit Chadeau, Hecht, gebratene Tauben mit Salat, Paradiesäpfelsuppe, Cremetörtchen, »Pudding à la Nesselrode«, Kirschkuchen, Schinken mit gefüllten Zwiebeln, Coquillen mit Reis, Zunge und Weingelee. Zum Pudding Nesselrode, diesem feinen Gebilde aus Maronen, Sahne, Vanille und Maraschino, konnte Varnhagen lange Geschichten erzählen, denn er hatte 1814 den Fürsten Hardenberg, Schwiegervater von Pückler und Vertreter Preußens, nach Wien zum gleichnamigen, über das Schicksal Europas bestimmenden Kongress begleitet. Den Grafen Nesselrode hatte er dabei kennen und schätzen gelernt, denn er vertrat den Zaren von Russland bei diesem Kongress würdig. Sein Koch wiederum hatte dieses köstliche Dessert erfunden.

Solche Gerichte mit Geschichte sind in den Tafelbüchern oft zu finden. Beliebt war das »Huhn à la Marengo«, ein Rezept, das sich Napoleons Koch Dunant im italienischen Städtchen Marengo am Abend nach der siegreichen Schlacht gegen die Österreicher für den hungrigen Sieger Napoleon aus zufällig vorhandenen Ingredienzien ausgedacht haben soll.

Am letzten Tag ihres Aufenthaltes in Branitz schrieb Varnhagen in sein Tagebuch: *»Ludmilla ging früh mit Billy zur Pyramide und war ganz entzückt. Nachmittags zeigte uns der Fürst die Zimmer und Säle zu gleicher Erde. Die Prin-*

zessin von Preußen, die ihren Besuch versprochen, soll hier wohnen: Pracht und Geschmack im höchsten Verein.

Wir trennten uns spät, nicht ohne einige Rührung. Ludmilla verläßt das kleine Paradies sehr ungern; sie genoß alles in steter Entzückung. – Kein Abschied. Nur gute Nacht gewünscht! Wir reisen morgen früher, als der Fürst aufsteht. Ich habe viele Betrachtungen über das vornehme und reiche Leben angestellt.«

Das gesellschaftliche Spektrum der Gäste des Fürsten, wie es Karl August Varnhagen von Ense hier in seinem Tagebuch beschrieb, war stets groß und zeigt, wie sehr sich der Fürst immer wieder mit dem Philosophen Immanuel Kant und dessen Vorstellungen vom idealen Gastgeber beschäftigt hat. Kant meinte, um sich bei der Unterhaltung bei Tisch Mannigfaltigkeit zu verschaffen, müsste man Personen aus möglichst unterschiedlichen Lebensbereichen einladen: Juristen, Ärzte, Geistliche, Literaten, Künstler, gebildete Kaufleute, Landadel, Gutsbesitzer, Junge und Alte. Eben so, wie dies Varnhagen für die Tischrunden in Branitz beschreibt. Dabei sollte man beachten, dass, nach Kants Regeln, die Zahl der Gäste nie unter der Zahl der Grazien, also drei, und nie über der Zahl der Musen, also neun, liegen sollte. Hintergrund dieser Regeln, die Pückler einmal wörtlich zitiert, ist die Kunst der Konversation. Eine Unterhaltung bleibt mit drei Personen bei Tisch relativ sicher im Fluss, mit neun Personen lässt sich gerade noch ein gemeinsames Gespräch führen.

Links: Carl von Wieland, Porträt Fürst Pückler in orientalischer Tracht, kolorierte Fotografie, 1869/70 / oben: Martin Winzer, Schmiedewiese, Kavalierhaus, Pergolagarten Marstall und Schloss, Fotografie, 2021

Varnhagens Tagebuch verrät mit dem Eintrag am letzten Tag das eine große Ziel, auf das die Verschönerungen im Schloss und die Vervollkommnung des kulinarischen Angebotes in Branitz ausgerichtet war: auf einen Besuch der Prinzessin Augusta von Preußen. Dieser Wunsch sollte jedoch noch nicht so bald in Erfüllung gehen. Zunächst war Fürst Pückler 1861 zu den Krönungs-

feierlichkeiten für Wilhelm und Augusta in Königsberg eingeladen und konnte hier erstmals ein Menu genießen, für das der französische Starkoch Urbain Dubois verantwortlich zeichnete. Dubois hatte bereits in der ersten Auflage seines Kochbuches über die »Cuisine classique« ein Rezept für »Schinken à la Pückler-Muskau« veröffentlicht, das sich auch in der zweiten, 1864 dem Königspaar Augusta und Wilhelm von Preußen gewidmeten Auflage wieder findet.

Ein Jahr nach seiner Krönung besuchte König Wilhelm I. Branitz und blieb einen ganzen Tag zu Besuch. Fürst Pückler notierte stolz in sein Tagebuch: *»Ein ehrenvoller Tag, da mich der König Vormittag durch seinen gnädigen Besuch überrascht. Großes Diner mit den Cottbusser Behördenspitzen, und kleines Souper, dem nur seine Majestät, dessen Adjutant, mein Freund Baron Loe, meine Nichte und ich beiwohnen. Der König sehr heiter bleibt bis Mitternacht, ist liebenswürdig gegen meine Nichte, und verläßt uns mit einem herzlichen Dank für den frohesten Tag, den er seit langem gehabt, und dem Ruf aus dem Wagen: »Auf Wiedersehen!«*

Die genannte Nichte, Ida von Seydewitz, war die jüngste Tochter von Pücklers Halbbruder Max von Seydewitz. Bis zu ihrer Verheiratung 1863 übernahm sie in Branitz immer wieder einmal die Rolle der Dame des Hauses. Wie ihre Schwester Josephine hatte auch sie, wie Pückler gerne betonte, die von ihm so geschätzte Leidenschaft für die »Gourmandise«, die Feinschmeckerei, die an diesem Tag und bei diesem königlichen Besuch besonders gefragt war. Das »Déjeuner Dînatoire«, diese elegante Bezeichnung für ein frühes Mittagessen, bestand aus *»Krebssuppe, Gemüsesuppe, gespicktem Hecht mit Trüffelsauce, Rehrücken mit Moskowiter Sauce, Schinken mit gefüllten Zwiebeln, Pas-*

tete von Becassinen, gebratenem Fasan, Blumenkohl, grünen Erbsen, Pudding à la Nesselrode, Käse, Salat, und Himbeereis«. Auch die Weinbegleitung war eindrucksvoll: *»Madeira, Champagner crémant, Château Margaux, Rüdesheimer Berg, Romanée, Hochheimer Himmel, Champagner Verzenay, English Ale, Zypernwein, und Château Léoville«.* Am Nachmittag hatte der König Gelegenheit, die gerade fertiggestellte Pyramide zu besteigen und sich im Park umzusehen, bevor beim spätabendlichen Souper wieder zehn Gänge gereicht wurden. Diesmal gab es: *»Reissuppe, Champignonsuppe, gerösteten Aal mit grüner Sauce, Rindsfilet mit Gemüse, Hühner mit Estragon, Mayonnaise von Krebsen, Hase gebraten, Kirschkuchen, Käse, Salat, Dessert, Sahne- und Aprikoseneis«.* Wieder gab es zehn Weine, darunter einige, die am Mittag noch nicht gereicht worden waren, wie *»Xeres, Champagner crémant, Château d'Yquem, Hochheimer Hölle, Malvoisi und Madeira«* – und zum Abschluss *»Château Rausan«.* Zwei Suppen zur Auswahl gab es in Branitz nur für hochrangige Gäste. Die Auswahl an Weinen, sowohl für das Déjeuner wie auch für den Abend, muss für Weinkenner ein einziges Fest gewesen sein, denn Romanée, Château Margaux und Château Léoville zählen zu den berühmtesten Weinen weltweit; dazu als Höhepunkt am Abend noch ein weißer Château d'Yquem und ein roter Château Rausan, der bereits bei seiner Klassifizierung 1855 zu den besten Weinen Frankreichs zählte. Dem ausnahmsweise abwesenden Billy Masser schrieb der Fürst: *»Es war recht schade, dass Du den König in Branitz versäumt hast. Er war überaus gnädig und sehr heiter, spielte seit 30 Jahren zum ersten Mal wieder Billard mit meiner Nichte und bestieg, trotz des schlechten Wetters, die Pyramide.«*

Links und oben: Marina Jerkovic, Modelle der Baumtreppe und der Landpyramide in der fürstlichen Bibliothek, Fotografien, 2021 / oben rechts: Hans Bach, Blick von der Ägyptischen Brücke zu Landpyramide, Fotografie, 2013

Erst zwei Jahre später, an einem sonnigen 25. Juli 1864, kam endlich die so lange und so sehnsüchtig erwartete Königin Augusta mit einigem Gefolge nach Branitz. Ein reicher Glückstag, so wird der Fürst später sagen, sei für ihn dieser Besuch der Königin gewesen, auch wenn er nur sechs Stunden gedauert habe. Aber längst habe die Erfahrung ihn gelehrt, dass die schönsten Augenblicke im Leben stets die kürzesten seien. *»Von diesem glücklichen Tag wird*

kein Augenblick in meiner Erinnerung verlöschen. Und auch wenn mir Aladins Wunderlampe zur Verfügung stünde, hätte ich mir keinen schöneren Wunsch zu erbeten gewusst.«, so schwärmt der Mann, den die Königin immer als »Principe« oder als den »Zauberer« titulierte. Jahrelang hatte er auf diesen Besuch gewartet und war nun überglücklich, dass der Tag so perfekt gelaufen war.

Selbst der mitgereiste Prinz Carl, Schwager der Königin, und Pückler gegenüber stets sehr kritisch, war diesmal *»ganz entzückt von der liebenswürdigen Gastfreundschaft des alten Herrn«*. Nach der langen Bahn- und Kutschfahrt der königlichen Reisegruppe bat der Fürst erst einmal zum Diner im kühlen Speisezimmer. Für das Menu hatte er schon seit einer Woche mit seiner Küchenmannschaft geprobt. Man kann in den Aufzeichnungen der Tafelbücher gut nachverfolgen, dass viele der Speisen bereits an den Tagen vor dem großen Besuch schon einmal zubereitet wurden, um eventuelle Fehler zu erkennen und rechtzeitig zu beheben.

Das höchste Lob erhielt Pückler für seine Küchenkünste von Königin Augusta selbst, die das Diner in Branitz als das beste bezeichnete, das sie je genossen habe. Ihre Hofdame Gräfin Oriola ergänzte mit der Bemerkung, dass die servierten zwölf Gänge den Gipfel der Kochkunst erreicht hätten, in dem sie nur den Appetit angeregt und nicht gesättigt hätten. Dieses Urteil bedeutet umso mehr, wenn man bedenkt, dass seit 1861 am Berliner Hof der schon für die Krönungsfeierlichkeiten engagierte französische Kochkünstler Urbain Dubois tätig war. Betrachtet man die Speisenfolge des Menus genauer, fällt die raffinierte Abfolge der einzelnen Gerichte auf. Hier wechselten sich Farbe, Textur und Temperatur in so idealer Weise ab, dass das Menu trotz seiner zwölf Gänge, von den Gästen als belebend, anregend und überaus köstlich beschrieben wurde. Und der Fürst wird sich bestätigt gefühlt haben in dem, was er für sich schon im Voraus formuliert hatte: *»Es ist schon wahr, dass ich nur künstlerisch schaffend in meinem wahren Element bin. Dies ist mein mir von der höheren Macht über uns bestimmter Beruf, wie ich immer mehr einsehe. Meine Haupteigenschaft ist der Geschmack – der in allem das möglichst Vollkommenste zu erreichen sucht, und zu finden versteht.«*

Oben: M. Kubisch nach Atelier Jamrath & Sohn, Berlin, Porträt Königin Augusta von Preußen, Lithographie, um 1860 / rechts: Uwe Gaasch, Boudoir für Königin Augusta im Schloss Branitz, Fotografie, 2020

Lieferanten und Gäste vom königlichen Hof

Ohne zuverlässige Hoflieferanten und Delikatessenhändlern wären diese Diners nicht möglich gewesen. Eine Reihe erhaltener Rechnungen und Korrespondenzen geben Einblick auch in dieses Spektrum des fürstlich-kulinarischen Lebens in Branitz. Nicht immer klappte alles reibungslos. Als der Großherzog von Weimar dem Fürsten seinen Besuch in Branitz an einem Sonntag im Juni 1865 ankündigte, orderte Pückler drei Tage vor dessen Eintreffen beim Hoflieferanten Borchardt in Berlin Folgendes: *»Bester Herr Borchardt, bitte Sie mir zu Sonntag früh (weil ich Sonntag Abend den Großherzog von Weimar erwarte) folgende Gegenstände zu senden, frisch und gut natürlich. 1. Einen Kabeljau oder Steinbutt oder zwei Seezungen 2. Zwei französische Poularden 3. Ein Bouquet Datteln 4. Einige Pfirsiche, Weintrauben und Apfelsinen - ergebendst Pückler.«*

Bei einer Zugfahrt von sechs Stunden Dauer von Berlin bis Guben und zwei Stunden Postkutsche eine erstaunliche Bestellung. Wie aus den Aufzeichnungen in den Tafelbüchern zu entnehmen, kamen zwar die Poularden rechtzeitig an, aber der gewünschte Fisch wurde nicht geliefert und man musste auf den örtlich stets verfügbaren Karpfen zurückgreifen. Da er aber »à la Chambord» zubereitet wurde, dürfte er trotzdem die hohe Anerkennung der Gäste aus Weimar bekommen haben.

Gäste aus dem königlichen Haus, über die sich der Fürst ganz besonders freute, waren Prinzessin Marie von Preußen und ihr Sohn, Prinz Friedrich Karl von Preußen. *»Meine Nichte wird sich glücklich schätzen, die Pflichten als Hofdame zu übernehmen«*, schrieb der Fürst dem Prinzen, als er sich wieder einmal für einen Aufenthalt mit Übernachtung in Branitz anmeldete. Anlass für die Reisen des hochdekorierten Generals waren meist Inspektionen in den nahegelegenen Kasernen von Cottbus und Spremberg. Fast in jedem Jahr zwischen 1862 und 1870 war diese »Königliche Hoheit« einige Tage in Branitz, hat die Weiterentwicklung des Parks mitverfolgt, hier gespeist und übernachtet und versucht, den Lebensrhythmus des alten Herren nicht durch allzu frühes Aufstehen zu stören. War Ida von Seydewitz nicht

da, um die Rolle der Hausdame zu übernehmen, so scherzte der Fürst und schrieb dem Prinzen, *»dass er auch selbst noch rüstig genug sei, um wenigstens als einstweilige Hausfrau dafür zu sorgen, dass die Bewirtung der königlichen Hoheit so wenig mangelhaft wie möglich von statten gehe«*.

Prinz Friedrich Karl, den der Dichter Theodor Fontane einen der ganz wenigen bravourösen Gastgeber in der Mark Brandenburg nannte, schätzte in seinem Berliner Domizil ausdrücklich das Wirken einer in Branitz ausgebildeten Köchin namens Karoline. Nach den Eintragungen in den Tafelbüchern zu schließen, waren alle zehn Diners, die für den Prinzen in Branitz arrangiert wurden, von exzellenter Qualität. Stets bestanden sie aus zehn Gängen, darunter Austern, Kanapees, Coquillen, Wildsuppe, Kalbsschlegel, Pasteten, Eispunsch, Lamm, Gans.

Häufige Gäste an der fürstlichen Tafel in Branitz waren, vor allem im Winter, die Gärtner. Darunter befanden sich sowohl die beim Fürsten im Laufe der Zeit tätigen Obergärtner, als auch Hofgärtner aus Berlin oder Fachleute aus verschiedenen Bereichen der Gartenkunst. Sie reisten meist im Winter, denn nur dann erlaubten die von ihnen betreuten Gärten ihre Abwesenheit. Beim abendlichen Mal mit dem fürstlichen Landschaftsgärtner wurden in Branitz Theorien und Erfahrungen ausgetauscht. So kam der Babelsberger Hofgärtner Otto Kindermann 1868 für einige Tage nach Branitz, um mit dem Fürsten und dessen Obergärtner Georg Bleyer beim abendlichen Mal neueste Gartenerkenntnisse zu diskutieren. Unterstützt durch den Genuss von Austern, dem damals noch kaum bekannten fein-säuerlichen Geschmack einer Suppe aus frischen Tomaten, dann Steinbutt, Hammel, gebratenen Fasanen mit Selleriesalat, Weincreme, Käse und Dessert, begleitet wie immer von Champagner und schönen Weinen. Bei anderen Diners mit Gärtnern fällt die Wahl besonderer Gemüse- und Salatsorten auf, als hätte man über deren Qualität und Erfahrungen im Anbau gesprochen. Seltenheiten, wie Eiskraut oder Kerbelrübe, wurden serviert. Und immer wieder gab es für die Gärtner-Kollegen des Fürsten den für die Küche recht aufwendig zu bereitenden gestürzten Salat.

Links oben: Hans Bach, Branitzer Rosenlaube mit der Büste von Henriette Sonntag / links unten: Terrasse am Schlosssee, Fotografien, 2013 / oben: August Wilhelm Schirmer, Blumengärten vom Turmbalkon des Schlosses Muskau, aquarellierte Bleistiftzeichnung, 1832

Ein Name macht Küchengeschichte: Pückler

Bereits ab 1839 finden sich in vielen deutschen, aber auch in einzelnen französischen Kochbüchern Rezepte für Gerichte »à la Pückler«, »à la Pückler Muskau« oder »à la Prince Pückler«: eine Ehre, die kaum einem anderen Deutschen in der Welt der Kochliteratur zuteil wurde. Es handelt sich um Rezepte für elegante Cremes, für Saucen, für Feldhühner, Schnepfen und Hummer, für Rinderfilet, Schinken und Kartoffeln und natürlich für Eisspeisen. Auch unter seinem kurzzeitigen Synonym »Semilasso« gibt es ein Rezept für eine Kartoffelzubereitung, die sich der Fürst in Branitz zu seinem 85. Geburtstag am 30. Oktober 1870 servieren ließ.

Dieses geheimnisvolle Synonym erklärte Pückler selbst als einen aus dem Lateinischen germanisierten Namen, wie es vor 100 Jahren unter Gelehrten üblich gewesen wäre. Vielleicht sei es aber auch eine Anspielung auf das Wort »Lasso«, welches in Südamerika Schlinge bedeute, mit der man Pferde und Rindvieh, aber auch Menschen zu fangen pflege. An anderer Stelle erwähnt der Fürst, dass dieser »Semilasso« als ein sehr guter Freund der Gastronomie bekannt wäre.

Und so empfahl im Jahre 1862 George Hesekiel in seinen »Mitteilungen eines Gourmands« die »Kartoffeln à la Semilasso«, also nach den Regeln des Fürsten Pückler-Muskau, mit dem Wunsch, das Rezept fände sich nun hoffentlich in *»jedem einigermaßen leidlichen Kochbuche«*! Dieses Kartoffelrezept wurde in der Branitzer Küche öfter zubereitet, aber (ebenso wie »Fasan,

Hummer oder Pute à la Pückler«) nie in großer Runde angeboten, sondern meist dann, wenn der Fürst und Billy zu zweit waren. Gerade so, als wollte man auf dieses kulinarische Renommee nicht besonders verweisen.

Neben den üppigen und raffinierten Menus, die besonders für königliche Gäste arrangiert wurden, gab es natürlich auch eine Art Alltag. Zum Diner jedoch wurden nie weniger als sechs Gänge gereicht, und, wenn der Fürst anwesend war, immer Salat und Champagner. Anders sah es aus, wenn sich während seiner Abwesenheit Gäste anmeldeten, die keinen hohen gesellschaftlichen Rang hatten. 1861 befand sich der Fürst noch auf der Rückreise von Königsberg, wo er an den Krönungsfeierlichkeiten für Wilhelm I. teilgenommen hatte, als sich sein ehemaliger Sekretär und Reisebegleiter durch Nordafrika anmeldete. Dessen Künstlername lautete Kaid Osman, im bürgerlichen Leben hieß er Carl Jäger und war der jüngere Bruder von Pücklers erstem Biographen August Jäger. Für diesen Fall bekam Billy Masser vom reisenden Fürsten folgende schriftliche Anweisung: *»Sollte der Kaid nach Branitz kommen vor mir, so soll er mit 4 Gerichten inklusive Suppe und täglich einer Flasche Bordeaux beköstigt werden.«* Aber Kaid Osman verspätete sich und kam erst einige Zeit nach der Rückkehr des Fürsten, kurz vor Weihnachten nach Branitz. So durfte er vier Tage lang die köstliche Küche und den exzellenten Weinkeller des Fürsten kennenlernen. Kaid befand sich auf dem Weg nach China. Der Fürst wünschte sich zum Abschied, dass er ihm bei seiner glücklichen Rückkehr doch bitte erklären möge, wie man Tee richtig trinkt. Während seiner Tage in Branitz war auch Pücklers Nichte Ida von Seydewitz zur Stelle, und so schwelgte man in Köstlichkeiten wie Ente mit Olivensauce, Coquillen mit Fischragout, Wildsuppe, Seezunge, Austern und Fasan. Es gab Pücklers Lieblingsgericht, die gekochten Stängel der wilden Artischocke (Karde) zusammen mit gerösteten Brotscheiben, die mit gebratenen Rindermarkscheiben belegt wurden.

Semilasso

in

Afrika.

Fünfter Theil.

Land der Beduinen.

Die alten Städte Sufetula, Colonia Scillitana, Hydrah, Thugga, Sicca Veneria u. s. w. Tunis; Schluß.

Aus den Papieren des Verstorbenen.

Hiezu die Abbildungen:

1) **Ansicht von Tunis.** 2) **Villa des englischen Consuls.** 3) **Semilasso im Reisekleid.**

Mit Königl. Württemb. Privilegium.

Stuttgart.

Hallberger'sche Verlagshandlung.

1836.

Links: Buchtitel von Hermann Fürst von Pücklers »Semilasso in Afrika«, 1835/36, 5. Teil mit dem fürstlichen Bücherstempel / unten und rechts unten: Kaspar Obach, »Bivouak in Kraschna« und »Villa des Englischen Konsuls« aus dem »Atlas Semilasso in Afrika«, Farblithographien, 1836 / rechts oben: »Fürst Pückler-Muskau als Reisender in Afrika«, Lithographie, um 1838

Mit dem Besuch von Carl Jäger alias Kaid Osman müssen beim Fürsten viele Erinnerungen an seine Zeit im Orient wach geworden sein. Erlebnissen und Eindrücken, die in Branitz nicht nur bei der Gestaltung des Parks mit den Pyramiden, der ägyptischen Brücke und ägyptischen Treppe oder den Mondbergen weiterwirkten, sondern auch im Lebensgefühl und in der Kulinarik.

Schon in den ersten Jahren in Branitz nutzte Fürst Pückler immer wieder das Bild von der Oase in der Wüste und vom wandernden Araber, der am Tore rufen könnte:

»Fremdling lass deine Stute grasen:
Oh zieh nicht weiter diese Nacht
Dies ist die grünste der Oasen
Im gelben Sandmeer glänzt ihr Rasen
Gleichwie in Mitte von Topasen
Ein grüner, funkelnder Smaragd.«

In der Küche wurden Zimt und Safran, Datteln und »Sultans Rosinen«, Feigen und Pistazien und viele Zitrusfrüchte verwendet. Es gab oft Lammfleisch, würzige wie süße Reisgerichte und eiskalte Sorbets, Mandelgelees, Kaffee und Tee. Nach der abendlichen Mahlzeit nahm man im Schloss in Branitz den Kaffee im Billardsaal ein, dazu rauchten die Herren Zigarren, während Pückler eine lange türkische Pfeife bevorzugte. Seit 1860 trug er gerne vornehme orientalische Kleidung, über die seine Biographin Ludmilla Assing schrieb: *»Auch die türkische Kleidung trug er aus Gewohnheit und Bequemlichkeit fast immer zuhause, und der blaue seidene Damastkaftan mit den roten weiten Pantalons, und der rote Fez auf den Silberhaaren standen ihm gut.«*

Über den Fürsten notierte sie einmal: *»Er hat etwas vom Zauberer Merlin, aber auch ein mephistophelischer Zug fehlte ihm nicht, er war in der Unterwelt so gut bekannt wie in den höchsten Regionen, ein Gourmand, der auf Genuss jeder Art sann; eine Künst-*

lerseele, die den höchsten Idealen nachstrebte; zugleich war er ein ausgezeichneter Koch.« Und an anderer Stelle beschreibt sie, wie anregend und geistvoll die Gespräche mit dem Fürsten stets gewesen sind. Wie er im einen Moment mit einem Gutsbesitzer intensiv über die Fasanenzucht und alle Einzelheiten der Landwirtschaft sprechen konnte, und im nächsten mit den Freunden einer guten Tafel von der höheren Kochkunst, *»die er so meisterhaft verstand, und zu der raffiniertesten Vortrefflichkeit zu steigern wußte«*, wie sie es formulierte.

Fürst Pückler hatte Ludmilla Assing schon 1859 zu seiner Biographin und Verwalterin seines literarischen Nachlasses bestimmt und hielt auch daran fest, als sie Deutschland verlassen musste, weil sie die Briefe Alexander von Humboldts an ihren Onkel Karl August Varnhagen von Ense und die Tagebücher Varnhagens veröffentlicht hatte, ohne um königliche Erlaubnis zu fragen. Seit 1860 lebte sie daher in Florenz, wo ihr Montagabend Salon international bekannt war. Dank einer Amnestie durfte sie 1867 wieder nach Preußen einreisen, und konnte so den Fürsten in Branitz besuchen kommen. Ein schrecklich langer Winter hatte hier dem Park ebenso zugesetzt wie der Gesundheit des Fürsten. Er fürchtete, vor der aus Italien angereisten Ludmilla als *»beschämter Gartenkünstler und trostloser Wirt«* dazustehen. So bot die Branitzer Küche gleich am ersten Abend ihres Aufenthaltes alles an Spezialitäten auf, was möglich war. Es gab »Hühnerbrüstchen suprême«, Pastete mit Trüffel, Kalbsschlegel mit Béchamelsauce und Kirschkuchen. Zum ersten und einzigen Mal sind während der sieben Tage ihres Besuchs in den Tafelbüchern auch die Gerichte aufgelistet, die es zum mittäglichen »Luncheon«, das hier als »Dejeuner« bezeichnet wurde, gegeben hat. Zum Team der Feinschmecker stieß in diesen Tagen auch Pücklers Lieblingsnichte Josephine von Seydewitz, die stets für besondere Delikatessen sorgte. Josephine sollte es sein, die im Juli 1869 zum letzten Mal gemeinsam mit dem Fürsten ein »Eis à la Prince Pückler« genoss.

Oben: Marina Jerkovic, Teetafel mit Branitzer Familiensilber, Fotografie, 2021 / rechts: Uwe Gaasch, Frühstückssalon im Schloss Branitz, Fotografie, 2020

»Die alte Maschine wird bald, besorge ich, nicht mehr zu reparieren sein. Ein Doktor mit dem Schnurrbart, ein jovialer, guter Kerl, behandelt mich, und

verordnet mir, wie gewöhnlich die Mittel, die ich ihm selbst aus meiner alten Rezeptensammlung vorschlage, zum Beispiel Austern, Champagner und Sodawasser.«, resümierte der Fürst. Und eben diese »Medizin«, bestehend aus Austern und Champagner, wird zum letzten Menu am 26. Dezember 1870 gereicht, mit dem die Aufzeichnungen in den Tafelbüchern schließen. Danach folgen bis zum 31. Dezember 1870 nur noch die lapidaren Bemerkungen: *»Der Herr Fürst krank*«. Viele leere Seiten bleiben und stimmen wehmütig und nachdenklich.

Das kulinarische Erbe des Fürsten Pückler wurde bis zum ersten Weltkrieg in vielen, vielen Kochbüchern fleißig weitergetragen. Erst 1920 setzte in Fachkreisen eine Diskussion darüber ein, inwieweit der erste Weltkrieg auch die kulinarischen Traditionen zerstört habe. Man erinnerte sich an die Tafelfreuden des Fürsten Pückler und nannte seinen Namen in der Welt der Feinschmecker der Zwanzigerjahre gleichrangig mit den von ihm verehrten Franzosen wie Alexandre Balthazar Laurent Grimod de la Reynière und Jean Anthelme Brillat-Savarin oder Urbain Dubois und Émile Bernard.

Erst nach dem Zweiten Weltkrieg reduzierte sich das kulinarische Erinnern an den Fürsten Pückler auf das dreifarbige Eis, das als »Pückler-Eis« im Osten und als »Fürst-Pückler-Eis« im Westen Deutschlands berühmt wurde. Heute ist Pückler durch die Arbeit der Stiftung Fürst-Pückler-Museum in Branitz und die Küche Tim Sillacks im Restaurant Cavalierhaus am Schloss Branitz wieder in aller Munde.

VORSPEISEN

KANAPEES MIT PÜCKLERS SARDELLENCREME

ÜBERBACKENE COQUILLEN ODER CAPESANTI

KROKETTEN VOM GROSS DÖBBERNER GUTSHUHN

PÜCKLERS BESTE: HOLSTEINER AUSTERN FLORENTINER ART

ZITRONENHOLLANDAISE ODER »BERLINER SAUCE«

BÉCHAMELSAUCE FÜR LUDMILLA

DRESSING FÜR BRANDENBURGER KARTOFFELN

Kanapees mit Pücklers Sardellencreme

Kanapees haben, wie alle Hors d'oeuvres, die Bestimmung, den Appetit zu reizen. Sie sollen ein wohlschmeckender Bissen zu Anfang der Mahlzeit sein, weshalb man sie möglichst pikant zubereitet. Sie müssen sich immer durch zierliche Form, oder, wo dies nicht möglich ist, durch eine schöne Farbe auszeichnen, um ihren Zweck zu erfüllen, die Esslust anzuregen.

— ZUTATEN *für 4–6 Personen*

Für das Steinofenbaguette mit Sardellenbutter
250 g Butter
9 Sardellen (in Öl)
1 TL Sardellen-Einlegeöl
1 EL Olivenöl
1 EL Kapern-Einlegewasser
Salz und Pfeffer
6 Scheiben Steinofenbaguette

Für die Brioche mit Kaviar
4–6 Scheiben Brioche
200 g Crème fraîche
Salz und Pfeffer
10 g schwarzer Kaviar pro Nocke

Für das Steinofenbaguette mit Lachs
2–4 EL Crème fraîche
1–2 TL Sahnemeerrettich
(aus dem Glas)
4–6 Scheiben Steinofenbaguette
100 g geräucherter Lachs

Für den Pumpernickel mit Aal
12 Pumpernickeltaler
50 g Butter
150 g geräucherter Aal
1 TL Beeren-Coulis (siehe S. 83)

— ZUBEREITUNG

Für das Steinofenbaguette mit Sardellenbutter die Butter bei Zimmertemperatur cremig aufschlagen. Drei Sardellen fein hacken und mit dem Einlegeöl, Olivenöl und dem Kapern-Einlegewasser verrühren. Die Butter mit Salz und Pfeffer würzen. Die Baguettescheiben toasten, mit der Sardellenbutter bestreichen und jeweils mit 1 Sardelle garniert servieren.

Für die Brioche mit Kaviar die Brioche rund ausstechen (6 cm Durchmesser) und toasten. Crème fraîche mit Salz und Pfeffer abschmecken, die Brioche damit bestreichen und den Kaviar darauf verteilen.

Für das Steinofenbaguette mit Lachs Crème fraîche und Sahnemeerrettich verrühren. Das Steinofenbaguette toasten, mit der Meerrettichcreme bestreichen und mit dem Lachs belegen.

Für den Pumpernickel mit Aal die Hälfte der Pumpernickeltaler dünn mit Butter bestreichen und mit den restlichen Brotscheiben belegen. Vom Aal die Haut abziehen, das Filet mundgerecht in Größe der Brotscheiben schneiden und den Pumpernickel damit belegen. Mit etwas Fruchtcoulis dekoriert anrichten.

Überbackene Coquillen oder Capesanti

Als Wanderer durch viele Welten mögen den Fürsten auch diese Muschelschalen zu Gesprächen angeregt haben. Christliche Pilger benutzten sie zum Wasserschöpfen und trugen sie als Zeichen am Hut, wenn sie stolz vom Jakobsweg zurückkehrten. Der Ausdruck »Capi santi« oder »heilige Hüte« erzählt von ihrer Geschichte. Als feuerfeste und gleichzeitig dekorative Schalen wurden sie in der Branitzer Küche mit edlen Ragouts befüllt und überbacken.

— ZUTATEN *für 4 Personen*

150 g Karpfenfilet (ohne Haut)
2 EL Öl
25 g Butter
25 g Mehl
75 g Sahne
150 ml Geflügelfond (siehe S. 217)
1 EL Schnittlauchröllchen
1 EL Petersilie, gehackt
Salz und Pfeffer
4 leere Jakobsmuschelschalen
(beim Fischhändler erhältlich)
100 g geriebener Emmentaler

— ZUBEREITUNG

Das Karpfenfilet im Öl glasig andünsten, anschließend das Fleisch fein zupfen.

Die Butter in einem Topf zerlassen, das Mehl darin unter Rühren anschwitzen und mit Sahne und Geflügelfond ablöschen. Einmal aufkochen lassen, das Karpfenfleisch, Schnittlauch und Petersilie untermischen und mit Salz und Pfeffer würzen.

Die Karpfen-Sahne-Mischung auf die Jakobsmuschelschalen verteilen und mit dem Emmentaler bestreuen. Im Backofen bei 180°C etwa 8 Minuten goldbraun überbacken.

Kroketten vom Groß Döbberner Gutshuhn

Groß Döbbern gehörte seit Ende des 17. Jahrhunderts zur Herrschaft der Grafen Pückler. Von hier gelangten zahlreiche Großbäume in die fürstlichen Gartenanlagen, denn hier gab es einen herrschaftlichen Gutshof. Heute lebt die historische Verbindung zur Familie als »Pücklerdorf« fort.

— ZUTATEN *für 8 Kroketten*

25 g Butter
75 g Mehl
75 ml Gemüsebrühe
75 ml Kalbsjus (siehe S. 109)
50 g Sahne
100 g Hühnerfleisch vom Groß Döbberner Gutshuhn, gegart und gezupft
1 EL Petersilie, gehackt
1 EL Schnittlauchröllchen
Salz und Pfeffer
100 g Paniermehl
2 Eier
Öl zum Frittieren

— ZUBEREITUNG

Die Butter in einem Topf zerlassen und 2 EL Mehl darin unter Rühren anschwitzen. Mit Brühe, Jus und Sahne ablöschen und die Flüssigkeit unter Rühren aufkochen lassen, bis sie bindet. Hühnerfleisch, Petersilie und Schnittlauch unterrühren, die Mischung mit Salz und Pfeffer würzen und lauwarm abkühlen lassen. Aus der Masse mit den Händen kleine Bällchen formen, diese mittig flach drücken und vollständig abkühlen lassen.

Das restliche Mehl und das Paniermehl in tiefe Teller geben. Die Eier in einem tiefen Teller verquirlen. Die Kroketten erst im Mehl wenden, dann durch die verquirlten Eier ziehen und zuletzt mit dem Paniermehl panieren.

Das Öl in einem weiten Topf auf 160°C erhitzen, alternativ eine Fritteuse benutzen. Die Kroketten darin etwa 7 Minuten knusprig frittieren und auf einem Küchentuch abtropfen lassen.

Pücklers Beste: Holsteiner Austern Florentiner Art

Der Fürst liebte Austern, besonders die Holsteiner. Bis zu 40 Stück verspeiste er laut Hotelrechnungen täglich und beglückte mit »les huitres du Holstein« auch den ihm freundschaftlich verbundenen Naturforscher und Entdecker Alexander von Humboldt.

— ZUTATEN *für 4 Personen*

Für die Vinaigrette
1 Schalotte
2 EL Balsamico bianco
5 EL Olivenöl
Salz und Pfeffer

Für das Chesterbrot
4 Scheiben Pumpernickel
50 g Butter
3 Scheiben Chesterkäse

Für die Florentiner Austern
12 Austern
150 g Blattspinat
1 kleine Schalotte, in feinen Würfeln
1 EL Olivenöl
1 EL trockener Weißwein
1 EL Gemüsebrühe
Salz und Pfeffer
ca. 100 ml Sauce Hollandaise
(siehe S. 48)
120 g geriebener Parmesan

— ZUBEREITUNG

Für die Vinaigrette die Schalotte schälen und in feine Würfel schneiden. In einer Schüssel mit dem Essig marinieren und zugedeckt 1 Tag ziehen lassen. Am nächsten Tag das Olivenöl unterrühren und die Vinaigrette mit Salz und Pfeffer würzen.

Für das Chesterbrot den Pumpernickel dünn mit Butter bestreichen. Den Käse etwa auf Größe der Pumpernickelscheiben zuschneiden und das Brot damit belegen. Diesen Vorgang wiederholen, die Brotscheiben übereinanderstapeln und mit einer Lage Brot abschließen. Das geschichtete Brot in Frischhaltefolie einwickeln und für 2 Stunden in den Kühlschrank stellen. Vor dem Servieren in kleine Quadrate schneiden.

Für die Florentiner Austern die Austern aufbrechen und das Fleisch vorsichtig vom Muskel lösen. Die Austern putzen, die Austernschalen säubern und das Austernfleisch zurück in die Schale legen.

Den Spinat verlesen und waschen, grobe Stiele entfernen. Zusammen mit der Schalotte im heißen Olivenöl andünsten, mit Wein und Brühe ablöschen und mit Salz und Pfeffer würzen.

Je 1 EL vom Blattspinat auf jede Auster geben, etwas Sauce Hollandaise daraufgeben und mit Parmesan bestreuen. Die Austern im Backofen bei 180°C Oberhitze etwa 1–2 Minuten goldbraun gratinieren und sofort servieren. Die Vinaigrette in einem separaten Schälchen anrichten, das Chesterbrot dazulegen und nach Belieben zusätzlich rohe Austern auf Eiswürfeln dazureichen.

Zitronenhollandaise oder »Berliner Sauce«

Viel Eigelb und reichlich frische Butter sind das Geheimnis dieser beliebten Sauce, die gewisse Fertigkeiten von Koch oder Köchin verlangt. Ihren Namen verdankt sie dem Umstand, dass frische Butter aus Holland immer ihr besonderes Markenzeichen war. Mit dem Saft von 1–2 Orangen und 1 Zitrone verfeinert, wurde sie um 1860 auch als »Berliner Sauce« bezeichnet.

— ZUTATEN *für 4 Personen*

100 ml lieblicher Weißwein
1 getr. Lorbeerblatt
5 Pimentkörner
7 weiße Pfefferkörner
3 Eigelb
2 EL Zitronensaft
abgeriebene Schale von 1 Bio-Zitrone
1 TL Dijon-Senf
Salz und Pfeffer
Zucker
200 g geklärte Butter

— ZUBEREITUNG

Zunächst eine Reduktion herstellen. Dafür den Wein mit dem Lorbeerblatt, dem Piment und den Pfefferkörnern aufkochen und auf 40 ml Flüssigkeit reduzieren. Lorbeerblatt und Gewürze anschließend wieder entfernen.

Das Eigelb mit Zitronensaft und Schale, der Reduktion und dem Senf in einer Schüssel verrühren und über dem heißen Wasserbad zu einer dicklichen Masse verarbeiten (»zur Rose abziehen«). Dabei unter ständigem Rühren die geklärte Butter dazufließen lassen. Die Zitronenhollandaise mit Salz und Pfeffer würzen und mit Zucker abschmecken.

Béchamelsauce für Ludmilla

Ludmilla Assing (1821-1880) war die Biographin des 46 Jahre älteren, aber immer jung denkenden Pückler. Sie wuchs beim Publizisten Karl August Varnhagen und dessen Frau Rahel auf. Zum Besuch der leidenschaftlichen Anhängerin der italienischen Unabhängigkeitsbewegung wurde in Branitz Trüffelpastete und Kalbsschlegel mit Béchamelsauce kredenzt.

— ZUTATEN *für 4 Personen*

1,2 l Milch
1 getr. Lorbeerblatt
1 Gewürznelke
70 g Butter
1 Zwiebel, gewürfelt
80 g Mehl
Salz
weißer Pfeffer
frisch gemahlene Muskatnuss

— ZUBEREITUNG

Die Milch in einem Topf erwärmen. Das Lorbeerblatt und die Gewürznelke in einen Einmalteebeutel oder ein kleines Gewürzsäckchen füllen.

In einem zweiten Topf die Butter zerlassen. Darin erst die Zwiebelwürfel farblos andünsten, dann das Mehl unter Rühren anschwitzen.

Die warme Milch nach und nach zur Mehlschwitze gießen und mit dem Schneebesen unterrühren. Die Gewürze im Säckchen dazugeben und die Béchamelsauce bei schwacher Hitze etwa 5 Minuten köcheln lassen, bis sie eine sämige Konsistenz hat. Das Gewürzsäckchen entfernen und die Sauce mit Salz, Pfeffer und Muskatnuss abschmecken.

Dressing für Brandenburger Kartoffeln

Der Kartoffelsalat war ein Klassiker der brandenburgischen Hausmannskost, Pücklers Küche verlieh dem Rezept kulinarische Finesse: »Ich habe es übernommen auf eine anmutige Weise, wie nur absichtslos und en passant, gesunde Ideen über vernünftiges Essen, worin meine Landsleute noch etwas zurück sind, allgemeiner zu machen.«

— ZUTATEN *für ca. 100 ml*

1–2 mehligkochende Kartoffeln (ca. 100 g), gekocht
80 ml Gemüsebrühe
1 EL Speckwürfel
1 EL Apfelessig
1 TL scharfer Senf
Zucker
Salz und Pfeffer
frisch gemahlene Muskatnuss
1 TL Schnittlauchröllchen

— ZUBEREITUNG

Die Kartoffeln pellen, durch die Kartoffelpresse in eine Schüssel drücken und mit der Brühe zu einer glatten Sauce verrühren.

Die Speckwürfel anbraten und mit Apfelessig und Senf unter die Kartoffelcreme rühren. Das Dressing mit Salz, Pfeffer und Muskatnuss würzen und den Schnittlauch unterrühren.

» Mein bester Herr Schafft, da ich höre, daß Sie der berühmteste Fleischermeister für Würste in Cottbus sind, so bitte ich Sie mir zur Probe gefälligst eine Leberwurst zu bereiten, wobei ich folgendes zu berücksichtigen wünsche:
1) soll dieselbe stark gewürzt sein. 2) mit frischem Knoblauch gemacht 3) die Speckstücken darin nicht so groß wie gewöhnlich sondern nur kleingeschnitten.
5) nehmen Sie auch zum Gewürz weniger Majoran als gewöhnlich. Ihr ergebener Mitbürger H. Pückler.«

Branitz, 22. Januar 1860 (Cottbuser Anzeiger, 1902)

Luncheon im Frühstückssalon

Unten: Gabriela Weidner, Buffet im Frühstückssalon in Schloss Branitz, Fotografie:, 2015 / rechts: Marina Jerkovic: Kamin von Mark Feetham in London im Frühstückssalon, Fotografien, 2021.

Während seiner Zeit in England hatte Fürst Pückler es sich angewöhnt, im Bett zu frühstücken. 1827 schrieb er: »*Ich stehe spät auf, lese, als halb nationalisierter Engländer, beim Frühstück drei bis vier Zeitungen.*« In seiner Branitzer Zeit übernahm er diese »*alte Ordnung der Dinge*«, verlegte sie auf 12 Uhr und genoss ein »*kaltes Frühstück mit englischem Zubehör*« – natürlich im Bett. In den Rechnungen des »British Hotel« Unter den Linden, Pücklers Lieblingsunterkunft in Berlin, wurde ihm allmorgendlich »*Café*« gereicht.

Bekannt ist auch, dass Pückler auf langen Reisen in der Kutsche frühstückte; so bedankte er sich 1834 auf dem Wege nach Karlsbad bei seiner Gattin Lucie (1776–1854) für das kleine »*Frühstück, was ich durch Deine freundliche Sorgfalt mit großem Dank im Wagen fand*«. Frühstücken war also ein Ruhemoment, den der Fürst meist allein genoss.

Im Schloss Brantiz wurde daher erst recht spät und nur für »*vornehme Besucher*« ein Frühstückssalon eingerichtet. Hofbaurat Ferdinand von Arnim gestaltete ihn 1860: »*Wände, Vorhänge und Meuble [...] violette Seide, Holzwerk schwarz und ziemlich viel Gold, Franzen, Quasten, Schnuren etc. goldgelb, Form der Meubles mäßiges Rococo*« gestalteten den Raum, damit die Gäste den Tag mit einem morgendlichen Augenschmaus begannen. Detailverliebt brachte der Fürst sich auch hier in alle Fragen des Geschmacks ein. So sandte er einem Berliner Tischler ein Blatt aus der Pariser Zeitschrift Le Garde-Meuble, das ein Buffet im Stil Louis XV. zeigte. Dazu gehörte die fürstliche Weisung an den Handwerker: »*aus dem Ganzen geschnitz [...,] nichts Angesetztes*«. Das bis heute erhaltene Möbel gab mit seiner schwarz-goldenen Farbgebung die weitere Ausstattung vor.

Am runden Säulentisch mit schwarz gefassten Stühlen konnten also die Gäste des Schlosses zum mittäglichen »Luncheon« zusammenkommen, während der Fürst nebenan im Bette saß und frühstückte. Als einzige Regel im Frühstückssalon galt, dass es keine gab. Die Branitzer Hausordnung legte fest: »*Jedermann steht auf wann es ihm beliebt, und frühstückt was er will und befiehlt, bequem auf seiner Stube. Um 1 Uhr Luncheon im Frühstückszimmer, dem jeder Gast beiwohnt oder nicht, ganz nach seinem Belieben.*« Dieses Luncheon, das zweite Frühstück für seine Gäste, war ebenfalls eine englische Sitte, die Pückler in seinen »Briefen eines Verstorbenen« beschrieben hatte. Und so passt es, dass der Eisenkamin der Londoner Handlung Mark Feetham & Co. in der Clifford Street, den Pückler 1851 während seines Besuchs auf der Weltausstellung geordert hatte, bis heute den »ziemlich englischen« Frühstücksalon in Branitz ziert. – SK

The custom of Branson-Hall. Speisezimmer

Wenn »*der Tamtam zum zweitenmal donnert*«, so die Branitzer Hausordnung von 1867, bestand der »*einzige Zwang* [...,] *zum Diner um 9 Uhr zu kommen*«. Dann fand der Tag in Branitz – zumindest wenn man dem beschriebenen Aufwand folgt – an der fürstlichen Tafel im Speisezimmer seinen Höhepunkt. Der Fürst erschien dabei höchstselbst, manchmal ohne seinen »*geliebten Schlafrock orientalischen Schnittes zu verlassen*«, und unterhielt die fest bestimmte Gästeschar, die nie weniger als drei Grazien und mehr als die neun Musen zählen durfte. Diese charmante Regel für eine Tischgesellschaft hatte Pückler von Immanuel Kant übernommen. Der Hintergrund für diese Überlegung ist die Kunst der Konversation. Bei minimal drei Personen am Tisch kann man relativ sicher sein, dass die Konversation nie ganz verebbt, bei maximal neun Personen lässt sich gerade noch ein gemeinsames Gespräch führen.

Die Gestaltung des Speisezimmers, oftmals auch als Saal vom englisch verballhornten Branitz alias Branson-Hall bezeichnet, lag Pückler besonders am Herzen. 1857 begannen die Ausstattungsarbeiten, jedoch möglichst in Gegenwart des Fürsten, was z.B. dem Berliner Holzbildhauer Jacob von Alberti ziemliche Langmut abverlangte. Nachdem die ersten Dekorationen in den Augen des Fürsten ordentlich verunglückt waren, wurde der Architekt Ferdinand von Arnim hinzugezogen, der aufgrund der Raumnutzung auf eine Dekoration mit »*verschiedenartigen Früchten, als Weintrauben, Aepfel, Birnen, Ananas, Melonen usw.*« drang. Wie im Babelsberger Schloss, wo Pückler zu dieser Zeit in Gartendingen ein und aus ging, wurden bis 1858 ringsum Holzvertäfelungen angebracht und Gläser und kunstvolle historische Flaschen auf den Borden und dem mitgebrachten Muskauer Renaissancebüffet aufgestellt. Für Licht sorgten Kron- und Wandleuchter sowie Kandelaber auf japanischen Imarivasen.

Durch eine Wanddurchreiche erreichten die Speisen vom nebenan gelegenen Flur das Speisezimmer, das zwischen Grünem Saal und Empfangszimmer, aber auch in unmittelbarer Nähe zur Wäsche- und Silberkammer liegt – für die Abläufe strategisch ideal. Karl August Varnhagen von Ense schwärmte nach Vollendung der Arbeiten 1858: »*Pracht und Geschmack im höchsten Verein! Die Einrichtung des einen Zimmers kostet 4000 Thaler,* [...] *Speisesaal, Gesellschaftssaal, alles in solchem Verhältnis, und jedes ganz eigenthümlich* [...] *Er kann seinen Reichthum kaum übersehen, geschweige genießen.*«

Seinen Gästen konnte dieser nicht entgehen, während sie Pücklers Tafelpracht standesgemäß genossen. Denn waren die Speisen des Fürsten ohne Zweifel königlich, so erschien auch ein jeder Gast an Pücklers Tafel fürstlich bekrönt, weil auf den extrahohen Rücklehnen der Stühle der Fürstenhut über den Köpfen der Gäste prangte. – SK

SUPPEN

BRANDENBURGISCHE KARTOFFELSUPPE MIT GEPÖKELTER ZUNGE

FRISCHE COTTBUSER KREBSSUPPE

SUPPE MIT GEFÜLLTEM KOPFSALAT

WILDSUPPE AUS DEM ORIENT MIT REISKLÖSSCHEN

PARADIESAPFELSUPPE MIT MAKKARONI

CARL JÄGERS REISKLÖSSCHEN

KIEKEBUSCHER RINDERBRÜHE

BOUILLON FÜR SCHNUCKE

Brandenburgische Kartoffelsuppe mit gepökelter Zunge

Während der preußische König die Kartoffel als Nahrungsmittel in den deutschen Landen einführte, verhalf ihr der Fürst zu kulinarischen Ehren. Dass dies allgemeine Aufmerksamkeit weckte, belegt Pücklers Notiz: »Einmal erhielt ich sogar einen anonymen Brief, worin mir eine pommersche Hausfrau den innigsten Dank für eine neue Anweisung Kartoffeln zuzubereiten sagte, und mir als Gegengeschenk zwei andere vortreffliche culinarische Vorschriften zusandte.«

— ZUTATEN *für 4 Personen*

Für die Suppe
500 g Kartoffeln
100 g Knollensellerie
50 g Petersilienwurzel
100 g Butter
50 g Zwiebel, gewürfelt
je ½ TL Salz und Zucker
100 ml Weißwein
750 ml Geflügelfond (siehe S. 217)
300 g Sahne
frisch geriebene Muskatnuss
Pfeffer

Für die Einlage
40 g gepökelte Rinderzunge, gekocht
1 kleine festkochende Kartoffel
100 g Knollensellerie
Salz
2 EL Öl

Außerdem
einige Petersilienblätter zur Dekoration

— ZUBEREITUNG

Für die Kartoffelsuppe Kartoffeln, Sellerie und Petersilienwurzel schälen, waschen und in Stücke schneiden.

Die Butter in einem Topf zerlassen. Darin erst die Zwiebeln andünsten, dann das Gemüse hinzufügen und mitdünsten. Mit Salz und Zucker würzen und mit dem Weißwein ablöschen. Sobald sich der Alkohol verflüchtigt hat, den Fond angießen und aufkochen lassen. Die Hitze reduzieren und das Gemüse etwa 15 Minuten garen.

Inzwischen für die Suppeneinlage die Rinderzunge in feine Würfel schneiden. Kartoffeln und Sellerie schälen, waschen und ebenfalls fein würfeln. Die Gemüsewürfel kurz in kochendem Salzwasser blanchieren, abgießen und abtropfen lassen. Die Rinderzunge im Öl anbraten und mit dem blanchierten Gemüse auf tiefe Teller verteilen.

Die Kartoffelsuppe mit dem Stabmixer fein pürieren und durch ein feines Sieb in einen Topf passieren. Die Sahne unterrühren, die Suppe einmal aufkochen lassen und mit Muskatnuss, Salz und Pfeffer abschmecken. Möglichst heiß über die Einlage auf die Teller verteilen und mit Petersilie garniert servieren.

Frische Cottbuser Krebssuppe

Die Krebse für die fürstliche Tafel stammten nicht selten aus der Spree, die auf ihrem Weg nach Cottbus die Branitzer Parklandschaft im Westen umfließt. Die Stadt trägt seit dem 14. Jahrhundert den roten Krebs stolz in ihrem Wappen.

— ZUTATEN *für 4 Personen*

300 g Krebsschalen
2 EL Olivenöl
1 EL Tomatenmark
50 ml trockener Weißwein
½ Knoblauchzehe, gehackt
3 Pfefferkörner
Salz
Zitronensaft
150 g Butter
½ l Rinderbrühe (siehe S. 68)
3 Eigelb
100 g Sahne
100 g Krebsfleisch, gegart und gewürfelt
100 g Tomaten, fein gewürfelt
50 g Croûtons
Petersilienblätter zum Garnieren

— ZUBEREITUNG

Für die Krebssuppe zunächst eine Krebsbutter zubereiten. Dafür die Krebsschalen zerstoßen und in Olivenöl anrösten. Das Tomatenmark hinzufügen, kurz mitrösten und mit dem Weißwein ablöschen. Knoblauch, Pfefferkörner, etwas Salz und einen Schuss Zitronensaft dazugeben. Die Mischung auf einem Backblech verteilen und im Backofen bei 80°C 1 Stunde rösten. Diese Mischung durch ein Sieb passieren, die Karkassen beiseitestellen und die Flüssigkeit abkühlen lassen. Letztere anschließend mit der zimmerwarmen Butter verquirlen.

Von den Karkassen 150 g abwiegen, mit der Brühe aufkochen und kurz köcheln lassen. Dann die Flüssigkeit durch ein Sieb passieren und Eigelb und Sahne unterrühren. Die Suppe mit 50 g von der Krebsbutter binden.

Zum Anrichten das Krebsfleisch, die Tomatenwürfel und die Croûtons auf vier tiefe Teller verteilen. Mit der heißen Krebssuppe übergießen und mit Petersilienblättern garniert servieren.

Suppe mit gefülltem Kopfsalat

Der Fürst liebte Suppen, da sie innerhalb des Diners höchsten Anspruch an Feinheit und delikater Vollkommenheit erforderten und bestimmend für den Gesamteindruck des Menus waren. Ihre optische Wirkung war dabei ebenso wichtig wie ihre geschmackliche Raffinesse. Selbst ihre Farbe hatte Bedeutung und sollte die Grundstimmung für die folgenden Speisen vorgeben. Die Suppe mit gefülltem Kopfsalat erfüllt diese Anforderungen in besonderer Weise.

— ZUTATEN *für 4 Personen*

4 kleine Kopfsalate
Salz
ca. 120 g Geflügelfarce (siehe S. 127)
400 ml Geflügelfond (siehe S. 217)
1 EL Butter
1 große Zwiebel
6–8 Gewürznelken
1 fingerdicke Scheibe Speck
200 ml Geflügelconsommé (Bouillon für Schnucke, siehe S. 69)

— ZUBEREITUNG

Von den Kopfsalaten die äußeren Blätter entfernen. Die Salatköpfe sorgfältig waschen und in kochendem Salzwasser 2 Minuten blanchieren. Herausheben, in Eiswasser abschrecken und auf einem Küchentuch abtropfen lassen.

Die Salatköpfe vorsichtig öffnen, mit je 1 EL Geflügelfarce füllen und mit den Salatblättern verschließen.

Eine feuerfeste Form mit Butter ausstreichen und die gefüllten Salatköpfe hineinsetzen. Die Zwiebel schälen, halbieren und mit den Gewürznelken spicken. Gespickte Zwiebel und Speckscheibe mit in die Form legen, die 400 ml Geflügelfond angießen und im Backofen bei 120°C etwa 20 Minuten garen. Am Ende der Garzeit die Kopfsalate aus der Form nehmen und auf einem Küchenpapier abtropfen lassen.

Je einen gefüllten Salat in einen tiefen Teller setzen, mit heißer Geflügelconsommé umgießen und nach Belieben mit gerösteten Weißbrotbröseln bestreut servieren.

Wildsuppe aus dem Orient mit Reisklößchen

Suppen mit Reisklößchen finden sich beachtliche 212 Male in den fürstlichen Tafelbüchern. Den Reis hatte Pückler auf seiner Reise in den Orient besonders schätzen gelernt, wo die Getreidekörner seit dem 2. Jahrhundert v. Chr. in Iran, Mesopotamien und im Jordantal bekannt waren.

— ZUTATEN *für 4 Personen*

160 g Fasanenfleisch (am Knochen)
400 g Rehknochen (beim Metzger vorbestellen)
400 g Rehfleisch (Schulter oder Hals)
2 Zwiebeln, fein gehackt
2 EL Öl
2 l Geflügelbrühe (siehe S. 217)
1 kleines Stück Knollensellerie (ca. 80 g), klein gewürfelt
1 Karotte, klein gewürfelt
2–3 EL Petersilie, gehackt
5 Wacholderbeeren
1 getr. Lorbeerblatt
etwas gemahlenes Piment
Salz

— ZUBEREITUNG

Das Fasanenfleisch waschen und trocken tupfen. Mit den Rehknochen auf ein tiefes Backblech legen und im Backofen bei 180°C 30 Minuten anrösten.

Das Rehfleisch in grobe Würfel schneiden, mit den Zwiebeln im heißen Öl rundum anbraten und mit der Geflügelbrühe ablöschen. Die Gemüsewürfel, die gerösteten Knochen, Petersilie und Gewürze hinzufügen und aufkochen lassen. Den Fond etwa 2 Stunden bei schwacher Hitze köcheln lassen, den dabei entstehenden Schaum regelmäßig abschöpfen. Die Wildsuppe am Ende der Garzeit durch ein Sieb passieren und mit Salz abschmecken.

Die heiße Wildsuppe mit Reisklößchen (siehe S. 68) servieren.

Paradiesapfelsuppe mit Makkaroni

Stets auf der Suche nach kulinarischen Neuigkeiten, entdeckte Fürst Pückler den feinen Geschmack der »Liebesäpfel« bereits, als diese in Deutschland noch kaum bekannt waren. Gerne bezeichnete er diese schönen roten Früchte auch als Paradiesäpfel. Erst später setzte sich die aztekische Bezeichnung durch: Tomaten.

— ZUTATEN *für 4 Personen*

1 kleine Zwiebel
1 Knoblauchzehe
1 Karotte (ca. 50 g)
1 kleines Stück Knollensellerie (ca. 50 g)
5 reife Fleischtomaten (ca. 1 kg)
1 EL Olivenöl
2 EL Tomatenmark
Salz und Pfeffer
Zucker
100 ml halbtrockener Weißwein
½ l Gemüsebrühe
einige gekochte Makkaroni zum Garnieren

— ZUBEREITUNG

Zwiebel und Knoblauch schälen und fein würfeln. Karotte und Sellerie putzen, schälen und ebenfalls in feine Würfel schneiden. Die Tomaten waschen und vierteln, dabei die Stielansätze entfernen.

Das Olivenöl in einem Topf erhitzen und Zwiebel, Knoblauch, Karotte und Sellerie darin andünsten. Das Tomatenmark hinzufügen und kurz mitrösten. Die Tomaten dazugeben, mit Salz, Pfeffer und Zucker würzen und mit dem Weißwein ablöschen. Die Brühe dazugießen und die Tomatensuppe bei mittlerer Hitze mindestens 30 Minuten zugedeckt köcheln lassen. Dann die Tomatensuppe mit dem Stabmixer fein pürieren und durch ein feines Sieb passieren. Mit den gekochten Makkaroni garniert servieren.

Carl Jägers Reisklößchen

Den Reis hatte Pückler während seiner Reise durch Afrika und Ägypten kennengelernt. Mit von der Partie war Carl Jäger (1811–1863), der 1835 dem »Semilasso in Afrika« als Privatsekretär diente. Eine würzige Suppe mit nach Muskat duftenden Reisklößen war daher im Winter Trost und Erinnerung an orientalische Tage.

— ZUTATEN *für 6 Stück*

360 ml Gemüsebrühe
60 g Rundkornreis
2 TL Reismehl
1 Eiweiß
2 EL Kapern-Einlegewasser
1 Stiel Petersilie
1 getr. Lorbeerblatt

— ZUBEREITUNG

Die Brühe in einem Topf zum Kochen bringen und den Reis darin bei mittlerer Hitze etwa 20 Minuten bissfest garen. Die Flüssigkeit sollte komplett verkocht sein. Den Topf vom Herd nehmen und den Reis lauwarm abkühlen lassen.

Den Reis mit Reismehl und Eiweiß zu einer festen Masse verrühren. Daraus mit zwei Esslöffeln sechs Nocken formen.

Die übrigen Zutaten in ½ l Wasser zum Kochen bringen. Die Reisklöße ins kochende Wasser geben, den Topf vom Herd nehmen und die Klöße 5 Minuten im heißen Kochwasser gar ziehen lassen. Mit dem Schaumlöffel herausheben.

Kiekebuscher Rinderbrühe

Das kleine Rittergut Kiekebusch gehörte seit 1696 zur Herrschaft Branitz und liegt bis heute idyllisch an den Alleen und Ausläufern der berühmten Branitzer Parklandschaft unweit der Spree. Die kräftigen Rinder wurden seit jeher von hier auf die Wiesen des Branitzer Außenparks getrieben.

— ZUTATEN *ergibt ca. ½ l*

1 ½ kg Kalbsknochen (vom Metzger zerkleinern lassen)
2 EL Öl
2 Zwiebeln, gewürfelt
1 Karotte, in Stücken
1 kleines Stück Knollensellerie (ca. 20 g), in Stücken
2 EL Tomatenmark
150 ml trockener Rotwein
1 Zweig Thymian
1 Zweig Rosmarin
3 Pfefferkörner
1 getr. Lorbeerblatt
1 Gewürznelke
Salz und Pfeffer

— ZUBEREITUNG

Die Kalbsknochen auf einem tiefen Backblech verteilen und im Backofen bei 180°C 45 Minuten rösten. Anschließend die Knochen beiseitelegen und das ausgetretene Fett in einem großen Topf erhitzen.

Im heißen Fett Zwiebel-, Karotten- und Selleriewürfel anbraten. Das Tomatenmark hinzufügen und kurz mitrösten, dann mit dem Wein ablöschen.

Thymian und Rosmarin waschen und trocken tupfen. Zusammen mit Pfefferkörnern, Lorbeer, Gewürznelke und den Knochen in den Topf geben und so viel kaltes Wasser hinzufügen, bis die Knochen bedeckt sind. Bei schwacher Hitze etwa 2 Stunden köcheln lassen, dabei regelmäßig Schaum und Fett von der Oberfläche abschöpfen. Die Brühe am Ende der Garzeit durch ein Sieb passieren und mit Salz und Pfeffer würzen.

Bouillon für Schnucke

»Meine geliebte Schnucke, was sind das für Geschichten? Du willst nicht mit mir essen am ersten Tag, wo Du wieder in Branitz sein wirst?«, fragte der Fürst, der schon eine frische Bouillon für die Fürstin Lucie (1776–1854), die er liebevoll Schnucke nannte, vorbereitet hatte. Denn der kluge Gastrosoph wusste, dass eine gute Bouillon Grundlage für viele schmackhafte Gerichte ist und Wiedersehensfreude durch den Magen geht.

— ZUTATEN *ergibt ca. ½ l*

Für den Fond
1 kg Geflügelkarkassen
½ Stange Lauch, in Ringen
2 Schalotten, gewürfelt
1 Karotte, gewürfelt
1 Stück Knollensellerie (ca. 50 g), gewürfelt
50 ml trockener Weißwein
50 ml Cognac
2–3 Champignons
2 EL Petersilie, gehackt
½ TL getr. Estragon
1 Gewürznelke
2 getr. Lorbeerblätter

Für das Klärfleisch
200 g Keulenfleisch vom Hähnchen
1 Karotte, geschält und grob gewürfelt
1 Stange Staudensellerie, geputzt und grob geschnitten
1 Zwiebel, geschält und gewürfelt
1 Eiweiß
Salz
4 cl Madeira
Pfeffer

— ZUBEREITUNG

Für den Fond die Geflügelkarkassen auf einem tiefen Backblech verteilen und im Backofen bei 180°C 40 Minuten rösten. Anschließend die Karkassen beiseitelegen und das ausgetretene Fett in einem großen Topf erhitzen.

Im heißen Fett Lauch, Schalotten-, Karotten- und Selleriewürfel anbraten. Mit Wein und Cognac ablöschen und den Alkohol verdunsten lassen.

Die Karkassen mit den übrigen Zutaten in den Topf geben und so viel kaltes Wasser hinzufügen, bis die Karkassen bedeckt sind. Bei schwacher Hitze etwa 2 Stunden köcheln lassen, dabei regelmäßig Schaum und Fett von der Oberfläche abschöpfen. Den Fond am Ende der Garzeit durch ein Sieb passieren, abkühlen lassen und über Nacht zugedeckt ziehen lassen.

Für das Klärfleisch das Keulenfleisch waschen, trocken tupfen und zusammen mit dem Gemüse durch die 3-Millimeter-Scheibe des Fleischwolfs drehen.

Das Eiweiß mit 1 Prise Salz zu leichtem Schnee schlagen und unter die Fleischmasse heben. Diesen Klärkuchen mit dem Schneebesen in den kalten Gemüsefond einrühren, den Madeira hinzufügen und den Fond langsam erhitzen. Sobald der Klärkuchen an die Oberfläche gestiegen ist, 15 Minuten bei schwacher Hitze sieden lassen, aber nicht mehr kochen.

Den Klärkuchen mit dem Schaumlöffel herausheben und die Flüssigkeit vorsichtig durch ein Passiertuch abgießen. Mit Salz und Pfeffer abschmecken.

» Als dann jener Kardinal die ersten Bissen dieser Nudelspeise zu sich genommen hatte, soll er gerufen haben: ›Ma cari‹ (Oh, ihr Lieben). Und immer schneller folgten darauf Bissen auf Bissen und bald darauf hörte man die in gesteigerter Zufriedenheit wiederholten Worte ›Ma cari, ma cari‹. Doch zuletzt ging das frühere bloße Wohlgefallen in wahren Enthusiasmus über, und mit glänzenden Augen rief er triumphierend aus ›Ma caroni‹ (Oh, ihr Allerliebsten) und verewigt blieb von da an dieser Name, so der Bericht des Italieners.«

Pückler im Tagebuch, Kreta, 1836

Orientalische Sehnsüchte

Die Orienträume im Schloss gehören zu Branitz wie die Gastfreundschaft zum Orient. Nach dem Propheten Mohammed sollten beim gemeinsamen Essen keine sozialen Unterschiede gemacht werden. Ein wenig hat auch Pückler dies zu verwirklichen versucht und sich dabei garantiert immer an seine Reisen unter morgenländischer Sonne erinnert.

Reminiszenzen an den Orient finden sich selbstverständlich auch in den Branitzer Tafelbüchern: Marokkanische Datteln, grüne Mandeln aus Algier, Zitrusfrüchte, Ananas, Feigen aus Smyrna oder Sultani Rosinen sind immer wieder auf dem Speiseplan vertreten. So auch die süßen oder bitteren Orangen, die in der arabischen Küche eine wichtige Rolle spielten: Es gab in Branitz Pomeranzen für Getränke, kandierte Orangen zu sizilianischem Eis, Orangen für Römischen Punsch und Süßspeisen oder Orangenblüten für Cremes. Diese bezog der Fürst, wenn nicht aus den eigenen Gewächshäusern, beim Hoflieferanten Borchardt, 1863 zum Beispiel Orangen aus Messina. Unter den Hauptgängen listen die Tafelbücher 210 Gerichte mit Hammel- oder Lammfleisch, die sogar den Reinlichkeitsgeboten im Orient entsprochen hätten.

Links: Marina Jerkovic, Ofen von Tobias Feilner im Türkischen Zimmer, Fotografie, 2021 / oben: chinesische Specksteinfiguren der Qing Dynastie / unten: türkische Pfeifenköpfe aus der fürstlichen Orientsammlung

Auch die Anregung für Sorbets brachte Pückler wohl aus dem Orient mit. Hergeleitet aus dem Arabischen »shariba« konnte dies zur damaligen Zeit ein mit Schnee gekühltes Zucker- oder Fruchtgetränk bezeichnen, am osmanischen Hof war der »Sherbet« mit zerstoßenem Eis als Getränk sehr beliebt. Über Italien war diese Orientmode als »sorbetto« im 17. Jahrhundert nach Frankreich gelangt. Den Schnee oder das Eis auch im Sommer zur Verfügung zu haben, erforderte sowohl hohen organisatorischen als auch finanziellen Aufwand. Pückler beklagt sich sehr, dass es, als er in Griechenland reiste, nur zwei Eiskeller in Athen und Nauplia gab – ebensoviele wie später im Branitzer Park. Mit dieser Möglichkeit, auch im Sommer frisches Eis vorzuhalten, konnte sowohl spritziges Wassereis mit Früchten, als auch gehaltvolleres Sahne-Gefrorenes in Branitz produziert werden. In den Tafelbüchern des Fürsten sind es Eis-, Ananas- und Römischer Punsch, die diese Tradition des Orients im Norden fortsetzen. – MH

Links: Carl Metzner, Georg und Sophie Bleyer vor dem Parkinspektorenhaus im Bürgergarten, Fotografie, um 1890 / unten: Vereinigung ehem. Schüler der Potsdamer Kgl. Gärtnerlehranstalt (Hg.), Detail mit dem Pleasureground aus »Fürstlicher Park zu Branitz«, Druck, 1903 / rechts oben: Carl Metzner, Alte Branitzer Parkschänke, Fotografie, um 1890 / rechts unten: »Projekt zum Saalbau für die Parkschänke zu Branitz«, kolorierte Entwurfszeichnung, 1891

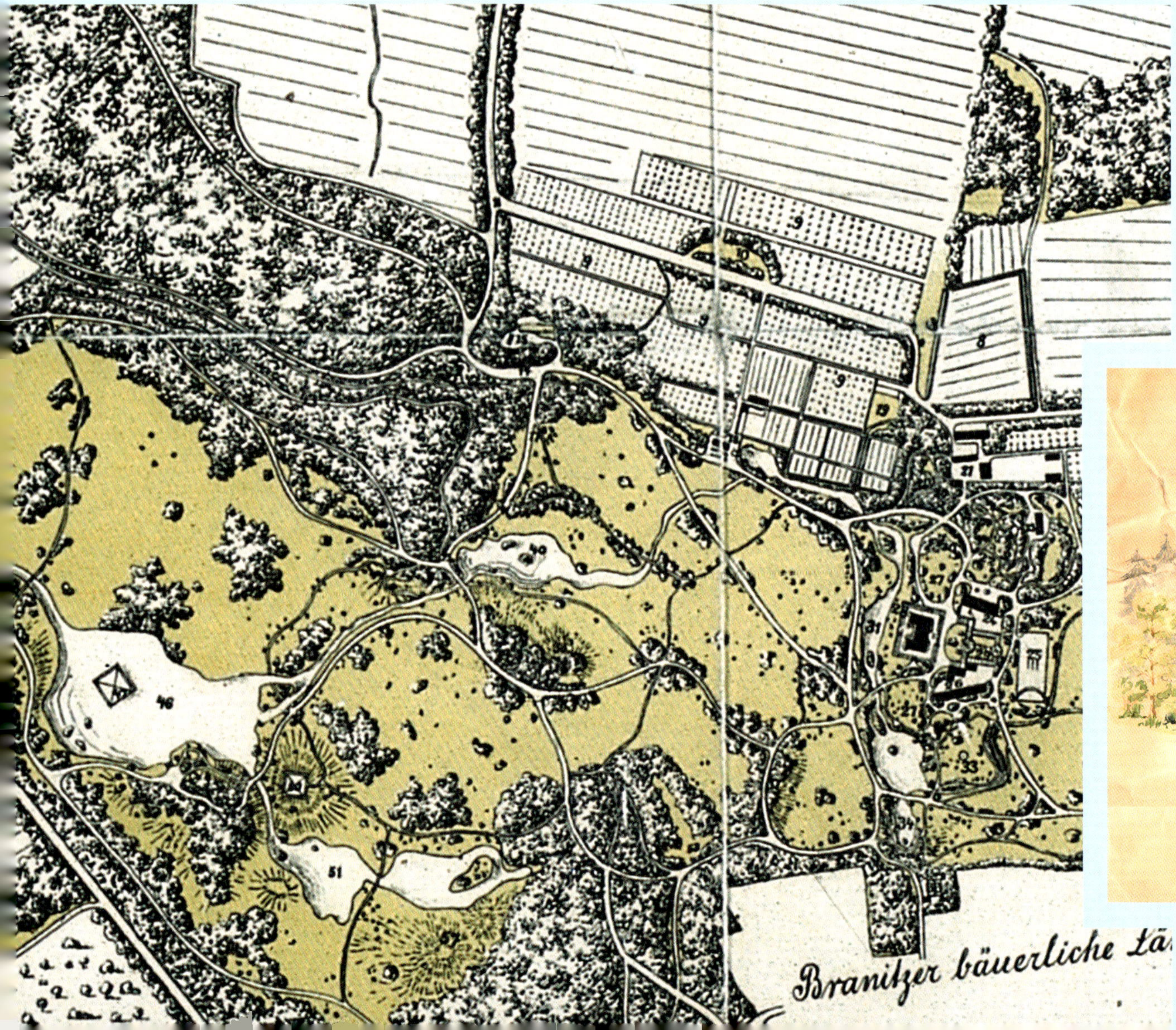

Theegarten und Pleasureobstgarten für die Parkbesucher

Pücklers Branitzer Park stand explizit zur künstlerischen und kulinarischen *»Recreationen der Cottbuser Bürger«* offen. Für Einkehr und Stärkung ließ der Fürst 1855 am Parkrand ein Wohnhaus zu einer Schänke umbauen, die seine Köchin, Auguste Klix, als Pächterin übernahm. Im Pleasureobstgarten gab es Obstbäume und Hochbeete, von denen Besucher bequem Erdbeeren pflücken konnten, und nordöstlich des Schlosses einen Teegarten, der den Bürgern zum Picknick offenstand.

Kennengelernt hatte Pückler einen solchen Tea Garden 1828 im englischen Cheltenham, den er wegen der *»kleinen Nischen, pittoresken, oft abenteuerlichen Sitze unter Blumen und Bäumen«* und dem *»seltsamen Kontrast mit dem Phlegma der bunten Menge, welche die Szene, nicht sowohl belebt, als staffiert«* lobte. Solch bewegte Staffage wollte er auch für Branitz und ließ seine Gärtner walten: *»Der Theegarten ist ein eigenthümlicher Gedanke des Fürsten und sehr glücklich durchgeführt* [...]. *Das Terrain ist weit bewegter, als an andern Stellen, um dadurch auch mehr Mannichfaltigkeit zu bieten und verschiedene An- und Fernsichten zu geben* [...] *Theegarten hat den Zweck, die Familie oder Gäste des Besitzers, namentlich zur Abendzeit aufzunehmen; es musste deshalb auch in seiner Anlage besonders auf die Abendbeleuchtung Rücksicht genommen werden. Man findet sich in ihm bald mitten im Grün, bald am Rande einer Waldwiese; diesem entsprechend stehen Stühle und Tische bereit, um eine kleine oder grössere Gesellschaft aufzunehmen.«* (Karl Koch, 1859)

Entstanden war bis 1859 ein nobler Gesellschaftsgarten, wenngleich der Fürst nach englischem Vorbild anderes im Kopf hatte, wie er schrieb: *»anständige Handwerker Familien, die für mich arbeiten, Lehrer der Schulen, untergeordnete Beamte«* sollten hier kostenfrei Erfrischungen in kleinen Lauben genießen können, denn im *»englischen heißt Teagarden ebenfalls nur: ein Lokal für die Mittellosen* [...]. *Nach dem Muster dieser englischen Theegärten (so genannt weil man dort Thee am meisten genießt) habe ich daher den meinigen angelegt,* [...] *was* [Parkinspektor] *Bleyer nach seiner vorgefaßten Idee eines vornehmen Gesellschaftsgartens gänzlich verkannt hat.«* Der raffiniert kleingliedrig angelegte Garten wurde folglich in Bürgergarten umbenannt.

Ein kleiner Saal im Parkinspektorenhaus diente aber weiterhin als Buffet, wo nach fürstlicher Anordnung *»jeder für seine Familie, oder seine separierte Gesellschaft, holen kann was er von Erfrischungen wünscht, wie in einem öffentlichen Garten, nur mit dem Unterschied, daß er nichts dafür zu bezahlen hat«.* – SK

Borchardt und Kranzler. Berliner Delikatessenlieferanten des Fürsten

Oben: Pückler in der Kutsche mit vier Hirschen vor der Terrasse der Conditorei Kranzler Unter den Linden, Lithographie, um 1820 / rechts oben: Rechnung Friedrich Wilhelm Borchardts an Pückler, 1863 / rechts unten: Brief Alfred Kranzlers an Pückler, 1863

»*Bester Herr Borchardt*«, begannen die fürstlichen Briefe an den Berliner Delikatessenhändler in der Französischen Straße gewöhnlich und dann folgten Fachsimpelei, Lob, aber auch Kritik und Beschwerden über die gelieferten Waren, deren Preise und Qualität. Pückler hatte in dem 1853 von Friedrich Wilhelm Borchardt (1826-1896) gegründeten Geschäft seinen wichtigsten Lieferanten von Erlesenem für den Gaumen gefunden, jedoch dürfte er auch einer der anspruchsvollsten Kunden der bis heute als Restaurant bekannten Institution für Genuss in der jetzigen deutschen Hauptstadt gewesen sein.

Borchardt nannte sich »Händler für Colonial-Italiener-Waaren- u. Delicatessen«, war der Hoflieferant des Königs und des Prinzen Friedrich Karl von Preußen und lieferte seit 1855 mit der Bahn über Frankfurt und Guben nach Branitz: Champagner von Ferrand & Deiters, frischen Hummer, englische Austern, besten Roquefort-Käse, Steinbutt, Kabeljau, Muscheln, Teltower Rübchen, marokkanische Datteln, Pflaumen Imperiales, Calissons de Marseille, Spargel oder Ananas aus Havanna. Da der Fürst ein besonders zu pflegender Kunde war, legte der geschäftstüchtige Borchardt gern Kostproben bei: »*Soeben komme ich in Besitz vorzüglicher Datteln an Zweigen und Mandarinen, und erlaube mir Euer Durchlaucht davon zu senden, in der Hoffnung, daß dieselben Euer Durchlaucht Beifall haben werden.*«

Doch die Ansprüche und die Streitlust des Fürsten für Qualität und Frische von Spezialitäten waren ausgeprägt: Stand auf der Rechnung einfach nur »diese Waaren«, wurde nicht gezahlt. War etwas nicht pünktlich in Branitz angekommen, wurde nach Berlin zurückgesandt. War etwas für Pücklers Verständnis zu teuer, wurde ein Beschwerdebrief geschickt, wie im Mai 1864 in Bezug auf den Spargel. Dieser war nach Pücklers Auffassung zu diesem Zeitpunkt bereits auf den »Table-d'Hôtel«, also festen Menukarten, und damit nicht mehr exklusiv genug für den fürstlichen Gaumen. Weil sie nicht mehr so gut aussahen, wurden Pariser Weintrauben und nur vermeintlich frische Smyrna-Feigen »zu Borchardt« zurückgeschickt. Immer war der Gourmet von Branitz auf der Suche: »*Schreiben Sie mir doch, wenn Sie etwas besonderer Güte und Frische der*

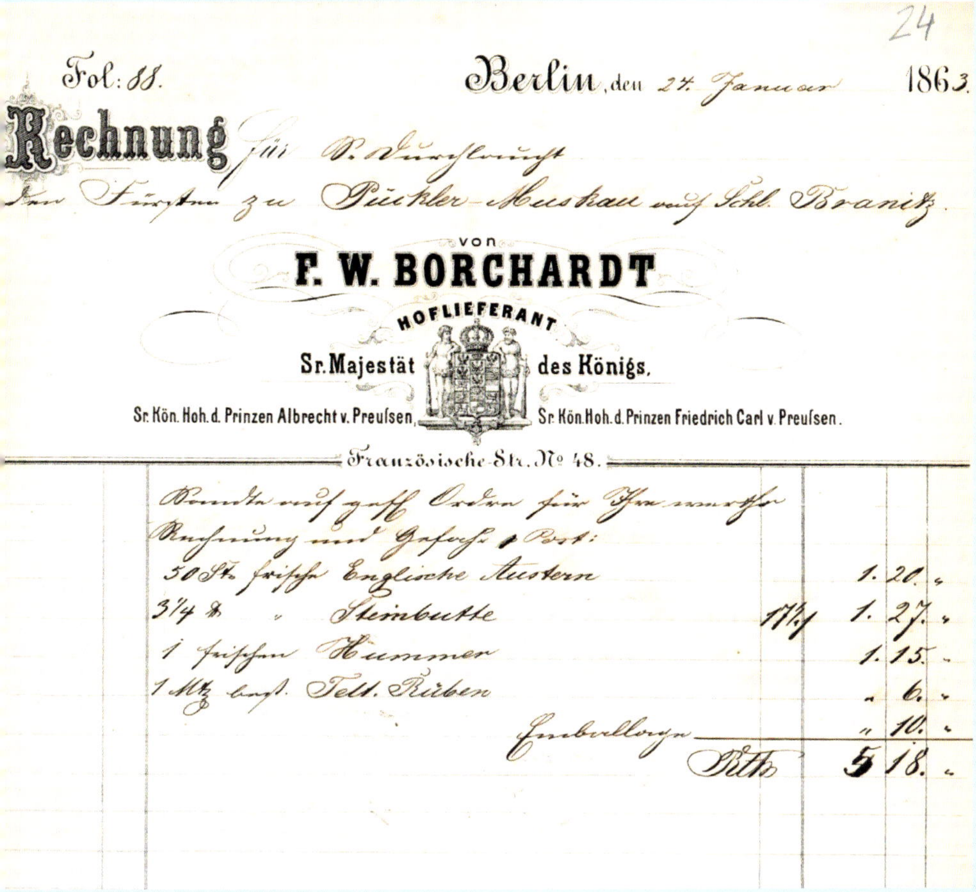
24

Fol: 88. Berlin, den 24. Januar 1863.

Rechnung für ... Fürsten zu Pückler-Muskau auf Schl. Branitz

von

F. W. BORCHARDT

HOFLIEFERANT

Sr. Majestät des Königs,

Sr. Kön. Hoh. d. Prinzen Albrecht v. Preußen, Sr. Kön. Hoh. d. Prinzen Friedrich Carl v. Preußen.

Französische Str. № 48.

50 St. frische Englische Austern		1. 20.
3¼ ℔ Steinbutte		1. 27.
1 frischen Hummer		1. 15.
1 Mtz ... Telt. Rüben		6.
Emballage		10.
Rth		5 18.

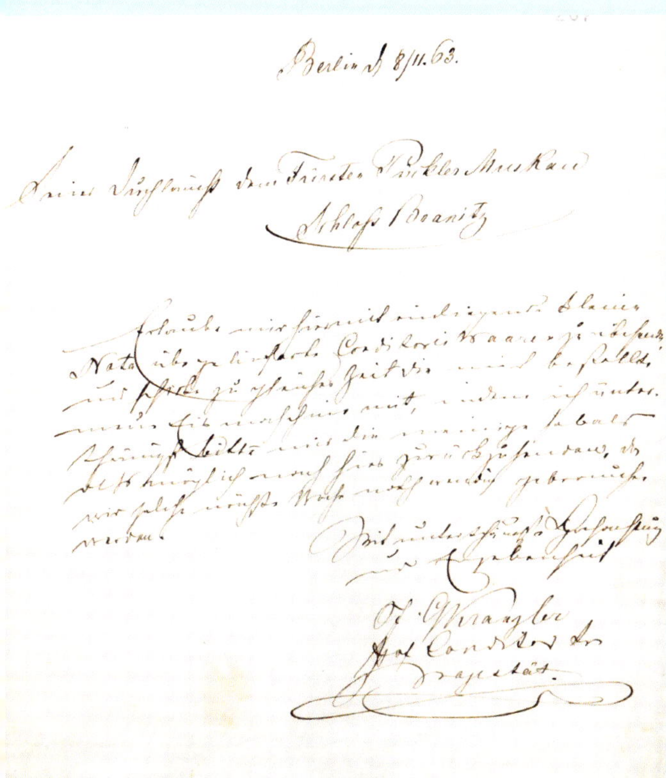
Berlin d. 8/11. 63.

... Schloss Branitz

... Kranzler Hof Conditor Sr. Majestät

Jahreszeit haben. Holländische Heringe sind wohl nicht da? Wie steht es mit der Ananas?*«, drängte Pückler. Borchardt parlierte dem »*so vornehmen und mir speciell meiner* [Person] *so besonders gnädigen Herrn*«, sandte Bouzy-Champagner und die ersten frischen Heringe zur Probe.

Ein weiterer Lieferant des Fürsten war die Hof-Conditorei Kranzler, gegründet vom Österreicher Johann George Kranzler (1795–1866), der seine Karriere als Küchenchef von Pücklers Schwiegervater, Fürst Hardenberg, begonnen hatte. Seit 1825 betrieb er seine Konditorei am Boulevard Unter den Linden, Ecke Friedrichstraße. Diese belieferte den Fürsten fortan mit kostbar eingepackten Bonbons, Schokoladen und eingemachten Früchten für dessen zweites Dessert, das aus Gefrorenem, frischen und eingemachten Früchten, Kompott und Bonbons bestand.

Direkt vor das »Kranzler« verlegte der Fürst um 1820 seine legendäre Geschichte mit der von weißen Hirschen gezogenen Kutsche. Auffallen war nicht nur Pücklers oberste Maxime, sondern auch die der Gäste des Kranzlers, die sich auf der berühmten Terrasse im gesellschaftlichen Sehen-und-Gesehen-Werden sonnten. Höhepunkt war 1834 der beidseitige und gleichzeitige Erfolg um das Tutti Frutti, »*in welchem sich neben den süßen Früchten hier und da noch eine scharfe Eiskante findet*«. Was bei Kranzler das Fruchteis mit Eisplittern war, war bei Pückler der Erfolgsroman mit seinen Spitzen gegen die Regierenden.

Im Zeichen dieser alten (fruchtbaren) Verbindung sandte 1863 Alfred Kanzler (1841–1911) dem Fürsten eine neuartige Eismaschine nach Branitz. Dies mit der Bitte, die Geliehene dann endlich nach Berlin zurückzusenden, da man sie dringend brauchte. Genuss, Innovation, Prestige, Zeitgeschichte und die berühmtesten Berliner Institutionen für Kulinarik waren bei Pückler also stets allgegenwärtig. – SK

FISCH

HECHTSCHNITTEN MIT SPREEWALDSAUCE

FÜR KÖNIGIN AUGUSTA! »KARPFEN À LA CHAMBORD«

MATELOTE VON KARPFEN UND AAL AUS DEM SCHWARZEN SEE

ZANDER IN PAPILLOTEN

SEEZUNGE MIT COCKTAILSAUCE

KREBSFARCE NACH SPREEART

»HUMMER À LA PÜCKLER« – MIT SAUCE CHORON

Hechtschnitten mit Spreewaldsauce

In Pücklers Küche war Hecht der am häufigsten verwendete Fisch. Der Dichter Theodor Fontane würdigte ihn folgendermaßen: »Es wäre kein Spreewaldsmahl, wenn kein Hecht auf dem Tische stände, und es wäre kein Hecht, wenn ihn nicht die berühmte Spreewaldsauce begleitete.«

— ZUTATEN *für 4 Personen*

Für die Hechtschnitten
4 Hechtfilets (à 150 g, mit Haut)
Salz und Pfeffer
2–3 Zweige Dill
2–3 Stiele Petersilie
1 Bio-Zitrone

Für die Spreewaldsauce
70 g Butter
50 g Schalotte, gewürfelt
50 g Mehl
600 g Fischfond (siehe S. 216)
50 g Senfgurkenwasser
50 g Spreewaldgurkenwasser
150 g Senfgurkenwürfel
150 g Spreewaldgurkenwürfel
50 g Dill, gehackt
50 g Schmand
Salz
Zucker
weißer Pfeffer
ca. 100 g süßes dunkles Bier

— ZUBEREITUNG

Die Fischfilets waschen und trocken tupfen, eventuell entgräten und mit Salz und Pfeffer würzen. Die Kräuter waschen und trocken schütteln, die Nadeln bzw. Blättchen abzupfen und grob schneiden. Die Zitrone waschen und in Scheiben schneiden.

Den Fisch mit den Kräutern und den Zitronenscheiben belegen und entweder im Dampfgarer oder in einem Topf mit Dämpfeinsatz 25 Minuten bis zu einer Kerntemperatur von 60°C garen.

Für die Sauce die Butter in einem Topf erhitzen und die Schalotten darin glasig andünsten. Das Mehl darüberstäuben, mit Fischfond ablöschen und unterrühren. Die beiden Gurkenwasser dazugießen, Gurkenwürfel, Dill und Schmand unterrühren und einmal aufkochen lassen. Die Sauce mit Salz, Zucker und Pfeffer würzen. Kurz vor dem Servieren das Bier unterrühren und die Sauce nur noch warm werden lassen.

Die Hechtfilets auf Tellern anrichten und mit Zitrone und Kräutern garniert servieren. Die Spreewaldsauce dazu servieren. Als Beilage passen Salzkartoffeln.

Für Königin Augusta! »Karpfen à la Chambord«

Wenn Könige aßen, war der Karpfen à la Chambord, benannt nach dem französischen Festschloss, gerade recht. Das Gericht war eine Spezialität der fürstlichen Küche und wurde in Branitz 1864 auch der verehrten Königin Augusta von Preußen (1811–1890) serviert.

— ZUTATEN *für 4 Personen*

Für den Karpfen
50 g Butter
300 ml trockener Weißwein
1 Karotte
1 rote Zwiebel
4 Scheiben Bacon
600 g Karpfenfilet (ohne Haut)
Salz und Pfeffer
2–3 EL Olivenöl
30 g schwarze Trüffel

Für das Beeren-Coulis
250 g gemischte Beeren der Saison (frisch oder TK)
60 g Zucker
60 g Butter
100 ml roter Portwein

Zum Garnieren
essbare Blüten (z.B. Schlüsselblume, Veilchen, Jasmin)
gebratene Speckstreifen

— ZUBEREITUNG

Für den Karpfen die Butter in einem Topf erhitzen, den Weißwein angießen und die Flüssigkeit auf 100 ml reduzieren. Den Topf vom Herd nehmen und beiseitestellen.

Ein Backblech mit Backpapier auslegen. Die Karotte putzen, schälen und in dünne Scheiben schneiden. Die Zwiebel schälen und in feine Ringe schneiden. Das Backblech mit dem Bacon belegen und die Karottenscheiben und Zwiebelringe darauflegen.

Das Karpfenfilet waschen und trocken tupfen, von beiden Seiten salzen und pfeffern und auf das Gemüsebett legen. Die Filets mit Olivenöl und der Weißweinreduktion beträufeln. Den Trüffel darüberhobeln, das Backpapier locker zusammenfalten und den Fisch im Backofen etwa 25 Minuten bei 140°C dünsten.

Für das Beeren-Coulis die Beeren verlesen, waschen und trocken tupfen bzw. auftauen lassen.

Aus Zucker und Butter ein Karamell herstellen. Dafür den Zucker in einem Topf erhitzen, bis er flüssig wird und zu bräunen beginnt. Die Butter unterrühren, die Beeren hinzufügen und mit dem Portwein ablöschen. Alles gut verrühren und bei mittlerer Hitze so lange reduzieren lassen, bis zwei Drittel der Flüssigkeit verkocht sind. Den Topf vom Herd nehmen und das Beeren-Coulis abkühlen lassen. Dann das Püree durch ein feines Sieb streichen.

Den Fisch am Ende der Garzeit aus dem Ofen nehmen und auf einem Teller anrichten. Den Garsud unter das Beeren-Coulis rühren und die Mischung mithilfe eines Spritzbeutels mit feiner Lochtülle dekorativ rund um den Fisch auf den Teller spritzen. Mit Speck und Blüten garniert servieren.

Matelote von Karpfen und Aal aus dem Schwarzen See

Hatte Pückler in Babelsberg ein Schwarzes Meer angelegt, so war es in Branitz immerhin eine Seenkette, gespeist aus dem Schwarzen See. Auf diese Weise wurde der einstige Dorfteich Teil des Pleasuregrounds. Der sogenannte Fischbalkon im Schwarzen See lädt bis heute zum Verweilen und vielleicht zum Blick auf das Abendessen ein, denn Karpfen gibt es hier viele.

— ZUTATEN *für 4 Personen*

Für die Einlage
100 g Aalfilet (ohne Haut)
100 g Karpfenfilet (ohne Haut)
Salz
4 Garnelen (vorgegart und bis auf den Schwanzfächer geschält)
Butter

Für den Fond
100 g Champignons
25 g Butter
1 Schalotte, gewürfelt
½ Knoblauchzehe, gewürfelt
25 g Mehl
200 ml trockener Rotwein
300 ml Geflügelbrühe (siehe S. 217)
1 getr. Lorbeerblatt

Für die Kapernmilch
1 kleine Zwiebel, gewürfelt
2 EL Butter
150 g Kapernäpfel (aus dem Glas), gehackt
½ l Milch
50 ml Kapern-Einlegewasser
150 ml klarer Apfelsaft

— ZUBEREITUNG

Für die Einlage Aal und Karpfen in mundgerechte Stücke schneiden und mit wenig Salz würzen.

Für den Fond die Champignons putzen und klein schneiden. Die Butter in einem Topf zerlassen und darin Schalotte und Knoblauch andünsten. Das Mehl darübersieben und unter Rühren anschwitzen. Dann mit Rotwein und Geflügelbrühe ablöschen und aufkochen lassen. Das Lorbeerblatt hinzufügen und den Fond bei schwacher Hitze etwa 25 Minuten köcheln lassen. Nach 10 Minuten den Fisch hinzufügen und im köchelnden Fond glasig ziehen lassen. Den Fisch am Ende der Garzeit herausheben und beiseitestellen, den fertigen Fond durch ein Sieb abgießen und warmhalten.

Für die Kapernmilch erst die Zwiebel in der Butter anschwitzen, dann die Kapern unterrühren. Milch und Kapern-Einlegewasser angießen, kurz aufkochen lassen und bei schwacher Hitze etwa 20 Minuten ziehen lassen, dabei gelegentlich umrühren. Anschließend mit dem Stabmixer fein pürieren und die Flüssigkeit durch ein feines Sieb in einen Topf passieren. Den Apfelsaft hinzufügen, die Kapernmilch erhitzen und bei mittlerer Hitze auf etwa 35 ml reduzieren.

Zum Anrichten den gegarten Fisch auf tiefe Teller verteilen. Die Garnelen in etwas heißer Butter schwenken. Die Kapernmilch mit dem Schneebesen schaumig aufschlagen. Den Fond zum Fisch in die Teller gießen, die Suppe mit dem Schaum garnieren und die Garnelen dazu reichen.

Zander in Papilloten

Ein Gericht, das Augen und Gaumen gleichermaßen schmeichelt! An Pücklers Tafel wurde das Pergament, das die feinen, in frischen Kräutern gedämpften Zanderfilets umschließt, gerne in Herzform geschnitten. Sie wirken beinahe wie Engelsflügel.

— ZUTATEN *für 4 Personen*

800 g Zanderfilet (ohne Haut)
Salz und Pfeffer
300 g Krebsfarce (siehe S. 88)
je 2 Stiele Dill und Petersilie
etwas Zitronensaft
4 Scheiben Pumpernickel
250 g Sardellenbutter (siehe S. 41)

— ZUBEREITUNG

Den Fisch waschen und trocken tupfen, eventuelle Gräten entfernen. Das Filet vierteln und die einzelnen Stücke halbieren. Mit Salz und Pfeffer würzen.

Die Krebsfarce in einen Spitzbeutel füllen und zwischen den Hälften verteilen. Vier mal zwei Bögen Pergamentpapier (ca. 50 cm lang) zurechtschneiden, übereinanderlegen und die gefüllten Zanderfilets mittig darauflegen. Die Kräuter waschen, trocken tupfen und die Filets damit belegen.

Das Pergamentpapier zu geschlossenen Päckchen falten und auf ein Backblech setzen. Die Fischpäckchen im Backofen bei 80°C etwa 20 Minuten garen. Vor dem Servieren mit Zitronensaft abschmecken.

Den Pumpernickel in kleine Quadrate schneiden, jeweils drei Scheiben übereinanderlegen und eine Flocke Sardellenbutter daraufgeben. Den Pumpernickel mit dem Zander anrichten und nach Belieben einen gegrillten Hummerschwanz dazu reichen.

Seezunge mit Cocktailsauce

Seezungen, die von den Berliner Delikatessenhändlern regelmäßig nach Branitz geliefert wurden, verzehrte man hier an der fürstlichen Tafel gerne mit »Sauce à la Maître d'hôtel«, einer Buttersauce. In dieser Interpretation wird eine Cocktailsauce dazu serviert.

— ZUTATEN *für 4 Personen*

Für die Cocktailsauce
1 Garnele (ohne Kopf, geschält)
75 g Mayonnaise
2 EL Ketchup (siehe S. 99)
2 EL Crème fraîche
½ TL Meerrettich (aus dem Glas)
1 EL Gewürzgurken-Einlegewasser
1 EL Orangensaft, frisch gepresst
1 Schuss Cognac
Salz und Pfeffer
Zucker

Für die Seezunge
500 g Seezungenfilet (ohne Haut)
Salz
1–2 EL Mehl
1 EL Öl
1 EL Butter
Pfeffer

— ZUBEREITUNG

Für die Cocktailsauce die Garnele waschen, kurz in Salzwasser garen, kleinschneiden und auskühlen lassen. Das Garnelenfleisch mit den übrigen Zutaten verrühren und mit Salz, Pfeffer und Zucker abschmecken.

Die Seezungenfilets waschen und trocken tupfen, die Gräten entfernen. Die Filets auf beiden Seiten salzen und im Mehl wenden. Öl und Butter in einer Pfanne erhitzen und den Fisch bei starker Hitze von beiden Seiten kurz anbraten.

Die Seezungenfilets auf Teller anrichten, leicht mit Pfeffer würzen und mit der Cocktailsauce servieren.

Krebsfarce nach Spreeart

In der französischen Küche bezeichnet »Farce« eine Masse aus sehr fein zerkleinertem Fleisch, das verfeinert, gebunden und durch ein Sieb gestrichen wird. Pücklers Küche nutzte dafür die besten Krebse aus der Spree, die an seinem Branitzer Park bis heute vorüberfließt.

— ZUTATEN *für 4 Personen*

250 g Krebsfleisch
2 Eiweiß
200 g Sahne
50 g zimmerwarme Butter, in Würfeln
Salz und Pfeffer

— ZUBEREITUNG

Das Krebsfleisch mit dem Eiweiß und der Sahne zu einer glatten Farce pürieren, dabei nach und nach die Butter dazugeben.

Die Farce durch ein Sieb streichen und mit Salz und Pfeffer würzen.

»Hummer à la Pückler« – mit Sauce Choron

»Der Koch ward zur Mitteilung des Saucenrezepte herein gerufen, das er mit unbeschreiblicher Würde und Ernsthaftigkeit detaillierte. Der Gouverneur sagte: ›Dieser Türke ist der beste Koch, den ich je gehabt habe, aber auch der Kapriziöseste‹«, beschrieb Pückler 1836 sein Erlebnis auf Syros.

— ZUTATEN *für 4 Personen*

Für die Sauce Choron
200 g Eigelb
50 ml Estragonessig
250 g zerlassene Butter
2 EL Tomatenmark
1 EL Estragon, gehackt
Salz und Pfeffer
Piment d'espelette

Für den Hummer
600 g TK-Hummerschwänze
Salz
2 EL Butter

— ZUBEREITUNG

Für die Sauce Eigelb und Estragonessig in einer Schüssel verrühren und über dem heißen Wasserbad zu einer dicklichen Masse verarbeiten (»zur Rose abziehen«). Dabei unter ständigem Rühren die zerlassene Butter dazufließen lassen.

Tomatenmark und Estragon hinzugeben, die Sauce Choron mit Salz und Pfeffer würzen und mit Piment d'espelette abschmecken.

Die Hummerschwänze auftauen lassen, einzeln abwiegen und pro 100 g 1 Minute in kochendem Salzwasser garen. Die Hummerschwänze aus der Schale brechen und das Hummerfleisch in Würfel schneiden. Den Hummer in Butter anbraten und mit der Sauce Choron servieren.

» Von Herrn von St. Léon, dem Naturforscher, profitirte ich die Kunde, daß man Fisch nie mit Oel und Essig, sondern immer mit Oel und Zitrone essen müsse, was ich sehr richtig finde, und zugleich bemerkt habe, daß sich die Harvey sauce weit besser und schmackhafter damit verbindet.«

Semilasso in Afrika, 2. Teil: Algier, Bougie, Bone, 1836, S. 297

Kammerdiener nach der »fashion«

Dieser Streit war riesig. In Briefen diskutierten Pückler aus London und seine Fürstin Lucie in Muskau 1828 hitzig über die angemessene Kleidung der Kammerdiener, die bei der Tafel und in fast allen persönlichen Lebenslagen des Paares eine herausragende Rolle spielten: »*Wenn wir uns nur vereinigen können, aber ich fürchte, hinsichtlich der Hausordnung werden wir großen Streit haben. Wer weiß, ob selbst unsere Leute je eine Livrée bekommen, wenn einer von uns nicht nachgiebt*«, schilderte der Fürst die Sachlage verzweifelt.

In England hatte er zuvor bei einem Essen beobachtet, dass »*die Bedienten auch bei Tisch in ihren Morgenjacken servieren (und nicht in Gamaschen). Das wird unsere Livréen sehr schonen, wenn wir es einführen*«, und setzte nach: »*Daß wir übrigens zwei Kammerdiener behalten, ist für die Schicklichkeit des Hauses sehr gut, da in der That es ohne sie sowohl beim Präsentieren des Kaffees, als bei Tisch, wo doch nothwendig einer für die Speisen, und einer für den Wein sein muß, gar nicht dezent aussehen kann.*« Seitdem ging es bei dem Paar darum, welche Kleidung und Farben die engsten Diener im Hause Pückler tragen würden, denn die Fürstin verlangte Rot und Gold »à la Satanas«, der Fürst bestand hingegen auf Gelb-Blau, seiner Lieblingsfarbkombination.

Ein Traum des Fürsten sollte diesen Streit schlussendlich entscheiden, denn ein Ahne sei ihm erschienen und habe festgelegt: »*Gelb und Blau, das Mittelschild auf der Borte!*« Dies unterstreichend, hatte Pückler wiederum aus London von der neuesten Mode solcher Livréen berichtet: »*Sie sind rein nach den heraldischen Gesetzen gewählt, nehmlich von den ersten beyden Schildern links die Hauptfarben, gelb und blau, der Rock gelb, Veste und Hose himmelblau, und auf der Borte das goldenen Mittelschild mit dem schwarzen Adler auf blauem Samtgrund etc. Sag mir nicht retour etwas dagegen – denn dies ist unveränderlich. Dies ist ganz im höchsten Stil!* [...] *was hier solche fashion ist.*«

In der Branitzer Zeit, 30 Jahre später, hatte sich diese »fashion« eines der wichtigsten höfischen Statussymbole geändert und der alte Pückler erwies sich zum wiederholten Male modebewusst auf der Höhe der Zeit. Seine Branitzer Kammerdiener servierten von nun an im Frack, mattschwarzen Strümpfen und Hochbeinkleidern, dazu seidene Weste und – keine Frage – vergoldete, mit dem stolzen Wappen verzierte Knöpfe. Kein Wunder also, dass Heinrich Heine betonte, dass Fürst Pückler »*der fashionableste aller Sonderlinge*« sei. (SK)

Links oben: »Kammerdiener des Fürsten Pückler«, aquarellierte Zeichnung, um 1850 / links unten: Großes fürstliches Wappen aus Pücklers Erinnerungsbildern, Bd. 1, 1826/27 / unten: Matritze und Livreéknöpfe mit fürstlichem Wappen, nach 1822 / rechts: Hermann Pückler, Zeichnung der Livreé der Kammerdiener in einem Brief an Lucie, London, 2. April 1828

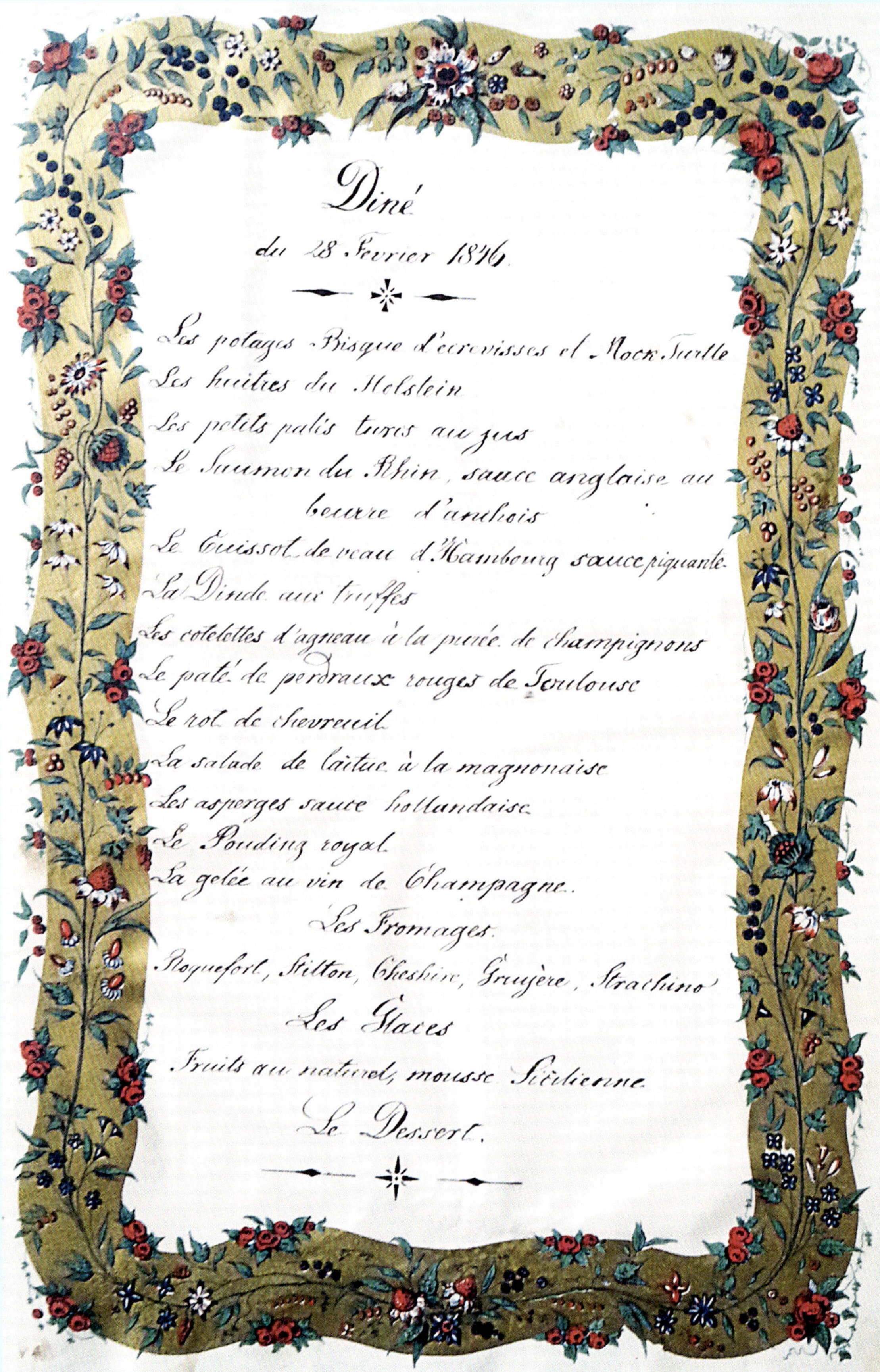

Diné

du 28 Février 1846.

Les potages Bisque d'écrevisses et Mock Turtle
Les huîtres du Holstein
Les petits patés turcs au jus
Le Saumon du Rhin, sauce anglaise au beurre d'anchois
Le Cuissot de veau d'Hambourg sauce piquante
La Dinde aux truffes
Les cotelettes d'agneau à la purée de champignons
Le paté de perdreaux rouges de Toulouse
Le rot de chevreuil
La salade de laitue à la magnonaise
Les asperges sauce hollandaise
Le Pouding royal
La gelée au vin de Champagne.

Les Fromages.

Roquefort, Stilton, Cheshire, Gruyère, Strachino

Les Glaces

Fruits au naturel, mousse Sicilienne

Le Dessert.

Menuzettel aus dem fürstlichen Haushalt. Alexander von Humboldt

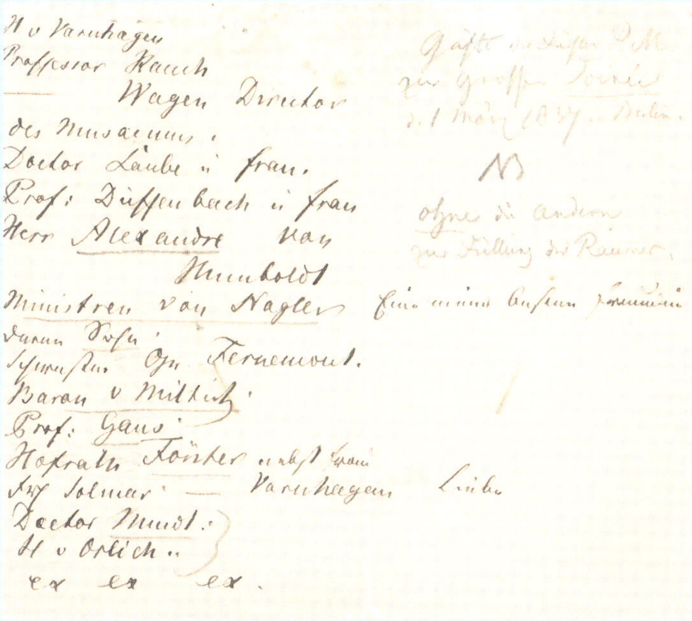
H v Varnhagen
Professor Rauch
Wagen Director des Musaeums.
Doctor Laube u frau.
Prof: Dieffenbach u frau
Herr Alexandre von Humboldt
Ministren von Nagler
Baron v Millitz
Prof: Gans
Hofrath Förster nebst frau
Doctor Mundt.
H v Orlich.

Nur zwei Menukarten aus dem Haushalt des Fürsten haben sich erhalten. Solche Menukarten waren um 1830 nötig und üblich geworden, als eine neue Art des Servierens Mode wurde. Sie löste die von Pückler noch in England beobachtete und kritisierte »Methode à la francaise« ab, bei der sich das Auftragen der Speisen folgendermaßen abspielte: »*Auf französische Art findet man schon beim Eintritt den ganzen ersten Gang der Mahlzeit, die Relevés ausgenommen, zugleich auf den Tisch gesetzt, und sobald die Glocken abgehoben sind, legt auch, wie dort, nach der Suppe jeder von der Schüssel vor, die sich vor ihm befindet und bietet seinem Nachbarn davon an, während er selbst, wenn er etwas zu haben wünscht, über den Tisch darum bitten oder einen Bedienten danach schicken muß, im Grunde eine lästige Mode, weshalb auch einige der elegantesten Gereisten jetzt die bequemere Sitte des Herumgebens der Schüsseln durch die Dienerschaft angenommen haben.*« (aus: »Briefe eines Verstorbenen«, S. 454)

Links: Menuzettel zum Diner am 28. Februar 1846 aus Pücklers Tagebuch / oben: Gästeliste der Fürstin Lucie Pückler-Muskau zur großen Soirée in Berlin, 1. März 1837 / unten: Paul Sigmund-Habelmann nach Emma Gaggiotti-Richards, Porträt Alexander von Humboldt, Lithographie, 1855

Diese »bequemere Methode« hatte aber auch einen ganz wesentlichen Nachteil: Dem Gast fehlte nun der Überblick über die Speisen, die ihm in vielen Folgen nacheinander serviert wurden. Wie sollte er sich einteilen, wovon er wieviel würde essen wollen? Daher die Erfindung der Menukarten, die diese Information wieder gewährleisteten.

Von den beiden erhaltenen Menukarten aus Pücklers Leben als Gastgeber belegt die eine ein Diner, das der Fürst 1846 in Berlin für eine reine Herrengesellschaft ausrichtete, darunter Alexander von Humboldt. Die 15 Gänge legen Zeugnis dafür ab, dass diese Diners zu den ausgesuchtesten in Berlin zählten, wie der Fürst selbstbewusst berichtet.

Die andere erhaltene Branitzer Menukarte stammt vom Juni des Jahres 1863, als General von Boyen mit fünf Militärs den Fürsten besuchte. Der Fürst ließ zwei Suppen zur Auswahl anbieten, was belegt, dass die Gäste einen hohen gesellschaftlichen Rang hatten. Auch der Eispunsch zur Pastete war ein Zeichen für die besondere Wertschätzung seiner Gäste, ebenso wie der beliebte Pudding Nesselrode, der zu Erzählungen vom Wiener Kongress und über den Diplomaten und Staatsmann Karl Robert Nesselrode auffordern konnte. – MH

FLEISCH

LAMMFILET MIT »KETCHUP FÜRS REISEN«

HÜHNERBRÜSTCHEN NACH MUNDKOCH JOHANN ROTTENHÖFER

KÖNIGLICHER »KALBSSCHLEGEL À LA BÉCHAMEL«

OCHSENZUNGE MIT ROSINEN AUF SÄCHSISCHE ART

GEBURTSTÄGLICHES RINDERFILET MIT SARDELLENSAUCE

»HUHN À LA MARENGO«

KALBSJUS – »JUS DE VEAU«

SAUCE TARTARE AUF FRANZÖSISCHE ART

Lammfilet mit »Ketchup fürs Reisen«

Das Viktorianische Zeitalter liebte die »Cavice« oder »Ketchup« genannten Würzsaucen. Pückler bestellte sie bei den Feinkosthändlern Labour in Frankreich oder Wix in London und empfahl seinen Lesern dringend, diese Würzsaucen auf Reisen stets dabeizuhaben.

— ZUTATEN *für 4 Personen*

Für das Ketchup
2 EL Öl
100 g rote Zwiebel, fein gewürfelt
1 Knoblauchzehe, fein gewürfelt
1 TL gelbe Currypaste
1 EL Currypulver
1 EL Tomatenmark
100 g Apfelmus
½ Peperoni, entkernt und gewürfelt
320 g geschälte Tomaten
(sonnengereift oder aus der Dose)
Salz und Pfeffer
Zucker

Für das Lammfilet
1 Zweig Rosmarin
2 Zweige Thymian
700 g Lammfilet
Salz
Olivenöl zum Anbraten
1 EL Butter
½ Knoblauchzehe

Für die gefüllte Tomate
2 Artischockenböden
1 EL Olivenöl
Salz und Pfeffer
etwas Zitronensaft
4 große Tomaten
60 g geriebener Parmesan

— ZUBEREITUNG

Für das Ketchup das Öl in einem Topf erhitzen und Zwiebeln und Knoblauch darin andünsten. Currypaste, -pulver und Tomatenmark hinzufügen und kurz mitrösten, dann die restlichen Zutaten dazugeben. Bei schwacher Hitze etwa 40 Minuten köcheln lassen. Das Ketchup mit dem Stabmixer fein pürieren und mit Salz, Pfeffer und eventuell Zucker würzen.

Für das Lammfilet die Kräuter waschen und trocken tupfen. Das Lammfilet rundum salzen und im heißen Öl scharf anbraten. Die Butter mit in die Pfanne geben und zerlassen, dann Rosmarin, Thymian und den Knoblauch ungeschält und angedrückt hineinlegen. Das Fleisch löffelweise mit der Kräuterbutter übergießen und garen, bis die Kerntemperatur bei 45°C liegt. Das Fleisch aus der Pfanne nehmen und 5 Minuten ruhen lassen. In Scheiben geschnitten servieren.

Für die gefüllten Tomaten die Artischockenböden in feine Würfel schneiden und im heißen Olivenöl andünsten. Mit Salz und Pfeffer würzen und mit Zitronensaft abschmecken.

Die Tomaten kreuzweise einritzen, überbrühen, häuten, halbieren und entkernen. Mit den Artischocken füllen und mit dem Parmesan bestreuen. Die gefüllten Tomaten in eine feuerfeste Form setzen und im Backofen bei 140°C etwa 15 Minuten gratinieren.

Hühnerbrüstchen nach Mundkoch Johann Rottenhöfer

Wie der Fürst war der königlich-bayerische Mundkoch Johann Rottenhöfer (1806–1872) durch die Levante gereist. Sein berühmtes Kochbuch erschien 1858 und würdigte Pückler mit einem Gericht: »Filets de perdeaux à la Prince Pückler«.

— ZUTATEN *für 4 Personen*

Für das Fleisch
4 Hähnchenbrüste Suprême (mit Oberknochen)
Salz und Pfeffer
2 EL Öl
10 g schwarze Trüffel
200 g Geflügelfarce (siehe S. 127)
ca. 200 ml Champagner

Für die Suprêmesauce
400 ml Geflügelfond (siehe S. 217)
200 ml Kalbsjus (siehe S. 109)
100 g Sahne
50 ml kalte Butter

— ZUBEREITUNG

Die Hähnchenbrüste waschen, trocken tupfen und in fingerdicke Scheiben schneiden. Rundum mit Salz und Pfeffer würzen und im heißen Öl kurz scharf anbraten. Das Fleisch soll innen noch roh sein.

Den Trüffel fein hobeln. Die Fleischscheiben abwechselnd mit dem Trüffel und der Farce fächerartig in eine ofenfeste, runde Form schichten. Mit dem Champagner umgießen und im Backofen bei 160°C etwa 20 Minuten garen.

Für die Sauce den Geflügelfond in einem Topf erhitzen und auf die Hälfte reduzieren. Dann die Jus hinzufügen und zum Kochen bringen. Die Sahne unterrühren und kurz aufkochen lassen, dann den Topf vom Herd nehmen und die Butter untermixen.

Die Hähnchenbrustscheiben mit der Sauce auf Tellern anrichten und nach Belieben mit gehobeltem schwarzem Trüffel und frischer Gartenkresse dekoriert servieren.

Königlicher »Kalbsschlegel à la Béchamel«

»Wir waren ganz entzückt von der sehr liebenswürdigen Gastfreundschaft des alten Herrn«, schrieb Königin Augusta nach ihrem Besuch in Branitz 1864. Unter den zehn Gängen, mit denen Fürst Pückler sie verwöhnt hatte, war auch der Kalbsschlegel à la Béchamel. Dieser Klassiker der Branitzer Küche sei der Gipfel der Kochkunst gewesen.

— ZUTATEN *für 4 Personen*

Für die Kalbsschlegel
100 g Champignons
5 Scheiben Bacon
50 g Rinderzunge (in Scheiben, gepökelt und gekocht)
200 g Kalbsschlegel
Salz und Pfeffer

Für die Kroketten
500 g mehligkochende Kartoffeln
2 Eigelb
2 EL Speisestärke
½ TL Salz
frisch geriebene Muskatnuss
50 g Mehl
100 g Paniermehl
2 Eier
Fett zum Frittieren

1 Rezept Béchamelsauce
(siehe S. 48)

Für die Kruste
100 g Butter
70 g Panko (asiat. Paniermehl)
30 g Parmesan
1 TL Salz

— ZUBEREITUNG

Für die Kalbsschlegel die Champignons putzen und in Scheiben schneiden. Den Bacon auf Frischhaltefolie auslegen, die Rinderzunge daraufgeben und mit den Pilzscheiben belegen. Das Kalbfleisch rundum salzen und pfeffern und mithilfe der Frischhaltefolie straff mit der vorbereiteten Speckmischung umwickeln. Zusätzlich fest in Alufolie einrollen und im Backofen bei 120°C etwa 40 Minuten garen. Nach dem Auswickeln sollte das Fleisch eine Kerntemperatur von 60°C haben.

Für die Kroketten die Kartoffeln mit der Schale gründlich waschen und in Salzwasser etwa 20 Minuten weich garen. Die Kartoffeln abgießen, ausdampfen lassen und möglichst heiß pellen. Dann durch die Kartoffelpresse in eine Schüssel drücken und lauwarm abkühlen lassen. Das Eigelb und die Stärke unterrühren, die Masse mit Salz und Muskatnuss würzen und vollständig abkühlen lassen.

Den Kartoffelteig entweder mithilfe eines Spritzbeutels oder mit den Händen zu Kroketten formen, separat in eine gefrierfeste Form legen und im Tiefkühlfach anfrieren lassen.

Die Béchamelsauce wie auf Seite 48 beschrieben zubereiten.

Für die Kruste alle Zutaten zu einer homogenen Masse verarbeiten und das ausgewickelte Fleisch damit bedecken. Unter dem Backofengrill knusprig gratinieren.

Das Mehl und das Paniermehl in tiefe Teller geben. Die Eier in einem tiefen Teller verquirlen. Die gefrorenen Kroketten erst in Speisestärke wenden, dann durch die verquirlten Eier ziehen und zuletzt mit dem Paniermehl panieren.

Das Fett in einem weiten Topf auf 150°C erhitzen, alternativ eine Fritteuse benutzen. Die Kroketten darin etwa 7 Minuten knusprig frittieren. Noch heiß mit dem Fleisch und der Sauce anrichten und sofort servieren.

Ochsenzunge mit Rosinen auf sächsische Art

Pückler war gebürtiger Sachse und meinte irgendwann einmal: »Als der liebe Gott mich preußisch werden ließ, wandte er sein Antlitz von mir.« Die Rosinen sollten ihn süß an seine Herkunft erinnern, denn die getrockneten Trauben bedeuteten dem Kenner »auf sächsische Art«.

— ZUTATEN *für 4 Personen*

1 Zweig Thymian
50 g Butter
½ Zwiebel, fein gewürfelt
100 ml Rinderbrühe (siehe S. 68)
100 ml Kalbsjus (siehe S. 109)
25 g Rosinen
1 Spritzer Zitronensaft
50 g blanchierte Mandelblättchen
200 g gekochte Ochsenzunge, dünn geschnitten

— ZUBEREITUNG

Den Thymian waschen und trocken tupfen. Die Butter zerlassen, die Zwiebeln darin glasig andünsten und mit dem Fond und der Jus ablöschen. Die Rosinen unterrühren, Zitronensaft und Thymian hinzufügen und die Sauce bei schwacher Hitze etwa 20 Minuten sanft reduzieren lassen.

Die Mandeln in einer heißen Pfanne ohne Fett duftend anrösten.
Die Ochsenzungenscheiben auf einer Servierplatte anrichten, mit der Rosinensauce beträufeln und mit den Mandelblättchen bestreuen.

Geburtstägliches Rinderfilet mit Sardellensauce

Rindfleisch mit Sardellensauce ließ sich der Fürst gerne zu seinem Geburtstag am 30. Oktober zubereiten. Im ganzen Jahr hingegen galt: »Dass alle die guten essbaren Dinge auch nach sich selber schmecken, den Gaumen ihre feine Individualität erkennen lassen und nicht verkocht und verbraten werden«.

— ZUTATEN *für 4 Personen*

Für das Rinderfilet
640 g Rinderfilet
1 EL Öl
Pfeffer und Salz

Für die Sardellensauce
2 Sardellenfilets (aus dem Glas)
125 g Butter, zimmerwarm
1 TL Sardellen-Einlegeöl
1 TL Olivenöl
1 TL Kapern-Einlegewasser
Salz und Pfeffer
250 ml Kalbsjus (siehe S. 109)

— ZUBEREITUNG

Den Backofen auf 85°C erhitzen. Das Rinderfilet aus dem Kühlschrank nehmen, noch kühl in den Ofen legen und 40 Minuten niedriggaren.

Inzwischen eine Sardellenbutter herstellen. Dafür die Sardellenfilets fein hacken. Die Butter cremig schlagen und mit den Sardellen, dem Einlegeöl, dem Olivenöl und dem Kapernwasser verrühren. Die Sardellenbutter mit Salz und Pfeffer würzen und kalt stellen. Kurz vor dem Servieren die Jus erhitzen und die Sardellenbutter untermixen.

Das Rinderfilet aus dem Ofen nehmen und im heißen Öl rundum scharf anbraten. Herausnehmen und abgedeckt 10 Minuten ruhen lassen. Dann mit Pfeffer und wenig Salz würzen, in Scheiben geschnitten anrichten und mit der Sardellensauce servieren.

»Huhn à la Marengo«

Napoleon Bonaparte (1769–1821) zog auch Pückler in seinen Bann. Der Fürst war versucht zu glauben, dass dieser »den Elementen und der Natur ebenso zu gebieten weiß, als er dem Geschlechte der Menschen Gesetze auflegt«. Im Piemont bekam der Kaiser aller Franzosen 1800 von seinem Koch Dunant dies Schmorgericht nach der Schlacht von Marengo serviert.

— ZUTATEN *für 4 Personen*

Für das Huhn
1 Bio-Brathähnchen (küchenfertig)
Salz
1 Garnele (ohne Kopf und geschält)
5 braune Champignons
1 Zwiebel
2–3 EL Olivenöl
Pfeffer
1 EL Mehl
300 ml trockener Weißwein
ca. 200 ml Geflügelfond (siehe S. 217)

Für die Tapenade
60 g schwarze Oliven (alternativ grüne)
60 g Perlzwiebeln
2 Stiele Petersilie
1 Knoblauchzehe
2 EL Olivenöl
Salz und Pfeffer

— ZUBEREITUNG

Für das Huhn das Brathähnchen waschen, trocken tupfen und zerteilen. Hähnchenbrustfilet, Keulen und Flügel rundum mit Salz würzen. Die Garnele abbrausen und abtropfen lassen. Die Champignons putzen und vierteln. Die Zwiebel schälen und grob würfeln.

Das Olivenöl in einer großen, ofenfesten Pfanne (oder einem Bräter) erhitzen. Die Hähnchenteile darin auf der Hautseite anbraten, wieder herausnehmen und mit Pfeffer würzen. Die Garnele in der noch heißen Pfanne im Bratensatz anbraten, ebenfalls herausnehmen und abkühlen lassen. Zuletzt das vorbereitete Gemüse in die Pfanne geben und andünsten. Die Gemüsemischung mit dem Mehl bestäuben, dann mit dem Weißwein ablöschen und die Flüssigkeit reduzieren lassen. Den Geflügelfond angießen und aufkochen lassen, dann die Pfanne vom Herd nehmen.

Die Garnele klein schneiden und zum Gemüse geben. Die Hähnchenteile mit der Hautseite nach oben in die Pfanne legen, sodass die Haut nicht von der Brühe bedeckt wird. Das Hähnchen im Backofen bei 140°C Umluft etwa 30 bis 35 Minuten garen. Am Ende der Garzeit die Hähnchenteile herausnehmen und die Sauce durch ein feines Sieb passieren. Falls nötig, die Sauce mit etwas Speisestärke binden und mit Salz und Pfeffer abschmecken.

Für die Tapenade alle Zutaten fein hacken, mit dem Olivenöl verrühren und mit Salz und Pfeffer würzen.

Zum Servieren die Hähnchenteile in mundgerechte Stücke schneiden und mit Sauce und Tapenade auf Tellern anrichten. Nach Belieben je 1 Wachtel-Spiegelei und Zitronenviertel dazu reichen.

Kalbsjus - »Jus de Veau«

Eine »Jus de Veau« oder ein entfetteter Kalbssaft kann kalt zu feinem Gelee erstarren oder heiß jede Seele und jeden Magen erwärmen. Seine Herstellung erfordert Kunst und Wissen. Vielleicht teilt sich deshalb die Jus ihren Namen mit dem lateinischen Wort »Jus«, was »Recht« bedeutet?

— ZUTATEN *ca. ½ l*

1 kg Kalbsknochen (vom Metzger zerkleinern lassen)
1 Zwiebel, gewürfelt
5 Champignons, gewürfelt
1 Karotte, in Stücken
1 kleines Stück Knollensellerie (ca. 40 g), in Stücken
2 EL Tomatenmark
80 ml trockener Rotwein
80 ml roter Portwein
1 l kalter Kalbsfond (siehe S. 217)
50 g Butter

— ZUBEREITUNG

Die Kalbsknochen auf einem tiefen Backblech verteilen und im Backofen bei 180°C 45 Minuten rösten. Anschließend die Knochen beiseitelegen und das ausgetretene Fett in einem großen Topf erhitzen.

Im heißen Fett Zwiebel, Champignons, Karotten und Sellerie anbraten. Das Tomatenmark hinzufügen und kurz mitrösten, dann mit Wein und Portwein ablöschen. Den kalten Kalbsfond angießen und die Flüssigkeit bei schwacher Hitze etwa 3 Stunden köcheln lassen, bis sich die Flüssigkeitsmenge auf etwa ein Drittel reduziert hat.

Die Kalbsjus durch ein feines Sieb in einen Topf passieren und nochmals einkochen, bis der Geschmack vollmundig und kräftig ist. Vor dem Servieren die Butter unter die Kalbsjus mixen.

Sauce Tartare auf französische Art

Mit dem Volksstamm der Tartaren hat diese eigentlich aus Russland stammende Kreation wenig zu tun. Jelena Molochovetsch überlieferte die Sauce 1861 als »Geschenk der jungen Hausfrau«. 1856 publizierte Urbain Dubois, ein Rezept mit französischer »Mayonnaise à la Tartare«.

— ZUTATEN *für 4 Personen*

1 Ei
100 g Mayonnaise
2 EL Schnittlauchröllchen
1 TL Zitronensaft
Salz und Pfeffer

— ZUBEREITUNG

Das Ei hart kochen, kalt abschrecken und pellen. Das Ei klein schneiden und mit Mayonnaise, Schnittlauch und Zitronensaft in einer Schüssel untermischen. Die Sauce Tartare mit Salz und Pfeffer würzen.

» Unsere gestrige Partie ist ebenfalls sehr gut gelungen und hat mir sehr angenehme Eindrücke von Branitz zurückgelassen. [...] Dein Bruder und Marie waren auch ganz entzückt von der Art und der sehr liebenswürdigen Gastfreundschaft des alten Herrn. [...] Wir hatten das beste diner daß ich mir seit langem erinnern kann beim Fürsten gleich nach der Ankunft und nachtisch wurde theils zu Wagen theils zu Fuß alles besichtigt. «

Königin Augusta an König Wilhelm I., 26. Juli 1864

Oben: Kaspar Obach, »Halt bei Thugga« aus dem »Atlas Semilasso in Afrika«, Farblithographie, 1836 / links: Nach F. Elias, »Fürst Pückler-Muskau«, Stahlstich, aus August Jägers »Das Leben des Fürsten Pückler-Muskau«, Stuttgart 1843 / rechts oben: Deckelterrine für Fürst Pückler-Muskau, Silber, um 1860

Ketchup und Würzsaucen

Der Fürst schildert einmal seinen aufmerksamen Lesern, wie er lange Reisen oder auch kürzere Ausflüge vorbereitet: »*Geistesnährende Bücher sollten nicht gänzlich vergessen werden, doch ist es hauptsächlich die Abteilung Viktualien in meiner Cantine, die bei dergleichen Exkursionen immer besonders sorgfältig versehen wird, um ganz nach Lust und Laune mein Frühstück oder Mittagessen sowohl im Freien, als unter Dach und Fach, an der ersten besten Stelle, die mir gefällt und meiner Stimmung zusagt, einzunehmen.*« Falls der Fürst jedoch zur Einkehr in ein Gasthaus gezwungen war, meint er: »*Da man zur Leibesnahrung hier selten mehr als in Butter, Fett oder Bier geschmorten Kalbsbraten antrifft, sollte man sich auf Reisen in Deutschland mit englischen Erfindungen wie Cavice und Ketchup versehen, welche die Eigenschaft haben, jede noch so schlechte Brühe genießbar zu machen.*«

Als »Cavice und Ketchup« bezeichnete Würzsaucen waren die kulinarischen Lieblinge des viktorianischen Zeitalters. Aus Pilzen, Anchovis, Walnüssen oder Tomaten und vielen weiteren Zutaten hergestellt, waren sie beliebte Begleiter zu Fleisch, Geflügel und Wild und dienten vor allem zum Verfeinern jeder Art von Saucen. Der Fürst kannte diese Würzsaucen seit seiner Zeit in England und empfahl in seinen Schriften seinen Lesern dringend, sie auf Reisen stets dabei zu haben. Seit Ende des 18. Jahrhunderts konnte man fertige Ketchup-Saucen in gut verkorkten Glasfläschchen erwerben. Pückler bestellte sich 1841 solche Fläschchen bei Labour in Frankreich, in einer für ihn schwierigen Zeit. Seinem Tagebuch vertraute er an: »*Für die Gourmandise ist hinlänglich gesorgt und es fehlt weder an Champagner, Bordeaux und Cyperwein, an Trüffel von Perigord und Pasteten aus Straßburg, noch anderen englischen oder französischen Delicatessen, leider aber oft am Appetit, sie zu genießen.*« Vielleicht konnte da ein bisschen Ketchup Abhilfe schaffen. Eigentlich ist diese »englische« Erfindung nämlich keine moderne kulinarische Untugend, sondern ein Wundermittel aus der Zeit der Kolonialherrschaft in Indien. – MH

Fürstliche Visitenkarte – die Silberkammer

Die Silberkammer hütete die »Visitenkarte« des hochnoblen Gastgebers, sein Tafelzeug. Auch Fürst Pückler zelebrierte diese höfische Tradition des Statusbelegs durch edle Tischwäsche, prachtvolles Porzellan und kostbares Silber zur Tafeldekoration. Bis heute sind Teile dieser wertvollen Bestände im Besitz der Familie von Pückler, die ihren Schatz im Schloss Branitz ausstellt.

»*Reiche Silberkammer, kostbare chinesische Vasen, prachtvolles sächsisches Porzellan, viel Ererbtes, aber auch viel Neugekauftes*«, beschrieb Karl August Varnhagen von Ense im Juli 1858 die Branitzer Silberkammer. Der Fürst installierte sie in einem sicheren Raum mit steinernem Boden und Kreuzgratgewölbe nahe dem Speisezimmer, ließ zur Sicherheit die Fenster vermauern und Schränke von den Tischlern Tette & Fortange einbauen. Hier bewahrte Pückler sowohl das speziell für ihn angefertigte als auch das ererbte Silber der Familie auf. Der Fürst war schließlich kein Neureicher: Er bezeugte mit dem Bestand seiner Silberkammer auch die lange Familiengeschichte und deren moderne Fortführung durch ihn, was er auf seiner Tafel standesbewusst zur Schau stellte.

Links: Blick in die Silberkammer in Schloss Branitz mit dem Familiensilber – im Besitz der gräflichen Familie / oben: Tafelsilber aus dem Besitz von Pücklers Vater, Graf Ludwig Carl Erdmann von Pückler (1754–1811), um 1790

Ein besonders gehüteter Schatz war das sogenannte Pückler-Tafelsilber, das Großvater Graf August Heinrich (1720–1810) beim Berliner Hofjuwelier Jean Godet anlässlich der Hochzeit seines Sohnes Ludwig (1754–1811) mit Clementine von Callenberg (1770–1850) im Dezember 1784 in Auftrag gegeben hatte – zeitgleich mit der frühklassizistischen Gestaltung des Grünen Saals, dem zentralen Festsaal im Branitzer Schloss. Das Testament des Fürsten von 1870 beschreibt das Silberservice »*mit dem Gräfl. Pücklerschen Familien-*

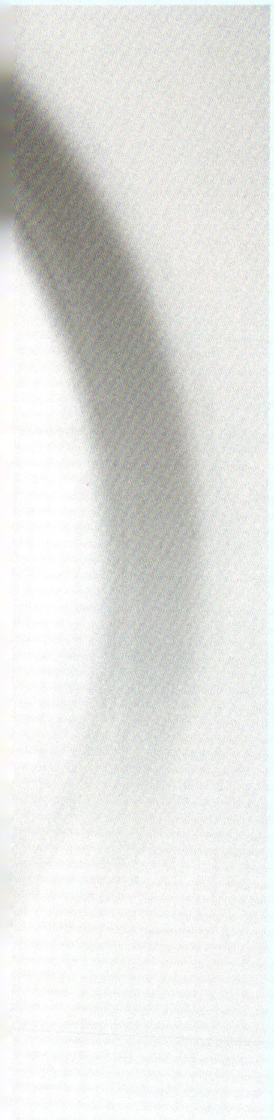

Links außen: Paar Kelchgläser mit dem gräflichen Wappen und der Devise von Hermann Pückler, um 1820 / links: Königliche Porzellan-Manufaktur, Berlin, Großes Tafelservice mit dem gräflichen Wappen, Dessertteller (Detail), 1837/44 / links unten: Jean Godet, Berlin, Großes Pückler-Tafelsilber für Graf August Heinrich von Pückler, um 1770/84 (unten: Detail des gräflichen Wappens des Tafelaufsatzes)

wappen« ausführlich, um *»allen Streitigkeiten zwischen meinen Erben und dem Nachfolger in diesem Silberfideikommiss vorzubeugen«*. Und so kamen die große Suppenterrine auf hohem Plateau, vier Bratenschüsseln auf Rechauds, vier Platten, je vier eckige und ovale Assietten, zwei Präsentierteller, eine Sauciere und vier Dutzend silberne Platzteller in die Familie der ältesten Schwester des Fürsten. Pücklers Vater hatte dies für den Fall der Kinderlosigkeit seines Sohnes so bestimmt. Fast 150 Jahre blieb das Silber daher im Besitz der Familie von Kospot und deren Nachfahren. Es gelangte erst 2014 zurück an die gräfliche Familie von Pückler.

Die vom Fürsten neu erworbenen Silberobjekte wurden innerhalb der Familie weit verstreut, weshalb es heute nur noch wenige im Branitzer Bestand gibt. Immer prangt sein Wappen darauf, das sich an der überlieferten Tradition, aber auch an der aktuellen Mode orientierte. So schrieb er schon 1817 an Lucie: *»Wegen der Wappen auf dem Silber befiehl Godet wie Du es wünschest, sieh aber doch erst beim englischen Gesandten nach, ob die englischen Wappen auf seinem Silber eingerieben sind oder nicht. Danach habe die Gnade Dich zu richten.«* Selbst die Pflege der Silberkammerbestände war Fürstensache, so bestimmte er 1851: *»Bedienter Paul soll mitkommen, um in Dresden das Putzen des Silbers* [...] *zu lernen.«*

Während Pücklers Meissener Porzellanservice den Zweiten Weltkrieg nur in Scherben überstand, gibt es noch heute das Tafelgeschirr aus der Königlichen Porzellanmanufaktur (KPM) in Berlin. Seine Terrinen, Platten, Speise-, Suppen- und Dessertteller tragen stolz das Familienwappen mit Adlerflügeln und -kopf. Das Service war nach der Familienüberlieferung ein Geschenk des Fürsten an seine Nichte Bianca (1826–1870) zu deren Hochzeit mit Constantin von Schlabrendorff 1844. Heute ist es wieder im Besitz der Grafen Pückler und damit noch immer »Visitenkarte« einer Familie, die bis heute hochnobler Gastgeber ist. – SK

PASTETEN

FASANENPASTETE MIT TRÜFFELN FÜR JOSEPHINE

GEFÜLLTER SCHWEINEKOPF AUS DER GUTSÖKONOMIE

GÄNSELEBERTERRINE TOULOUSE

ASPIKSPIEGEL FÜR PÜCKLERS PASTETEN

TEIG FÜR PÜCKLERS PASTETEN

GEFLÜGELFARCE ALS FÜRSTLICHE LUST

Fasanenpastete mit Trüffeln für Josephine

Gräfin Josephine von Seydewitz (1798–1875) war die zweitjüngste und vielleicht hübscheste Nichte Pücklers, die der alternde Herr auf Branitz gern mit Trüffelpasteten verwöhnte. 1860 schrieb er ihr: »Deine Pasteten sind schon wieder fertig und ich habe selbst dabei geholfen.«

— ZUTATEN *für 4 Pasteten*

1 Rezept Teig für Pücklers Pasteten
(siehe S. 126)

Für die Farce
4 Fasanenbrustfilets (ca. 500 g)
60 g kalte Sahne
1 Eiweiß
Salz
weißer Pfeffer

Für die Füllung
50 g Champignons
½ kleine Schalotte
50 g Baconwürfel
2–3 Petersilienblätter
2 Thymianspitzen
etwas Bio-Zitronenschale
Salz und Pfeffer

Außerdem
Butter und Mehl für die Förmchen
1 Eigelb
10 g schwarzer Trüffel

— ZUBEREITUNG

Den Teig für die Pasteten wie auf S. 126 beschrieben zubereiten.

Für die Farce 2 Fasanenbrustfilets im Tiefkühlfach anfrieren lassen, die restlichen Filets beiseitelegen. Das angefrorene Fleisch würfeln und mit den übrigen Zutaten mithilfe des Küchenmixers sehr fein pürieren. Die Farce anschließend durch ein feines Sieb passieren. Damit beim Mixen möglichst wenig Wärme entsteht, sollten alle Zutaten so kalt wie möglich sein. Außerdem empfiehlt es sich, auch die Arbeitsgeräte vorab zu kühlen. Falls notwendig, Eiswürfel untermixen.

Für die Füllung die Champignons putzen und in feine Würfel schneiden. Die Schalotte schälen und ebenfalls fein würfeln. Beides in einer Pfanne mit dem Bacon andünsten, herausnehmen und abkühlen lassen. Petersilie und Thymian waschen, trocken tupfen und fein hacken. Die Kräuter mit der Champignonmischung, der Zitronenschale und der Fasanenfarce verrühren und mit Salz und Pfeffer würzen.

Vier Guglhupfförmchen (Durchmesser 10 cm) einfetten und mit etwas Mehl bestäuben. Den Teig in 4 Portionen teilen und auf der leicht bemehlten Arbeitsfläche dünn ausrollen. Den Teig in Größe der Förmchen und dazu einen Deckel ausstechen. Die Förmchen mit dem Teig auslegen.

Die Füllung in einen Spritzbeutel mit glatter Lochtülle füllen und die Förmchen drei Viertel hoch damit befüllen. Die übrigen Fasanenfilets in kleine Stücke schneiden, auf die Förmchen verteilen und jeweils mit Füllung bis zum Förmchenrand bedecken. Dabei darauf achten, dass keine Lufteinschlüsse entstehen. Die Füllung glatt verstreichen.

Das Eigelb mit etwas kaltem Wasser verquirlen. Die Teigdeckel damit bestreichen, auf die Pasteten legen und diese sehr vorsichtig verschließen. Die Fasanenpasteten im vorgeheizten Backofen auf der mittleren Schiene bei 180°C 35 bis 45 Minuten backen. Den Trüffel in dünne Scheiben hobeln und die fertigen Fasanenpasteten damit anrichten.

Gefüllter Schweinekopf aus der Gutsökonomie

Gefüllter Schweinekopf war eines der Lieblingsgerichte des Fürsten Pückler, das er gerne auch für hohe Gäste zubereiten ließ. Luxuriös gefüllt, getrüffelt und gut gewürzt klingt dies heute jedoch wie ein kulinarisches Abenteuer. Eingehüllt in Gelee und Aspik konnte man sich damals lange an solchermaßen gefülltem Schweinekopf erfreuen und die raffiniertesten Saucen und ein Glas Champagner dazu servieren.

— ZUTATEN *für 4 Personen*

Für die Füllung
4 cl Madera
40 ml Apfelsaft
70 g getrocknete Cranberrys
1 Eiweiß
750 g Schweinehack
50 g geröstete Pistazienkerne
2 Schalotten, gewürfelt
3 EL Petersilie, gehackt
50 g Semmelbrösel

Außerdem
1 ausgelöster Schweinekopf (auch Schweinemaske; gepökelt und gekocht; beim Metzger vorbestellen)

— ZUBEREITUNG

Für die Füllung Madeira und Apfelsaft in einem kleinen Topf aufkochen und die Cranberrys hineingeben. Den Topf vom Herd nehmen und die Beeren über Nacht ziehen lassen.

Am nächsten Tag das Eiweiß in einer großen Schüssel luftig aufschlagen. Die eingelegten Cranberries zusammen mit den übrigen Zutaten dazugeben und alles zu einer festen Masse verkneten.

Ein Backblech mit Backpapier auslegen. Den Schweinekopf waschen und trocken tupfen. Die Hackfleischmasse möglichst kompakt und ohne Lufteinschlüsse in den Kopf füllen.

Den Braten mit Küchengarn fixieren und 1 ½ Stunden im Ofen bei 180°C Umluft garen, bis die Haut knusprig ist bzw. die Kerntemperatur 65°C beträgt. Den gefüllten Schweinekopf aus dem Ofen nehmen und in Scheiben geschnitten servieren.

Gänseleberterrine Toulouse

Im Brief an Lucie vom 27. November 1834 schrieb der Fürst aus Frankreich: »Das Land der Trüffel und des Bordeaux-Weins, der Wachteln und Ortolane, der Forellen und der Seefische, der Terrines de Nèrac (Rebhuhnpasteten)) und der Paté de Toulouse (Pasteten von Toulouse)... oh nach diesem Land lass uns Geliebte ziehen.«

— ZUTATEN *für 4 Personen*

Für die Gänseleberterrine
100 g Gänseleber
1 EL Öl
2 EL Schalotten, gewürfelt
1–2 EL Sahne
1–2 EL Crème fraîche
3 EL roter Portwein
1 Ei
Salz und Pfeffer
4 Blatt Gelatine
3 EL weißer Portwein
3 EL Rote-Bete-Saft

1 Rezept Aspik
(siehe S. 126)

1 Rezept Selleriesalat
(siehe S. 140)

Für den Senfschaum
400 ml Apfelsaft
50 g Dijon-Senf
50 ml Apfelessig
3 g Lecithin

— ZUBEREITUNG

Für die Gänseleberterrinen die Leber häuten, putzen, waschen und trocken tupfen, anschließend fein würfeln. Das Öl in einer Pfanne erhitzen und die Schalotten darin andünsten. Die Leberwürfel dazugeben und etwa 3 Minuten weich garen. Sahne, Crème fraîche und roten Portwein unterrühren und die Pfanne vom Herd nehmen. Die Masse lauwarm abkühlen lassen und fein mixen, dabei das Ei unterheben und die Masse mit Salz und Pfeffer abschmecken.

Das Aspik wie auf S. 126 beschrieben zubereiten.

Die Gelatine in kaltem Wasser etwa 5 Minuten einweichen. In einem kleinen Topf den weißen Portwein und den Rote-Bete-Saft erwärmen. Die Gelatine leicht ausdrücken, mit in den Topf geben und unter Rühren auflösen. Die Flüssigkeit unter die Lebermasse rühren. In runde Formen (am besten aus Silikon) abfüllen und im Ofen bei 75°C 15 bis 20 Minuten bis zu einer Kerntemperatur von 65°C garen.

Den Selleriesalat wie auf S. 140 beschrieben zubereiten.

Für den Senfschaum kurz vor dem Anrichten alle Zutaten mit dem Stabmixer schaumig aufschlagen.

Zum Servieren die Gänseleberterrinen auf Servierplatten stürzen. Das Aspik in Größe der Terrinen ausstechen und diese damit belegen. Den Senfschaum und den Selleriesalat dazu anrichten und den Salat mit einer karamellisierten Walnusshälfte dekorieren.

Aspikspiegel für Pücklers Pasteten

Aspik und Gelees waren zu Pücklers Zeiten Kostbarkeiten, da ihre Herstellung sehr aufwendig war. Als Grundlage nutzte man – weil geruchs- und farbneutral – am liebsten die Schwimmblase von Stör oder Hausen. In der Branitzer Schlossküche produziertes Aspik wurde dem Fürsten, abgefüllt in Dosen, oft nach Berlin gesandt.

— ZUTATEN *für 4 Pasteten*

300 ml Apfelsaft
1,7 g Agar-Agar
1,7 g Gellan
80 g Zucker
Salz

— ZUBEREITUNG

Für das Aspik den Apfelsaft in einem Topf erwärmen. Agar-Agar und Gellan hineinrühren und aufkochen lassen. Den Zucker und das Salz hinzufügen und die Mischung etwa 2 Minuten unter Rühren köcheln lassen. Dann auf ein Backblech gießen und auskühlen lassen.

Das abgekühlte Aspik mit einem Ausstechförmchen in beliebiger Form ausstechen.

Teig für Pücklers Pasteten

Pasteten waren stets einer der Höhepunkte bei einem großen Menu. Ihr goldgelber Teigmantel war reich verziert, das knusprige Äußere kontrastierte das feinsaftige Innere. Mit ihrem duftenden Aroma und ihrem delikaten Innenleben konnten sie die Augen, Nase und Gaumen gleichermaßen verwöhnen.

— ZUTATEN *für 4 Pasteten*

500 g Mehl
220 g kalte Butter, in Würfeln
2 Eier
Salz
1 Eigelb

Außerdem
Butter und Mehl für die Förmchen

— ZUBEREITUNG

Für den Teig empfiehlt es sich, sowohl Zutaten als auch Arbeitsgeräte möglichst gut gekühlt zu verwenden.

Das Mehl auf die Arbeitsfläche sieben und eine Mulde hineindrücken. Die Butter, die Eier, 80 ml kaltes Wasser und 1 Prise Salz hineingeben. Alle Zutaten mit den Händen vorsichtig untermischen und zu einem glatten Teig verarbeiten. Den Teig zu einer Kugel formen und zugedeckt mindestens zwei Stunden, am besten über Nacht, kühl gestellt ruhen lassen.

Geflügelfarce als fürstliche Lust

Ist es metaphorisch gesehen ein Unsinn, gekochtes Geflügelfleisch fein zu zerkleinern und mit Sahne, Eiweiß und Pfeffer zu einer köstlichen Füllung werden zu lassen, oder doch eher eine gastronomische Lust? Pückler liebte die raffinierte Fülle der Pasteten, die als Zwischengericht gereicht wurde.

— ZUTATEN *für 4 Personen*

270 g Hähnchenfleisch (z.B. Keule, Hähnchenbrustfilet)
60 g Sahne, gut gekühlt
1 Eiweiß
½ TL Salz
1 Prise weißer Pfeffer

— ZUBEREITUNG

Das Hähnchenfleisch klein schneiden und im Tiefkühlfach leicht anfrieren lassen.

Das Fleisch mit den übrigen Zutaten im Standmixer fein pürieren. Die Masse anschließend durch ein feines Küchensieb passieren.

Wichtig: Beim Mixvorgang darf nicht zu viel Wärme entstehen, weil sonst das Eiweiß gerinnt. Alle Zutaten deshalb möglichst kalt verwenden und nach Möglichkeit auch die Arbeitsgeräte vorkühlen und ggf. Eiswürfel untermixen.

» Für die Gourmandise ist hinlänglich gesorgt und es fehlt weder an Champagner und Zyperwein, an Trüffel von Perigord und Pasteten von Straßburg, noch an Eis und anderen Delicatessen, leider aber oft am Appetit, sie zu genießen, denn es ist nun leider so eingerichtet in der Welt, dass die, welche die Güter derselben besitzen, den Genuß daran verlieren, bei denen aber, die sie nicht haben, die Genussfähigkeit dafür immer noch bleibt, einer der vielen Mängel unserer irdischen Natur. «

Pückler im Tagebuch, Muskau, 12. Februar 1841

Branitzer Obst- und Gemüsegärten – schön, nützlich und nachhaltig

Nicht nur der Landschaftsgarten mit seinen weiten Ausblicken und majestätischen Bäumen, Gewässern und Architekturen gehörte zu Pücklers Parkschöpfung. Auch eine sogenannte Ornamental Farm (»aufgehübschte« Landwirtschaft) und mehrere kleinere Gärten waren Teil seines Branitzer Gesamtkunstwerks. Pücklers Meisterstück entstand ab 1846 und entsprach seinem Prinzip: So wie der Park eine *»zusammengezogne idealisirte Natur ist, so ist der Garten eine ausgedehntere Wohnung«*. Besonders mannigfaltig war der Bereich um das Schloss herum gestaltet, der Pleasureground. Nach Pücklers Vorstellungen galt es, hier kleine Blumen-, Winter-, Frucht-, Wein-, aber auch Gemüsegärten anzulegen, was schön und nützlich im besten Sinne war.

Die für die Branitzer Küche produzierenden Nutzgärten, wie die Obst- und Gemüsegärten in der Schlossgärtnerei und beim Parkvorwerk, sollten *»einen sehr angenehmen Aufenthalt abgeben [...], wo man mit Vergnügen im Frühjahr die warmen Sonnenstrahlen aufsucht, oder im Herbst sich von Bäumen und Sträuchern, die frischen und ausgesuchtesten Früchte selbst abpflücken«* kann. Daher seien Beete gefällig zu disponieren, Obstbäume in Spalieren zu ziehen, Treillagegänge anzulegen, bequeme Wege mit breiten Blumenrabatten einzufassen und die schönen und nützlichen Gärten *»stets reinlich und elegant zu halten«*.

Die Branitzer Schlossgärtnerei wuchs ab 1848 stetig. Es entstanden ein Frühbeethof mit Mauern, zahlreiche Gewächshäuser, Anzuchtflächen für Blumen und Stauden sowie die Baumschule, die der Fürst »Baumuniversität« nannte. Während im Oberhaus die repräsentativen Kübelpflanzen mit den Zitrusfrüchten des Parks überwinterten, waren die anderen Glashäuser der aufwendigen Zucht der »Königin der Früchte«, Pücklers spektakulärer Ananas, vorbehalten. Diese schmückte als vergoldete Plastik das Kuppel- oder Heizhaus und als bewunderte Frucht natürlich die Tafeln des Fürsten und der damit beschenkten Damen. Gleich neben dem Blumensee stand das Anzuchthaus, wo die Stecklinge im ersten Jahr wurzelten, um danach im feuchten und warmen großen Ananashaus zu wachsen. Im dritten Jahr wurden die Pflanzen erneut in ein anderes Gewächshaus umgepflanzt, wo sie bei Temperaturen um 30 Grad und hoher Luftfeuchte schließlich Früchte trugen.

Für einen reibungslosen Ablauf war der Obergärtner zuständig, dem für die *»speziellere Besorgung der Häuser, Baumschulen, Frucht- und Gemüsegärten sowie der Blumengärten«* ein Untergärtner, ein Gemüsegärtner, drei Vorarbeiter, ein Garten-Mädchen und zahlreiche Hilfskräfte wie Tagelöhner, aber auch Strafgefangene, unterstellt waren.

Was in den Branitzer Obst-Gemüsegärten geerntet wurde, landete in der Schlossküche oder wurde verkauft – bei guter Ernte sogar die Ananas. Melonen, Pfirsiche, Äpfel, Weintrauben und Tomaten sicherten damit einen wichtigen Teil der Einnahmen des Parks, so wie später die Karpfenzucht in den Parkgewässern. Nach Pücklers Tod wurden die Produkte aus »Reichsgräflich von Pückler'schen Baumschulen und Gärten« vielfach prämiert und lieferten noch lange Ananas, Erdbeeren, Kirschen, Äpfel, Birnen, Kartoffeln, Rüben, Spargel, aber auch Sommerblumen, Zimmerpflanzen und »Cycaswedel«, also Palmenfarnwedel für Ehren- und Trauerkränze.

Was als nützliches Schönes zur Bereicherung des Parks begonnen hatte, war mit der Ananas spektakulär und mit der Baum- und Gemüsezucht später finanziell notwendig für die Familie und Branitz geworden. Erst im 21. Jahrhundert wurde die Tradition von Branitzer Ananas, Obst, Gemüse und Kräutern für die Küche des Cavalierhauses aus dem Park wieder aufgenommen. Möge sie wieder schön und nützlich werden. – SK

Links oben: nach Julius Gottheil, Die Gewächshäuser, aus dem Schmuckblatt »Schloss Branitz und Umgebung«, Stahlstich, 1857 / links unten: Florian Bröcker, Blaues Haus, Kuppelhaus und Ananashaus in der Schlossgärtnerei von Branitz, Fotografie, 2020 / unten: Rechnung der »Reichsgräflich von Pückler'schen Baumschulen und Gärten« mit den Prämierungen 1872 bis 1883

Die ganze Welt auf dem Tisch – Spezialitäten per Katalog

Oben: Rechnungen über »Küche und Keller« im Herrschaftsarchiv Branitz, um 1840/50 / rechts: Marina Jerkovic: Schreibtisch des Fürsten in der Bibliothek, Fotografie, 2021 / rechts außen: William Heath: »The Prime Lobster«, Lithographie, 1828, in Pücklers Erinnerungsbildern, Bd. 2, 1827/28

Es mutet an wie eine Ahnung von der heutigen globalisierten Welt, wenn man die unzähligen erhaltenen Bestellzettel, Warenprogramme und Rechnungen von deutschen, französischen und englischen Feinschmeckerlieferanten in Pücklers Nachlass besieht. Feinsäuberlich nach Jahren sortiert, mit zahlreichen Anmerkungen des emsigen Fürsten sind sie als »Belege aus Haushalt, Küche und Keller« bis heute erhalten und zeugen von der Exklusivität des Geschmacks des Branitzer Bestellers und seiner Vernetzung in der lukullischen Welt des 19. Jahrhunderts.

Eingemachte Früchte in Büchsen und Gelées kamen vom königlichen Hofkonditor Kranzler in Berlin. Isländische-Moos-Chocolade für Brustkranke oder Cotillon-Knallfiguren lieferte die Tragant Confiseur-Waaren-Handlung Felix & Sarotti Berlin. Echter afrikanischer Perl-Mocca oder frischer Stangenspargel aus Algier wurden von der Colonial-, Delicatess- und Italiener-Waaren-Handlung Krösig Sohn in Stettin bezogen. Feinstes west-indisches Arrow-root oder *»wirklich ächter Japan-Soya«* erreichten Branitz aus der Dampf-Schokoladen-Fabrik Hauswaldt in Magdeburg. In Gotha kannte und schätze der Fürst die halbgeräucherten Thüringer Bratwürste von Bufleb & Sohn. Wenn es Ananas-Liqueur sein sollte, bestellte Pückler diesen bei Erven Lucas Bols in Amsterdam. Alfred de Luze in Bordeaux lieferte roten Dessertwein von Chateau Margaux, Lafitte oder Latour. Einmal notierte er sich die *»sehr gute Champagner Adresse«* in Paris, denn diese führe »grand mousseux qualité d'impérieuse« und Heidsieck & Co. Aber auch die *»in Havanna fabricierten Cigarren«* oder russischer Rauchtabak waren Teil der Branitzer Genusswelt. Der Fürst bezog diese von Georg Ludwig Netz, einem Spezialhändler in Frankfurt am Main.

In London muss des Fürsten Lieblingsgeschäft das Export Warehouse Charles Wix & Sons London gewesen sein, denn hier gab es Schokolade aus Trinidad, besten Reis aus Carolina und Bottles Morello Cherries (Sauerkirschen). Während des Aufenthaltes zur Weltausstellung 1851 hatte Pückler bei Wix anscheinend sein Herz an dessen »Rich Sauces« verloren und bestellte Unmengen von Mustard, Bottles Englishman's Relish, India Pickle, Bengal Chutney, Garlic Vinegar aber auch Strawberry Jam, Mulligatawny-Pasteten und vieles mehr, die mit dem Dampfschiff über Hamburg in die Branitzer Küche gelangten.

Eine andere Vorliebe war die Bestellung von innovativen Haushaltsgegenständen für Branitz: Kochmaschinen aus Genf, Pumpen aus Lausanne, die Bratmaschine aus London, aber auch Extractions-Kaffeemaschinen, Kohle-

plätteisen, selbsttätige Waschtöpfe und Universalschneidemaschinen von Haus- und Küchen-Einrichtung E. Cohn in Berlin interessierten Pückler. Dessen »*Pariser rotirende Eismaschine*« musste er haben, denn diese konnte »*Gefrorenes nach Fürst Pückler (Ausgezeichnet)*« machen, wie der Prospekt im Archiv des Fürsten anpries.

Unter all den Bestellungen zu Köstlichkeiten und Küchengeräten finden sich auch handgeschriebene Rezepte, die der Fürst in den dicken Folianten sammelte: Bayerisch Kraut, Muffins und Suppen, aber auch »Trüffel Salat von Rossini«, den Komponisten, den er persönlich aus Paris kannte: »*Man schneide Trüffel klein, thue dann in ein gefäß huile vierge, estragon, etwas Zitronensaft, Pfeffer und Salz, reibe es bis zur vollkomensten Mischung durcheinander, und thue dann die klein geschnittenen Trüffel hinein.*«

Der italienische Komponist Giacomo Rossini (1792–1868) war wie Pückler ein Gourmet und meinte: »*Der Magen ist der Kapellmeister, der das große Orchester unserer Leidenschaften regiert.*« Für die erlesenen, exotischen und weitgereisten Instrumente des Genusses sorgte Pückler in seinen Bestellungen für Branitz leidenschaftlich. – SK

GROSSE BRATEN

GÄNSEBRATEN MIT RÖMERSALAT NACH ART DER KÖCHIN KAROLINE

WILDSCHWEIN AUS DEM FÜRSTLICHEN JAGDPARK MIT GESTÜRZTEM SALAT

BRANITZER TAUBE MIT SELLERIESALAT

REHRÜCKEN BOIS DE BOULOGNE

CUMBERLAND- ODER JOHANNISBEERSAUCE

REMOULADENSAUCE BADEN-BADEN

SNOWDON – HAMMELKEULE MIT TOMATEN

Gänsebraten mit Römersalat nach Art der Köchin Karoline

Der Fürst schwärmte: »Nie ist in unserem märkischen Sand ein solches Wundertier von Gans bisher gesehen worden! Diese muss in gerader Linie von den kapitolinischen abstammen, welche in Rom halbgöttlich verehrt wurden. Ich jedoch verehre die, welche heute uns zum Opfer fiel, ganz allein des Fettes wegen, und berührte ihre Brüste schon mit Ehrfurcht, als sie ankam, und vor mir in all ihrem Reiz entblößt wurde!«

— ZUTATEN *für 4–6 Personen*

Für die Gans
3-3,5 kg Gans (küchenfertig; mit Innereien und Hals)
Salz für die Salzlake (35 g auf 1 l Wasser)
400 g Zwiebeln
2 Äpfel
2 Karotten
1 Stück Knollensellerie (ca. 100 g)
1 EL getr. Beifuß
1 TL getr. Thymian
100 ml Apfelsaft
200 ml Geflügelfond (siehe S. 217)
Speisestärke (40 g pro 1 l)

Für den Römersalat
4 Römersalatherzen
50 ml Apfelessig
80 ml Traubenkernöl
2 EL Olivenöl
1/4 TL mittelscharfer Senf
je 1 Prise Salz, Pfeffer und Zucker

— ZUBEREITUNG

Für den Braten die Gans gründlich waschen und in einen Bräter legen. So viel Salzlake dazugießen, dass die Gans vollständig bedeckt ist und mind. 2 bis 3 Stunden, am besten über Nacht, an einem kühlen Ort ziehen lassen.

Am nächsten Tag die Gans aus der Lake nehmen, abspülen und auf ein tiefes Backblech legen. Zwiebeln, Äpfel, Karotten und Sellerie putzen, schälen und klein schneiden. Gemüse und Kräuter, Innereien und den Gänsehals mit aufs Blech legen, Apfelsaft und Geflügelfond angießen und alles bei 140°C im Ofen ca. 2 Stunden garen.

Die Gans herausnehmen und auf das Ofengitter legen. Den Bratensaft durch ein feines Sieb in einen Topf passieren. Nach einigen Minuten das Fett abschöpfen und die Gans damit rundum bestreichen. Den Backofengrill einschalten und die Gans darunter knusprig grillen. Die Sauce bei mittlerer Hitze auf die Hälfte reduzieren. Die Speisestärke, abhängig von der Flüssigkeitsmenge, mit wenig kaltem Wasser glatt rühren und die Sauce damit binden.

Für den Römersalat die Salatherzen in einzelne Blätter teilen, waschen, trocken schleudern und in mundgerechte Stücke zupfen. Die übrigen Zutaten zu einer Vinaigrette verrühren und untermischen.

Die Gans nach Belieben mit Orangenscheiben und kandierten Kirschen dekoriert anrichten und mit dem Römersalat servieren.

Wildschwein aus dem fürstlichen Jagdpark mit gestürztem Salat

Pückler liebte ein »wahrhaft patriarchalisches Leben« in der Waldeinsamkeit seines Jagdparks in der Muskauer Heide bei Weißwasser, ein Jäger war er jedoch nicht. Seiner Sammelleidenschaft für Jagdwaffen und der kulinarischen Liebe zum Wild tat dies jedoch keinen Abbruch.

— ZUTATEN *für 4 Personen*

1 ½ kg Wildschweinkeule
(ohne Knochen)
Salz
1 EL Öl
2 Zwiebeln, gewürfelt
1 Karotte, gewürfelt
1 Stück Knollensellerie (ca. 50 g), gewürfelt
1 TL Tomatenmark
1 l trockener Rotwein
2 getr. Lorbeerblätter
5 Nelken
10 Wacholderbeeren
1 l Rinderbrühe (siehe S. 68)
80 g kalte Butter
Pfeffer

— ZUBEREITUNG

Die Wildschweinkeule waschen, trocken tupfen und salzen. Das Öl in einem Bräter erhitzen, das Fleisch darin rundum anbraten und wieder herausnehmen. Zwiebel, Karotte und Knollensellerie im Bratensatz anbraten, das Tomatenmark hinzufügen und kurz mitbraten. Mit Rotwein ablöschen, die Gewürze hinzufügen und die Keule zurück in den Sud legen.

Die Keule mit der Rinderbrühe übergießen und zugedeckt im Ofen bei 160°C 3 bis 4 Stunden schmoren, bis das Fleisch zart ist.

Die Wildschweinkeule aus dem Bräter nehmen und die Garflüssigkeit durch ein Sieb in einen Topf abgießen. Die Sauce aufkochen und auf ein Viertel der Flüssigkeit reduzieren. Dann die kalte Butter dazugeben, unterrühren und die Sauce mit Salz und Pfeffer abschmecken.

Zum Servieren die Wildschweinkeule in Scheiben schneiden und mit Sauce beträufeln.

Dazu den gestürzten Salat von S. 158 reichen.

Branitzer Taube mit Selleriesalat

Das Schlaraffenland, wo die Tauben wie im Sprichwort gebraten durch die Lüfte flogen, hieß für Fürst Pückler Branitz. Dort befand sich auf einer Insel im Gutsökonomiesee ein großes Taubenhaus. Wurden die Tiere auf Tellern serviert, waren sie begleitet von köstlichen Salaten.

— ZUTATEN *für 4 Personen*

Für die Tauben
4 Tauben (beim Metzger vorbestellen, küchenfertig)
Salz
300 g Wurzelgemüse (z.B. Karotten, Knollensellerie, Pastinake, Petersilienwurzel)
2 EL Öl
100 ml Geflügelfond (siehe S. 217)

Für den Selleriesalat
1 Stück Knollensellerie (ca. 80 g)
1 säuerlicher Apfel (ca. 60 g)
½ Stange Staudensellerie (ca. 50 g)
60 g Mayonnaise
4 EL Sahne
je 1 Msp. gemahlenes Piment und gemahlene Sternanis
2 EL Apfelsaft
1 EL Apfelessig
Salz und Pfeffer

Außerdem
4 karamellisierte Walnusskernhälften

— ZUBEREITUNG

Die Tauben unter fließend kaltem Wasser abwaschen, trocken tupfen und innen und außen mit Salz einreiben. Das Wurzelgemüse putzen, schälen und klein schneiden. Das Öl in einem Bräter erhitzen, die Tauben darin rundum anbraten und wieder herausnehmen. Das Wurzelgemüse im noch heißen Bratfett anrösten und mit dem Geflügelfond ablöschen. Die Tauben in den Sud legen und im Backofen bei 80°C etwa 1 Stunde schmoren. Die Kerntemperatur im Brustfilet sollte 50°C betragen.

Für den Selleriesalat den Knollensellerie schälen, waschen und auf der Küchenreibe grob raspeln. Den Apfel schälen, entkernen und ebenfalls raspeln. Den Staudensellerie putzen, waschen und in feine Ringe schneiden.

Das Gemüse in einer Schüssel mit Mayonnaise und Sahne mischen. Den Selleriesalat damit würzen und mit Apfelsaft, -essig, Salz und Pfeffer abschmecken.

Das Brustfilet von den Tauben tranchieren und wieder anlegen. Die Tauben auf Tellern anrichten und mit dem Selleriesalat servieren. Den Selleriesalat mit karamellisierten Walnusskernen bestreuen.

Rehrücken Bois de Boulogne

Im großen Pariser Stadtwald, der als königliches Jagdgebiet begründet worden war, gärtnerte Pückler 1854 mit dem Kaiser der Franzosen, Napoleon III. Der Jagdpark wurde zum Landschaftsgarten – nun gab es hier statt Rehjagd eben Gartenkunst.

— ZUTATEN *für 4 Personen*

Für den Rehrücken
1 Zweig Rosmarin
800 g Rehrücken
Salz
4 EL Öl
80 g Butter
5 angedrückte Wacholderbeeren
10 Pfefferkörner
2 getr. Lorbeerblätter

Für die Birnen
8 Williamsbirnen (aus der Dose oder frisch)
4 EL trockener Weißwein
4 EL weißer Portwein
½ Vanilleschote
2 getr. Lorbeerblätter
abgeriebene Schale von ½ Bio-Zitrone
2 Gewürznelken
2 EL Preiselbeeren (aus dem Glas)

— ZUBEREITUNG

Den Rehrücken salzen und im heißen Öl scharf anbraten. Die Butter zerlassen, dann Rosmarin, Wacholderbeeren und Pfefferkörner dazugeben und das Fleisch löffelweise mit der Würzbutter übergießen. Den Rehrücken im Ofen bei 60°C etwa 40 Minuten niedriggaren. Das Fleisch vor dem Servieren ruhen lassen. Inzwischen frische Birnen schälen, halbieren und die Kerngehäuse entfernen. Die übrigen Zutaten in einen Topf füllen und die Birnenhälften darin etwa 10 Minuten bissfest garen, herausnehmen und abkühlen lassen. Zum Servieren den Rehrücken in Scheiben schneiden und auf Teller anrichten. Die Birnenhälften jeweils mit 1 TL Preiselbeermarmelade füllen und dazu reichen.

Cumberland- oder Johannisbeersauce

Prinz Ernst August, Herzog von Cumberland (1771–1851) verriet 1826 Pücklers Trennungsabsichten von Lucie. »Nun ist es leider an der großen Stadtglocke!« raunte der Fürst über den Namensgeber dieser Sauce, die in Branitz deshalb besser als Johannisbeersauce gereicht wurde.

— ZUTATEN *für 4 Personen*

150 g Johannisbeeren
50 g englische Orangenmarmelade
Abrieb von 1 Orange
1 EL Dijonsenf
50 ml Rotwein
1–2 EL Weinbrand
Salz und Pfeffer

— ZUBEREITUNG

Alle Zutaten in einer Schüssel mit dem Schneebesen glatt rühren und mit Salz und Pfeffer abschmecken.

Remouladensauce Baden-Baden

Im noblen Hotel Viktoria residierte der Fürst, wenn er in Baden-Baden war. Hier traf er König Wilhelm von Württemberg, Stéphanie de Beauharnais und Franz Xaver Winterhalter, der ihn mit der Gestaltung seines Privatgartens betrauen wollte.

— ZUTATEN *für 4 Personen*

5 g Kapern
2 Gewürzgurken
100 g Mayonnaise
1 EL Gurkenwasser
1 EL Kapern-Einlegewasser
1 EL Petersilie, gehackt
Salz und Pfeffer
Zucker

— ZUBEREITUNG

Die Kapern und die Gewürzgurken fein hacken. In einer Schüssel mit Mayonnaise, Gurken- und Kapernwasser mischen und die gehackte Petersilie unterrühren. Die Remoulade mit Salz und Pfeffer würzen und mit Zucker abschmecken.

Snowdon – Hammelkeule mit Tomaten

1828 hatte der Fürst den höchsten Berg von Wales bestiegen. Danach gelüstete es ihn, »den berüchtigten mountain mutton auf dem Tische dampfen zu sehen, um mit Heißhunger darüber herzufallen, denn ein Seebad und die Besteigung des Snowdon wirkt noch stärker als Walter Scott.«

— ZUTATEN *für 4 Personen*

1 Lammkeule (ca. 500 g, mit Knochen)
Salz
1 Zweig Rosmarin
1 Zweig Thymian
1 Knoblauchzehe
2 EL Olivenöl

1 Rezept gefüllte Tomaten
(siehe S. 99)

— ZUBEREITUNG

Die Lammkeule waschen, trocken tupfen und rundum mit Salz würzen. Rosmarin und Thymian waschen und trocken tupfen. Die Knoblauchzehe in der Schale leicht andrücken. Das Fleisch in 1 EL Olivenöl scharf anbraten, auf ein tiefes Backblech legen und Kräuter und Knoblauch daraufgeben. Die Lammkeule im Backofen bei 180°C etwa 50 Minuten garen. Das Fleisch herausnehmen und mindestens 20 Minuten ruhen lassen.

Die gefüllten Tomaten wie auf Seite 99 beschrieben zubereiten.

Zum Servieren das Fleisch in Scheiben schneiden und jeweils mit 1 gefüllten Tomate auf Tellern anrichten.

» This is the custom of Branson-Hall Vollständige Freiheit für Wirth und Gäste. Jedermann steht auf wann ihm beliebt, und frühstückt was er will und befiehlt, bequem auf seiner Stube. Um 1 Uhr luncheon im Frühstückszimmer, dem jeder Gast beiwohnt oder nicht, ganz nach seinem Belieben. Der einzige Zwang besteht darin, zum Diner um 9 Uhr zu kommen, wenn der Tamtam zum zweitenmal donnert. Nur Krankheit, die der liebe Gott verhüte, dispensirt von dieser Pflicht. Nach dem Kaffee ist jedes Menschenkind wieder frei.«

Pückler an Ludmilla Assing, 28. Mai 1867

AMOR ET VIRTUS

Der König war entzückt – Friedrich Wilhelm IV. in Branitz

Trotz langer Abwesenheiten konnte sich Fürst Pückler stets auf seine Mannschaft in Branitz verlassen. Der eine oder andere in den Briefen erwähnte silberne Becher als Dankeschön, oft in Begleitung einer Flasche Champagner, wird für diese gute Arbeitsbeziehung nicht hinderlich gewesen sein.

Im Jahr 1854 sah sich die Dienerschaft einer besonderen Herausforderung gegenüber, die sie in den ersten Eintragungen in den Tafelbüchern für den Fürsten und für die Nachwelt dokumentierte. Im Sommer war es erst nur der preußische Prinz Friedrich Wilhelm (der später als Kaiser Friedrich III. nur 99 Tage regieren sollte), der durch den Park geführt und verköstigt werden musste – eine Generalprobe, die mit einem üppigen Gabelfrühstück unter der Pergola vor dem Schloss zur allgemeinen Zufriedenheit gut gelang. Anfang Oktober dann – der Fürst war in großer Sorge, ob sein herbstlicher Park noch präsentabel wäre – erschien König Friedrich Wilhelm IV. mit kleinem Gefolge.

Billy Masser, des Fürsten tüchtiger, kleinwüchsiger Hofmarschall, war zu dieser Zeit allerdings gerade abwesend. Also zog sich kurzerhand Obergärtner Wilhelm Freschke, wie er dem Fürsten schrieb, einen Frack an, mit schwarzen Beinkleidern, weißer Weste und einer Binde, an die er ein eigenes militärisches Ehrenzeichen angeheftet hatte. Der so Ausstaffierte ließ über dem Schlossportal eine Blütengirlande aufhängen und alle Räume mit Blumenbouquets schmücken. Gemeinsam mit den Honoratioren der Stadt Cottbus empfing er den König und seine Entourage vor dem Schloss. Nach ausführlicher Parkführung wurde der hohe Gast im Schloss mit einem warmen Frühstück, bestehend aus sieben raffinierten Gängen, köstlich bewirtet. Unter den Speisen auch ein »Karpfen à la matelote«, dessen Rezept auch hier im Kochbuch zu entdecken ist.

Der kunstsinnige König war außergewöhnlich vergnügt. Und, wie sein Gefolge bestätigte, *»entzückt«* von Branitz. Im Dankesbrief an den Fürsten drückte er seine Bewunderung über die hohe Kunst aus, mit welcher Pückler es verstehe, auch *»unbedeutenden Lagen den Reiz schöner Gegenden zu verleihen«*.

Fürst Pückler kokettierte seinerseits in seinem Antwortbrief mit einem Zitat des römischen Schriftstellers und Philosophen Seneca und bezeichnete Branitz als sein ländliches Heim, sein einsames *»parva domus magna quies«*, sein bescheidenes Haus in großer Ruhe und gab es als seinen Traum vom einfachen Leben auf dem Lande aus. – MH

Links: Marina Jerkovic, Kaminofen im Grünen Salon in Schloss Branitz, Fotografie, 2021 / oben: Carl August Gosch, Porträt König Friedrich Wilhelm IV. von Preußen, Gemälde, um 1850 / unten: Walther & Tornow, »Ansichten des Fürstlich von Pückler'schen Schlosses u. Parks zu Branitz«, Lithographie, 1855

ERCULES HARRET HEUT NOCH EIN THATENFELD!
am XXII SEPTEMBER
Fürst Stolberg
Fürst Pückler

Ein herkulischer König im Spargelwald - Adolph von Menzels Menukarte

Wenn schon nicht an der Schlacht, so konnte Pückler 1866 wenigstens am Militär-Gala-Diner anlässlich der Feier des Sieges von Königgrätz teilnehmen. Zum 22. September lud König Wilhelm I. auch Pückler zum Festessen. Dumm nur, dass Pückler im Juli 1866 als nach eigener Aussage *»nach Kugeln begieriger Freiwilliger«* nicht an den Ort der entscheidenden Schlacht, sondern mit königlichem Marschbefehl an einen Nebenschauplatz geführt worden war. *»Denken Sie sich«*, schrieb der Fürst deshalb halbwegs entsetzt an Ludmilla Assing, *»dass ich, obgleich im Hauptquartier, um die ganze Schlacht von Königgrätz gekommen bin, durch eine frühere Disposition des Königs. Freilich also nicht durch meine Schuld,* [...] *aber was hilft das, wenn man nur einige Stationen davon entfernt, einer Schlacht nicht beigewohnt hat,* [...] *die ohne Zweifel eine der bedeutendsten in der Weltgeschichte bleiben wird.«* Vielleicht aber auch gut so, denn der alte Herr konnte so (unverletzt und zielgenau) der Siegesfeier im Berliner Schloss beiwohnen, deren Menukarte Adolph von Menzel (1815–1905) gestaltet hatte.

Auf der Lithographie tritt der siegreiche Wilhelm als neuer Herkules aus dichtem Spargelwald, in dem das (noch lebendige) Wildbret für die Tafel ehrfürchtig verharrt. Germania reicht dem von Putten umschwirrten und bekränzten Helden den Siegespokal. Hummer, Schildkröte, Pute, Fasan und das Banner deuten dem König: »Des neuen Herkules harret heut noch ein Thatenfeld«. Dies wurde umseitig auf der Menukarte beschrieben: Es gab echte Schildkrötensuppe, Pute, Rheinlachs, Hummer à la provençiale, Frischlingskotelett mit Cumberlandsauce, grüne Schoten, frischen Spargel und Wild – jeweils mit Salat. Danach Eis mit Früchten, das der geladene Fürst so liebte. Um all diese Köstlichkeiten herum ließ Menzel die Küchenmannschaft aufmarschieren, von Meisterkoch bis Tellerträger, von mit Besteck salutierenden Knaben bis sich mit Weinflaschen prügelnden Kindern. Eine Gaumen- und Augenfreude, weswegen Pückler die königliche Menukarte als Souvenir mitnahmen und seither in seiner Branitzer Sammlung verwahrte.

Links: Marina Jerkovic, Menukarte Adolph von Menzels, Pücklers Gästeliste und Fleischgabel, Fotografie, 2021 / oben: C. Buschbeck, Porträt König Wilhelm I. von Preußen, Lithographie, 1862

Das Menu zum Galadiner war von Chefkoch Urbain François Dubois (1818–1901) zusammengestellt worden. Der Franzose hatte sich in Paris und St. Petersburg erste Meriten in den Adelsküchen erworben, seit 1860 diente er als Küchenchef Prinz Wilhelm und Prinzessin Augusta, ab 1861 Königspaar von

SPEISE-KARTE.

1. Real Turtle.
2. Austern.
3. Quartier de boeuf à l'historique.
   junge Puten à la financière.
4. Rhein Lachs à la Genévoise.
   Hummer à la provençale
5. Côtelettes von Frischlingen
   à la Cumberland
6. Schoten.
   Stangenspargel.
7. Rehzimmer } Salat.
   Fasan
8. Eis in Früchten.
   Compote mêlée.

Dessert.

WEIN-KARTE.

Old Sherry.
St. Perray mousseux.
Scharlachberger.
Margaux Durfort.
62er Johannisberger Schloſs.
58er Château Lafitte.
Scharlachberger.
Margaux Durfort.
Champagner
(Lambry & Geldermann)

Menzel fec.

Links außen: Adolph von Menzel, »Des neuen Hercules hattet heut noch ein Thatenfeld«. Menuekarte zum Militär-Gala-Diner im Berliner Schloss, 22. September 1866 (links: Detail)

Preußen. Bereits 1856 benannte er einen Schinken nach Pückler. Seine Ideen und seine Philosophie als Kochkünstler hielt er in mehreren Büchern fest, die mit opulenten Illustrationen die »Architecture of Cooking« in französisch und englisch beschrieben. Doch nicht nur die französische »Cuisine Classique«, sondern auch die »Küche aller Länder« popularisierte Dubois. Hierfür empfahl er Schinken aus Amerika und »Pudding à la Sanssouci«.

Pückler kannte dessen Bücher und Kochkunst und bezog sich etwa beim Aufbau der Branitzer Tafelfolgen und der dazu ausgewählten Getränke auf Dubois, wenngleich es einen großen Unterschied gibt. Das Berliner Menu von 1866 eröffnete mit »Real Turtle«, also einer echten Schildkrötensuppe, wie sie vielleicht aus ästhetischen, wohl aber auch aus finanziellen Gründen in Branitz nie serviert wurde. Hier begnügte man sich mit einer aus Kalbfleisch gewonnenen und als »Mock Turtle« bezeichneten Variante. Identisch waren hingegen die Getränke, die in Branitz angeboten wurden, denn Weißwein Saint-Péray Moussex, Riesling Schloss Johannisberg (wenn auch selten) aus der Kellerei des Fürsten Metternich oder der Bordeaux Château Lafitte waren auch die begleitenden Getränke des Festessens im Berliner Schloss.

Nach der Schlacht, die Pückler zu seinem Leidwesen verpasst, und dem Festessen, dass er wohl genossen hat (hätte er sonst zur Erinnerung die Menukarte eingesteckt?), wurde der greise Fürst mit dem Erinnerungskreuz des Königs *»zur Anerkennung seiner pflichtgetreuen Theilnahme«* und kurz darauf dem königlichen Hausorden dekoriert. Wie ein roter Faden zieht es sich durch Pücklers Leben: Wenn er schon nicht selbst Weltgeschichte schrieb, so erlebte er sie zumindest hautnah mit allen Ehren in lukullischen und künstlerischen Freuden. – SK

GEMÜSE

»ARTISCHOCKEN À LA BARIGOULE«

GEFÜLLTE GURKE FÜR DEN »GRÜNEN FÜRSTEN«

GESTÜRZTER SALAT FÜR DIE MUSKAUER GÄRTNER

»KARTOFFELN À LA SEMILASSO«

GEFÜLLTE ZWIEBELN

TELTOWER RÜBCHEN

BEELITZER SPARGEL

»Artischocken à la Barigoule«

Es musste »à la Barigoule« sein, wenn der Fürst sein Lieblingsgemüse auf den Tisch brachte. Auf provenzalische Art wurden die Blütenknospen der Artischocken, oder auch Karden, zubereitet. Sie stammten fast immer aus der eigenen Schlossgärtnerei.

— ZUTATEN *für 4 Personen*

Für die Artischocken
4 Artischocken
Saft von 1 Zitrone
Salz
2 EL Öl
180 g Champignons, fein gewürfelt
180 g Zwiebeln, fein gewürfelt
50 g Speck, gewürfelt
1 EL Petersilie, gehackt
2 EL Butter

Für den Fond
50 g Speck, gebraten
75 ml Gemüsebrühe
75 ml Weißwein
1 Zweig Petersilie
1 Zweig Thymian
1 Zweig Rosmarin

Für die italienische Sauce
2 EL Olivenöl
2 Schalotten, fein gewürfelt
1 TL Estragon, gehackt
1 TL Petersilie, gehackt
120 ml Weißwein
1 Eigelb
Zucker
Salz und Pfeffer

Zum Garnieren
4 Sardellenfilets

— ZUBEREITUNG

Von den Artischocken den Strunk und die äußeren Blätter entfernen und das obere Drittel quer abschneiden, die Abschnitte aufbewahren. Alle Schnittflächen sofort mit etwas Zitronensaft beträufeln. Das Artischockenheu herauskratzen und die Artischocken waschen.

Reichlich Salzwasser in einem Topf erhitzen. Den restlichen Zitronensaft hinzufügen und die Artischocken darin etwa 15 Minuten weich garen. Dann mit dem Schaumlöffel herausheben und abtropfen lassen.

Inzwischen das Öl in einer Pfanne erhitzen und darin Champignons, Zwiebeln und Speck anschwitzen. Vom Herd nehmen und die Petersilie unterrühren.

Für den Fond die abgeschnittenen Artischockenblätter in eine feuerfeste Form geben und mit den übrigen Zutaten im Backofen bei 150°C zugedeckt etwa 25 Minuten dämpfen. Die Flüssigkeit durch ein Sieb abgießen.

Für die Sauce 1 EL Olivenöl in einem Topf erhitzen, die Schalotten darin anschwitzen und die Kräuter unterrühren. Mit Weißwein und 120 ml vom Artischockenfond ablöschen. Den Topf vom Herd nehmen, das Eigelb verquirlen und zum Binden unterrühren, dabei die Sauce nicht mehr erhitzen. Dann das restliche Olivenöl unterrühren und die Sauce mit etwas Zucker, Salz und Pfeffer würzen.

Jeweils eine Artischocke auf einem Teller anrichten, mit der Pilzmischung füllen und mit einer Sardelle garnieren. Mit der italienischen Sauce umträufelt servieren. Nach Belieben mit gehobelten Champignons und Kresse bestreuen und ein Speckchip obenauf setzen.

Gefüllte Gurke für den »Grünen Fürsten«

Nur 30 Kilometer nördlich von Branitz liegt der Spreewald, dessen »tausende Fließe« genannten Kanäle eine weitere üppig-grüne Traumlandschaft in der Lausitz bilden. Die Gurke gehört dort seit zwei Jahrhunderten ebenso zur Landschaft wie das grüne Epitethon des Landschaftsbezwingers.

— ZUTATEN *für 4 Personen*

2 kleine Salatgurken
Salz
Zucker
1 Handvoll Petersilienblätter
3 Schalotten
150 g Champignons
2 EL Öl
80 g Entenleber
50 ml roter Portwein
250 g Geflügelfarce (siehe S. 127)
100 ml Geflügelfond (siehe S. 217)

— ZUBEREITUNG

Die Gurken am Vortag waschen, längs halbieren und mit einem Teelöffel entkernen. Das Fruchtfleisch mit Salz und Zucker bestreuen und kühl gestellt über Nacht ziehen lassen.

Am nächsten Tag die Gurken mit kaltem Wasser abwaschen und auf ein tiefes Backblech setzen. Die Petersilie waschen, trocken schütteln und fein hacken. Die Schalotten schälen und fein würfeln, die Champignons putzen und ebenfalls in feine Würfel schneiden. Beides in 1 EL Öl andünsten und die gehackte Petersilie unterrühren. Vom Herd nehmen und beiseitestellen.

Die Entenleber häuten, putzen, waschen und trocken tupfen. In etwa 1 cm große Würfel schneiden, im restlichen Öl anbraten und mit dem Portwein ablöschen. Vom Herd nehmen und abkühlen lassen.

Die Geflügelfarce mit der Champignon-Petersilien-Mischung und der Entenlebermasse verrühren und die Gurken damit füllen. Den Geflügelfond auf das Blech gießen und die Gurken im Ofen 20 Minuten bei 80°C garen, bis die Farce eine Kerntemperatur von 65°C hat.

Gestürzter Salat für die Muskauer Gärtner

Der »Grüne Fürst« liebte nicht nur seine Gärten. Er behütete auch seine Gärtner, die seine landschaftsarchitektonischen Visionen umsetzten. Sein größter Park in Muskau entstand ab 1815 als eine riesige Kulturlandschaft rechts und links der Neiße. Sie ist heute Grenzfluss, wird jedoch von den deutschen und polnischen Gärtnern gleichermaßen als Welterbe der Menschheit gepflegt.

— ZUTATEN *für 4 Personen*

160 g Rote Bete
140 g Gelbe Bete
30 g Mairübchen
90 g lila Karotte
120 g gelbe Karotte
Salz
7 Blatt Gelatine
400 ml Gemüsebrühe
1 EL Balsamico bianco
Zucker
1 Stange Staudensellerie
100 g Lauch
100 g Knollensellerie
2 EL Mayonnaise
4 EL Apfelessig
4 EL Olivenöl
Pfeffer
100 g blanchierte Zuckerschoten, in feinen Streifen
150 g blanchierte grüne Bohnen, mundgerechte Stücke
100 g blanchierte Erbsen

— ZUBEREITUNG

Vier Guglhupfformen (Durchmesser 10 cm) im Tiefkühlfach kalt stellen.

Rote und Gelbe Bete, Mairübchen und beide Karottensorten putzen, schälen, waschen und in dünne Streifen schneiden. Separat in kochendem Salzwasser blanchieren, in ein Sieb abgießen und abtropfen lassen.

Die Gelatine in kaltem Wasser etwa 5 Minuten einweichen. Die Gemüsebrühe mit Essig und 1 Prise Zucker zum Kochen bringen. Die Gelatine leicht ausdrücken, mit in den Topf geben und unter Rühren auflösen. Den Topf vom Herd nehmen und die Masse lauwarm abkühlen lassen.

Die Guglhupfformen bereitstellen. Die Gemüsestreifen nacheinander durch die Gelatine ziehen und die Formen damit auslegen. Das Gelatinegemüse kühl gestellt 2 Stunden fest werden lassen, restliche Gelatinemasse bei Zimmertemperatur aufbewahren.

Inzwischen Staudensellerie und Lauch putzen, den Knollensellerie schälen. Alle Gemüse waschen und in feine Streifen schneiden. In kochendem Salzwasser blanchieren, in ein Sieb abgießen und abtropfen lassen. Die Gemüsestreifen in einer Schüssel mit Mayonnaise, 2 EL Apfelessig und 2 EL Olivenöl mischen und mit Salz und Pfeffer würzen.

Den Gemüsesalat in die Guglhupfformen füllen, mit der restlichen Gemüsegelatine übergießen und mindestens 1 Nacht im Kühlschrank ziehen lassen.

Zum Servieren das restliche Olivenöl mit dem restlichen Apfelessig und etwas Salz zu einer Vinaigrette verrühren. Die Gemüsesalate nach Belieben auf ein Netz von blanchierten bunten Karotten auf die Teller stürzen. Zuckerschoten, grüne Bohnen und Erbsen mischen, in die Vertiefung in der Mitte füllen und mit der Vinaigrette übergießen.

Verkleinerte Copie von
ESSAI de CARTE
DAR-FOUR
d'après
le Sultan Teima.
Nil-Landes u. des östlichen Mittel Africa.
Zeichen Erklärung
Arabisches Meer

»Kartoffeln à la Semilasso«

In den Pyrenäen lernte der Orientreisende Pückler, der sich damals Semilasso, der Halbmüde nannte, auch diese Kartoffelzubereitung kennen. Das Gemüse, der Essig und die kunstvoll zu bereitende, aber einfache Mischung gefielen ihm so gut, dass er das Rezept selbst niederschrieb. Das Gericht findet sich 13 Male in seinen Tafelbüchern.

— ZUTATEN *für 4 Personen*

800 g festkochende Kartoffeln
Salz
½ Knoblauchzehe
1 Schalotte
300 g Eigelb
60 ml Balsamico bianco
ca. 450 ml Gemüsebrühe
1 EL Öl
Pfeffer
frisch geriebene Muskatnuss
3 EL Petersilie, gehackt

— ZUBEREITUNG

Kartoffeln mit der Schale gründlich waschen und in Salzwasser halb gar kochen. Die Kartoffeln abgießen, ausdampfen lassen, möglichst heiß pellen und in Scheiben schneiden. Schalotte und Knoblauch schälen und in feine Würfel schneiden.

Das Eigelb mit dem Essig und 3 EL Gemüsebrühe verquirlen.

Das Öl in einer Pfanne erhitzen und Schalotte und Knoblauch darin glasig andünsten. Die Kartoffeln hinzufügen und kurz mitbraten, aber keine Farbe annehmen lassen. Mit Salz und Pfeffer würzen, dann die übrige Gemüsebrühe angießen und die Flüssigkeit bei mittlerer Hitze reduzieren, bis die Kartoffeln gar sind.

Die Pfanne vom Herd nehmen und die Eigelb-Essig-Mischung vorsichtig unterrühren, bis eine cremige Konsistenz entstanden ist. Das Ei darf dabei nicht stocken.

Die Kartoffeln à la Semilasso mit Muskatnuss abschmecken und mit Petersilie bestreut sofort servieren.

Gefüllte Zwiebeln

Die Zwiebeln waren dem Fürsten kulinarische Begleiter in allen Landen: Als solche beschrieb er sie in Griechenland und Afrika. Gefüllt mit feinen Farcen und besteckt mit grünen Lorbeerblättern weckten gefüllte Zwiebeln im »Grünen Fürsten« viele kulinarische Erinnerungen.

— ZUTATEN *für 4 Personen*

2–3 kleine rote Zwiebeln
80–100 g Pflaumenmus
4–6 Scheiben Bacon

— ZUBEREITUNG

Die Zwiebeln schälen und halbieren. In der Mitte jeweils einige Lamellen entnehmen, sodass eine Vertiefung entsteht.

Das Pflaumenmus in die Zwiebelhälften füllen und mit je 1 Scheibe Bacon umwickeln. In eine feuerfeste Form legen und im Backofen bei 180°C 10 bis 12 Minuten knusprig backen.

Teltower Rübchen

Wenn Rüben, dann aus Teltow, einer kleinen Stadt in der Mark Brandenburg und gar nicht so weit von Branitz entfernt. In der Berliner Delikatessenhandlung Borchardt erhielt Pückler diese brandenburgische Spezialität neben marokkanischen Datteln, Havanna-Ananas und Austern.

— ZUTATEN *für 4 Personen*

8 Teltower Rübchen
Salz
Zucker
4 EL Öl
Zitronensaft
schwarzer Pfeffer aus der Mühle
2 EL Schnittlauchröllchen

— ZUBEREITUNG

Die Rübchen putzen, schälen und in dünne Scheiben hobeln. Die Rübchenscheiben mit Salz und etwas Zucker würzen und 20 Minuten ziehen lassen. Den ausgetretenen Saft abgießen.

Die Teltower Rübchen mit Öl und Zitronensaft mischen, mit Pfeffer würzen und mit Schnittlauch bestreut servieren.

Beelitzer Spargel

Der Spargel trat seinen Siegeszug als brandenburgische Spezialität 1861 an, als der Ackerbürger Karl Herrmann ihn erstmals feldmäßig in Beelitz anbaute. 150 Kilometer weiter östlich schuf zur selben Zeit der Gartenfürst Hermann von Pückler-Muskau sein Branitz.

— ZUTATEN *für 4 Personen*

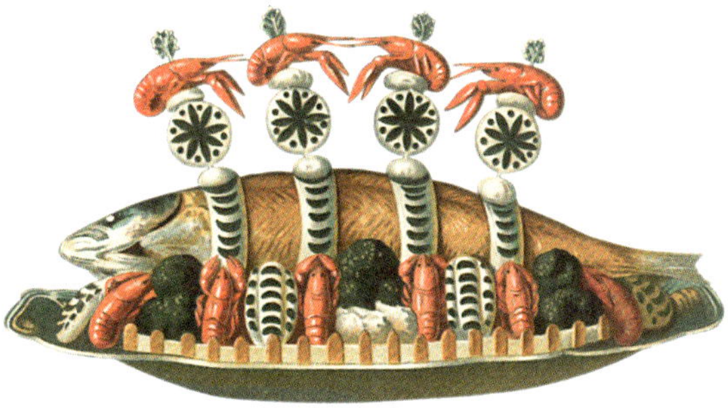

32 Stangen weißer Spargel
60 g Zucker
80 g Salz
2 EL Zitronensaft
100 g Butter
10 Halme Schnittlauch

— ZUBEREITUNG

Den Spargel schälen und die holzigen Enden abschneiden.

In einem großen Topf 4 l Wasser zum Kochen bringen. Zucker, Salz und Zitronensaft dazugeben und den Spargel darin bei schwacher Hitze 10 bis 12 Minuten bissfest garen.

Den Schnittlauch waschen, trocken tupfen und in Röllchen schneiden. Den Spargel auf Teller verteilen, mit der zerlassenen Butter übergießen und mit den Schnittlauchröllchen bestreut servieren.

» Das Recept für die Kartoffeln aber ist folgendes: Man kocht sie auf die gewöhnliche Weise, zieht hierauf die Schale ab und schneidet sie in Scheiben. Dann schmort man reichlich Butter in einer Casserolle und tut die Kartoffeln hinein, mit gehackter Petersilie, Salz und Pfeffer, welches alle gehörig umgerührt werden und noch eine kurze Zeit schmoren muß. Unterdessen hat man einige Eierdotter mit Essig delayirt (auf einem Teller der mit Knoblauch abgerieben wurde) und sobald die Kartoffeln in der Butter au point sind, gießt man jene Sauce hinzu und servirt.«

Vorletzter Weltgang von Semilasso, 1. Teil: Europa, 1835, S. 43

AMORE ET VIRTUS

Verrücktheit vom Besten – Fürst Pücklers Tafelaufsätze von Hossauer

Für die *»letzte Verrücktheit zweier Greise«* muss man eben Prioritäten setzen. 1845, Muskau war gerade verkauft; die Fürstin hatte begonnen, Koffer um Kiste nach Branitz zu senden, das Pückler noch *»la dernière folie de deux viellards«* nannte, da wurde schon ein neuer Tafelaufsatz für das damals noch unbewohnbare Schloss entworfen.

Niemand Geringerer als der Goldschmied seiner Majestät des Königs, Johann George Hossauer (1794–1874), zeichnete im Juni eine silberne Prunkdeckelterrine, die zeigte, was Pückler für diesen Neuanfang am wichtigsten war: Glanz auf der fürstlichen Tafel. Dieser konnte nur aus der Werkstatt des Besten der Besten kommen, der für Prinz Carl von Preußen und andere Mitglieder des Königshauses, aber auch des hohen Bürgertums wie Alexander von Humboldt, arbeitete. Hossauer lieferte seine Arbeiten als royale Geschenke an die Könige Europas und hatte bereits um 1820 für Pückler einen silbernen Tafelaufsatz gefertigt.

Links: Johann George Hossauer, Entwurf zum Tafelaufsatz für Fürst Pückler, Zeichnung, 1845 / unten: Sy & Wagner - Firma Hossauer, Entwürfe für eine Prunkdeckelterrine für Fürst Pückler, Zeichnung, 1858 – Plakette mit dem Phantomahnen Markgraf Rüdiger von Bechelaren

Der Fürst lebte in dieser Zeit des Neuanfangs in Lucies Wohnung am Pariser Platz in Berlin, träumte von Reisen nach Sibirien und spazierte wohl zu Hossauer in die Kronenstraße, um seinen Kummer um Muskau durch die Bestellung eines neuen Tafelservice wettzumachen. Stolz prangt in der Entwurfszeichnung von 1845 das fürstliche Wappen mit dem Leitspruch »AMOR ET VIRTUS«, während der preußische Adler als Handhabe des Deckels des Tafelaufsatzes dient. Im Sommer 1847 wurden für stolze 2.100 Taler Ergänzungen *»zu dem befohlenen Service«* bei Hossauer nachbestellt. Die Entwürfe des Hofgoldschmieds wurden vom Vetter des Fürsten, Hofmarschall Hermann Erdmann von Pückler (1797–1892), begutachtet, denn dieser war gleichzeitig in den Auftrag Prinzessin Augustas an Hossauer für die Prunkdeckelterrine ihres Gemahls Wilhelm involviert.

Nur schnell abholen musste der Fürst das neue Service mit wappenverzierten Bestandteilen, darunter Kredenzteller, vergoldete Eisschieber, Schüsselglocke und Menage, denn Hossauer fehlte es ob der Größe des Service *»gänzlich an Raum«*, wie er im November 1847 nach Branitz schrieb. Es folgten Bestellungen über Austerngabeln, Rechauds, eine Menage mit Mostrichtlöffel, innen vergoldete Salz- und Pfefferbüchsen und ein »zweiseitig silberplattiertes Präsentierbrett mit Griffen« mit Gravur *»der höchsten verschlungenen Namens-Chiffre & Kron«*, das sich in der Branitzer Silberkammer erhalten hat, während der Rest des fürstlichen Silberservices heute verloren ist.

Links: Johann George Hossauer, »zweiseitig silberplattiertes Präsentierbrett mit Griffen« für das fürstliche Tafelservice, Silber, 1847 / unten: Fürstendiplom für den Grafen Hermann von Pückler und Standesherrn von Muskau, 10. Juni 1822 – Wappenseite / rechte Seite: Sy & Wagner - Firma Hossauer, Entwürfe für eine Prunkdeckelterrine für Fürst Pückler, Zeichnung, 1858 – mit großem fürstlichen Wappen

Doch damit nicht genug der für einen Fürsten notwendigen Verrücktheit. Zehn Jahre später ging es um die Anfertigung einer neuen Prunkdeckelterrine, für die Hossauers Partner und Nachfolger, Goldschmied François Louis Jeremie Sy (1827–1881) und Hofgoldschmied Albert Wagner (1826 bis nach 1886), verantwortlich zeichneten. Die Entwürfe folgten stilistisch Hossauers Tafelaufsatz für Prinz Wilhelm (heute Stichting Huis Doorn), welcher als *»im Renaissance Stil«* bezeichnet wurde und damit ideal zum 1858 gerade fertig eingerichteten Branitzer Speisezimmer mit der großen Renaissancekredenz gepasst hätten. Die drei erhaltenen Entwürfe zeigen das Fürstenwappen und die von Pückler selbst gewählten heraldischen Bestandteile als in Silber auszuführende Dekorationen: So das Pferd als Bildnis der Schnelligkeit und Stärke, das Einhorn als Sinnbild der Schönheit und rätselhafter Fantasie, Baum und Schwert für seinen Park und die Tapferkeit sowie obendrauf der Pücklersche Phantomahne Markgraf Rüdiger von Bechelaren aus dem Nibelungenlied mit Flügelhelm, der als Zeuge der langen Familiengeschichte auf der Tafel wachen sollte.

Wahlweise boten Sy & Wagner gleich zwei Varianten: Markgraf Rüdiger zu Pferde oder der heraldische Adler als Bekrönung. Ob die etwa 70 Zentimeter hohe Deckelterrine für das Branitzer Prunkbüffet des Fürsten jemals gefertigt wurde, ist unklar. Vielleicht war dieser wahrlich königliche Prunk im Branitzer Speisezimmer für den damals 73-jährigen Fürsten dann doch eine Spur zu viel Verrücktheit? – SK

Links: Florian Bröcker, Kuppelhaus mit der goldenen Ananas am Dach in der Schlossgärtnerei von Branitz, Fotografie, 2020 / unten: William Heath, »An Election Ball«, Lithographie, 1827/28 – Pückler in London mit Miss Georgina Elphinston, im Pücklers Erinnerungsalbum, Bd. 3 / rechte Seite: Jagdvignette mit Fasanen, Schloss und gräflichem Wappen, Zeichnung, um 1880

Kulinarische Geschenke

Ob als Empfänger oder Absender, kulinarische Geschenke machten Fürst Pückler stets große Freude. Berühmt waren die duftenden Ananas aus den Branitzer Gewächshäusern, die er meist als »*Sandfrüchte aus der Oase*« bezeichnete. Er verschenkte sie nicht nur an preußische Prinzessinnen, sondern auch an Damen der Cottbuser Gesellschaft, wo sie besonderes Aufsehen erregten.

Eine aristokratische Spezialität waren seine mit vielen Trüffeln gewürzten Pasteten, die in der Branitzer Küche gebacken wurden und bei deren Herstellung der Fürst gerne selbst mitwirkte. Er sandte sie anschließend, begleitet von einigen Flaschen bestem Champagner, an ausgewiesene Feinschmeckerinnen wie seine Nichte Josephine.

Auch aus der Branitzer Fasanerie wählte der Fürst oft schöne Exemplare als Präsente und riet den Adressaten, die ausgenommenen Fasane noch drei Wochen im Keller hängen zu lassen. Erst dann würden sie ihren besonderen Geschmack entfalten.

Er selbst freute sich über lukullische Gaben wie zum Beispiel gut gemästete oder geräucherte Gänse, die er in Vorfreude auf den baldigen Genuss auspackte und meinte: »*Dank für die Gans: Mich eines solchen Geschenkes würdig zu erweisen, bleibt mir nichts übrig als Euch bei meiner nächsten Anreise einen Wahlfisch zu überreichen, den Ihr also vorläufig bei mir gut habt.*« Am Nikolaustag 1859 war die Freude in Branitz groß, als die Verwandten Pachelbel kulinarische Post nach Branitz sandten und sich Pückler entzückt bedankte: »*Dank für den Frischling, ein Luxus, den ich jetzt, als vom einstigen Standesherren zum bescheidenen Landjunker herabgestiegen, der sich jetzt nur noch von Hasen, Rebhühnern und Fasanen auf seinen Landgütern zu nähren vermag, wie einen Luxus betreffen muss, den nur ein großmütiges Geschenk mir verschaffen kann. Zwei Gourmands, wie Billy und meine Wenigkeit, schwelgen daher schon im Voraus in diesem baldigen Genuss, und kraftvoll, groß und feist ist in der Tat dies wundervolle Geschöpf, das seinen Zweck vollständiger erschöpft als manches ganze Ministerium.*« Am 12. und 29. Dezember wurde das kulinarische Geschenk als Kopf, Braten und Schenkel verspeist, wie die Branitzer Tafelbücher belegen. – MH

SÜSS-SPEISEN

PRINZESSIN-MARIE-ANANASGELEE

»PUDDING À LA NESSELRODE« MIT BIRNENRAGOUT

CREMETÖRTCHEN CAVALIERHAUS MIT ERDBEEREN AUS DEM PLEASUREOBSTGARTEN

LAUSITZER HEFEPLINSEN MIT WEINSCHAUMSAUCE

ÄGYPTENS LIEBSTER – MEHMED ALIS KIRSCHKUCHEN

RAGOUT VON RAHEL VARNHAGENS BIRNEN

KUNSTVOLLE WEINSCHAUMSAUCE

TARTELETTEBODEN VON FÜRSTIN LUCIE

Prinzessin-Marie-Ananasgelee

Marie von Preußen (1808–1877) war Lieblingsgast an der Tafel Pücklers, der nur für sie 1863 eine italienische Nacht mit Illuminationen im Branitzer Park inszenierte. Wie ihre Schwester, Königin Augusta, war sie der fürstlichen Koch- und Gartenkunst, aber auch dem Charme des Fürsten erlegen.

— ZUTATEN *für ca. 20 Geleekugeln*

1 große Dose Ananas
(850 g Abtropfgewicht, in Stücken)
100 ml Zitronensaft
100 g Zucker
1 Stängel Zitronengras
12 Blatt Gelatine

— ZUBEREITUNG

Die Ananasstücke mit dem Saft fein pürieren. Das Püree in einem Topf mit Zitronensaft und Zucker verrühren und aufkochen lassen. Vom Zitronengras die welken Blätter und die obere, trockene Hälfte entfernen. Die untere Hälfte längs halbieren und mit in den Topf geben. Die Flüssigkeit auf 600 ml reduzieren. Das Zitronengras wieder entfernen.

Die Gelatine in kaltem Wasser etwa 5 Minuten einweichen. Die Gelatine leicht ausdrücken und unter das Ananasmus rühren. Das Ananasgelee in runde Pralinenformen aus Silikon (Durchmesser ca. 4 cm) einfüllen, abkühlen lassen und anschließend im Kühlschrank fest werden lassen.

Zum Servieren nach Belieben mit kandierten Orangen- und Limettenzesten (siehe S. 179) bestreuen.

»Pudding à la Nesselrode« mit Birnenragout

»Pudding à la Nesselrode« bezeichnet ein wahres »Conversation Piece«, denn der Namenspatron der Süßspeise, Karl Robert von Nesselrode (1780–1862), war ein guter Bekannter aus Berlin. Während des Wiener Kongresses war er nicht nur Leiter der russischen Delegation, es gelang ihm auch, mit einem Rezept à la Nesselrode als Feinschmecker anerkannt zu werden.

— ZUTATEN *für 4 Personen*

Für den Pudding
250 g Kastanienmehl
50 g Rosinen
3 Blatt Gelatine
180 g Zucker
450 g Sahne
ausgekratztes Mark von 1 Vanilleschote
6 Eigelb
Filets von 2 Orangen
100 gehackte Walnüsse
3 EL Konfitüre

1 Rezept Ragout von Rahel Varnhagens Birnen
(siehe S. 184)

— ZUBEREITUNG

Das Kastanienmehl in einer Pfanne ohne Fett leicht anrösten, beiseitestellen und abkühlen lassen. Die Rosinen fein hacken.

Die Gelatine in kaltem Wasser etwa 5 Minuten einweichen. Den Zucker mit etwas Wasser in einem Topf erhitzen und unter Rühren darin auflösen. Sobald der Zucker zu karamellisieren beginnt, mit 250 g Sahne ablöschen und das Vanillemark unterrühren. Die Sahnemischung vom Herd nehmen, die leicht ausgedrückte Gelatine unterrühren und die Mischung abkühlen lassen.

Das Eigelb mit den Quirlen des Handrührgeräts cremig aufschlagen und unter die Sahnemischung heben. Das angeröstete Kastanienmehl darübersieben und vorsichtig unterheben. Die Orangenfilets in mundgerechte Stücke schneiden und mit den Walnüssen, den fein gehackten Rosinen und der Konfitüre ebenfalls untermischen.

Die restliche Sahne steif schlagen, vorsichtig unterheben und die Creme in einer gefrierfesten Form glatt verstreichen. Die Creme Nesselrode mindestens über Nacht im Tiefkühlfach gefrieren lassen.

Das Birnenragout wie auf Seite 184 beschrieben zubereiten.

Zum Servieren die Creme Nesselrode stürzen, in Stücke schneiden und nach Belieben mit Birnenragout sowie wahlweise Karamellsauce, karamellisierten Nüssen und frittierter und geriebener Macadamianuss dekoriert servieren.

CAVALIERHAUS

Cremetörtchen Cavalierhaus mit Erdbeeren aus dem Pleasureobstgarten

Vor dem fürstlichen, im neogotischen Stil geschmückten Kavalierhaus standen einst üppige Erdbeerhochbeete, die zum Naschen einluden. Heute ist das Kavalierhaus selbst ein herausragender Ort Branitzer Genusses, seit 2020 geführt von Tim Sillack.

— ZUTATEN *für 4 Personen*

Für die Zitruszesten
50 g Zucker
Zesten von 2 Bio-Orangen und
1 Bio-Limette

1 Rezept Tarteletteboden
von Fürstin Lucie
(siehe S. 185)

Für die Zitronenfüllung
6 Eier
6 Eigelb
400 g Zucker
400 ml Zitronensaft
4 EL frisch geriebene Bio Zitronenschale
400 g Butter

Außerdem
Butter zum Einfetten
Mehl zum Bestäuben
ca. 200 g Erdbeeren
400 g Schlagsahne

— ZUBEREITUNG

Für die Zitruszesten den Zucker in 50 ml Wasser aufkochen, bis er sich aufgelöst hat. Die Zitruszesten hineingeben und kurz mitkochen. Die Zesten auf ein Sieb abgießen, auf einem Backblech verteilen und im Backofen bei 70°C etwa 3 Stunden trocknen lassen.

Die Tarteletteböden wie auf Seite 185 beschrieben zubereiten.

Für die Zitronenfüllung Eier und Eigelb in einem Topf bei schwacher Hitze verquirlen. Unter Rühren den Zucker einrieseln lassen, den Zitronensaft hinzufügen und die Zitronenschale unterrühren. Die Eiermischung unter Rühren andicken lassen, dabei möglichst wenig Luft einarbeiten. Die Masse anschließend durch ein feines Sieb passieren und die Butter portionsweise unterrühren. Die Füllung auf die Teigböden verteilen und die Törtchen abkühlen lassen.

Zum Servieren die Erdbeeren putzen, waschen und halbieren oder vierteln. Die Törtchen damit belegen, die Schlagsahne rundum in Tupfen aufspritzen und mit knusprigen Zitruszesten bestreut servieren.

Lausitzer Hefeplinsen mit Weinschaumsauce

Keine Landschaft Europas ist seit Jahrhunderten so intensiv verändert worden wie die Lausitz zwischen Spreewald, Zittauer Gebirge und den Pückler-Parks. Der Hefeplins war und ist kulinarische Konstante dieser Landschaft im Wandel und erinnert an die sorbische Geschichte der Region.

— ZUTATEN *für 4 Personen*

Für die Hefeplinsen
250 ml Milch
½ Würfel Hefe
170 g Mehl
50 g Zucker
2 Eier
40 ml Apfelsaft
1 Prise Salz
frisch geriebene Tonkabohne

1 Rezept Weinschaumsauce
(siehe S. 184)

Außerdem
Öl zum Ausbacken

— ZUBEREITUNG

Für den Teig die Milch leicht erwärmen, die Hefe hineinbröckeln und unter Rühren darin auflösen. Mehl und Zucker in einer Schüssel mischen. Die Hefemilch mit den übrigen Zutaten dazugeben und alles zu einem glatten Teig verrühren. Diesen zugedeckt an einem warmen Ort etwa 1 Stunde gehen lassen.

Den Backofen auf 180°C vorwärmen und eine kleine, ofenfeste Pfanne darin warm werden lassen. Dann etwas Öl in die Pfanne geben, den Pfannenboden etwa ½ cm hoch mit Teig bedecken und im warmen Ofen etwa 7 Minuten ausbacken. Die fertige Hefeplinse herausnehmen und zugedeckt warm halten. Auf diese Weise 4 Hefeplinsen herstellen.

Die Weinschaumsauce wie auf Seite 184 beschrieben zubereiten.

Zum Servieren je 1 Hefeplinse auf einem Teller anrichten und mit etwas Weinschaumsauce beträufelt servieren. Nach Belieben mit Puderzucker bestäuben und mit frischem Obst der Saison dekorieren.

Ägyptens Liebster – Mehmed Alis Kirschkuchen

Kirschen genoss Fürst Pückler in allen Varianten. In Ägypten hatte ihn beeindruckt, dass Vizekönig Mehmed Ali Pascha (1770–1849) sich Kirschen aus Kreta per Eilboot nach Kairo kommen ließ und dabei nicht zu erwähnen vergaß, dass er diese Leidenschaft doch mit Friedrich dem Großen teilen würde.

— ZUTATEN *für 1 Backblech mit kleinen Gugelhupfformen (Durchmesser 7 cm)*

Für den Rührteig
360 g Weizenmehl (Typ 550)
165 g Zucker
19 g Natron
3 Eier
150 g zerlassene Butter
165 g Milch
ausgekratztes Mark von 1 Vanilleschote

Für die Streusel
130 g weiche Butter
130 g Zucker
130 g Mehl

Außerdem
Butter zum Einfetten
Mehl zum Bestäuben
660 g Sauerkirschen (aus dem Glas oder tiefgefroren und aufgetaut)

— ZUBEREITUNG

Das Gugelhupf-Backblech mit Butter einfetten und mit wenig Mehl bestäuben. Für den Teig alle Zutaten zu einem glatten Rührteig verarbeiten, die Kirschen anschließend unterheben. Den Teig in die Gugelhupf-Formen verteilen. Den Kirschkuchen im Backofen bei 150°C etwa 30 Minuten backen.

Für die Streusel Butter, Zucker und Mehl zu einem krümeligen Teig verkneten. Anschließend bei 160°C etwa 15 Minuten backen.

Die Streusel auf den aus der Form gelösten Gugelhupfen verteilen.

Ragout von Rahel Varnhagens Birnen

Die Salonnière Rahel Varnhagen von Ense (1771–1833) stand mit dem Fürstenpaar in engem Briefkontakt. Sie schrieben über die große Welt, aber auch die Genüsse des Lebens. 1833 sandte Rahel der Fürstin Lucie mit »einer wahren Passion [...] von mir gekostete Birnen«, denn »so überzeugt bin ich durch langjähriges Erproben von ihrer efficacen Wirkung gegen den Husten [...] In jedem Fall schmecken sie vortrefflich«.

— ZUTATEN *für 4 Personen*

2–3 Birnen (ca. 500 g)
50 g brauner Zucker
100 ml Birnensaft (alternativ Apfelsaft)
1 TL Maisstärke
½ Sternanis
½ TL Zimtpulver
1 Gewürznelke

— ZUBEREITUNG

Die Birnen waschen, vierteln und nach Belieben schälen, dabei die Kerngehäuse entfernen. Die Birnenviertel in kleine Würfel schneiden.

Den Zucker mit etwas Wasser in einem Topf erhitzen und darin auflösen. Sobald er zu karamellisieren beginnt, mit dem Birnensaft ablöschen und die Maisstärke unterrühren.

Die Gewürze hinzufügen und den Gewürzsud aufkochen lassen. Die Birnenwürfel hineingeben und kurz mitkochen, dann den Topf vom Herd nehmen und das Kompott kühl gestellt kalt werden lassen.

Kunstvolle Weinschaumsauce

Die hohe Kunst der Saucenherstellung verglich der Fürst kühn mit der Proportionslehre in den bildenden Künsten. Als Weinkenner liebte er Saucen, in denen der Saft der Trauben auf besondere Weise zur Geltung kam und etwa dem »Pudding à la Nesselrode« oder der Lausitzer Hefeplinse erst den rechten Pfiff gaben. Vor seinem Branitzer Schloss rankt bis heute der Wein über die Pergola.

— ZUTATEN *für 4 Personen*

375 ml heller Portwein
2 EL Zucker
etwas Bio-Zitronenschale
2 EL Eigelb
1 EL Maisstärke

— ZUBEREITUNG

Für die Weinschaumsauce Portwein mit Zucker, Zitronenschale, Eigelb und Stärke in eine Metallschüssel geben und im heißen Wasserbad schaumig schlagen, bis eine dickflüssige Sauce entstanden ist. Das Wasserbad dabei nicht zu heiß werden lassen, denn dann stockt das Ei. Ist die Sauce cremig, die Metallschüssel in kaltes Wasser stellen und die Weinschaumsauce kalt rühren.

Tarteletteboden von Fürstin Lucie

»So lange ich meine Lucie habe«, betonte der Fürst, »fürchte ich nichts; denn würden wir auch arm, so kochte mir Lucie Eierkuchen, wir beziehen ein romantisches Bauernhaus in den Thälern des Brüning, und sind vielleicht glücklicher als jetzt.« In besseren Zeiten konnte es wohl auch Tarteletteboden sein, um Grundlage kostbarer Früchte zu sein.

— ZUTATEN *für 4 Tartelletteförmchen à 10 cm Durchmesser*

Für das Törtchen
175 g weiche Butter
100 g Zucker
300 g Mehl
1 Ei
Salz

Außerdem
Butter zum Einfetten

— ZUBEREITUNG

Für die Törtchen die Tartelletteförmchen mit Butter ausstreichen und mit wenig Mehl bestäuben. Butter, Zucker, Mehl und Ei mit 1 Prise Salz zu einem Teig kneten. Den Teig auf der Arbeitsfläche dünn ausrollen und in Größe der Tartelletteförmchen austechen. Die Förmchen mit dem Teig auskleiden und mit der Gabel mehrmals einstechen. Die Törtchen im Backofen bei 140°C etwa 30 Minuten backen. Herausnehmen und abkühlen lassen.

» Ich melierte an diesem Abend Erdbeer-Crême mit ausgekerntem Kirschkompotte, eine nicht nur für den Gaumen, sondern, wenn sie mit Kunst behandelt wird, auch für das Auge wahrhaft lukullische Speise.«

Vorletzter Weltgang von Semilasso, 1. Teil: Europa, 1835, S. 197

» Alles Leben endet mit dem Tode, und jeder Tag mit einer Mahlzeit.«

Mehmed Ali's Reich, 1. Teil: Unter-Ägypten, 1844, S. 367

Brandenburgs bravouröseste Gastgeber – Prinz Friedrich Karl und Fürst Pückler

Den »Grünen Fürst« von Branitz und den »Gastfreund von Dreilinden«, wie Prinz Friedrich Karl von Preußen genannt wurde, verband ein lange Bekanntschaft. Den über vierzig Jahre jüngeren Sohn des Hohenzollern Carl auf Klein Glienicke und seiner Gattin Marie (die Branitzer Ananas so liebte) hielt Pückler wegen seiner militärischen Erfolge für *»genial«*. Der so Gepriesene war derjenige der Hohenzollern, der am häufigsten zu Gast war in Branitz. Er teilte mit dem Fürsten nicht nur die Reiselust und die Leidenschaft für das Militär, sondern vor allem die Vorliebe für kulinarische Raffinesse und Tafelkunst.

Friedrich Karl (1828–1885) besaß nahe des Wannsees ein Jagdschloss. Hierher lud er im Spätherbst jeden zweiten Tag zu den »Dreilindener Tafelrunden«, denen Theodor Fontane in seinen Wanderungen ein Denkmal setzte: *»Ja, der Prinz war ein Gastfreund. Ein eigen Wort, unmodisch und obsolet fast, weil auch das obsolet wurde, was diesem Worte zur Voraussetzung dient: die Gastfreundschaft. Die schöne Gastlichkeitstugend aus dem Morgenland ist der abendländischen Welt, etwa mit Ausnahme von England und Skandinavien, abhanden gekommen* [...] *In der Tat, die Mark Brandenburg hat wenig Gastfreundschaft und noch weniger einen ›Gastfreund‹; im Jagdhause zu Dreilinden aber fanden sich beide.«*

Friedrich Karl züchtete in Dreilinden Bäume, erprobte forstliche Methoden und liebte seinen Wald wie Pückler seine Gärten. Beide reisten gern und tauschten sich über neue wissenschaftliche Entdeckungen aus. Und sie liebten das Essen. So weiß man von einem Diner für 20 Personen in Berlin, für das der Prinz sogar den französischen Chefkoch seines Onkels Wilhelm von Preußen, Urbain Dubois, engagierte.

Friedrich Karls Besuche und die ihm gereichten Menus sind in den Branitzer Tafelbüchern dokumentiert. Daher wissen wir zum Beispiel, dass am 21. Mai 1862 für den Prin-

Linke Seite: Porträt Prinz Friedrich Karl von Preußen, Fotografie, um 1870 / links: Marina Jerkovic (Fotografie), Sy & Wagner, Berlin, Paar Kredenzschalen für die Desserttafel mit dem Monogramm des Prinzen Friedrich Karl und Wappen des Fürsten Pückler, Silber, um 1860 – Geschenk des Prinzen an den Fürsten / unten: Loescher und Petsch, Fürst Hermann von Pückler-Muskau, Fotografie, um 1860

zen Austern, Gemüsesuppe, Krebse, Hecht auf italienische Art, Kalbsschlegel mit Béchamel, Pastete vom Birkhuhn, junge Hühner gebraten, Salat, grüne Bohnen, Blumenkohl und zum Abschluss »Pudding à la Nesselrode« und Kirscheis serviert wurde. Wenn der Prinz wie für den 31. Mai 1863 den intimen Rahmen wünschte – *»Leider nur ein Abend und eine Nacht, bitte nur wenig Menschen einladen«* –, wurden eben »nur« zwei Suppen, Hecht, Hammel, Fasanenpastete, Eispunsch, Rehrücken, Käse und Schokoladeneis gereicht. Immer aber gab es eine leidenschaftliche Konversation über Erlebtes und Erträumtes. Darin waren sich beide geistesverwandt: *»Der Prinz liebte die Form der Unterhaltung, die, den ganzen Tisch umfassend, sofort einen persönlichen und sachlichen Mittelpunkt zu gewinnen trachtet«*; es galt, von *»Gletscherbildung und Venusdurchgang, über Nordenskjöld und Stanley«* die großen Fragen der Zeit zu diskutieren – so liebte es auch der Fürst in Branitz.

Von 1862 bis 1870 war die »Königliche Hoheit« daher alljährlich einige Tage in Branitz, genoss die fortschreitende Schönheit des Parks wie die Qualität der fürstlichen Küche, übernachtete im Obergeschoss des Schlosses. Im gegenseitigen Vertrauen wechselte auch die Köchin Karoline von Branitz nach Dreilinden, die zuvor die Ehre gehabt hatte, *»Küchen-Mädchen in Durchlauchts Küche gewesen zu sein«*. Im Gegenzug gelangten zwei silberne Kredenzschalen der Berliner Silberschmiede Sy & Wagner mit dem königlichen Monogramm Friedrich Karls nach Branitz, wo sie der stolze fürstliche Besitzer mit seinem Wappen verzieren und auf der Desserttafel verwenden ließ. Sie sind Zeugnisse einer großen Freundschaft zwischen zwei Gourmets, Gastgebern und schlussendlich Reisenden. Nach Pücklers Tod folgte Prinz Friedrich Karl der Route seines Freundes durch Ägypten, über den Sinai und das Heilige Land. Das hätte Stoff zur Tafelkonversation gegeben! – SK

PHYSIOLOGIE
DU
GOUT

Die Kochbücher des Fürsten Pückler

PHYSIOLOGIE DU GOUT
PAR
BRILLAT SAVARIN,
ILLUSTRÉE
PAR BERTALL
PRÉCÉDÉE
D'UNE NOTICE BIOGRAPHIQUE
PAR ALPH. KARR.
Dessins à part du texte, gravés sur acier par Ch. Geoffroy,
Gravures sur bois, intercalées dans le texte, par Midderigh

Links: Marina Jerkovic, Kochbücher in der Bibliothek des Schlosses, Fotografie, 2021 / oben: Titelblatt von Jean-Anthelme Brillat-Savarins »Physiologie du goût«, Paris, 1824

In den fünf Branitzer Tafelbüchern wurden in fünfzehn Jahren etwas mehr als 3.500 Menus aufgezeichnet. Jeweils sechs bis zehn Gänge für seine Gäste aus Nah und Fern umfassten diese meist als abendliche Diners servierten Tafelfreuden des Fürsten. Die einzelnen Gerichte sind in den damals in der Kochkunst üblichen Bezeichnungen aufgeführt und tragen oft noch zusätzliche Bezeichnungen wie »à la Barigoule« oder »à la Chambord«, die auf ihre besondere Art der Zubereitung verweisen. Die Menus sind von Beginn der Aufzeichnungen 1854 bis zu ihrem Ende 1870 von gleichbleibend hohem kochkünstlerischem Niveau.

Über die gesamte Zeit stand die Schlossinspektorin Bertha Stauß im Dienste des Fürsten und sorgte für reibungslose Abläufe im fürstlichen Haushalt. Wenig belegt ist, welche Hilfskräfte und Köchinnen sie dabei unterstützten und welche Rezepte und Kochbücher zur Verfügung standen. Für die im gesamten Zeitraum der Aufzeichnungen 282 Mal servierte Petersiliensuppe war sicher kein Rezept mehr nötig, aber ein so seltenes und kompliziertes Gericht wie »Aal à Sainte Menehould« verrät, dass man in Branitz die 1824 publizierte »Art du Cuisinier« von Antoine Beauvilliers (1754–1817) zur Verfügung hatte, eines der berühmtesten Kochbücher seiner Zeit, das schon Fürstin Lucie ihrer Tochter Adelheid empfohlen hatte.

Französische Rezepte zu lesen, dürfte im Preußen des 19. Jahrhunderts kein Problem gewesen sein. Genaue Maßangaben waren nötig bei der Herstellung des beliebten Aspik oder für die rechte Steife duftender Weingelees, die sich aus schönen Metallformen auf große Platten stürzen lassen mussten. Dafür waren weitere Kochbücher dienlich, wie die 1836 publizierte »Vollständige und umfassende theoretisch-praktische Anweisung der gesamten Kochkunst« von Ludwig Ferdinand Jungius (geb. 1787) oder Ludwig Kurths 1858 in Berlin erschienenes »Illustriertes Kochbuch«. Jungius war Hofkoch bei König Friedrich Wilhelm III. von Preußen und veröffentlichte in seinem Buch das erste Rezept für Eis nach Art des Fürsten Pückler, während Kurth lange Zeit Pücklers altem Freund und Weggefährten, dem Fürsten Wilhelm Malte I. zu Putbus, als Hofkoch gedient hatte. Auch in dessen Kochbuch spielt das Pückler-Eis eine wichtige Rolle, denn hier ist es das erste Mal in der Kombination von Schokolade, Vanille und Erdbeere zu finden.

Der Fürst selbst empfahl die Werke von Alexis Soyer (1810–1858), der in England Karriere als Koch gemacht hatte und in dessen berühmten Kochbüchern wie »Gastronomic Regenerator« von 1846, oder »The modern house-wife« von 1849 sich viele Rezepte für Ananas finden.

638 Von dem Gefrorenen.

Milch auf dem Feuer auf, rührt sie kalt und vermischt sie mit der Sahne. Dann füllt man die Masse in eine Form, die man mit Eis und Salz einsetzt und gefrieren läßt.

1577 Gefrorenes von geschlagener Sahne mit Früchten.

Man streicht ¼ Metze Erdbeeren oder Himbeeren durch ein feines Sieb und vermischt das Püree mit ½ Pfund fein gestoßenem Zucker und 1 Quart recht fest geschlagener Sahne Hätte diese nicht Farbe genug, so färbt man sie mit etwas Alkermes oder Cochenille.

1578. Gefrorenes von geschlagener Sahne à la Pückler, **oder** à l'Arlequin (spr a Larlekängh).

Man theilt 1 Quart geschlagene und mit ½ Pfd gestoßenem Vanillen-Zucker vermischte Sahne in 3 Theile, mischt unter den einen 6 Loth fein gehackte bittere Makronen, unter den anderen etwas Maraschino und Kermessaft oder Cochenille und färbt den dritten mit aufgelöster Chocolade braun. Nun füllt man die Sahne, nach den Farben abwechselnd, löffelweise in die Form, verschließt sie fest und klopft oder schüttelt sie etwas, so daß die verschiedenen Farben zusammenfließen und die Masse dadurch wie marmorirt aussieht. Dann setzt man die Büchse mit klein geschlagenem Eis und Salz ein und stürzt sie nach 1—3 Stunden. Eine noch gefälligere Form erhält das Gefrorene, wenn man die Hälfte in einen viereckigen Kasten, der 6 Zoll im Viereck und 6 Zoll

Fig. 101.

Von dem Gefrorenen. 639

hoch und mit einem passenden Deckel versehen ist, die andere aber in eine 6 7 Zoll hohe runde Büchse füllt. Beim Anrichten stürzt man zuerst das in dem viereckigen Kasten befindliche Gefrorene, schneidet es in zwei Hälften, legt die eine auf eine runde Schüssel, stürzt das in der runden Büchse befindliche Gefrorene genau auf die Mitte derselben und backt die andere viereckige Platte darüber, wodurch man die auf der beigegebenen Zeichnung dargestellte Figur erhält Nun setzt man auf diese eine kleine Vase von Zucker und bespritzt das Gefrorene mit geschlagener Sahne.

1579. Bombe mit Vanille (Bombe à la Vanille, spr Bohmb a la Wanilje).

Man verwendet dazu: ¼ Quart Wasser, ¼ Pfund Zucker, 8 Eier, eine Stange Vanille und ein knappes viertel Quart geschlagene Sahne. Man kocht das Wasser mit dem Zucker und der Vanille auf, läßt es verdeckt an der Seite des Feuers etwa ¼ Stunde ziehen und gießt es durch ein Sieb Nachdem es etwas erkaltet ist, vermischt man es mit 8 Eigelben und rührt die Masse auf dem Feuer, bis sie anfängt sich zu verdicken, doch darf sie nicht kochen. Dann streicht man sie durch ein Sieb, schlägt sie mit der Schneeruthe kalt und zu einem dicken Schaum und mischt die geschlagene Sahne darunter. Inzwischen hat man den Boden und die Seitenwände einer glatten Eisform mit Papier ausgelegt, füllt die geschlagene Masse hinein, bedeckt die Form mit dem Deckel und packt sie in Eis mit Salz ein. Nach etwa drei Stunden stürzt man sie, ohne sie in Wasser zu tauchen, und nimmt das Papier von dem Gefrorenen ab Da die Masse bedeutend zusammenfriert, so läßt man etwas davon zurück, nimmt die Form, nachdem sie 2 Stunden im Eise gelegen hat, heraus, öffnet sie und füllt sie von Neuem mit der zurückgelassenen Masse, um sie dann vollends gefrieren zu lassen.

1580 Bombe mit Choc

Man läßt ¼ Pfund
zen und unter fortwähre
unter die, wie in der vo
Bombe, wie dort angegeb

Des Fürsten besonderes Interesse aber galt den Schriften der französischen wie der deutschen »Gastrosophen«, die eine eigenständige ästhetische Theorie des Essens zu entwickeln versuchten. Der Fürst liebte die kulinarischen Weisheiten eines Alexandre Balthazar Laurent Grimod de la Reynière (1758–1837), Verfasser des »Almanach des Gourmands«, der von 1803 bis 1812 eine frühe Form der Gastronomiekritik übte.

Pückler empfahl die »Küchenzettel« von Baron Eugen von Vaerst (1792–1855), der 1851 seine zweibändige »Gastrosophie oder Lehre von den Freuden der Tafel« veröffentlichte, und schwärmte vom Künstler Carl Friedrich von Rumohr (1785–1843) als genialem Koch, der bereits 1822 als Autor des »Geistes der Kochkunst« berühmt wurde und dem Fürsten eine Zeichnung geschenkt hatte.

Sein französisches Pendant, die »Physiologie du goût« von Jean-Anthelme Brillat-Savarin (1755–1826) erschien 1824 in Paris und ist in einer reich bebilderten Ausgabe von 1848 bis heute in der fürstlichen Bibliothek in Schloss Branitz erhalten. In diesem Werk erzählt Brillat-Savarin in Wort und Bild, dass der Geschmackssinn dem Menschen die meisten Genüsse verschafft. Die Wertschätzung der Kochkunst gipfelt bei ihm in dem bekannten Spruch: *»Die Entdeckung eines neuen Gerichtes, ist für das Glück der Menschheit wichtiger, als die Entdeckung eines neuen Gestirns.«* – MH

Oben links: »Gefrorenes von geschlagener Sahne à la Pückler« aus Ludwig Kurth: »Illustriertes Kochbuch«, Berlin, 1858 / oben Mitte: Carl Friedrich von Ruhmor, »Geschenk von Rumohr, dem großen Kunstkenner, genialen Zeichner und Koch«, so Pückler in Pücklers Erinnerungsbildern, Bd. 4, 1831 / rechts: Eintrag »2tes Dessert Eis à la Prince Pückler« beim Essen des Fürsten mit Josephine von Seydewitz und Graf Heinrich Pückler, Pückler-Tafelbuch, Bd .4, 17. Mai 1870

DESSERT UND EIS

BILLYS KÄSE – NACH ART DES HAUSHOFMEISTERS

MADAME STAUSS' KOMPOTT MIT PFIRSICHEN

»EIS À LA PRINCE PÜCKLER« MIT WEINGELEE

PÜCKLERS TUTTI FRUTTI

WENDISCHER QUARKKUCHEN

BETTINA VON ARNIMS SALZSTANGEN

BRANITZER ANANASPRALINE

Billys Käse – nach Art des Haushofmeisters

Als »Kammerzwerg« hatte Wilhelm Heinrich Masser, genannt Billy (1824–1907), um 1840 den Dienst für Fürstin Lucie aufgenommen. Als Berater und engster Vertrauter des Fürsten wurde er kluger und zuverlässiger Organisator der Branitzer Tafeln und Hüter der berühmten Tafelbücher.

— ZUTATEN *für 4 Personen*

Für den Fenchel
500 g kleine Fenchelknollen
½ l frisch gepresster Orangensaft
1 TL Fenchelsaat
20 ml Weinbrand
240 ml Orangensaft
1 Sternanis
2 Gewürznelken
1 Kardamomkapsel, leicht angedrückt
50 g Ahornsirup
1 Prise Salz

Als Käseauswahl
120 g Stilton (pro Person 30 g)
120 g Roquefort
120 g Stracchino (Frischkäse aus der Lombardei)

Außerdem
1 Bund Radieschen
100 g Butter
3 Scheiben Pumpernickel

— ZUBEREITUNG

Für den Fenchel zwei Tage vorher die Fenchelknollen putzen, waschen und in ein großes Einmachglas geben.

Den Orangensaft in einem Topf zum Kochen bringen, die Flüssigkeit auf 200 ml reduzieren und durch ein feines Sieb passieren. Die übrigen Zutaten hinzufügen, das Einmachglas mit dem Gewürzsud auffüllen und gut verschließen. Den Fenchel mindestens zwei Tage ziehen lassen.

Am Zubereitungstag die Käseauswahl 30 Minuten vor dem Servieren aus dem Kühlschrank nehmen.

Die Radieschen putzen, waschen und mit einem Messer fächerförmig ein-, aber nicht durchschneiden. Die Radieschenfächer kurz im Tiefkühlfach anfrieren lassen. Inzwischen 100 g Butter zerlassen und auf Zimmertemperatur abkühlen lassen. Die gefrorenen Radieschen bis zur Hälfte in die Butter tauchen und bis zum Servieren im Kühlschrank aufbewahren.

Den Pumpernickel dünn mit der restlichen Butter bestreichen, zusammenklappen und in feine Streifen schneiden. Je einen Pumpernickelstreifen mit Käse, einem Radieschenfächer und einnem eingelegten Fenchel auf einem Desserteller anrichten und servieren.

Plan
von der Garten Anlage
beim
Schlosse zu Branitz.
1846.

Madame Stauß' Kompott mit Pfirsichen

Madame Bertha Stauß, seit 1861 die Schlossinspektorin, lebte lange am Branitzer Hof. Silber- und Wäschekammer, Küche und Keller waren ihr Reich. Berühmt waren ihre in Gläsern oder in blechernen Konserven eingemachten Marmeladen und Kompotte, die der Fürst nach Berlin mitnahm oder verschenkte.

— ZUTATEN *für 4 Personen*

1 große Dose Pfirsichhälften
(480 g Abtropfgewicht)
½ Sternanis
1 Gewürznelke
1 Msp. Zimtpulver
50 g brauner Zucker

— ZUBEREITUNG

Die Pfirsiche abgießen und den Saft auffangen. Die Pfirsiche in Viertel schneiden. Sternanis, Nelke und Zimt in einem Mörser zerreiben. Wenn gewünscht, einen Teil der Pfirsichviertel grillen.

Den Zucker mit etwas Wasser in einem Topf erhitzen und darin auflösen. Sobald er zu karamellisieren beginnt, mit 100 ml vom aufgefangenen Pfirsichsaft ablöschen.

Die gemahlenen Gewürze hinzufügen und die Pfirsichviertel in den Gewürzsud legen. Bei schwacher Hitze etwa 10 Minuten köcheln lassen. Dann vom Herd nehmen und das Kompott lauwarm oder abgekühlt servieren.

»Eis à la Prince Pückler«

Weltberühmt wurde der Fürst durch das Eis, das bis heute seinen Namen trägt. Erstmals tauchte der Begriff 1839 im Kochbuch des Hofkochs Ludwig Ferdinand Jungius auf, der für König Friedrich Wilhelm III. arbeitete. Am 17. Mai 1870 aß der alte »Grüne Fürst« die gefrorene rot-weiß-schwarze Kreation aus Himbeer, Vanille und Schokolade. Die Branitzer Tafelbücher verzeichneten an diesem Tag zum ersten und letzten Male: »Eis à la Prince Pückler«.

— ZUTATEN *für 4 Personen*

Für das Vanilleeis
500 g Sahne
125 g Milch
250 g Zucker
ausgekratztes Mark von
2 Vanillestangen

Für das Himbeereis
500 g Sahne
125 g Himbeerpüree
250 g Zucker

Für das Schokoladeneis
100 g Zartbitterkuvertüre
50 ml Milch
150 g Zucker
500 g Sahne

Außerdem
frische Heidel-, Johannis- oder
Himbeeren zum Dekorieren

— ZUBEREITUNG

Für das Vanilleeis die Sahne halbsteif schlagen. In einer großen Schüssel Milch, Zucker und Vanillemark mit den Quirlen des Handrührgeräts verrühren, bis sich der Zucker aufgelöst hat. Die Sahne vorsichtig unter die Vanillemilch heben. Die Vanilleeismasse in einer flachen Form verstreichen und mindestens 5 Stunden, am besten über Nacht im Tiefkühlfach gefrieren lassen.

Für das Himbeereis die Sahne halbsteif schlagen. Himbeerpüree und Zucker mit den Quirlen des Handrührgeräts verrühren, bis sich der Zucker aufgelöst hat. Die Sahne vorsichtig unter das Himbeerpüree heben. Die Himbeereismasse in einer flachen Form verstreichen und mindestens 5 Stunden, am besten über Nacht im Tiefkühlfach gefrieren lassen.

Für das Schokoladeneis die Kuvertüre grob hacken. Die Milch mit dem Zucker unter Rühren zum Kochen bringen, über die Kuvertüre gießen und die Schokolade in der heißen Milch auflösen. Die Schokomilch abkühlen lassen.

Die Sahne halbsteif schlagen und unter die Schokoladenmilch heben. Die Schokoladeneismasse in einer flachen Form verstreichen und mindestens 5 Stunden, am besten über Nacht im Tiefkühlfach gefrieren lassen.

Die Eissorten zum Servieren kurz antauen lassen und in Scheiben geschnitten servieren. Die Beeren verlesen, waschen und dekorativ verteilen.

Pücklers Tutti Frutti

»Tutti Frutti« nannte Pückler 1834 seine Sammlung von Schriften und Geschichten, die auch »Splitter«, also Kritik am preußischen Königshaus, enthielt. Das begeisterte Publikum zog sofort die Parallele zur beliebten gleichnamigen Eiskreation mit buntem Obst, die im populären Café Kranzler in Berlin serviert wurde. Sogar New Yorker Rezensenten schrieben darüber. Der Absatz von Pücklers Buch beflügelte die Nachfrage nach Tutti-Frutti-Eis in Berlin enorm.

— ZUTATEN *für 4 Personen*

9 Blatt Gelatine
100 g getrocknete Aprikosen
150 g grüne Pflaumen oder Weintrauben
150 g Sauerkirschen
½ l Sahne
50 g Zucker
1 Prise Salz
nach Belieben flüssige Lebensmittelfarbe in Grün, Gelb und Rot
1 Piemontkirsche zum Dekorieren

— ZUBEREITUNG

Am Vortag die Gelatine in kaltem Wasser einweichen. Die getrockneten Aprikosen in kleine Würfel schneiden. Die Weintrauben überbrühen, kalt abschrecken, häuten und klein schneiden. Die Kirschen waschen, entstielen, halbieren und entsteinen. Nach Belieben in kleine Stücke schneiden.

In einem Topf 100 g Sahne erhitzen und den Zucker darin unter Rühren auflösen. Die Gelatine ausdrücken, mit in den Topf geben und unterrühren. Den Topf vom Herd nehmen und die Zucker-Sahne-Mischung abkühlen lassen.

Die restliche Sahne halbsteif schlagen und unter die Zucker-Sahne heben. Einen großen, einen mittelgroßen und einen kleinen Dessertring bereitstellen und die Sahnecreme in dementsprechende Portionen teilen. Nach Belieben die Portionen mit einigen Tropfen Lebensmittel grün, gelb und rot einfärben.

Aprikosen, Pflaumen oder Weintrauben und Kirschen unter die in der jeweils entsprechenden Farbe eingefärbte Portion mischen, die Fruchtsahne portionsweise in die Dessertringe füllen und über Nacht im Kühlschrank fest werden lassen.

Am nächsten Tag übereinander stürzen und mit Obst dekoriert servieren. Die Piemontkirsche obenauf setzen.

» Gestatten mir Euer königliche Hoheit in Erwiederung der gewürzreichen Blume, die ich aus Ihren schönen Gärten mitgenommen, und aus Ihren gnädigen Händen zu empfangen so glücklich war Euer königlichen Hoheit auch eine Frucht aus unserem bescheidenen Oasisgarten in der Wüste zu Füßen legen zu dürfen. «

Pückler an Prinzessin Marie von Preußen, 20. September 1852

» Sehr erfreut haben Sie sowohl ganz Glienicke, als mich besonders, durch die Sendung zweier solch herrlicher Sand-Früchte. «

Prinzessin Marie an Pückler, 30. Oktober 1855

nur in Prima-Qualität à 8 Sgr. per Pack, empfing und empfiehlt

A. H. Vogt,
Neustädter-Platz.

Schrot, in allen Nummern sauber sortirt, **Pulver, Ladepfropfen** ꝛc. ꝛc., empfiehlt zur Jagderöffnung

Emil Böttcher.

Reife Ananas sind zu verkaufen in der Fürstlichen Gärtnerei zu Braniß.

Am Markt N
Wohnung zum 1.
Laden-Einrichtung

Eine freu
ist zum 1. Sep
städter Straße

Ein Quartier
und sonstigem Zub
miethen Neustädter

Die Königin der Früchte – Ananas auf der Tafel

Jeder, der den Duft und das Aroma einer ausgereiften Ananas erleben durfte, versteht die aufwendigen Versuche, die seit dem 17. Jahrhundert in Europa unternommen wurden, um diese in der Karibik heimischen Früchte, allen klimatischen Widerständen zum Trotz, hierzulande zu kultivieren. Wer es sich leisten konnte, beschäftigte kluge Gärtner und erbaute raffinierte Glashäuser, um dieses lohnende Ziel zu erreichen. Zurückgekehrt von seinem langen Englandaufenthalt reihte sich Fürst Pückler ein in die Schar aristokratischer Ananas-Liebhaber. Er liebte es, die gelbe Frucht als Tafelschmuck zu präsentieren oder als kostbares Geschenk zu versenden. Nach dem 1845 erfolgten Umzug von Muskau nach Branitz baute er hier die Ananaszucht wieder auf und fand ab 1852 in Wilhelm Freschke einen fähigen Gärtner für dieses Unterfangen. Zufrieden war er, wenn Ende September jeden Jahres, pünktlich zum Geburtstag der Prinzessin und späteren Königin Augusta von Preußen, eine schöne große Frucht reifte.

Pückler bezeichnete die Obstsorte gern scherzhaft und stolz zugleich als märchenhafte Ernte aus der »Oase in der Wüste«. Eine weitere Adressatin, die eine Ananas aus diesem »*bescheidenen Oasisgarten in der Wüste zu Füßen gelegt bekommt*«, war Augustas Schwester, Prinzessin Marie von Preußen. Unter den weiteren Beschenkten war aber zum Beispiel auch die Frau des fürstlichen Rechtsanwalts.

War die Ananas-Ernte gut und benötigte der Fürst gerade keine Präsente, durfte der Obergärtner die begehrten Früchte auch verkaufen. Kleinere und unansehnliche Exemplare wanderten in die Branitzer Schlossküche, um hier eingekocht zu werden und zu einem späteren Zeitpunkt als Kompott oder für Cremes, Gelee, Eis, Punsch und Bowle Verwendung zu finden.

Schnellere Dampfschiffe und neue Anbaugebiete für Ananas auf den Bahamas und den Azoren beendeten um 1860 die aristokratische Exklusivität selbst gezogener Ananas. Fürst Pückler, der weiterhin seine eigenen Früchte ziehen ließ, nutzte die neuen Transportmöglichkeiten auf seine Weise. Denn nun konnte ihm sein Berliner Delikatessenhändler Ananas aus Havanna besorgen, um sie mit den eigenen Früchten zu vergleichen. Die blauen Gewächshäuser am Rande des Parks von Branitz bekrönt bis heute eine goldene Ananas, die einst verriet, was unter den Dächern reifte.

Nicht weit entfernt glänzt über der Pergola vor dem Branitzer Schloss ein goldener Pinienzapfen. Auf seine frappierende Ähnlichkeit zur Ananas geht ihre englische Bezeichnung zurück. Als erstem Europäer wurde Christoph Kolumbus 1493 eine Ananas angeboten. Dieser jedoch weigerte sich als machtbewusster Eroberer, den einheimischen Namen »Ananas« zu verwenden und nannte sie, weil sie ihn an den ihm vertrauten Pinienzapfen erinnerte, »Pina«. Die Engländer machten daraus ihren »Pineapple«. – MH

Links: Maria Jerkovic, Ananas im Speisezimmer in Schloss Branitz, Fotografie, 2021 / links oben: Verkaufsanzeige für Ananas aus Branitz aus dem »Kottbusser Wochenblatt«, 1867, S. 540 / unten: Queen Pine aus James Andersons »The new practical gardner«, London, 1875

FÜRST PÜCKLER EIS.

Geschichten vom Pückler-Eis

Fig. 101.

Links: Fürst Pückler Eis aus Karl Scharrers »Süße Speisen und Eis«, Nordhausen, 1907 / oben: »Gefrorenes von geschlagener Sana à la Pückler« aus Ludwig Kurths »Illustriertes Kochbuch«, Berlin, 1858

Märchenhaft, bunt und verwirrend wie so vieles im Leben des Fürsten Pückler ist auch die Geschichte der Eiscreme, die so lange schon seinen Namen trägt. Bei kleinen und großen, jungen und alten Genießern sorgt sie seit mehr als 150 Jahren für kulinarische Glücksmomente. Den Anlass dafür, seine Person mit einer Eiscreme in Verbindung zu bringen, bot er selbst, als er 1834 eine Sammlung von Schriften und Geschichten unter dem Titel »Tutti Frutti« veröffentlichte. Er wird gewusst haben, dass im beliebten Café Kranzler in Berlin Unter den Linden ein Eis mit dem Namen »Tutti Frutti« angeboten wurde. Dessen Verkauf, wie man Pückler sogleich berichtete, stieg mit dem Erscheinen seines neuen Buches übrigens sprunghaft an.

Selbst im fernen, sommerlich heißen New York des Jahres 1834 freute sich ein kluger Rezensent an des Fürsten Buch und seinem Titel. Er schrieb: »*In dieser schwülen Saison, wenn der Hundsstern am Himmel steht, ist alles erfrischend, was uns an Eiscreme erinnert. Tutti Frutti, der Name von Pücklers neuestem Werk, ist gleichzeitig der Name einer italienischen Eisspezialität, zusammengesetzt aus den verschiedensten Früchten; und da das Buch verschiedenste Dinge und Probleme vermischt, ist dieser Titel nicht unpassend gewählt.*«

Diese Verbindung von einer Vielzahl von Obstsorten oder Tutti Frutti und dem Namen des Fürsten kennzeichnet dann auch die ersten Eisrezepte, die 1839 in einem preußischen Kochbuch auftauchten. Es war Ludwig Ferdinand Jungius (geb. 1787), 1817 bis 1819 wohl Koch bei Pückler in Muskau und danach Mundkoch von König Friedrich Wilhelm III., der sowohl »Gefrorenes von geschlagener Sahne mit Früchten nach Fürst Pückler« als auch »Gefrorenes nach Tutti-Frutti – in Verwandtschaft mit dem Gefrorenen nach Fürst Pückler« beschrieb.

Beim ersten Rezept wird in der sommerlichen Version mit Maraschino und Vanille parfümierte geschlagene Sahne mit frischen Himbeeren und Erdbeeren vermischt. Zu anderer Jahreszeit wird es noch bunter, denn dann können auch eingelegte Früchte wie dunkle Kirschen, Aprikosen und grüne Reineclauden – die edlen, nach einer französischen Königin benannten grünen Pflaumen – zum Einsatz kommen. Dieselbe Farbmischung schmückt die Tutti-Frutti-Version, aber auf der Basis einer fruchtigen Eismasse aus Zitronen-, Apfelsinen- oder Ananassaft.

Ein erstes Rezept für den klassischen Dreiklang aus Rot, Weiß und Braun, der heute noch als »Fürst-Pückler-Eis« gehandelt wird, stammt aus dem Jahre 1866 und aus der Feder des Mundkochs von Pücklers altem Bekannten, dem Fürsten Malte von Putbus. Noch werden die drei Farben nicht geschichtet, sondern löffelweise in entsprechende Eisformen gefüllt und durch Schütteln

Unten: Martin Winzer, Pyramidenebene mit Tumulus-See im Branitzer Park im Winter, Fotografie, 2021 / rechts oben: Hermann von Helmhof alias Baron Knaller, »Fashionable Eisesser« auf der Rampe des Kranzler Berlin, Stahlstich, 1842 / rechts unten: Exlibris des Fürsten Pückler in einem der Bände seiner Erstausgaben in der Bibliothek in Branitz

so gemischt, dass sie wie marmoriert wirken. Geschlagene Sahne verbindet sich hier mit Zucker und bitteren Makronen, die in Maraschino oder Kirschwasser getränkt wurden. Anschließend teilt man die Masse in drei Teile, von denen einer weiß bleibt, einer durch geschmolzene Schokolade dunkel wird und der Dritte durch den Zusatz von Kermes- oder Cochenille-Saft rot leuchtet.

Erst um 1900 wurde der rote Teil des Pückler-Eises nicht mehr gefärbt, sondern mit Erdbeer- oder Himbeermus gemischt. Sein Geschmack wird dadurch stärker betont, der Farbton fällt aber um einiges zarter aus. Rudolf Karg, der Mundkoch von Kaiser Wilhelm I., beschrieb dieses Eis nun 1906 als »Pückler-Bombe« und schichtet die Farben so, dass sie nach dem Stürzen der Eisform der Farbfolge der damaligen deutschen Fahne entsprechen: unten Schwarz, dann Weiß, dann Rot. Das Eis war mittlerweile so berühmt, dass es ausreichte, auf Menukarten, nur »Fürst Pückler« zu schreiben, und jeder wußte, was serviert wird. In der schönen Abbildung aus Karl Scharrers »Süße Speisen aus Eis« von 1910, ist die Farbfolge unverfänglicher in Braun, Rot und Weiß gehalten.

Als Dessert war Eis immer ein begehrter Luxus. An den Aufzeichnungen in den Branitzer Tafelbüchern lässt sich ablesen, wie viele verschiedene Eissorten man hier herstellen konnte. Vor allem verraten sie uns, dass es sowohl »Tutti-Frutti-Gefrorenes« wie auch »Eis à la Prince Pückler« gab. Gleich zu Anfang des ersten Tafelbuches lässt Fürst Pückler seine Leser wissen, dass bei größeren Menus das zweite Dessert nach dem Käse aus Gefrorenem, frischen und eingemachten Früchten, Kompott, Bonbons etc. besteht, wozu Bordeaux, Madeira und süße Weine für die Damen angeboten werden. Bei kleiner Tafel hingegen werden einige Arten Gefrorenes zuweilen nach dem Schluss des Diners als süße Speise gereicht, danach folgt nur noch Käse.

Nicht nur »Tutti-Frutti-Eis« und »Eis à la Prince Pückler« begegnen einem in den Büchern wieder. Auch die Firma Kranzler präsentierte sich in Branitz. Und zwar nicht nur als Lieferant von Süßigkeiten, Bonbons und Schokolade, sondern indem sie eine für die Herstellung von Eis geeignete moderne Maschine an den fürstlichen Haushalt auslieh und Ende des Jahres 1863 wieder zurückforderte.

Um köstliches Speiseeis herzustellen, war man zu Lebzeiten Pücklers darauf angewiesen, im Winter Vorsorge zu treffen und genügend natürliches Eis in tiefen Kellern einzulagern. Solche Eiskeller gehörten seit dem 15. Jahrhundert in Europa zur Grundausstattung fürstlicher Wohnsitze. Im Branitzer Park gab es zwei Eiskeller, die man in den Wintermonaten fleißig mit in Blöcke zersägtem Eis aus den umliegenden Gewässern füllte. Acht Tage strenger Frost waren erforderlich, um Eis in der nötigen Stärke schneiden zu können.

In Branitz war dies ganz offenbar kein Problem, denn in den Tafelbüchern ist zu lesen, dass in allen Monaten des Jahres Eiscreme in 19 verschiedenen Geschmacksrichtungen serviert werden konnte, dazu Eispunsch ebenso wie kunstvoll geformte gefrorene Pudding-Kreationen. – MH

ESSENZEN

FISCHFOND

FISCHVELOUTÉ

DUNKLER GEFLÜGELFOND

KALBSFOND

Tim Sillack

stammt aus Cottbus und studierte Hotel- und Gastronomiemanagement an der Hochschule Baden-Württemberg in Ravensburg. Nach einer Zeit in Neuseeland folgte die Ausbildung zum Koch in der Yachthafenresidenz »Hohe Düne« in Warnemünde, die er mit Auszeichnung und Stipendium abschloss. Es folgten eine prägende Zeit im »Greenhouse« in Perth, wo er vom Frühstücksservice bis zur Abendkarte alle Posten durchlief, 2013 Stationen im »Henssler & Henssler« Hamburg (unter Küchenchef Tobias Frerks) und 2014 im Sterne-Restaurant »Friedrich Franz« im Grand Hotel Heiligendamm (unter Ronny Siefert). 2015 legte er erfolgreich die Prüfung als Küchenmeister bei der IHK in Frankfurt am Main ab.

Eine kulinarische Weltreise von Mittelamerika bis Kanada folgte, mit Station als Sous Chef im »Alibi Room« in Vancouver. Von 2016 bis 2018 arbeitete er als Küchenchef von Steffen Henssler in dessen Kochschule »Hensslers Küche« in Hamburg.

Für das vorliegende Kochbuch arbeitete er mit seinem »Cavalierhaus«-Team gewohnt intensiv zusammen, wofür Lukas Freitag, Matti Reichel und Leon Kaun für ihre große Hilfe bei den Rezepten sowie Philipp Maximilan Zabow und Matthias Bialas gedankt sei.

Oben: Christiane Schleifenbaum, Pergolagarten vor dem Schloss Branitz mit Kavalierhaus (links) und Marstall (rechts), Fotografie, 2020 / unten: Carl Metzner, »Cavalierhaus, Südseite«, Fotografie, um 1890 / unten rechts: Uwe Gaasch, Kavalierhaus, Fotografie, 2020

Kavalierhaus

ist die heutige Heimstätte des Restaurants »Lou« von Tim Sillack, das tagsüber den Gästen des Branitzer Parks als Café »Cavalierhaus« offensteht. Letzteres bezieht sich auf die historische Schreibweise aus der Zeit Fürst Pücklers, als der Name in gläsernen Lettern die Fassade des Baus zierte. 1856 bis 1858 als fürstliches Gästehaus unmittelbar im Pleasureground eingerichtet und im Stil der englischen Tudorgotik gestaltet, wohnte hier u.a. auch Pücklers Sekretär Billy Masser, der für die Branitzer Tafelbücher verantwortlich war. Seit 1975 gab es eine gastronomische Nutzung.

Unter der Ägide von Tim Sillack machen das Branitzer Kavalierhaus und die fürstliche Küchenkultur als »Cavalierhaus« seit 2020 international von sich reden. Das Haus und die Terrassen können zusammen mit drei individuellen Gästezimmern in der Pension im Mansardengeschoss für Veranstaltungen gemietet werden.

cavalierhaus-branitz.de

Marina Heilmeyer

beschäftigt sich als Kunsthistorikerin seit Jahrzehnten mit kulturhistorischen Fragen zur Pflanzen- und Gartengeschichte und damit verbundenen kulinarischen Aspekten von der Antike bis zur Neuzeit, vor allem in Brandenburg. Seit 1991 ist sie für das Botanische Museum der Freien Universität in Berlin als Kuratorin und Autorin tätig.

Die Branitzer Tafelbücher des Fürsten Pückler hat sie über Jahre wissenschaftlich ausgewertet: So hat sie die Zutaten, Speisen und Menufolgen genau analysiert, Pückler als Gourmet sozialwissenschaftlich betrachtet und vielfach in Publikationen beschrieben. In den Akten des Branitzers Herrschaftsarchivs (heute Brandenburgisches Landeshauptarchiv Potsdam) hat sie umfangreich zu den Rechnungen, Küchenzetteln und Dokumenten aus der Branitzer Küche und der Gutswirtschaft geforscht. Als leidenschaftliche Köchin studierte sie gerne die vielen französischen und deutschen Kochbücher aus der Zeit des Fürsten Pückler und hat Tim Sillack wertvolle Hinweise zu historischen Gerichten, der Textur von Zutaten und der Abfolge seiner Neuinterpretationen der »Gourmandise des Grünen Fürsten« geben können.

Stefan Körner

ist als Vorstand der Stiftung Fürst-Pückler-Museum Park und Schloss Branitz dafür verantwortlich, das historische Erbe der Branitzer Parklandschaft mit Schloss, Parkarchitekturen, Ausstellungen und Kunstsammlungen zu erhalten und der Öffentlichkeit schmackhaft zu machen. Der Kunsthistoriker veröffentlichte als Kustos der Sammlungen der Fürsten Esterházy in Österreich ein Kochbuch über die Tafelkultur dieser ungarischen Magnatenfamilie – Rezepte von Christoph Wagner.

Die öffentlich-rechtliche Stiftung des Landes Brandenburg verwaltet 30 Gebäude, die Parkanlagen sowie forst- und landwirtschafliche Flächen in der mehr als 620 Hektar großen Branitzer Parklandschaft. Die Branitzer Stiftung will heute den Drive und Geschmack des Fürsten Pückler für die Lausitz, eine Landschaft in Bewegung, lebendig erhalten und ideenreich in die Zukunft führen.

pueckler-museum.de

Impressum

Herausgeber: Stiftung Fürst-Pückler-Museum Park und Schloss Branitz
www.pueckler-museum.de

Umschlag-Vorderseite: »Eis à la Prince Pückler«, siehe Seite 200/201; Umschlag-Rückseite: Fürst Pückler Eis aus Karl Scharrer, Süße Speisen und Eis, Nordhausen, 1907; Vorsatz: Detail aus »Kartoffeln à la Semilasso« und »Ochsenzunge mit Rosinen auf sächsische Art«, siehe Seiten 160/161 und 104/105; Seite 1: »Pudding à la Nesselrode«, siehe Seite 176/177; Seiten 2/3: »Wildschwein aus dem fürstlichen Jagdpark«, siehe Seiten 138/139; Seiten 8/9: Pückler-Callenberg-Bibliothek; Seiten 10/11: Roter und Blauer Salon; Seiten 12/13: Grüner Saal; Seite 221 Beetziegel in der Bibliothek; Seiten: 222/223 Treppenhaus; Seite 223: Grüner Saal; Seite 224: Ahnengalerie im Vestibül; Nachsatz: Ananas im Speisesaal des Schlosses Branitz (alle Fotos: Marina Jerkovic)

Vignetten Seiten 4/5, 49, 88/89, 108/109, 127, 142/143, 162/163, 184/185, 205: Eschenbach & Schaefer, Chromolithographien aus Jules Gouffés »Die feine Küche. Enthaltend gründliche Anleitung zur höheren u. bürgerlichen Kochkunst«, Leipzig, 1872

Bildnachweis:

Bibliotheca Jagiellona Krakau – Nachlass Varnhagen: S. 93, 94

Bildarchiv Foto Marburg: S. 24 oben, 31, 37, 145, 219 rechts

Brandenburgisches Landeshauptarchiv Potsdam – Rep. 37 (Herrschaftsarchiv Branitz): S. 77, 131

Erbengemeinschaft nach Fürst Pückler in Branitz: S. 16 unten, 17, 18, 34 oben, 92 unten, 93 (Foto: Codiarts), 133, 147, 150/150, 166, 167, 168 oben und unten, 169, 192, 213 unten

British Museum London: S. 95 unten

Gräfliche Familie Pückler in Branitz: S. 22 unten, 113 (Foto: Karen Bartsch), 115 (Foto: Karen Bartsch), 116 (Foto: Karen Bartsch), 116, 116 (Foto: Karen Bartsch), 117, 168, 170/171, 171

Marina Jerkovic: Gerichte und Seiten 8/9, 10/11, 12/13, 14, 24 unten, 28, 29 unten, 38, 51, 52 unten, 53, 54, 55 oben und unten, 56, 71, 72, 78, 91, 96, 111, 114, 118, 129, 133, 134, 146, 147, 148, 152, 165, 172, 187, 189 oben, 190, 195, 208, 214, 222/223, 224/225, Vorsätze, Umschlag

Privatsammlung, Heilbronn: S. 19 unten

Stiftung Fürst-Pückler-Museum Park und Schloss Branitz (SFPM): S. 16, 19 oben, 20, 21, 22 oben, 23, 24, 25, 26, 27, 28, 29, 30 (Foto: Thomas Kläber), 32, 33, 34, 35, 36, 52 oben (Foto: Gabriela Weidner), 73 (Fotos: Codiarts), 74, 75, 76, 92 oben, 94 rechts, 95, 109, 112, 114, 130, 147, 149, 170, 188, 189 oben und unten, 192/193, 204, 205, 207 (Foto: Gabriela Weidner), 210, 211, 212, 213 oben, 218 oben und unten

Dank an: Jörg Ackermann, Elisabeth Kamper, Simone Neuhäuser, Maria Lutz, Susann Harder, Michael Schwitalla

Die Neuinterpretationen wurden u.a. auf Originalen der Sammlungen der Gräflichen Familie von Pückler und der Erbengemeinschaft nach Fürst Pückler in Branitz inszeniert. Dank an: Elke Gräfin von Pückler, München/Branitz

Das Buch entstand mit freundlicher Unterstützung von Bäcker Wahn, Vetschau, Bäckermeister Philipp Fumfahr.

Projektleitung Verlag: Claudia Stäuble
Lektorat: Katinka Holupirek
Korrektorat Rezepte: Edelgard Prinz-Korte
Korrektorat: Stephan Thomas
Bildredaktion Verlag: Susanne Harecker
Gestaltung: Studio Mahr
Herstellung: Andrea Cobré
Lithografie: Schnieber Graphik GmbH
Druck und Bindung: Alföldi Nyomda Zrt., Ungarn
Schrift: Mercury Text, Ogg, Expressway
Papier: Magno Matt

MIX Papier aus verantwortungsvollen Quellen FSC® C010328

Penguin Random House Verlagsgruppe FSC® N001967
Printed in Hungary
ISBN 978-3-7913-8858-8